제2차 一大幹 九正脈 단독종주기 · 제4권
낙동정맥, 금북정맥 편

제2차 一大幹 九正脈 단독종주기 · 제4권
낙동정맥, 금북정맥 편

초판1쇄 발행 2024년 9월 5일

지은이 진상귀
펴낸이 이길안
펴낸곳 세종출판사

주소 부산광역시 중구 흑교로 71번길 12 (보수동2가)
전화 463-5898, 253-2213~5
팩스 248-4880
전자우편 sjpl5898@daum.net
출판등록 제02-01-96

ISBN 979-11-5979-709-5 03980

정가 20,000원

이 책은 저작권법에 따라 보호받는 저작물이므로 무단전재와
무단복제를 금지하며, 이 책 내용의 전부 또는 일부 내용을 재사용하려면
사전에 저작권자와 세종출판사의 동의를 받아야 합니다.
* 잘못된 책은 교환해 드립니다.

제2차 一大幹 九正脈 단독종주기 · 제4권
낙동정맥, 금북정맥 편

부산 山사람 진상귀

세종출판사

| 저자의 말 |

산경표(山徑表)란 산의 흐름을 뜻한다.

산경표(山徑表)는 우리나라의 산이 어디서 시작해서 어디서 끝나다는 이론은 제2차 백두대간과 제2차금호남정맥 호남정맥 편, 제2차 금남정맥 낙남정맥 편에서 서술한바 생약하고 9정맥 중 제2차 낙동정맥 금북정맥 편을 출판한다.

낙동정맥

낙동정맥(洛東正脈)은 낙동강 동쪽에 위치한 정맥이다.

이 정맥은 백두산에서 지리산까지 전 국토의 근골(筋骨)을 이룬 백두대간(白頭大幹)의 줄기인 태백의 천의봉(매봉산) 아래 낙동정맥 분기점에서 갈라져 구봉산(九峰山)에서 남쪽으로 태백의 통점재 백병산 1259.3m 면산 1245m 통고산 1067m 검마산 1017m를 지나며 고도가 1000m 이하로 낮아지며 경상북도 중간에 들어서 독경산(684.1m), 침곡산(725.8m), 운주산(807.3m) 어림산(510.4m)를 지나며 낮아져 관산(393.6m) 만불산(275.4m)로 최저 200-300까지 낮아졌다. 와룡고개를 지나 사룡산(四龍山, 685m)에서 솟구쳐 단석산(斷石山, 829m)을 지나며 울산에 고현산(1035m)에서 불끈 솟아 가지산(1,241m), 간월산(1,069m), 신불산(1,159m), 영축산(1,081m)으로 이어지며 주변 산들도 1000m 이상 되는 산들이 천황산(1,189m), 재약산(1,108m), 운문산(1,188m), 문복산(1,015m)을 포함시켜 영남알프스를 만들고 천성산(920m), 금정산(801.5m)으로 흐르다 백양산(641.3m), 구덕산(565m)을 지나 대대포 몰운대에서 끝을 맺는다.

낙동정맥(洛東正脈)은 백두대간 동쪽 낙동강을 가르고 낙동정맥 서쪽에 낙동강을 가르며 내리고 동쪽은 삼척에 오십천 삼척에 가곡천, 울진에 왕피천 울진에 남대천, 영덕 송천, 영덕 오십천, 포항 형산강, 울산에 태화강을 가르며 부산에 몰운대에서 끝을 맺는다.

제2차로 백두대간 금호남정맥, 금남정맥, 호남정맥, 낙남정맥에 이어 2016년 3월 6일제2차 낙동정맥 종주에 들어가 1차때는 북진 이었는데 2차에는 남진으로 태백 매봉산 천의봉 낙동정맥 분기점을 출발 구봉산 남쪽으로 이어진다.

금북정맥

금북정맥이란 경기도 안성시 칠장산(七長山: 491m) 3정맥분기점인 한남금북정맥(漢南錦北正脈) 한남정맥(漢南正脈) 금북정맥(錦北正脈) 분기봉에서 시작 태안반도(泰安半島)의 안흥진(安興鎭)까지 금강의 서북쪽을 지나는 산줄기의 옛 이름으로 길이는 약 270km이며, 한반도 13정맥의 하나이다.

한남금북정맥(漢南錦北正脈)의 끝인 칠장산에서 서남쪽으로 뻗어 칠현산(七賢山:516m), 덕성산(德城山), 이티재(梨峙), 성거산(聖居山:579m), 태조산(太祖峰), 차령(車嶺), 봉수산(烽燧山), 국사봉(國師峰) 공덕재 등 충남을 가로질러 청양의 백월산(白月山:395m)에 이르고, 여기에서 다시 북쪽으로 뻗어 오서산(烏棲山:791m), 보개산(寶蓋山:274m), 일월산(日月山:395m), 홍동산(308.9m), 수덕산(修德山:495m), 가야산(678m), 일락산(521m), 서산에 상왕산(309m) 이르러 다시 서쪽으로 뻗어 팔봉산(326m), 백화산(白華山:284m), 금강산을 지나 북쪽에 지령산(知靈山:218m), 안흥만(安興灣)에서 끝을 다한다.

| 차례 |

저자의 말 • 5

 제2차 낙동정맥 • 11

제2차 낙동정맥 단독종주 1구간　　　　　　　　　21
제2차 낙동정맥 단독종주 2구간　　　　　　　　　35
제2차 낙동정맥 단독종주 3구간　　　　　　　　　48
제2차 낙동정맥 단독종주 4구간　　　　　　　　　60
제2차 낙동정맥 단독종주 5구간　　　　　　　　　68
제2차 낙동정맥 단독종주 6구간　　　　　　　　　78
제2차 낙동정맥 단독종주 7구간　　　　　　　　　89
제2차 낙동정맥 단독종주 8구간　　　　　　　　　100
제2차 낙동정맥 단독종주 9구간　　　　　　　　　114
제2차 낙동정맥 단독종주 10구간　　　　　　　　125
제2차 낙동정맥 단독종주 11구간　　　　　　　　135
제2차 낙동정맥 단독종주 12구간　　　　　　　　147
제2차 낙동정맥 단독종주 13구간　　　　　　　　156
제2차 낙동정맥 단독종주 14구간　　　　　　　　170
제2차 낙동정맥 단독종주 15구간　　　　　　　　180
제2차 낙동정맥 단독종주 16구간　　　　　　　　195

제2차 낙동정맥 단독정맥 17구간	209
제2차 낙동정맥 단독종주 18구간	221
제2차 낙동정맥 단독종주 19구간	238
제2차 낙동정맥 단독종주 20구간	253
제2차 낙동정맥 단독종주 21구간	277

02 제2차 금북정맥 · 297

제2차 금북정맥 단독종주 1구간	307
제2차 금북정맥 단독종주 2구간	320
제2차 금북정맥 단독종주 3구간	346
제2차 금북정맥 단독종주 4구간	360
제2차 금북정맥 단독종주 5구간	373
제2차 금북정맥 단독종주 6구간	389
제2차 금북정맥 단독종주 7구간	406
제2차 금북정맥 단독종주 8구간	423
제2차 금북정맥 단독종주 9구간	443
제2차 금북정맥 단독종주 10구간	463
제2차 금북정맥 단독종주 11구간	484
제2차 금북정맥 단독종주 12구간	500
제2차 금북정맥 단독종주 13구간	525

01
제2차 낙동정맥

조선시대 우리 조상들이 인식하던 한반도의 산맥 체계는 하나의 대간(大幹)과 하나의 정간(正幹), 그리고 13개의 정맥(正脈)으로 이루어진 것이었다.

조선 영조때 신경준(申景濬)이 편찬한 것으로 알려진 조선의 산경(山經)체계를 도표로 정리한 책, 표의 기재양식은 상단에 대간(大幹), 정맥(正脈)을 표시하고 아래에 산(山), 봉(峰), 영(嶺), 치(峙) 등의 위치와 분기(分岐)관계를 기록하고 있다. 내용은 백두대간(白頭大幹)과 이어서 연결된 14개의 정간(正幹), 정맥(正脈)으로 구분되어있다.

조선의 산맥체계를 수계(水系)와 연결시켜 일목요연하게 정리하여 놓은 책으로서 일반적으로 사용되고 있는 일제 강점기 시대에 사용하던 산맥 구분 및 산맥 명칭이 조선의 전통적인 산자 분계 체계를 파악할 수 있는 점에 중요한 의의가 있으며 1913년 조선광문회(朝鮮廣文會)에서 활자본으로 간행 널리 유포되었다.

낙동정맥(洛東正脈)은 낙동강 동쪽에 위치한 정맥이다. 낙동정맥(洛東正脈)은 백두산(白頭山)에서 지리산(智異山)까지 전 국토의 근골(筋骨)을 이룬 산줄기가 태백의 매봉산, 천의봉(1303m)에서 갈려져 남쪽으로 구봉산(九峰山), 백병산(白屛山, 1,259m), 면산(1.004m), 통고산(1.066.5m), 검마산(1.017.7m), 독경산(684.1m), 침곡산(725.8m), 운주산(807.3m), 사룡산(四

龍山, 685m), 단석산(斷石山, 829m), 고현산(1.034.1m), 가지산(加智山, 1.241m), 신불산(1159m), 영축산(1,081m), 천성산(920.2m), 금정산(金井山, 800.9m), 백양산(641m) 등이며, 다대포 몰운대까지 약 370㎞에 이른다.

낙동정맥은 강원도 태백에서 시작해 경상북도와 경상남도의 동해안과 낙동강 유역의 내륙을 가르는 분수령 산맥이다.

이번 종주산행 출판은 제2차 백두대간 출간 제2차 금호남정맥 호남정맥편 제2차 금남정맥 낙남정맥 금강기맥편 출간에 이어 제2차 낙동정맥 금북정맥편 종주기를 출판한다.

낙동정맥에 기록되어있는 주요 산이름과 재명은 다음과 같다.

매봉산 천의봉(1.305.3m) - 피재 - 구봉산(902.2m) - 우보산(933.6m) - 통리고개 - 백병산(1260.6m) - 면산(1246m) - 석개재 - 묘봉(1168m) - 진조산(912m) - 답운치 - 통고산(1066.5m) - 애미랑재 - 칠보산(974.2m) - 한티재(430m) - 검마산(1017m) - 독경산(684.1m) - 창수령 - 명동산(813.1m) - 황장재 - 대둔산(900.1m) - 먹구봉(846.1m) - 피나무재 - 통점재 - 침곡산(725.8m) - 한티재 - 운주산(807.3m) - 이리재 - 도덕산(703.2m) - 어래산(510.4m) - 관산(393.6m) - 만불산(275.4m) - 아화고개 - 사룡산(685.5m) - 당고개 - 단석산

(827.2m) - 백운산(892.7m) - 고현산(1034.1m) - 외항재 - 운문령 - 가지산(1241m) - 능동산(983.1m) - 배내고개 - 간월산 (1083m) - 신불산(1159m) - 영축산(1081m) - 천성산(920.2m) - 금정산(809m) - 백양산(641m) - 구덕산(545.3m) - 다대포 몰운대

구 간	출발지 – 도착지	산행 거리	산행 시간
제1구간	매봉산.삼수령 – 통리고개	11.2km	6시간04분
제2구간	통리고개 – 석개재	19.4km	8시간 22분
제3구간	석개재 – 답운치	25.63km	10시간07분
제4구간	답운치 – 애미랑재	13.1km	5시간 03분
제5구간	애미랑재 – 한티재	20.3km	7시간 21분
제6구간	한티재 – 휴양림 갈림	14.9km	6시간 21분
제7구간	휴양림갈림길 – 창수령	29.7km	13시간 39분
제8구간	창수령 – 황장재	34.1km 접속1.24km	12시간 32분
제9구간	황장재 – 주산재	22.2km 접속1.09km	10시간 41분
제10구간	주산재 – 통점재	21.6km 접속1.26km	9시간 57분
제11구간	통점재 – 한티재	23.7km	10시간 32분
제12구간	한티재 – 이리재	12.76km 접속230m	5시간 57분
제13구간	이리재 – 마치재	24.31km	10시간 07분
제14구간	마치고개 – 909번 지방도로	18.98km	7시간 50분
제15구간	효리고개 – 당고개재	17.58km	7시간 12분
제16구간	당고개 – 산내고개	30. 9km	11시간 08분
제17구간	산내고개 – 배내고개	16. 3km	7시간 06분
제18구간	배내고개 – 안적고개	26. 5km	11시간 27분
제19구간	안적고개 – 사배고개	25.99km	9시간 08분
제20구간	사배고개 – 구덕령(꽃마을)	36.03km	10시간 45분
제21구간	구덕령 – 몰운대	17.66km	7시간 17분
		461.14km	188시간 36분

제2차 낙동정맥	산명 지명	높이	주소
낙동정맥 1구간	매봉산 천의봉	1305.3m	강원특별자치도 태백시 회전동 산47-1
낙동정맥 1구간	낙동정맥분기봉		강원특별자치도 태백시 창죽동 산 1-2
낙동정맥 1구간	구봉산	902.2m	강원특별자치도 태백시 화지동 287-62
낙동정맥 1구간	우보산	933.6m	강원특별자치도 삼척시 도계읍 신포리 산 111-4
낙동정맥 1구간	늡티고개		강원특별자치도 태백시 통동 산 68-4
낙동정맥 1구간	통리고개		강원특태백시 통동 75-99
낙동정맥 2구간	백병산	1260m	강원특별자치도 태백시 백산동 54
낙동정맥 2구간	구랄산	1071.6m	강원특별자치도 태백시 철암동 470
낙동정맥 2구간	면산	1246m	강원특별자치도 삼척시 가곡면통곡리산128
낙동정맥 2구간	석개재		강원특별자치도삼척시 가곡면통곡리산128-62
낙동정맥 3구간	묘봉	1168.9m	경상북도 봉화군 석포면 석포리 산1-189
낙동정맥 3구간	삿갓봉	1119.1m	강원특별자치도삼척시 가곡면 풍곡리
낙동정맥 3구간	한나무재		경상북도 울진군 금강송면 쌍전리 산 148
낙동정맥 3구간	진조간	912m	경상북도 울진군 금강송면 쌍전리 산 149-5
낙동정맥 3구간	굴전고개		경상북도 울진군 금강송면 광희리 산 1-1
낙동정맥 3구간	답운치		경상북도 울진군 금강송면 광희리 산 1-34
낙동정맥 4구간	통고산	1066.5m	경상북도 울진군 금강송면 쌍전리 산 150-1
낙동정맥 4구간	전망봉	937.7m	경상북도 울진군 금강송면 광희리 산 8-1
낙동정맥 4구간	애미랑재		경상북도 영양군 수비면 신암리 산 19-77
낙동정맥 5구간	칠보산	974.2m	경상북도 영양군 수비면 신암리 산 19-84
낙동정맥 5구간	세신고개		경상북도 영양군 수비면 계리 산 93
낙동정맥 5구간	전망봉	885.5m	경상북도 영양군 수비면 반리리 산 1
낙동정맥 5구간	갈등재		경상북도 영양군 수비면 반리리 산 82-9
낙동정맥 5구간	한티재	430m	경상북도 영양군 수비면 반리리 산 52-1
낙동정맥 6구간	우전고개		경상북도 영양군 수비면 오기리 988
낙동정맥 6구간	추령		경상북도 영양군 수비면 가천리 산 10-1
낙동정맥 6구간	삼각봉	636m	경상북도 영양군 일월면 송하리 산 55-1
낙동정맥 6구간	왕능봉	674m	경상북도 영양군 수비면 오기리 산 87-2
낙동정맥 6구간	덕재		경상북도 영양군 수비면 죽파리 산 46-8

낙동정맥 6구간	휴양림 임도			경상북도 영양군 수비면 죽파리 39-1
낙동정맥 7구간	갈미산	927.1m		경상북도 영양군 수비면 죽파리 39-1
낙동정맥 7구간	검마산	1017m		경상북도 영양군 수비면 본신리 32-1
낙동정맥 7구간	백암산	1004m		경상북도 울진군 온정면 온정리 산 1-1
낙동정맥 7구간	윗삼승령			경상북도 울진군 온정면 조금리 산 114
낙동정맥 7구간	아랫삼승령			경상북도 영양군 영양읍 가산리 산 11-1
낙동정맥 7구간	쉼섬재			경상북도 영양군 영양읍 가산리 산 11-1
낙동정맥 7구간	저시재			경상북도 영덕군 창수면 백청리 산 22-1
낙동정맥 7구간	윗재			경상북도 영덕군 창수면 백청리 산 2
낙동정맥 7구간	독경산	683.2m		경상북도 영덕군 창수면 갈전리 산 1-1
낙동정맥 7구간	창수령			경상북도 영덕군 창수면 창수리 산 10-27
낙동정맥 8구간	명동산	813.1m		경상북도 영덕군 영해면 대리 산 121-1
낙동정맥 8구간	박진고개			경상북도 영양군 석보면 삼의리 산 37
낙동정맥 8구간	화매재			경상북도 영양군 지품면 황장리 산 27-1
낙동정맥 8구간	황장재			경상북도 영양군 지품면 황장리 산 77-3
낙동정맥 9구간	갈평재			경상북도 청송군 진보면 괴산리 산 143
낙동정맥 9구간	대둔산	900.1m		경상북도 청송군 진보면 괴정리 산 14152-1
낙동정맥 9구간	먹구등	846.2m		경상북도 청송군 진보면 상의리 산 21-1
낙동정맥 9구간	명동재			경상북도 청송군 진보면 상의리 산 21-1
낙동정맥 9구간	느지미재			경상북도 청송군 진보면 상의리 산 21-1
낙동정맥 9구간	왕거암	907.4m		경상북도 청송군 진보면 괴산리 산 6-1
낙동정맥 9구간	대관령			경상북도 영덕군 달산면 용전리 산 22-1
낙동정맥 9구간	주산재			경상북도 청송군 주왕산면 주산지라 산 48-1
낙동정맥 10구간	피나무재			경상북도 청송군 주왕산면 내룡리 산 88
낙동정맥 10구간	평두산	622.7m		경상북도 청송군 부남면 이현리 산 127
낙동정맥 10구간	질고개			경상북도 청송군 부남면 이현리 산 78-1
낙동정맥 10구간	통점재			경상북도 청송군 부남면 중기리 산 86-3
낙동정맥 11구간	가시령			경상북도 포항시 북구 죽장면 가사리 산 6-4
낙동정맥 11구간	성법봉	811m		경상북도 포항시 북구 죽장면 상옥리 산 225
낙동정맥 11구간	배실재			경상북도 포항시 북구 기북면 오덕리 산 41-1

구간	지명	고도	주소
낙동정맥 11구간	침곡산	725.8m	경상북도 포항시 북구 기북면 용기리 산15
낙동정맥 11구간	한티재		경상북도 포항시 북구 기계면 기안리 산 57
낙동정맥 12구간	구 한티재		경상북도 포항시 북구 죽장면 정자리 산 108
낙동정맥 12구간	불랫재		경상북도 영천시 자양면 도일리 산 47
낙동정맥 12구간	운주산	801.3m	경상북도 영천시 자양면 도일리 산 78-1
낙동정맥 12구간	이리재		경상북도 포항시 북구 기계면 봉계리 산 108
낙동정맥 13구간	봉좌산	614.9m	경상북도 포항시 북구 기계면 봉계리 산43-8
낙동정맥 13구간	도덕산	703.2m	경상북도 영천시 고경면 오룡리 산 55-1
낙동정맥 13구간	오룡고개		경상북도 영천시 고경면 오룡리 1393
낙동정맥 13구간	씨티재		경상북도 경주시 안강읍 호국로 1807
낙동정맥 13구간	어림간	510.2m	경상북도 영천시 고경면 논실리 산 80-1
낙동정맥 13구간	마치재		경상북도 영천시 고경면 덕정리 산 60-1
낙동정맥 14구간	남사봉	471m	경상북도 경주시 서면 도리 산 32-1
낙동정맥 14구간	한무당재		경상북도 영천시 고경면 덕정리 산 92-5
낙동정맥 14구간	외골재		경상북도 경주시 서면 도리 산 205
낙동정맥 14구간	괴산	393.6m	경상북도 영천시 북안면 신촌리 산 75-1
낙동정맥 14구간	만불산	275.4m	경상북도 경주시 서면 아와리 산 17
낙동정맥 14구간	와화고개		경상북도 경주시 서면 아와리 산 23-3
낙동정맥 14구간	효기고개		경상북도 경주시 서면 서오리 산 10-1
낙동정맥 15구간	사룡산	656m	경상북도 경주시 산내면 우라리 산 90
낙동정맥 15구간	숙고개재		경상북도 경주시 산내면 우라리 산 99-2
낙동정맥 15구간	석두산	755m	경상북도 경주시 건천읍 송선리 산 147
낙동정맥 15구간	독고불재		경상북도 경주시 건천읍 송선리 산 145-1
낙동정맥 15구간	오리재		경상북도 경주시 건천읍 송선리 산 105
낙동정맥 15구간	당고개		경상북도 경주시 건천읍 송선리 산 100-1
낙동정맥 16구간	단석산		경상북도 경주시 건천읍 방내리 산 91-1
낙동정맥 16구간	상목골재		경상북도 경주시 산내면 내일리 산 539-120
낙동정맥 16구간	소호고개		울산시 울주군 두서면 내외리 산 102-3
낙동정맥 16구간	백운산	892.7m	울산시 울주군 두서면 내외리 산 118
낙동정맥 16구간	고현산	1034.1m	울산시 울주군 상북면 궁근정리 산 9

낙동정맥 16구간	외항재		경상북도 경주시 산내면 대현리 산 329-1
낙동정맥 17구간	산내고개		경상북도 경주시 산내면 대현리 산 2972-1
낙동정맥 17구간	신원봉	894.8m	경상북도 청도군 운문면 신원리 산 24-3
낙동정맥 17구간	운문령		울산시 울주군 상북면 덕현리 산 71-1
낙동정맥 17구간	상운산	1114m	울산시 울주군 상북면 덕현리 산 232-26
낙동정맥 17구간	가지산	1241m	울산시 울주군 상북면 덕현리 산 232-2
낙동정맥 17구간	능동산	983.1m	울산시 울주군 상북면 이천리 산 143-1
낙동정맥 18구간	배네고개		울산시 울주군 상북면 양등리 산 145-8
낙동정맥 18구간	배내봉	966 m	울산시 울주군 상북면 등업알프스리 산 216-1
낙동정맥 18구간	간월산	1069 m	울산시 울주군 상북면 등업알프스리 산 220-3
낙동정맥 18구간	신불산	1159 m	울산시 울주군 상북면 등업알프스리 산 180
낙동정맥 18구간	영축산	1081 m	울산시 울주군 삼남읍 방기리 산 52
낙동정맥 18구간	정족산	748 m	경상남도 양산시 하북면 용연리 산 63-1
낙동정맥 18구간	안적고개		경상남도 양산시 주남동 산 160
낙동정맥 19구간	천성산 2봉	855 m	경상남도 양산시 하북면 용연리 산 63-1
낙동정맥 19구간	은수고개		경상남도 양산시 하북면 용연리 산 63-2
낙동정맥 19구간	원효산(천성산)	922 m	경상남도 양산시 하북면 용연리 산 63-2
낙동정맥 19구간	웅봉산(군지산)	535.9m	경상남도 양산시 동면 법기리 산 14-1
낙동정맥 19구간	군지고개		경상남도 양산시 동면 여락리 산 492-1
낙동정맥 19구간	남낙고개		경상남도 양산시 동면 여락리 산 302-48
낙동정맥 19구간	사배이산	286 m	부산광역시 금정구 노포동 산 1-1
낙동정맥 19구간	지경고개		부산광역시 금정구 노포동 1097-5
낙동정맥 19구간	계명봉	601.5m	부산광역시 금정구 청룡동 산 2-1
낙동정맥 19구간	사베고개		부산광역시 금정구 청룡동 산 2-1
낙동정맥 20구간	갑오봉	720 m	경상남도 양산시 동면 사송리 산 143
낙동정맥 20구간	장군봉	734.5m	경상남도 양산시 동면 금산리 산 3-1
낙동정맥 20구간	고당봉	801.9m	부산광역시 금정구 금성동 산 1-1
낙동정맥 20구간	북문		부산광역시 금정구 금성동 산 1-1
낙동정맥 20구간	원효봉	686.9m	부산광역시 금정구 금성동 산 1-1
낙동정맥 20구간	의상봉	640.7m	부산광역시 금정구 금성동 산 1-1

구간	지점명	고도	주소
낙동정맥 20구간	동문		부산광역시 금정구 금성동 산 41-8
낙동정맥 20구간	산성고개		부산광역시 금정구 금성동 산 41-12
낙동정맥 20구간	대륙봉	520 m	부산광역시 금정구 장전동 산 30
낙동정맥 20구간	동제봉	540 m	부산광역시 금정구 금성동 산 69-5
낙동정맥 20구간	만덕고개		부산광역시 동래구 온천동 산 180-2
낙동정맥 20구간	쇠미산어귀전망대		부산광역시 동래구 온천동 산 191
낙동정맥 20구간	백양산 만남의숲		부산광역시 부산진구 초읍동 43
낙동정맥 20구간	불웅령	615 m	부산광역시 북구 구포동 산 48-1
낙동정맥 20구간	백양산	642 m	부산광역시 부산진구 초읍동 산 96-1
낙동정맥 20구간	애진봉	550 m	부산광역시 부산진구 당감동 산 34
낙동정맥 20구간	삼각봉	454 m	부산광역시 사상구 쾌법동 산 1-1
낙동정맥 20구간	엄광산	504 m	부산광역시 서구 서대신동 산 2-1
낙동정맥 20구간	구덕령		부산광역시 서구 서대신동 3가 7-5
낙동정맥 21구간	구덕산	545.3m	부산광역시 서구 서대신동 3가 산 18-1
낙동정맥 21구간	시약산	510 m	부산광역시 사하구 괴정동 산 1-1
낙동정맥 21구간	대티고개		부산광역시 사하구 괴정동 123-7
낙동정맥 21구간	감천고개		부산광역시 사하구 괴정동 611-3
낙동정맥 21구간	봉화산	156.4m	부산광역시 사하구 장림동 산 6-1
낙동정맥 21구간	다대고개		부산광역시 사하구 다대동 1437
낙동정맥 21구간	아미산봉수대	234.1m	부산광역시 사하구 장림동 산 96-14
낙동정맥 21구간	다대포 몰운대		부산광역시 사하구 다대동 산 144

제2차 낙동정맥 단독종주 1구간

매봉산 천의봉 : 강원도 태백시 삼수동 매봉산 삼수령
통리고개 : 강원도 태백시 황연동 통리고개
도상거리 : 매봉산 삼수령 11.2km 통리고개
소요시간 : 매봉산 삼수령 6시간 4분 통리고개
이동시간 : 매봉산 삼수령 4시간 50분 통리고개
고랭지입구 출발 9시 40분, 매봉산 도착 10시 매봉산 출발 10시 30분,
낙동분기점 도착 10시 50분, 낙동분기점 출발 11시 02분,
작은피재 11시 20분, 구봉산 도착 11시 31분, 대박등 12시 1분,
창신월드갈림길 12시 21분, 임도절개지 1시 2분, 전망바위 1시 35분,
전망바위 출발 1시 42분, 유령산 2시 3분, 느릅령榆嶺山靈堂 2시 30분,
우보산 2시 50분, 통리역 3시 28분, 통리고개 3시 43분

제2차 백두대간 제2차 금호남정맥, 금남정맥, 호남정맥, 낙남정맥에 이어 낙동정맥 종주를 계획하고 2016년 3월 5일 출발하려고 했는데 비가 와서 하루 미루고 3월 6일 출발하려고 5일 저녁 10시 20분 동해행 심야버스(35,000)로 동해에 도착하니 새벽 2시경이다. 택시로 찜질방에 가서 잠을 자고 6시에 나와 버

스터미널에 와보니 태백 첫차가 7시25분이라 1시간가량 기다리다 7시 25분 버스로 태백에 도착해 아침밥(황태국밥)을 먹고 택시로(10,000)매봉산 아래 물통 있는 곳까지 올라가 산행 초입에서 20여분 올라가 매봉산(천의봉)에 올라서니 오전 10시다. 간단히 준비해간 과일과 술로 낙동정맥 완주까지 무사산행을 산신령께 기원하고 있는데 부산 낙동산악회 백두대간 팀이 올라온다. 낙동산악회 대원들은 무박으로 화방재에서 피재까지 간다며 반가히 맞이한다. 이분들에 손을 빌려 사진도 몇판 찍어두고 낙동산악회 김종호 회장과 통화도 하고 무사산행을 기원하는 인사를 나눈다.

  낙동산악회는 2002년도 백두대간(제2기)에 이어 금호남정맥, 금남정맥, 호남정맥, 한남금북정맥까지 같이해 김종호 회장과는 각별한 사이다. 오늘 매봉산(천의봉)을 출발해 부산 몰운대까지 첫발을 내딛는다. 시작이 반이라고 시작하기가 어렵지 시작만 하면 가기 마련이다. 일대간 구정맥(一大幹 九正脈)을 1차로 마치고 제2차로 白頭大幹 南進 제2차 금호남정맥, 금남정맥, 호남정맥, 낙남정맥에 이어 제2차 낙동정맥 남진을 시작하는 의미는 남다르다. 이제 앞으로 계속 2차 9정맥을 마무리 할때까지 건강을 유지해야 할 텐데 하는 생각이 든다. 남들은 75세 나이에 너무 무리한게 아니냐고 하지만 만약 지금 산행을 접으면 건강을 지키기 어렵다 생각하고 건강이 허락할때까지 산행은 계속할 것이다.

2016년 3월 6일 흐린후 맑음

  산행 준비를 하고 10시30분 매봉산에서 낙동정맥 첫발을 내딛는다.

【좌표 N 37: 12: 41.8 E 128: 58: 09.8: 】

매봉산 정상은 백두대간에 속해 있으며 정상에서 20여미터 내려오면 왼쪽은 풍력계가 줄지어있는 능선으로 함백산으로 이어지고 직진은 피재로 내려가는 길이다. 매봉산에는 40여만평이나 되는 광활한 배추밭, 거대한 풍력발전단지가 있고 정상 주위는 바람의 언덕이 있어 태백의 준령들을 두루 살필 수 있다. 매봉산 고랭지 채소밭은 1960년대 박정희대통령 시절, 강원도 산간에 흩어져 살던 화전민들을 매봉산 자락으로 이주시켜 고랭지채소밭을 일구었다니 초기 이주민들의 고초가 얼마나 컸을지 떠올려 본다. 가파른 내리막을 내려 고랭지 채소밭을 지나고 커다란 물통을 10시41분 지나간다. 예전에 있던 물통은 재거하고 새로 물통을 만드는 중이라 어수선하고 이정표에 피재(삼수령)1.8km 작은피재 1.8km로 거리가 같으며 낙동정맥 매봉산

백병산간 등산로 안내판이 있고 앞에 커다란 풍력계 돌아가는 소리가 요란히 들린다. 오늘은 어젯밤까지 내린 비로 땅에 물이 안빠져 질퍽거려 신발이 엉망이다. 임도는 왼쪽으로 마루금은 풍력계가 있는 쪽으로 직진으로 내려오면 낙동정맥 분기점이다. 10시54분

좌표【 N 37: 12: 09.8: E 128: 58: 32.0: 】

백두대간에서 낙동정맥 분기점에는 2007년 9월 태백 수목산악회에서 세운 커다란 표지석이 있고 부산 건건산악회에서 세운 알미늄 이정표가 있다. 2008년 2월 17일 1차때는 한국등산클럽 대원들과 함께 올라오는데 눈이 많아 길 찾는데 어렵게 올라 왔는데 오늘은 날이 좋아 볼게 많고 표지석도 옛날 그대로인

데 눈이 없는 대신 땅이 질퍽거려 신발이 말이 아니다. 낙동정맥은 이곳부터 백병산 통고산 백암산 청도 가지산 신불산 영취산 천성산 금정산을 거처 부산 다대포 몰운대에서 마무리된다. 이곳은 2003년 7월 5일 백두대간 1차때(북진)때 이곳을 지나간 곳이고 2008년 2월 17일 낙동정맥 1차때(북진)이곳에서 마무리하고 2011년 6월 14일 제2차 백두대간(남진)때 이곳을 지나갔으며 이번이 4번째 제2차 낙동정맥을 시작한다. 이곳에서 백두대간은 북쪽으로 직진이고 낙동정맥은 동쪽으로 작은피재로 내려선다. 능선 내리막을 10분 내려오면 산판길 임도다. 이정표에 매봉산 1.8km 작은피재 0.5km이며 곳곳에 이정표가 있어 편리하다. 포장 산판길 임도를 가로질러 직진으로 능선 내리막을 내려 35번 국도가 지나는 작은 피재에 내려서니 10시20분이다.

좌표【 N 37" 12" 56.7" E 128" 59" 16.1" 】

작은 피재에는 주 강원환경이란 커다란 표지석이 있고 넓다란 공장부지가 조성중이다. 마루금은 도로를 건너 능선으로 들어서 이정표를 따라 오르막을 20여분 올라가면 구봉산 정상이다. 구봉산 정상에는 구봉산이란 표지판아래 판자에 낙동정맥 구봉산이란 정상 표지판이 놓여있다. 구봉산(九鳳山.九峯山)은 적각동 된각마을 뒤쪽에 있는 산이다. 산의 봉우리가 아홉이어서 구봉산(九峯山)이라 한다고 하며 또는 풍수학에서 아홉마리의 봉(鳳)이 춤을 추는 형상의 명당이 있는 산이라서 구봉산(九

鳳山)이라 한다고도 한다. 단기4249년에 발행한 삼척군지(三陟郡地)에는 구봉산(九峯山)으로 되어 있으며 큰 늪이 있다. 이 지역은 동저 서고(東低西高)가 뚜렷하여 동쪽지역은 도계읍으로 낮은 지역이고 서쪽은 태백시로 높은 지역이다. 정상에는 쉼터가 있고 가야할 송전 철탑과 대박등 등 능선이 남동쪽으로 건너다 보인다. 정상에서 사진한판 찍고 가파른 내리막을 내려오면 작은 피재에서 갈라진 임도를 만난다. 발원지 탐방길26 이정표에 작은피재 0.8km 대박등 0.8km 창신월드 1.5km 이정표를 지나며 오른쪽에 수자원공사 건물을 보며 오르막을 올라 5분후 해바라기축제 조형물로 보이는 철조물을 지나고 대박등에 올라서니 12시2분이다.

　　　　　　　좌표【 N 37° 12′ 56.7″ E 128° 59′ 48.9″ 】

　대박등(大朴嶝)은 가파른 절벽능선 중의 꼭대기를 의미. 大朴은 대배기(꼭대기를 의미하는 경북방언)의 이두식 한자표기로 여겨진다. 이곳의 동쪽은 가파른 절벽이나 서쪽은 완만한 구릉을 이루어 한반도의 특징인 동고서저(東高西低)지형을 실감할 수 있다. 대박등은 삼각점이 있으며 쉼터가 있고 전망이 좋아 지나온 매봉산에 이어 구봉산 동으로 도계읍이 내려다보이고 가야할 능선이 줄지어 보인다. 대박등 정상은 동쪽으로 가파른 경사지역으로 추락주의 안내판이 있으며 발원지 탐방길 25번 이정표에 유령산 4.4km 삼수령(피재) 1.6km이고 마루금은 잣나무 숲길 내리막을 한동안 내려 발원지 탐방로 24번 이정표 창신월드 0.2km 작은피재 2.1km 대박등 0.3km를 지나며 오르막 능선을 올라 산행 중 동물관찰 요령 안내판을 12시 16분 지나 1분후 능선길에 고압철탑 118번을 지나 계속해서 산판길 오르막을 올라 발원지 탐방길 22번 이정표 작은피재 2.2km 대박등 0.3km 창신월드 0.1km지점에서 임도는 직진 창신월드 쪽이고 마루금은 왼쪽 숲길로 들어서 내려서니 줄묘 3기가 나오고 안부이고 임도는 오른쪽 아래로 지나간다.

　이곳부터 완만한 능선을 오르내리며 더러는 금강송 더러는 낙엽송 능선을 오르내리다 안동권씨 묘를 지나 내려서니 임도 절개지가 나온다. 마루금은 오른쪽 폐건물 쪽으로 내려가 임도에서 이정표에 전망바위 이정표가 있는데 마루금은 임도를 따르다 공사 중 절개지를 올라서 능선길로 접어들어 잘 정돈된 돌길을 올라 약간 내리막을 내려 다시 가파른 오르막을 한동안 올라 전망바위에 올라서니 오후 1시 36분이다. 전망바위 922봉은 전망이 좋아 사방이 확 트였으며 도계읍이 내려다보이고 건너편에 유령산 백병산 뒤로 매봉산 함백산이 보이고 나무로 만든 쉼터도 있다. 사방을 관망하고 내리막을 내려 다시 철탑을 1시 47분지나 가파른 오르막을 한동안 올라 유령산 정상에 올라서니 2시 3분이다.

　　　　　　좌표【 N 37" 10" 50.6"　E 129" 01" 07.3" 】

　유령산(楡嶺山)은 해발 932.4m로 통리와 도계사이에 있는 산으로 흔히 느릅령산이라 한다. 옛날에는 우보산(牛甫山) 또는 우산으로 부르던 산이다. 느릅령(楡峴.楡嶺) 황지 지방에서 도계 지방으로 넘어가는 큰고개다. 옛날에 삼척지방에서 경상도로 가기위해 꼭 넘어야 했던 고개이다. 고개마루 산신당이 있어서 매년 음력 4월 16일 통리와 도계지역 사람들이 모여 산신제를 올린다. 대동여지전도(大東輿地全圖)와 대동여지도(大東輿地圖)에는 유현「楡峴」으로 대동지지(大東地志)와 척주지(陟州誌)에는 유령(楡嶺)으로 표기되어 있다. 큰 느릅나무(楡)가 고개 마루에 많았다고 느릅령(楡嶺)이라 불렀다고 하나 사실은 느릅나무 보다는 넘어재, 넘을재에서 온 말이 아닐까 하며 또한 느러진고개 즉 낮은 산등을 의미한다고 본다. 유령산 정상에는 정상석에 낙동정맥 유령산 932.4m 정상석이 있으며 유령산과 느릅령에 관한 내용문이 있으며 전망이 좋아 사방이 잘보인다. 정상에서 인증샷을 하고 2시9분 출발해 가파른 내리막을 한동안 내려와 느릅령에 내려오니 2시30분이다.

좌표【 N 37° 10" 43.6" E 129° 01" 23.1"】

榆嶺祭遺來文

이곳 느릅嶺은 新羅때 임금이 太白山 天祭를 올리기爲해 소를 몰고 넘던 고개이며 朝鮮時代에는 太白山을 向해 望祭를 올리던 곳으로 牛甫山이라고도 했다. 먼 옛날 車道와 鐵道가 나기전 이 고갯길은 嶺東과 嶺西를 잇는 交通要衷地로 險하고 높기에 猛虎의 被害가 甚하여 고개밑에서 十餘名이 모여서 넘곤 했다. 그후 住民들이 山堂을 짓고 嶺路의 無事 安行과 住民의 平安과 豊年農事를 祈願하게 된 것이 千年이 넘는다. 中間에는 官廳에서 補助奉祭 하다가 壬辰倭亂등 亂世에는 中斷하므로 山堂이 무너지는 등 被害가 極甚하던때 黃地에 살고 있는 孝子가 所達場에 父親祭祀 장보러갔다가 그날따라 늦어서 幕群에 合流하지 못하고 혼자 넘다가 호랑이인 山靈에게 홀려서 죽게될 지경에 이르자 아버님 祭祀奉行으로 살려달라고 哀願하니 山靈曰 孝誠이 至極하니 나의 請을 들어주면 살려주겟노라 하며 請曰 황소를 잡아 여기에 祭祀를 올려 주면 無事하리라 하기에 約束하고 歸家하여 父親

祭祀후 黃牛를 祭物로 陰四月十六日에 祭祀를 올리게 된 後 부터는 太白과 三陟住民들이 山堂을 復原하고 每年 이날 黃 牛를 祭物로 無事 太平과 所望奉祭祀 하게 된 것도 于今數百 年이다.

檀紀 四千三百三十年 陰四月十六日
榆 嶺 奉 祭 祀 會 謹竪

느릅령에는 유령재 유래문 비석이 있고 유령산령당(榆嶺山 靈堂)이 있다. 느릅령에는 차량이 올라올 수 있는 길이 있어 오늘도 승용차 한대가 올라와 있는데 산령당에서 기도를 올리는 모양이다. 마루금은 이정표 뒤로 풀치기를 한 잣나무 능선을 한동안 올라서 가파른 암능을 한동안 올라 우보산 정상에 올라서

니 2시50분이다.

좌표【 N 37" 10" 35.5" E 129" 01" 34.3" 】

우보산 정상도 전망이 좋아 도계 일대와 멀리 동해 바다까지 가물가물 가름해본다. 마루금은 오른쪽으로 능선을 내리다 왼쪽으로 비탈길을 내리며 가파른 통나무 계간을 한동안 내려와 돌탑이 있고 느릅령터 안내판을 지나며 삼거리에서 오른쪽 능선길로 접어들면서 완만한 능선길을 내려 통리역앞 도로에 내려서니 3시28분이다. 통리역은 대한민국 강원도 태백시 통리에 있는 역이었다. 한국철도공사가 관할하고 있고, 2012년 6월 27일 솔안터널의 개통에 따라 동백산-도계 구간이 이설된 후 폐역되었다. 그러나 화랑대역처럼 이 역은 동백산역에 딸린 화물기능을 수행하고 있다. 인근 탄광에서 생산하는 무연탄을 대한민국 주요 도시로 보낸다. 통리~심포리 구간에는 1963년까지 인클라인 시설이 있었고, 이후 통리~도계 구간은 많은 터널과 1개소의 스위치백으로 대체되었다. 통리~도계 구간은 급경사 구간이었으므로 이 역에서는 한때 보조 기관차를 연결하여 화물 열차의 운행을 돕는 모습을 볼 수 있었지만 2007년 12월 31일에 폐지되었다.

이 역은 여객 및 화물을 취급하여 일부 무궁화호 열차가 정차했으나 솔안터널 개통 이후로 여객업무는 동백산역으로 넘어가게 되어 폐지되었다. 통리역 스탬프도 2012년 6월 27일부터 동백산역으로 옮겨갔다. 현제 통리역사는 폐쇄되었고 역사안에는 2015년 태백통리 도시 재생 주민학교 2기 수료식이란 현수막만 걸려 있고 철로에는 레일코스터(관광용)만 줄지어 있다. 역사 앞을 지나 철길을 건너가 삼거리에서 38번 국도를 따라 왼쪽으로 올라가면 통리재 삼거리다.

좌표【 N 37" 10" 22.2" E 129" 02" 29.2" 】

통리재는 태백 도계간 38번국도가 지나며 삼거리에서 마루금은 427번 지방도를 따라 태연사 표지석에서 태연사 진입로를 따른다. 낙동정맥 첫구간은 매봉산(1303.1m)을 출발해 작은피재 구봉산(910m), 대박등(930.8m), 유령산(932.4m), 우보산(931m) 통리역을 거쳐 통리 고개에서 마무리 한다. 오늘 산행은

거리가 짧은 관계로 넉넉히 산행을 했으며 버스로 태백으로 내려와 식사를 하고 숙소로 들어와 집으로 전화를 하고 일찍 잠자리에 들어간다.

제2차 낙동정맥 단독종주 2구간

통리고개 : 강원도 태백시 황연동 통리 통리고개
석개재 : 강원도 삼척시 가곡면 풍곡리 석개재
도상거리 : 통리고개 19.4km 석개재
소요시간 : 통리고개 9시간41분 석개재
이동시간 : 통리고개 8시강22분 석개재

통리고개출발 6시 35분, 태현사 6시 39분, 1090봉 7시 39분, 아면등재 8시 11분, 고비덕재 8시 29분, 백병산강림길 8시 49분, 백병산정상 8시 58분, 큰재 9시 32분, 육백분기봉 9시 37분, 휴양림삼거리 10시 41분, 토산령 11시 50분, 구랄산 12시 40분, 면산 2시 23분, 1009.3봉 4시 14분, 석개재도착 4시 25분

2016년 3월 7일 맑음

오늘은 어제에 이어 두 번째 날이다. 아침 일찍 일어나 숙소(가든모델)앞 식당에서 아침을 먹고 택시(6,000원)로 통리고개 어제 마무리한 태현사 표지석 앞에 도착하니 6시 34분이다. 택시기사에게 부탁해 사진한판 찍고 출발한다. 오늘은 거리는 20

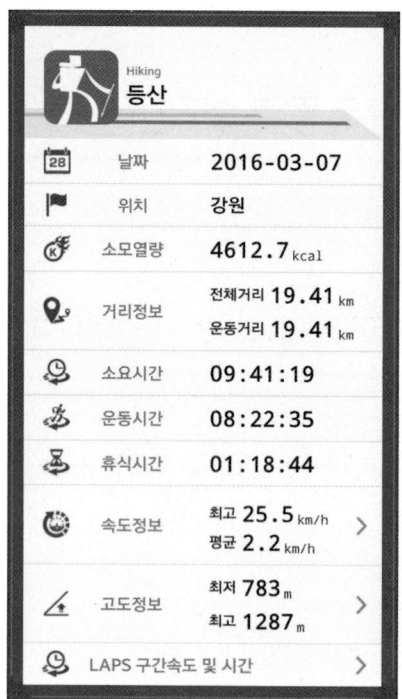 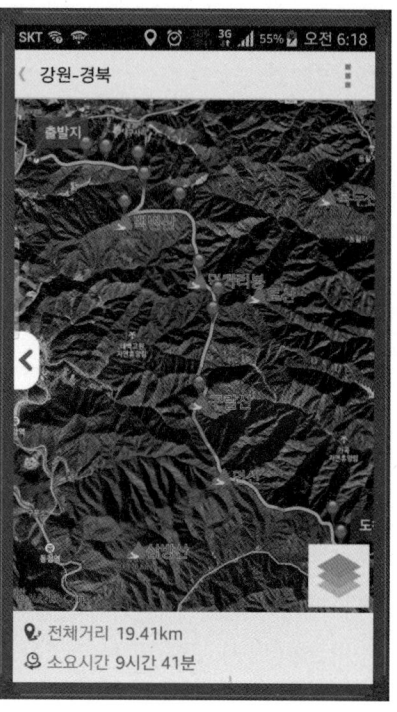

km가량이며 석개재에서 다시 태백으로 돌아와 오후 6시 20분 부산행 버스를 타야기에 서둘러야 한다. 민박집 뒤에서 개들이 요란히 짖어댄다. 마루금은 태현사 표지석 뒤로 임도를 따라 5분후 태현사에 도착한다. 태현사(절)는 그리 큰 절이 아니며 규모가 작은 암자 비슷한 절이다. 마루금은 절 옆으로 능선에 오르면 표지기가 걸려 있다.

 태현사를 지나 능선으로 들어서 오르막을 오르며 잘자란 잣나무 숲길로 올라가 6시 49분 철탑을 지나고 계속해서 오르막을 올라 쉼터 의자가 있고 이정표(통리 하산길 0.4km 백병산 정

상 4.2km)를 6시 55분 지나 오른쪽 잣나무 숲과 왼쪽 낙엽송밭을 지나며 가파른 오르막을 더러는 통나무 계단을 오르고 분기봉에 올라서 마루금은 오른쪽 능선으로 이어지며 느릿한 오르막을 오르며 이정표 고비덕재 2.5km 지점을 7시 12분 지나고 오르막을 올라 삼거리 이정표(통리하산길 1km 백병산 정상 3.6km)를 7시 16분 지나면서 마루금은 왼쪽으로 이어지고 오른쪽은 등산로 아님이라 되어있다. 약간에 내리막을 내려 능선을 가다 이정표(통리하산길 1.4km 고비덕재 2.3km)를 7시 24분 지나가며 능선 오르막을 올라 성 흔적이 있는 1090봉을 7시 39분 지나간다. 이정표에 백병산정상 2.9km지점이다. 마루금은 다시 가파른 내리막을 잠시 내리고 느긋한 오르막 능선을 올라 무명봉 쉼터가 있고 이정표(통리하산길 2.5km 백병산 2km)를 지나면서 산죽밭을 지나고 내리막 능선을 가다 안면등재에 도착하니 8시 12분이다. 안면등재는 고개 같지 않고 능선에 푯말이 있고 고개라고 하기엔 미흡하다. 이곳부터 백병산까지 2km를 낙동정맥 등산로 장기 모니터링 구간이다. 마루금은 능선을 가다 이정표 (통리역 하산길 3.2km 고비덕재 0.4km)를 8시 20분 지나고 오르막을 올라 5분후 백병산 1.1km를 지나면서 급경사 내리막을 내려 고비덕재에 내려서니 8시29분이다.

좌표【 N 37° 09" 11.0" E 129° 04" 28.5"**】**

고비덕재는 원통골에서 구사리 안쪽 백산들로 가는재 이다. 재 꼭대기가 편평한데 이곳에 나물이 많이 자생한다. 해서 '고비덕재'라고도 하고 옛날 지금의 태백 황지 사람들이 동해안에서 나는 소금을 비롯해 각종 해산물을 물물 교환하기 위해 넘나들던 주요 교통로이기도 하다. 통리 또한 내륙과 바다로 통한다고 해서 이름 붙여진 원통골에서 그 지명이 유래 하였는데 이역시 같은 맥락이라 할 수 있다. 고비덕재 이정표에 태현사 3.0km 휴양림 삼거리 0.54km이고, 다른 이정표에는 통리 하산길 3.6km 원통골 통리 초교 4km 백병산 0.9km 이다. 이정표 팻말이 각자 다르다. 넓은 공터 헬기장에서 갈증을 면하고 출발하여 산죽길을 한동안 가다 너덜지대를 올라 산죽능선을 올라서 백병산 갈림길 삼거리에 올라서니 8시 49분이다. 백병산 삼거리에는 태백시 산사랑회에서 세운 표지석(백병산 0.36km 면산 8.5km)이 있고 나무로 지붕을 한 정자가 있으며 통나무 쉼터와 이정표(통리 하산길 4.2km 백병산정상 0.4km 낙동정맥 면산 8.5km)가 있다. 삼거리에서 백병산 정상은 0.4km 오른쪽에 있고 면산은 왼쪽으로 정맥길이다. 이산이 낙동정맥에서 가장 높은 산이다. 시간은 없지만 정상을 인증샷하고 가야기에 백병산쪽으로 가는데 길은 양호해 백병산 정상(1259m)에 올라서니 8시 58분이다.

좌표【 N 37° 09" 30.3" E 129° 04" 07.2" 】

낙동정맥 백병산(白屛山)은 강원도 황연동에 위치하는 산이다. 이 산은 과거에 백산(白山)이라 불렸다.「척주지」에 삼태산은 우보산과 마주보고 있는데 가장 높고 크다. 삼태산 동쪽은 백산이고 백산 넘어는 우검산이다. 또 우검산 동쪽은 영은사 뒷산이고 동쪽은 마라읍산이다 라고 기록되어 있다. 이 내용을 통해서도 백산과 백병산이 같은 산이라는 것이 인정된다. 백산(白山)이란 이름은 산꼭대기의 바위가 흰 빛깔을 띤다는 데서 유래하였다. 백산(白山)이 백산(栢山)으로 바뀐 경위는 외자를 쓰면 오로워 진다는 속설 때문이라고 한다.『대동여지도』와 일제강점기에 제작된「조선 지형도」에는 백병산(白屛山)이라 표기되어 있다. 산은 꼭대기가 절벽으로 되어있고 그 모습은 흡사 바위병풍을 둘러놓은 듯하다. 산 이름은 흰 색조와 병풍같은 형상

에서 유래했음을 알 수 있다. 관령지명으로 백산동 백산역 백산분교 백산교 백산골이 있다. 병풍바위는 정상 건너편에 있다.

 정상에서 인증샷을 하고 다시 돌아와 남으로 오던 마루금은 동쪽으로 산죽밭길을 한동안 지나가고 능선을 오르내리며 잘자란 낙엽송 능선을 가다 통나무 쉼터가 있는 큰재를 9시 32분 통과한다. 낙동정맥 큰재 해발 1087m 이곳은 인근 고비덕재와 더불어 옛날 태백 통리주민들이 동해로 소금을 구하기 위해 넘던 길이며 무거운 소금가마니를 지고 다니느라 힘이 들어 「큰재」라 하였다. 인근 골짜기 중에 통리쪽으로 소금골이라는 골짜기가 존재하며 우리의 조상들은 귀중한 소금을 구하기 위하여 높고 험한 길을 어렵게 다니곤 하였다. 큰재도 안면등재와 같이 능선에 있으며 큰재 팻말이 없으면 그냥 지나칠 수 있는 곳이다. 큰재 능선을 지나 오르락내리락 가다 통나무 쉼터가 있는 육백지맥 분기점을 지나면서 동쪽으로 오던 마루금은 오른쪽(남쪽)으로 이어지며 정맥마다 눈에 띠는 준희표찰이 이곳에도 걸려있다. 오른쪽으로 산죽밭 능선길을 지나고 능선을 오르내리며 고압철탑 86번을 10시 2분 지나고 잘나있는 능선길을 오르내리며 무명봉은 오르지 않고 왼쪽사면길로 능선에 올라서 이정표(백병산삼거리 3.5km 면산(두리봉) 5.8km)가 있고 노란판에 여기가 일출 전망대 설치장소라 되어있는데 아리송한 장소다. 마루금은 오른쪽은 휴양림 가는 길이고 왼쪽 능선 오르막을 한동안 올라 덕거리봉 정상에 올라서니 10시 41분이다. 휴양림 삼거리 이정표에 고비덕재 4.2km 면산 4,8km이고 노란 표지판에 여기가 덕거리봉 정상 수고하셨습니다. 휴양림 2시간 소요 오른쪽은 동점 석포가는 길로 되어있다. 오른쪽으로 능선을 내리며 산죽밭을 지나고 통나무 쉼터를 지나 능선을 가면서 앞에 가야할 구랄산 면산을 바라보며 잘나있는 길을가다 밧줄이 있는 낭떠러지 암능길을 11시 지나면서 내리막을 내려 안부를 지나 오르막을 한동안 올라 무명봉에서 점심을 먹고 11시 37분 출발해 가파른 내리막을 한동안 내려 토산령에 내려서니 11시 50분이다.

좌표【 N 37" 07" 34.4" E 129" 05" 26.9" 】

토산령(兎山嶺)(해발 950m)은 신리재로 이어지는 도로가 나기전에 삼척시 풍곡리 주민들이 태백시 철암으로 넘나들던 주요 산길이었다. 지금은 사람이 다니지 않는 작은 오솔길이 되었으나 옛날에는 큰 길이었다. 당시 이곳에 유난히 토끼들이 많았다고 해서 토산령이라 불리었다. 토산령은 낙동정맥 토산령 950m 자그마한 표지석이 있고 통나무 쉼터가 있으며 이정표에 백병산정상 6.2km 면산(두리봉) 3.5km 오른쪽길은 태백고원 자연휴양림 가는 길이다. 잠시 쉬며 사진몇판 찍고 출발해 산죽길을 가다 가파른 오르막을 올라 무명봉에 올라서니 12시 12분이다. 휴대폰 배터리 교환신호가 온다. 배터리를 갈아 끼고 왼쪽으로 통나무 나무계단 내리막을 한동안 내려 능선을 가며 괴소나무를 지나며 사진한판 찍어두고 오르막을 오르며 통나무 계단을 올라 구랄산인가 했는데 오른쪽으로 건너편에 구랄산이 보인다. 다시 내리막을 내려 가파른 오르막을 한동안 올라 구랄산(1071.6m)정상에 올라서니 12시 40분이다.

좌표【 N 37" 07" 04.3" E 129" 05" 25.0" 】

낙동정맥 굴랄산(굴암산)해발 1071,6m 구랄산은 굴알산(窟謁山)을 편하게 발음하다 '구랄산'으로 되었다고 한다. 이곳은 옛날 심마니들이 쉬어가는 굴이 많이 있어 심마니와 굴과의 관계로 인해 굴랄산이라 불리게 되었다하며 인근 지역에도 산삼이 많이 자생하였다 한다. 구랄산 정상석은 (낙동정맥 구랄산

1071.6m 태백 산사랑회 2008년 11월) 정상석이 있고 구랄산이란 표찰이 나무에 걸려있고 각종 표지기가 많이 걸려있어 나도 하나 걸어놓고 인증샷 한다. 구랄산은 전망이 좋아 지나온 백병산과 능선이 한눈에 들어오고 가야할 면산이 건너다 보인다. 구랄산 정상에서 5분간 휴식하고 12시 45분 출발해 급경사 통나무계단 내리막을 내려 안부에 내려서니 12시 55분이다. 다시 오르막을 오르며 무명봉에 올라서 (1시2분) 다시 내려 안부(1시 8분)에 내려 키가 넘는 산죽능선을 한동안 지나 가파른 오르막을 오르며 너덜길을 올라 통나무 쉼터가 있는 봉에 올라서니 1시 40분이다. 이산이 면산인가 했는데 정상은 아마도 가마득하다.

다시 느긋한 내리막 능선을 오르내리며 다시 오르막을 올라 무명봉을 지나고 (2시4분)가파른 오르막을 오르는데 산꾼 한사람이 내려온다. 이 사람은 아래 마을에서 왔다며 토산령까지 간다고 한다. 이사람 손을 빌려 사진한판 찍었는데 사진이 잘못되었다. 가파른 오르막을 숨을 몰아쉬며 한동안 올라 잡목이 우거진 면산(1245.9m) 정상에 올라서니 2시 19분이다.

좌표【 N 37° 06' 01.4" E 129° 05' 44.9" 】

　낙동정맥 면산(免山) <두리봉>1245.2m, 삼척시 상사미리에서 이곳을 바라보면 멀리 보인다 하여 먼산이라 하다가 이후 말이변해 '면산'이라는 '설(設)'이 있고 또한 옛날 난리때 이산으로 피신하여 화를 '면(免)'했다고 해서 '면산(免山)'이라는 설도 있다. 면산의 주봉인 이곳은 두리봉이며 생긴 모양이 두리둥실하게 생겨서 붙여졌다. 면산 정상은 다른 산과 달리 평편한 곳에 정상석이 있으며 주위는 잡목이 무성하며 정상석(낙동정맥 면산 1245.2m 태백 산사랑회 2004년 8월)이 있고 오른쪽은 휴양림 삼거리(삼방산)가는 길이고 마루금은 왼쪽이다. 면산은 낙동정맥에서 두번째로 높은 산이며 이제 석개재까지는 4.2km 남았다. (삼각점(22 재설 78.6 건설부) 2008.5.5.1차때 확인) 잠시 쉬며 갈증도 면하고 간식으로 허기를 면하고 2시 30분 출발한다. 면산을 지나면서 왼쪽은 삼척시 가곡면이 계속 이어지고 오른쪽은 태백시를 벗어나 강원도에서 경상북도 봉화군 석포를 경계로 이어진다. 면산을 지나며 밋밋한 능선에 산죽길이며 산죽길을 한동안 지나고 가파른 내리막을 내려 능선을 가다 오르막을 오르며 가야할 묘봉 삿갓봉등 산들을 가름해보고 작은 봉들을 오르락내리락 2시 58분 암능은 오르지 않고 오른쪽 사면길로 내리막을 내려 안부에 내려서니 3시 14분이다. 다시 오르막을 10여분 올라 능선을 좌로 우로 오르내리며 잘나있는 능선길을 오르내리며 산죽길도 지나고 오른쪽 잘자란 낙엽송도 보아가며 오르내리다 마지막 봉인 1009.3봉에 올라서니 4시 14분이다.

좌표【 N 37" 05" 1.76" E 129" 07" 46.10" 】

1009봉 정상에서 보면 건너편 다음에 가야할 묘봉 삿갓봉이 건너다 보이고 왼쪽 아래로 910번 도로가 보이고 아래 석개재가 코앞에 보인다. 잠시 허리쉼을 하고 가파른 내리막을 미끄러지며 한동안 내려와 파란 철망에 각종 종주자들이 표지기를 많이 달아놓아 나도 하나 걸어놓고 나무계단을 내려와 910번 지방도로인 석개재에 도착하니 4시 25분이다.

좌표【 N 37" 04" 57.3"　E 129" 07" 23.1" 】

　석개재는 경상북도 봉화군 삼포면에서 강원도 삼척시 가곡면을 넘는 고개로 910번 지방도로이며 삼척에서 새워놓은 커다란 표지석(하늘이 내린 숨 쉬는 땅 강원도, 어서오십시요 삼척시)이 있고 봉화쪽에도 경상북도 봉화를 알리는 커다란 표지판이

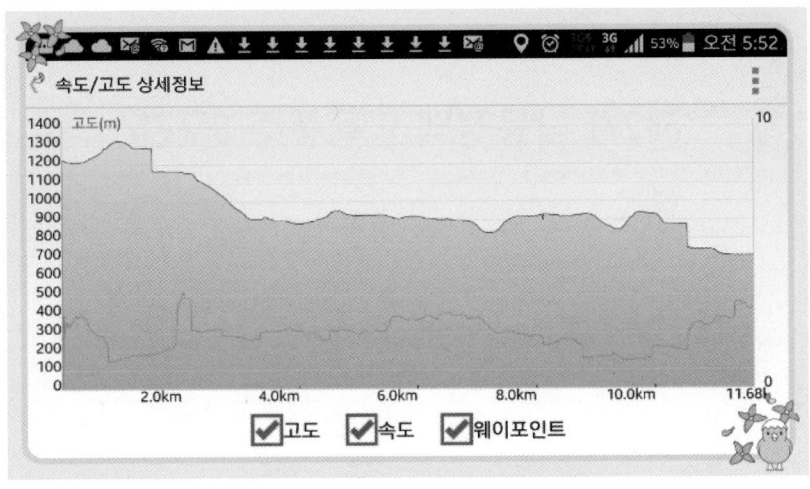

있으며 쉬어갈 수 있는 팔각정과 등산로 안내판이 있다. 오늘 산행은 일찍 마무리하고 시간을 보니 태백까지 갈려면 여유시간이 없다. 오늘 산행을 마치고 잠시 쉬면서 지나가는 차가 있으면 얻어 탈까 했는데 차가 잘 다니지 않아 석포면 개인택시를 불러놓고 있으니 잠시 후 석포 택시가 올라온다. 택시로(35,000원) (32바3053 김영조 010-260-****) 태백에 와서 목욕탕에서 샤워를 간단히 하고 버스터미널에 오니 10 여분 여유가 있다. 오후 6시 20분 부산행 버스로 울진 한번 들리고 경주한번 들려 부산 노포동에 도착하니 10시 20분이다. 야간이라 생각보다 빨리 와 지하철로 자갈치에서 송도행 버스로 집에 오니 11시 반이다. 이번 낙동정맥 1-2구간을 무사히 마무리하고 돌아와 잠도 안자고 고생했다며 격려해주는 집사람 고맙다.

제2차 낙동정맥 단독종주 3구간

석개재 : 강원도 삼척시 가곡면 풍곡리 석개재
답운치 : 경상북도 울진군 금강송면 광회리 답운치
도상거리 : 석개재 25.63km 답운치
소요시간 : 석개재 11시간15분, 답운치
이동시간 : 석개재 10시간7분, 답운치
석개재 출발 6시 32분, 임도(정자) 7시 1분, 북도봉 7시 39분,
묘봉 갈림길 7시 42분, 용인등봉 8시 15분, 997.7봉 8시 52분,
삿갓재 임도 9시 41분, 삿갓봉 9시 45분, 임도표지석 10시 42분,
백병산 갈림길 11시 34분, 능선 점심 12시 4분, 점심후출발 12시 25분,
임도 12시 44분, 승부산 2시 21분, 한나무재 3시 29분, 진조산 4시 3분,
굴전고개 4시 34분, 철탑 5시 16분, 헬기장 5시 38분, 답운치 5시 47분

낙동정맥 3구간은 지난주에 이어 석개재에서 답운치까지다. 거리도 낙동정맥 당일코스로는 가장 멀고 험한 산길이다. 1차 때는 북진으로 답운치에서 석개재까지 고생을 많이 한 구간이고 2008년도에 종주한 구간이다. 나이가 들면서 한해 한해 가는 게 아쉽기만 하고 조금은 걱정이 되지만 그래도 하면 된다는 의

 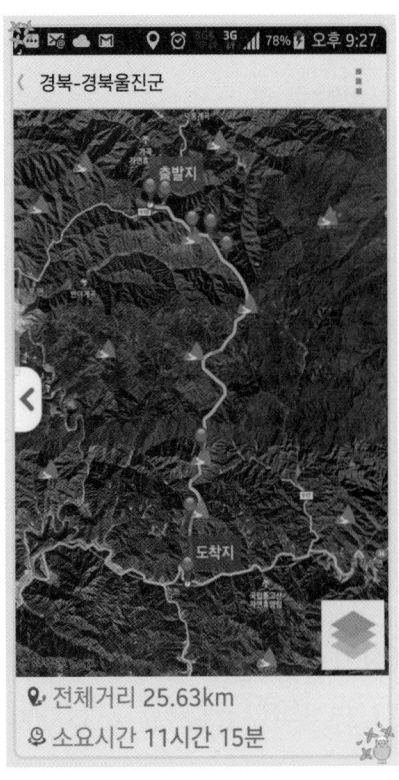

지력으로 제2차 낙동정맥을 시작했으니 용기를 내어 3구간을 종주하기 위해 3월 12일 오후 6시 41분 태백행 버스로 부산을 출발한다. 2008년 때만 해도 60대 후반이었는데 이제 75세 나이로 무리하다고 생각이 되지만 아직도 산행에는 자신을 잃어 본적이 없다. 이번구간은 도상거리가 25km가 넘는 길이다. 저녁이라 버스에서 자는 둥 마는 둥 태백에 도착하니 11시 20분이다. 오늘은 지난번 자고 간 버스터미널 앞 가든모텔에서 잠을 자고 아침 일찍 일어나 식당에서 아침(황태국)을 먹고 개인택시

(강원 32바 3038 백경진)로 석포를 거처 석개재에 도착하니 6시 27분이다.(택시요금 35,000) 택시기사한테 부탁해 사진 몇 판 찍고 산행준비를 하고 산행에 들어간다.

2016년 3월 13일 맑음

  오늘은 답운치까지 거리가 멀어 걱정이 도지만 잠시 준비운동을 하고 산행준비를 하고 6시 32분 산행에 들어간다. 초입은 이정표 뒤 능선으로 올라선다. 오른쪽 임도는 중간에 연결되지만 산줄기(맥)을 타야기에 능선으로 올라 잘나있는 능선 오르막을 20여분 올라 무명봉에서 오른쪽으로 내리막을 한동안 내리며 산죽길을 지나 사각정자 쉼터가 있고 임도가 있는 곳을 7시에 지나간다. 석개재에서 임도를 따르면 이곳에서 만난다. 마루금은 임도를 따르지 않고 왼쪽 산죽밭을 통과해 오르막을 한동안 올라 5분후 작은봉을 넘고 6분후 다시 무명봉을 넘고 4분후 안부에 내려섰다 가파른 오르막을 한동안 올라 무명봉에 올라섰다 다시 내리고 가파른 오르막을 오르는데 북도봉 빼지가 트랭글에 들어온다. 빼지를 받고 북도봉 정상에 올라서니 7시 39분이다. 북도봉 정상에는 서래아 박건식이 걸어놓은 북도봉 1121.0m 낡은 표찰이 있고 다른 것은 아무것도 없어 그나마 표찰이 없으면 그냥 지나칠 뻔했다.

좌표【 N 37" 04" 08.9" E 129" 09" 19.9" 】

마루금은 왼쪽으로 내려 잡풀이 우거진 안부 늪지에 내려서 이정표[묘봉 (민둥산) 0.5km 910번 지방도 석개재 5.3km]를 지나는데 잡풀이 우거져 길이 잘 보이지 않고 경고판(이 지역은 실종 조난 사고가 자주 발생하며 휴대전화 전파가 미약한 지역이므로 입산시 각별히 유의할 것 봉화군 석포면장. 석포 파출소장)이 있는 것으로 보아 지금도 길이 잘 안 보이는 데 잡풀이 우거진 여름철에는 길 찾기가 어려운 지역인 것 같다. 이정표를 지나 능선에 올라서니 묘봉가는 갈림길이다. 7시 44분 묘봉 삼거리를 지나면서 묘봉은 오른쪽 0.5km이고 마루금은 왼쪽이다. 갈 길이 멀어 묘봉은 들리지 않고 지나쳐 산죽길을 한동안 스쳐

가며 지나가 무명봉을 오르고 넘고 또 올라 야영 할 수 있는 봉에서 오른쪽 능선을 따라 5분 올라가니 용인등봉 정상이다. 정상에 올라서니 8시 14분이다.

좌표【 N 37" 03" 31.22" E 129" 10" 26.20" 】

 용인등봉 1120m 정상에는 2008년 5월 4일, 일차때 있던 표찰이 색만 조금 바래있고 평일산행친구들 사진과 함께 낙동정맥 용인등봉 1124m 표찰이 걸려있다. 지도에는 1120m인데 트랭글에는 1147m 성일산악회 표찰에는 1124m로 되어있다. 용인등봉 정상에서 사진한판 찍고 잠시 갈증을 면하고 8시 19분 출발해 능선을 오르내리며 하늘을 찌르듯한 금강송을 종종 보아가며 능선을 오르락내리락 산죽밭길을 한동안 지나고 997.7봉에 올라서니 8시 53분이다.

좌표【 N 37" 03" 31.22" E 129" 10" 26.20" 】

 997.7봉에도 삼각점(장성 455 재설 2004)이 있고 준희가 걸어놓은 낙동정맥 997.7m 표찰이 있다. 정상은 전망이 좋아 지나온 산들이 줄지어 보이고 건너편에 응봉산은 나무사이로 윤곽이 나타나고 가야할 능선도 가름할 수 있다. 잠시 허리쉼을 하고 잡목길 내리막을 내려 문지골 갈림길에 내려서니 9시다. 문지골 삼거리를 지나 오르막을 10여분 올라 산죽 능선을 10여분 오르내리다 가파른 오르막을 올라 무명봉을 9시 26분 지나고 능선길을 오르내리며 임도인 삿갓재에 내려서니 9시 41분이

다. 마루금은 오른쪽 임도를 따라가다 2분후 임도는 오른쪽으로 마루금은 왼쪽 능선으로 들어서 오르막을 3분 올라가면 삿갓봉 정상이다. 정상에는 산불 예방 및 조기 발견을 위하여 시설한 산불 무인 감시 시스템이 설치되어 있고 태양열 발전기도 설치되어있다.

좌표【 N 37" 02" 30.7" E 129" 12" 07.0" 】

삿갓봉 정상에는 삼각점(장성 456 재설 2004)이 있고 시설물에 파란철망이 둘여 있는 낙동정맥 1119.1m준희 표찰이 걸려있고 각종 리본이 주렁주렁 달려있다. 삿갓봉 정상에서 분기된 응봉산은 운무에 가름만 해본다.

안일지맥은 낙동정맥 삿갓봉에서 가지를 쳐 안일왕산, 아구산, 금산, 바래봉산을 거쳐 왕피천이 동해바다를 만나는 울진군

근남면에서 맥을 다한다고 하고, 응봉산은 안일지맥 도경계 분기봉에서 북쪽으로 도경계를 따르고 안일지맥은 남쪽으로 안일왕산으로 이어지며 낙동정맥은 남쪽으로 이어진다. 삿갓봉을 지나면서 왼쪽은 삼척시를 벗어나 경상북도 울진군 서면이고 오른쪽은 봉화군 석포면을 경계로 이어진다. 배낭을 내려놓고 사진도 찍고 간식도 먹고 가야할 백병산 능선을 가름해 보고 10시에 출발한다. 산판길 내리막을 2분 내려오면 삿갓재로 연결되는 임도를 다시 만난다. 1차때는 임도를 따라가다 정상에 오르지 않고 지나갔는데 오늘은 정상에서 사진도 찍고 간식도 먹고 출발한다. 마루금은 임도를 따르다 바로 왼쪽 숲길로 능선길을 올라 산죽길을 따라가며 오른쪽에 임도를 내려다보며 능선을 한동안 가다 다시 임도를 만나고 또 능선을 가다 다시 임도에 내려서 임도를 따라가다 10시 28분 다시 산길로 들어섰다. 3분후 왼쪽 산판길로 내려서 산판길을 따르다 오른쪽 능선길로 올라서 능선을 따르다 오르막을 오르며 왼쪽 산판길을 내려다보며 작은봉을 넘어 내리막을 내려서니 석포 삼거리 임도다.

좌표 【 N 37" 01" 43.6" E 129" 10" 27.9" 】

석포삼거리 임도는 오른쪽은 봉화석포 방면이고 차단기가 있는 왼쪽 임도는 소광리 대광천 방면이고 마루금은 소광리 소광천쪽 임도를 따라간다. 임도를 따라가다 10시 44분 오른쪽 능선으로 들어서 올라가는데 길이 협소하여 길이 아닌 것 같지만 이곳에서 잘못해 임도를 따르면 마루금과 만나지 않는다. 능선을 오르며 6분후 무명봉을 넘어 오른쪽 사면길로 가다 왼쪽으로 능선에 들어서며 왼쪽아래 임도를 보며 산죽밭길 오르막을 오른다. 임도를 따르면 이곳으로 올라와야 하나 길이 안보이고 가파르다. 산죽길 오르막을 10여분 오르고 가파른 오르막을 오르며 11시19분 (낙동정맥을 종주하시는 산님들 힘힘힘 힘내세요 칠산원山) 표찰을 지나가며 가파른 오르막을 힘들여 올라 백병산 갈림길에 올라서니 11시 34분이다.

좌표【 N 37" 01" 09.9" E 129" 09" 34.3" 】

백병산 갈림길은 백병산은 오른쪽이고 정맥 마루금은 왼쪽으로 이어지며 이곳도 준희의 표찰 (그 산에 오르고 싶은 山 → 백병산 → 오미산 가는 길 준희)이 나무에 걸려있고 마루금은 가파른 내리막을 내려간다. 이곳부터는 오른쪽도 봉화군을 벗어나 울주군 서면땅을 밟으며 낙동정맥이 이어진다. 갈림길에서 사진한판 찍고 가파른 내리막을 한동안 내려 암봉인 1136.3봉은 오르지 않고 오른쪽 사면길로 잡목 사이를 이리저리 희미한 길을 한동안 지나가는데 여름철에 숲이 우거지면 지나가기 어려운 곳을 10여분 지나가 능선에 접어들면서 11시 57분 왼쪽 능선길로 들어서 능선 내리막을 내리며 좋은 장소에서 점심을 먹는다. 12시 4분 점심을 먹고 있는데 갑자기 오른쪽에서 멧돼지 울음소리가 들린다. 부지런히 밥을 먹고 인기척을 내며 부랴 부랴 짐을 싸 12시 25분 출발하여 라디오(카세트)를 켜고 인기척을 내며 가파른 능선 내리막을 내려와 왼쪽 능선에 접어들으니 멧돼지 소리가 안들린다. 내리막을 한동안 내려 임도에 내려서니 12시 44분이다. 임도를 지나 오르막을 한동안 올라 분기봉에서 오른쪽으로 방향을 틀어 내리막을 내려 느즛한 능선길을 오르내리며 929봉을 1시 6분 지나며 좌로 우로 들락거리며 느즛한 능선길을 오르내리며 헬기장을 1시 27분 지나고 왼쪽으로 능선을 오르내리며 무명봉을 몇게 넘어 오르막을 한동안 올라 934.5m 승부산 정상에 올라서니 2시 21분이다.

　　　　　　　　좌표【 N 36" 58" 53.4" E 129" 09" 28.8" 】

　승부산 정상에는 자그마한 삼각점이 있으며 낙동정맥 승부산 934.5m 준희 표찰이 있고 작은 돌에 승부산 이라 매직으로 써 놓고 사진도 한판 찍어둔다. 승부산 정상은 전망이 좋아 지나온 백병산 삿갓봉 능선이 줄지어 보이고 가야할 진조산이 건너다 보인다. 마루금은 오른쪽으로 이어진다. 잠시 쉬고 갈증을 면하고 2시 33분 출발해 오른쪽 능선으로 내리막을 내려 능선을 한동안 가다 오르막을 올라 2시 42분 무명봉을 넘어 왼쪽 풀치기 한 능선을 내려와 안부를 3시 3분 지나고 오르막을 올라 헬기장을 3시 13분 지나고 왼쪽으로 가파른 내리막을 내려와 한나무재에 내려서니 3시 29분이다.

　　　　　　　　좌표【 N 36" 58" 01.3" E 129" 09" 10.3" 】

한나무재는 울진군 서면 소광리에서 광회리를 넘는 비포장 임도로 농경기가 다닐 수 있는 길이며 소형 차량도 다닐 수 있다. 마루금은 절개지 오른쪽 끝에서 오르막을 오르며 왼쪽으로 한동안 올라 능선에 접어들어 오르막을 올라 봉 하나를 넘어 왼쪽으로 잘나있는 길을 따라가다 3시 49분 잘나있는 길은 왼쪽으로 가고 마루금은 오른쪽 능선으로 가파른 오르막을 한동안 올라 진조산 삼거리에서 진조산을 오르지 않고 오른쪽으로 가도되나 가파른 오르막을 올라 진조산 정상에 오라가니 4시다.

　　　　　　　좌표【 N 36" 57" 35.6." E 129" 09" 19.9" 】

진조산(908.4m)정상에는 묘 2기가 있으며 자그마한 삼각점이 있고 낙동정맥 진조산 908.4m 준희표찰이 나무에 걸려 있고

근래에 새운 검정오석 정상석(낙동정맥 진조산 908.4m 금강송면 쌍전리)이 있다. 정상석 뒷면에는 정운 산들 여행클럽 낙동정맥 종주 기념 종주자 명단이 빼곡히 적어놓았다. 정상에서 사진 몇판 찍고 4시 9분 출발해 가파른 내리막을 내려오는데 땅이 얼었다 녹아 질퍽거려 조심조심 미끄러질세라 내려와 왼쪽으로 능선을 오르내리며 진조산을 올려다보며 능선을 오르락내리락 한동안 내려 굴전고개에 내려서니 4시 33분이다.

좌표【 N 36" 57" 25.6" E 129" 09" 19.9" 】

굴전고개는 비포장도로가 굴전 쌍천교에서 쌍전리 덕거리를 넘는 비포장 임도로 소형 차량은 다닐 수 있는 길이다. 굴전 고개에는 낙동정맥 여기가 굴전고개 입니다. 준희 표찰이 걸려 있

고 각종 리본이 주렁주렁 달려있다. 마루금은 능선 오르막을 오르며 느즛한 능선을 가다 작은 봉을 하나 넘어 금강송을 감상하며 능선을 가다 771봉을 넘어 잠시 내려섰다 오르막을 올라 무명봉을 넘어 내리막을 내려가며 철탑을 지나고 가파른 내리막을 내리며 잘자란 낙엽송밭을 지나며 산죽길을 내려 안부를 지나며 산죽밭 오르막을 한동안 올라 헬기장을 5시 38분 지나며 왼쪽으로 능선을 가다 가파른 내리막을 내려 묘를 지나고 내리막을 내려 38번 국도인 답운치에 내려서니 5시 47분이다.

좌표【 N 36" 55" 45.0" E 129" 08" 56.1" 】

답운치는 울진에서 소천 봉화 영주로 연결되는 36번 국도가 지나며 옛날에는 차량이 많이 다녔는데 지금은 옥방에서 서면까지 터널이 생겨 차량이 거의 다니지 않는다. 답운치는 별다른 표시가 없고 깃발이 몇개 있으며 등로 안내판이 있다. 오늘은 거리가 멀어 해전에 완주할까 걱정을 했는데 다행이 일찍 도착해 산행을 마무리하고 지나가는 차량이 있으면 얻어 탈까 했는데 차가 없어 옥방 휴게소에 전화를 걸어 조금 있으니 차가 올라와 옥방 휴게소에 내려와 숙소는 정했는데 식당이 없어 우선 샤워를 하고 나와 컵라면으로 식사를 대신하고 집으로 전화를 하고 내일 일을 생각해서 일찍 잠자리에 들어간다.

제2차 낙동정맥 단독종주 4구간

답운치 : 경상북도 울진군 금강송면 광회리 답운치
애미랑재 : 경상북도 영양군 수비면 신암리 애미랑재
도상거리 : 답운치 13.1km 애미랑재
소요시간 : 답운치 5시간58분, 애미랑재
이동시간 : 답운치 5시간3분, 애미랑재

답운치 출발 7시 6분, 헬기장 7시 13분, 산불 감시초소 7시 25분,
구 헬기장 7시 44분, 신설 산판길 임도 8시 5분, 893봉 8시 39분,
임도산판길 8시 53분, 휴양림 삼거리 9시 29분, 통고산정상 9시 50분,
통고산출발 10시 10분, 왕피리삼거리 10시 15분, 임도산판길 10시 39분,
937.7봉 10시 57분, 능선점심 11시 23분, 점심 먹고 출발 10시 37분,
921봉 12시 01분, 애미랑재 도착 12시 54분

2016년 3월 14일 맑음

이번 낙동정맥 4구간은 거리가 좀 가까워 마음은 놓이나 그래도 일찍 마쳐야 부산에 가기에 5시에 일어나 샤워를 하고 식당이 없어 어제 남은 주먹밥 한개를 먹고 짐을 챙기고 있는데 밖에서 부르는 소리가 들린다. 오늘 6시에 약속을 해 시간을 보니

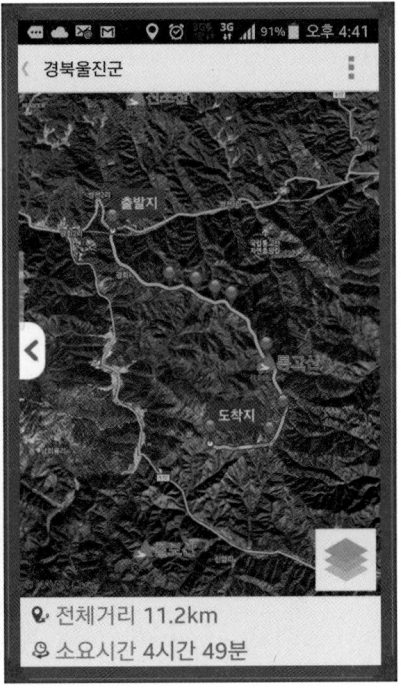

　6시가 넘었다. 숙소를 나와 휴게소 매점에서 점심은 빵으로 대용하려고 빵과 초콜릿을 준비하고 답운치에 올라오니 7시다. 기사한태 부탁해 사진 한판 찍고 산행준비를 하고 7시 6분 산행에 들어간다.

　초입은 통고산 등산안내판 뒤로 올라간다. 안내문에 이길은 낙동정맥 길이니 통고산을 찾는 등산객은 휴양림으로 올라가라는 안내문이다. 마루금은 안내문 뒤로 잘나있는 길을 따라 7분 후 헬기장에 올라선다. 헬기장을 지나면서 등산로가 통고산 오르는 등산객이 많아서 인지 길이 양호하다. 능선을 가다 임도인

옛 답운치를 7시 14분 지나 오르막을 오르며 밧줄 설치한 곳을 한동안 힘들여 올라 묘지를 지나고 산불감시초소에 올라서니 7시 25분이다. 마루금은 초소아래서 왼쪽으로 능선을 가며 7분 후 산판길을 지나 잘 자란 황장목(금강송)를 감상하며 잘나있는 능선 오르막을 오르고 내리고 하며 통고산을 바라보며 나무사이로 아침 햇살을 보며 올라간다. 통고산 등산로는 느즛한 능선 오르막으로 크게 가파름이 없어 오르기가 수월하다. 능선 오르막을 올라 옛날 행기장인가 넓은 공터를 8시 지나고 내리막을 내려 4분후 새로 만든 임도에 내려선다. 이곳 길은 근래에 확장해 아직도 마무리가 안된 상태로 지도에도 없는 길이다. 새로 만든 길이라 절개지 오르는 길을 돌계단으로 만들어 놓았는데 흙더미에 묻혀있다. 오르막을 올라 814봉을 8시 33분 지나고 893봉에 올라서니 8시 39분이다. 이곳에서 마루금은 왼쪽으로 이어지며 직진은 남희룡으로 내려가는 길이니 주의해야한다. 893봉에서 왼쪽 능선을 한동안 내려가다 오른쪽으로 방향을 바꿔 가파른 내리막을 한동안 내려 산판길 임도에 내려서니 8시 53분이다.

좌표【 N 36" 54" 37.9" E 129" 10" 56.2" 】

이길(산판도로)은 남희동에서 통고산 휴양림을 넘는 길로 옛날에도 있던 길이며 이정표에 남희룡 4.9km 이고 통고산 1.3km 이다. 이곳은 길가에 쉼터가 있어 쉬어갈 수 있는 곳이다. 산판도로를 가로질러 오르막을 한동안 올라 무명봉을 넘고 다시 올라 또 오르고 번복하며 휴양림 갈림길에 올라서니 9시 29분이다. 이곳은 휴양림에서 통고산 오르는 삼거리로 왼쪽으로 내려가면 통고산 자연 휴양림 가는 길이고 통고산 정상은 직진이다. 가파른 오르막을 한동안 올라 행기장이 있는 통고산(1066.5m) 정상에 올라서니 9시 50분이다.

좌표【 N 36" 53" 57.8" E 129" 11" 29.1" 】

통고산은 울진군 서면에 속해있는 (해발 1066.5m)산이고 정상에는 산불 감시 초소가 있고 산림재해 방지자료수집용 산악 기상관측 장비가 설치되어 있다. 헬기장 위에 커다란 적상석이 있으며 정상석에는 通古山 해발 1067m이며『이산은 서면 쌍전

리에 위치한 해발 1067m의 백두대간 낙동정맥으로 산세는 유심웅장(幽深雄狀)하다. 전설에 의하면 부족국가시대 실직국(悉直國)의 왕이 다른 부족에게 쫓기어 이산을 넘으면서 통곡하였다 하여 통곡산(通哭山)으로 부르다가 그후 통고산(通古山)으로 불리워지고 있다. 산의 동쪽에는 진덕왕 5년 의상대사가 부근의 산세가 인도의 천축산(天竺山)과 비슷하다 하여 이름지어 불리워지고 있는 천축산이 있고 산 기슭에는 그 당시 창건한 불영사가 있으며 하류에는 불영계곡이 있다. 이 표지석은 관광울진, 환경울진의 무궁한 번영을 기원하는 7만 군민의 정성어린 뜻을 모아 육군본부 항공대 헬기지원으로 이곳에 세우다. 1998

년 11월 23일』

　정상에서 배낭을 내려놓고 잠시 쉬며 사진도 찍고 간식과 갈증을 면하고 사방에 전망이 좋아 지나온 마루금을 가름해 보고 가야할 능선을 가름해보고 10시 10분 출발한다. 오늘은 거리가 짧아 느긋하다 철탑을 지나 능선 내리막을 내려 삼거리에서 왼쪽은 하산길로 이정표에 하산 3.3km 1시간 30분이고 마루금은 오른쪽 왕피리 방면이다. 10시 15분 마루금을 따라 급경사 내리막을 한동안 내려 능선을 가며 임도를 10시 39분 지나간다. 이 길은 왕피리에서 남희롱을 넘는 임도로 영농차량은 다닐 수 있으나 근래에는 차가 다닌 흔적이 없어 보인다. 임도를 지나 가파른 오르막을 한동안 올라 937.7봉에 올라서니 10시 57분이다.

좌표【 N 36" 52" 45.2"　E 129" 11" 30.6" 】

　937.7봉은 전망이 좋아 지나온 통고산 능선 마르금이 보이고 왼쪽 아래로 중릴골 일대가 내려다보이고 가야할 능선과 칠보산이 뾰쪽하게 솟아보인다. 정상에는 자그마한 삼각점이 있고 낙동정맥 937.7m 준희 표찰이 이곳에도 걸려있고 평일산행친구들 종주팀 사진이 걸려있다. 마루금은 오른쪽 (서쪽)으로 가파른 내리막을 한동안 내려 느긋한 능선을 오르내리며 산죽길을 지나 헬기장에 올라서니 11시 13분이다. 헬기장을 지나고 능선을 좌로 우로 오르내리며 능선을 가다 11시 23분 전을 펴고 점심을 먹고 11시 37분 출발해 능선을 오르내리며 지나온 통고

산을 가름하며 오르막을 올라 921봉에 올라서니 12시 1분이다. 잠시 허리쉼을 하고 내리막을 내려 능선을 가는데 트렝글 지패스가 종료 되어 11.2km 지점에서 다시 시작하고 왼쪽으로 내리막을 한동안 내리고 안부를 지나 느즛한 능선을 가며 금강송길을 지나 오른쪽 사면길로 한동안 내려 절개지 위에 내려서니 아래로 애미랑재 917번 지방도로가 내려다보인다. 이곳에서 오른쪽도 리본이 달여 있고 왼쪽도 리본이 달려있다. 절개지 위에서 건너다보니 왼쪽 건너편에 등산로가 보여 왼쪽길로 절개지를 내려와 917번 지방도로 애미랑재에 내려서니 12시 54분이다

좌표【 N 36" 52" 25.4" E 129" 0.9" 38.9" 】

애미랑재는 영양군 수비면에서 남회룡을 넘는 917번 지방 도로이고 이곳에 영양군에서 세운 자연과 인간 문화의 창조도시

영양 안내도가 있고 영양군을 알리는 커다란 안내판이 있다. 막 내려 사진을 찍으려고 하는데 수비쪽에서 찝차가 한대 올라온다. 손을 들으니 차가 세워줘 사진 몇판 찍고 트랭글도 중지를 못하고 차를 타고 내려가다 보니 트랭글이 작동하고 있다. 트랭글을 중지하고 이차가 옥방을 지나 광비까지 간다며 광비가면 시외버스 정류장이 있으니 가서 타라며 광비 정류장 앞에서 내려준다. 광비 정류장은 하루에 차가 몇대 안다녀 2시 50분 춘향 가는 군내 버스가 있고 2시 40분 울진 가는 버스가 있고 영주 가는 버스는 3시 50분에 있다기에 지나가는 차를 얻어 타고 갈려고 손을 들어도 태워주는 차가 없다. 버스 정류장 매점에서 한 시간 반 이상을 기다려 2시 40분 울진행 버스를 타고 울진에 와서 시간이 있어 정류장 식당에서 간단히 식사를 하고 4시 10분 부산행 버스로 포항을 거쳐 노포동 버스터미널에 도착하니 7시가 조금 넘어 지하철로 집에 오니 8시가 조금 넘었다. 집에 오니 이번구간 먼 구간을 무사히 마치고 일찍 왔다며 집사람 격려해 준다.

제2차 낙동정맥 단독종주 5구간

애미랑재 : 경상북도 영양군 수미면 신암리 애미랑재
한티재 : 경상북도 영양군 수미면 발리리 한티재
도상거리 : 애미랑재 20.3km 한티재
소요시간 : 애미랑재 8시간22분, 한티재
이동시간 : 애미랑재 7시간 21분, 한티재
애미랑재 출발 7시 10분, 칠보산 8시 41분, 칠보산 출발 8시 54분,
신고개 8시 20분, 덕산분기점 헬기장 8시 50분, 십지송 10시 17분,
깃재 10시 40분, 884.7봉 11시 33분, 850봉 12시 41분,
612봉 14시 21분, 길등재 14시 35분, 한티재 도착 15시 41분
누적거리 89.6km

　이번 구간은 지난주에 이어 애미랑 재에서 시작하기에 부산에서 교통이 불편하고 하여 3월 19일 토요일 6시 20분 울진행 버스(22,100원)로 울진에(9시20분)도착해 울진 가든식당에서 저녁(7,000원)을 먹고 대림모텔에 숙소를 정하고 내일 남희롱 애미랑재까지 택시로 갈려고 열락해보니 요금이 약 50,000원

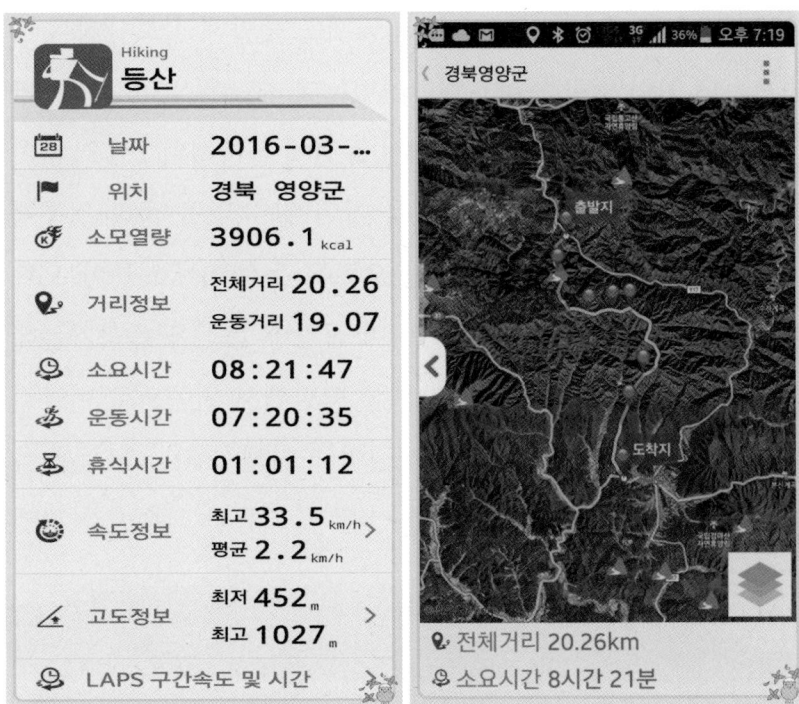

된다고 한다. 내일 아침 일찍가기로 약속을 해놓고 잠자리에 들어 아침 일찍 일어나 가든 식당에서 아침을 먹고 택시가 와 6시 반이 넘어 출발해 애미랑재에 도착하니 7시다.(경북 16바 6810)

2016년 3월 20일 맑음

오늘은 교통편이 안좋아 장거리 택시로 애미랑재에 도착해 택시기사에게 부탁해 사진을 찍고 산행준비를 하고 7시 11분 산행에 들어간다. 초입은 가파른 절개지에서 시작한다. 1차때

(2007년12월16일)는 북진으로 한티재를 출발해 칠보산에서 내려오는데 눈이 있고 통나무계단이었는데 계단은 없어지고 가파른 오르막을 미끄러질라 조심해서 능선에 올라서니 7시 21분이다. 능선에 올라서 느즛한 능선을 가며 된 비알을 올라 첫봉에 올라서니 7시 34분이다. 칠보산 오르는 등산로는 느즛한 오르막이 많으며 좌로 우로 들락거리며 금강송 능선을 올라가는데 더러는 길이 좋은데도 있고 칠보산 턱밑에서 왼쪽으로 비탈길로 이어지며 협소한 길을 미끄러질라 조심해서 지나 능선에 올라서 가파른 오르막을 한동안 올라간다. 그동안 십수년간 정맥

종주자들이 수없이 많이 이 길을 지나갔을 텐데 어떤 길은 양호한 길도 있으나 이런 길은 한없이 협소한 비탈길로 옛날이나 지금이나 변함게 없이 협소한 길이다. 능선으로 올라서 오른쪽 가파른 오르막을 한동안 올라 칠보산(1066.5m) 정상에 올라서니 8시 41분이다.

좌표【 N 36" 51" 24.2"　E 129" 09" 20.0" 】

칠보산(974.2m) 정상은 1차때는 삼각점 하나뿐이었는데 정상에 붉은글씨로 칠보산 표찰이 있고 낙동정맥 칠보산 974.2m 준희표찰이 있으며 정상에는 전망이 좋아 사방을 관망할 수 있으며 지나온 통고산 가야할 검마산 그 옆에 울연산이 보이고 서쪽으로는 일월산(1217.5m)이 우뚝 솟아있다. 잠시 쉬며 사방을

관망하고 사진도 찍고 갈증도 면하고 8시54분 출발해 왼쪽으로 가파른 내리막을 미끄러질라 조심조심 한동안 내려 오른쪽으로 능선을 내려 새신고개를 9시 20분 지나간다.

좌표【 N 36" 50' 54.6"　E 129" 09' 19.3" 】

　새신고개는 신알리에서 개내골을 넘는 옛길 고개로 지금은 사람 다닌 흔적이 거의없는 고개이다. 새신고개를 지나 오르막을 한동안 오르면서 금강송을 감상하며 한동안 가다 급경사 오르막을 올라 오른쪽으로 덕산지맥 분기점을 9시 50분 지나 1분 후 헬기장에 올라선다. 구 헬기장은 야영할 수 있는 장소이며 마루금은 왼쪽(동쪽)으로 내리막을 8분 내리고 9분 올라 무명봉을 지나 능선을 내리며 십지춘향목을 10시 15분 지나간다. 이곳 수비면에서 자생하는 금강소나무는 일반 소나무와 달리 줄기가 곧바르고 마디가 길고 껍질이 유별나게 붉은 소나무가 금강송이라 한다. 이곳에서 금강송의 진면목을 확인하면서 금강소나무가 내뿜는 숲의 향기를 느끼며 낙동정맥 종주하시는 분들은 이 10지 춘향목을 그냥 지나치는 사람이 없을 정도로 칠보산 10지송은 유명하다. 10지 춘향목을 관찰하고 사진도 찍고 내리막을 내려와 안부를 지나고 느즛한 오르막 능선을 금강송을 보면서 오르내리다 깃재를 10시 40분 지나간다. 깃재는 신암리 서래골에서 계은 동천사를 넘는 옛길로 지금은 교통이 좋아 이 길을 넘는 사람이 거의없어 폐쇄된 길이다. 『낙동정맥 여기가 깃재입니다 준희』표찰이 소나무에 걸려있고 마루금은 오르막을 오르며 금강송 능선을 올라 10시 52분 840봉을 넘고 능선을 오르내리며 봉오리를 넘고 또 넘어 오른쪽에 언제 넘어졌는지 고사목이 된 쓰러진 나무뿌리가 하늘을 바라보며 넘어져 있는 곳을 내려서 지나고 오르막 능선을 올라 삼각점이 있는 885.5봉에 올라서니 11시 33분이다.

좌표【 N 36" 50" 14.7"　E129" 11" 57.33" 】

　885.5봉은 삼각점이 있고 각종 리본이 주렁주렁 달려있으며 준희가 걸어놓은 표찰에는「낙동정맥 884.7m 준희」로 되어있다. 평일산행친구들이 걸어놓은 표찰에는 885.5m로 되어있다. 잠시 허리쉼을 하고 사진한판 찍고 오른쪽으로 내리막을 내려 안부를 지나고 다시 오르막을 올라 무명봉에 오르지 않고 왼쪽 사면길로 능선을 가며 왼쪽 습지를 지나고 느즛한 능선길을 오르내리며 가파른 오르막을 한동안 올라가다 능선에 내려서 자리를 잡고 12시 50분 점심을 먹고 13시 5분 출발해 오른쪽으로 고도가 낮아지는 능선을 내리며 오른쪽 아래 수비 저수지를 나무사이로 내려다보며 능선을 내려 구 헬기장에 내려서니 14시 2분이다. 헬기장을 지나 쭉쭉뻗은 금강송을 보며 능선을 가다 6분후 파란 안내판 두개를 지나 능선 오르막을 올라 무명봉을 14시 12분 지나고 능선을 좌우로 오르내리다 621.1봉에 올라서니 14시 21분이다. 621.1봉은 삼각점이 있고 (낙동정맥 621.1m 칠

山원山) 표찰이 걸려 있다. 621.1봉을 지나 능선을 가며 왼쪽에 쭉쭉뻗은 낙엽송밭을 지나며 오른쪽에 포장길을 내려다보며 능선을 가며 안부에 내려섰다 작은봉을 넘어 길등재에 내려서니 14시 35분이다.

좌표 【 N 36" 47" 09.6" E 129" 11" 14.9" 】

 길등재는 수비면 쥐골에서 계동교를 넘는 포장도로가 지나며 (낙동정맥 여기가 길등재입니다. 칠산원산) 표찰이 있고 평일산 행친구들 표찰에는 한티재까지는 3km로 되어있다. 마루금은 길등재를 지나 오르막 능선을 올라 잘나있는 능선길을 오르내리며 3시 45분 묘를 지나고 작은봉을 넘고 10분후 작은봉을 좌우로 능선을 들락거리며 오르내리다 3시 6분 무명봉을 넘고 능선을 가며 오른쪽 아래 인삼 재배지를 내려다보며 능선을 가다 안부를 지나고 오른쪽으로 가다 왼쪽으로 내리막을 한동안 내려 한티재에 내려서니 3시 41분이다.

좌표【 N 36" 45" 56.1"　E 129" 11" 21.7" 】

한티재는 88번 국도가 31번 국도인 문암 삼거리에서 수비면 소재지와 평해로 연결되며 한티재 해발 430m 이정표가 있고 커다란 수비면 관광 안내도에 天下首地上比 수비면이 있다. 마루금은 도로를 건너 관광안내 간판 쪽으로 묘 뒤로 이어지고 왼쪽 아래로 한티재 주유소가 내려다보인다. 도로아래 밭에서 약초 뿌리를 케다 올라오는 젊은이에게 부탁해 사진한판 찍고 대충 정돈하고 젊은이에게 수비 소재지가 얼마나 되는지 물어 보니 10분 거리라고 한다. 3시 45분 한티재를 출발해 주유소를 지나 수비면 소재지에 내려오니 3시 55분이다. 수비면 소재지 도로변에 고추에 고장을 알리는 고추를 전봇대 곳곳에 걸려 있고 검마산 휴양림을 알리는 간판이 있고 면 소재지가 자그마한 시골도시로 인심 좋은 도시로 알려져 있다. 오늘은 수비면 소재지를 끝으로 마무리 하고 버스정류장아래 민박집에 숙소를 정하고 샤워를 하고 나와 시내를 한바퀴 돌아보고 식당에서 쇠머리 국밥(6,000원) 한그릇을 먹고 들어와 집으로 전화를 하고 잠자리에 들어간다.

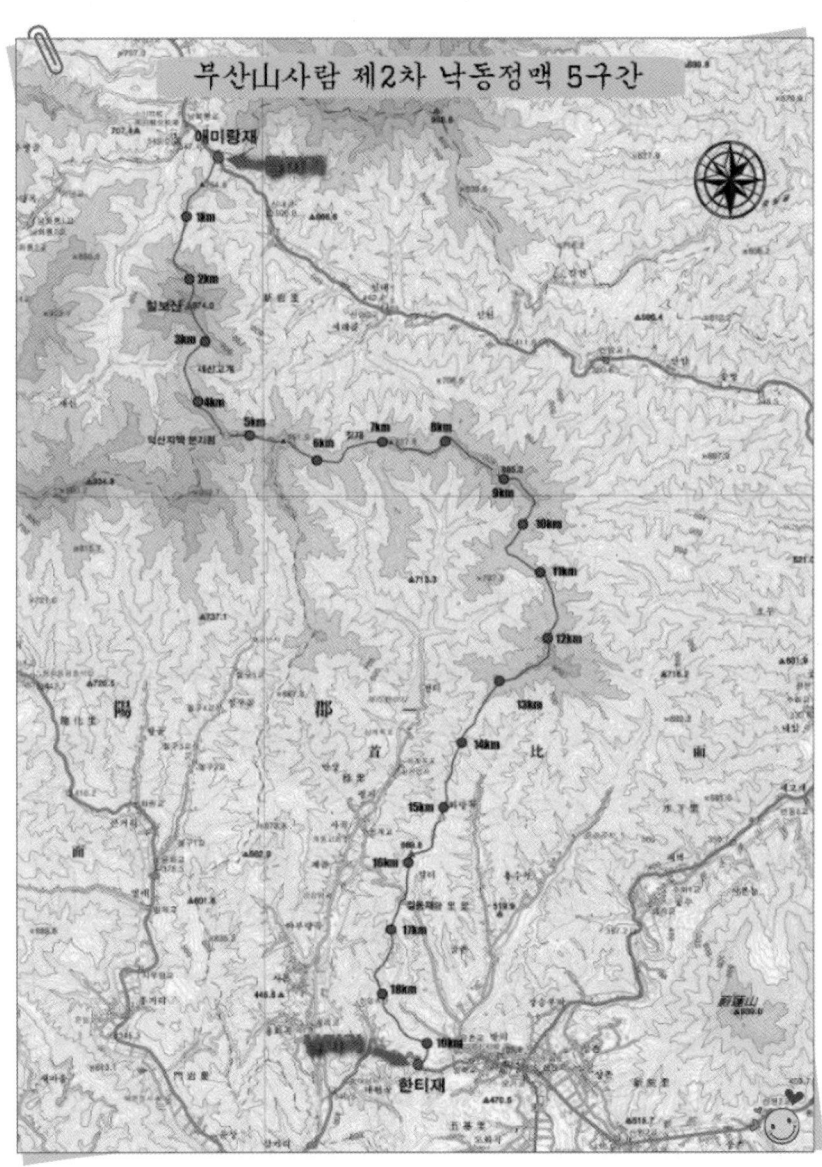

제2차 낙동정맥 단독종주 6구간

한티재 : 경상북도 영양군 수비면 발리리 한티재

휴양림갈림길 : 경상북도 영양군 수비면 죽파리 휴양림 갈림길

도상거리 : 한티재 14.9km 휴양림 갈림

소요시간 : 한티재 6시간56분, 휴양림 갈림

이동시간 : 한티재 6시간21분, 휴양림 갈림

한티재 출발 7시 12분, 510봉 7시 29분, 안동김씨묘 7시 33분, 555봉 7시 58분, 한티재2.3km이정표 8시 8분, 629봉 8시 30분, 우천고개 8시 43분, 추령1.5km지점 9시 12분, 636.4봉, 9시 27분, 추령 9시 42분, 635.5봉 10시 21분, 안부사거리 10시 37분, 왕릉봉 12시 2분, 덕재 지방도로 12시 53분, 600.5봉 13시, 625봉 13시 12분, 683봉 13시 51분, 휴양림 임도 14시 1분, 휴양림 임도 출발 14시 2분, 검마산2.5km지점 마감 14시 5분, 누적거리 104.5km

2016년 3월 21일 맑음

  이번 낙동정맥 6구간은 거리를 짧게 잡아 일찍 마치고 부산까지 가야기에 서둘러 일어나 (한일민박)버스터미널 뒤 식당에서

아침을 먹고 걸어서 한티재에 도착하니 7시 7분이다. 산행준비를 하고 몸도 풀고 7시 10분 산행에 들어간다. 산행 초입은 묘 왼쪽 뒤 임도에서 오른쪽 능선으로 올라간다. 5분쯤 올라가니 오른쪽에 알림 표지판이 있으며 『이 지역 남부지방 살림청과 강원대학교가 미래세대를 위해 추진하는 (주요조림수종 간별효과 모델개발 모니터링 영구)용역대상지로 출입과 산림사업이 제한됨을 알려드립니다. 기타 자세한 사항은 남부지방 산림청(054-850-7750)및 영덕 국유림관리소(054-730-8130)로 문의하시기 바랍니다. 2015.12. 남부지방 산림청』 소나무마다 번호를 적어놓고 줄로 들어가지 못하게 막아놓았다. 마루금은 느즛한 능선을 가다 가파른 오름길을 올라 첫봉에 올라서니 7시 22분이다. 첫봉을 넘어 잠시 능선 내리막을 내리고 다시 오르막을 올라 삼거리 분기봉에서 오른쪽으로 올라 무명봉에서 7시 28분 오른쪽으로 내리막을 내려 3분 후 다시 왼쪽으로 방향을 틀어 능선을 가며 안동김씨 묘(通政大夫安東金氏公諱東寧之墓 配淑夫人草溪鄭氏祔下)를 지나고 잠시 내려섰다 소나무숲 오르막을 올라 무명봉을 지나며 뒤돌아보니 지나온 칠보산과 그앞에 885.5봉과 정맥 마루금을 조망하고 능선을 가다 다시 가파른 오르막을 올라 7시 58분 555봉에서 오른쪽으로 방향을 틀어 가파른 내리막을 내려 6분후 안부 능선 분기점에서 다시 왼쪽으로 오르막 능선을 올라간다. 능선 분기점을 지나면서 오른쪽은 수비면을 벗어나 일월면을 경계로 수비면과 일월면을 가르며 오르막을 올라 땅에 떨어져 있는 이정표(추령2.3km)가 있는 봉에 올라서니 8시 8분이다. 마루금은 왼쪽으로 능선을 내리며 3분 후 안부로 내려섰다 올라섰다 반복하며 629봉에서 왼쪽으로 잠시 내려선다. 628봉에서 오른쪽에 31번 도로가 내려다보이고 일월면 문암리 일대가 내려다보이며 지나온 능선이 이리저리 좌우로 들락거리며 지나온게 보인다. 서남쪽으로 오던 마루금은 왼쪽(동남쪽)으로 잠시 내리면 임도 사거리다. 임도는 오른쪽으로 마루금은 직진으로 가파른 오르막을 숨을 몰아쉬며 5분 올라 느짓한 금강송 능선을 올라 629봉에 올라서니 8시 30분이다. 629봉은 아무 표시도 없고 야영할 수 있는 장소이며 마루금은 오른쪽으로 잘자란 금강송 능선 내리막을 한동안 내리며 6분후 묘를 지나고 능선을 가다 왼쪽으로 내리막을 내리며 진성이씨묘(學生眞城李公 源睦之墓. 配孺人春川朴氏之墓)를 지나 내리막을 내리며 2분후 임도에 내려 고추밭 가운데 포장 농로에 내려서 우전마을 뒤 우전고개에 내려서니 8시 45분이다.

좌표【 N 36" 44" 34.25" E 129" 10" 56.12" 】

 지도에는 논과 폐가가 있다고 했는데 논은 밭으로 변해있고 폐가는 볼 수가 없다. 마루금은 잘자란 잣나무숲길을 올라 2분후 산판길 임도를 따라 오른쪽으로 오르막을 가다 3분후 산판길은 왼쪽으로 가고 직진으로 오르막을 올라 능선에 접어들어 삼거리에서 오른쪽으로 능선을 오르다 무명봉에서 왼쪽으로 잘 나있는 능선을 가며 왼쪽 낙엽송을 바라보며 능선을 가다 묵은 통나무 밴취와 넘어진 이정표 (추령 1.5km)을 9시 12분 지나면서 남으로 오던 마루금은 왼쪽(동쪽)으로 잘나있는 내리막을 잠시 내려 다시 오르막을 한동안 올라 삼각점이 있는 636.4봉에 올라서니 9시 27분이다. 마루금은 오른쪽으로 가며 앞에 보이는 봉이 더 높다. 3분후 642봉을 지나며 왼쪽으로 내리막을 내리며 처사 단양장씨 자그마한 비석을 지나며 9시 35분 孺人平海黃氏 墓를 지나며 가파른 내리막을 한동안 내려 추령에 내려서니 9시 42분이다.

좌표【 N 36" 43" 39.8" E 129" 11" 07.1" 】

추령은 수비면 오기리에서 일월면 가천리를 넘는 임도로 농경기 차량이 다닐 수 있는 길이며 이정표에 가천 3,75km 오기 0.75km 이며 쉼터 의자가 두개 있으며 마루금은 돌계단으로 올라간다. 잠시 쉬며 갈증도 면하고 사진도 찍고 9시 48분 출발해 돌계단을 올라 산판길을 따라 올라가는데 왼쪽은 개간지로 햇빛을 받아가며 산판길 오르막을 오르는데 땅이 질퍽거려 근근히 올라 9시 59분 능선으로 들어서 오르막을 올라 무명봉 능선을 가며 금강송 능선을 지나 임도에 내려섰다 임도를 건너 가파

른 오르막을 한동안 올라 636봉에 올라서니 10시 21분이다. 636m 정상에는 삼각점이 있으며 낙동정맥 635.5m 칠산원산 표찰이 걸려있다. 마루금은 왼쪽으로 내리막을 내려 처사 안동권씨 묘를 지나 왼쪽 벌목지를 지나 능선을 가며 오른쪽으로 벌목 능선을 가다 분기봉을 지나면서 왼쪽(동쪽)으로 마루금은 이어지며 오른쪽도 수비면 땅을 밟으며 오른쪽 아래 수비면 송하리 일대를 내려다보며 가파른 내리막을 한동안 내려 안부 사거리를 10시 37분 지나간다. 안부를 지나 가파른 오르막을 한동안 올라 무명봉에 올라서 왼쪽(동북쪽)으로 능선을 오르내리며 오른쪽에 죽파골을 내려다보며 능선길을 가며 느즛한 능선을 오르내리고 멀리 검마산을 바라보며 능선을 오르내리고 왼쪽에 오기저수지도 내려다보며 건너편으로 지나온 능선을 가름해 본다. 마루금은 개미 쳇바퀴 도는 식으로 오기리 저수지를 한 바퀴 돌며 고만고만한 능선길을 오르내리며 잘나있는 능선길을 한동안 가다 가파른 오르막을 올라 이봉이 왕릉봉인가 했는데 앞산이 왕릉봉을 확인하고 가파른 오르막을 올라오니 힘들고 약간에 허기가 들어 조금 이르기는 하지만(11시 35분) 자리를 잡고 점심을 먹는다. 이제 왕릉봉을 넘고 덕재를 지나 갈미산 아래 검마산 휴양림 임도까지만 가면 되기에 느긋이 밥을 먹고 12시 출발한다. 건너편에 검마산과 갈미산 임도가 보이고 수비면 소재지를 내려다보며 가파른 오르막을 올라 왕릉봉(634m)

에 올라서니 12시 7분이다.

좌표【 N 36" 43" 30.95" E 129" 12" 34.54" 】

왕릉봉(634m)은 수비면 소재지와 들판이 내려다보이고 가야 할 갈미산과 산판길이 보이고 갈미산 왼쪽으로 검마산 정상이 올려다 보이고 오른쪽으로 오십봉 백암산 정상이 보인다. 정상에 낙동정맥 왕릉봉 634m 칠山원山 표찰이 나무에 걸려있고 마루금은 북쪽으로 가파른 내리막으로 이어진다. 사진 몇판 찍고 출발해 가파른 내리막을 한동안 내려 능선길을 가며 오르막을 올라 12시 24분 무명봉에서 오른쪽으로 안부에 내려 다시 오르막을 한동안 올라 12시 37분 다시 무명봉을 지나고 능선을 가며

쭉쭉 뻗은 소나무 숲길을 가며 잠시 내려 다시 가파른 오르막을 한동안 올라서니 앞에 덕재 도로가 보이고 건너편 갈미산이 보이고 산판길이 보인다. 612봉 정상에는 각종 리본이 주렁주렁 달여 있고 마루금은 왼쪽으로 이어진다. 가파른 내리막을 한동안 내려 덕재에 내려서니 12시 53분이다.

좌표【 N 36" 44" 08.5" E 129" 13" 03.6" 】

덕재는 수비면 오기리 오곡마을에서 송라리 송하로 넘는 고개로 1차때는 비포장도로였는데 지금은 포장도로가 넘는고개다. 마루금은 도로를 건너 5분쯤 오르면 삼각점이 있는 600.5봉이며 마루금은 오른쪽으로 능선 오르막을 올라 13시 11분 625봉에 올라서 배낭을 내려놓고 스마트폰 배터리를 갈아 끼우고 갈증을 면하고 13시 25분 출발해 북으로 오던 마루금은 오른쪽(동쪽)으로 내리막을 내려 능선을 한동안 좌우로 들락거리며 가다 잡목길 오르막을 오르며 수비면 소재지를 내려다보며 가파른 오르막을 한동안 올라 683봉에 올라서니 13시 51분이다. 683봉은 전망이 좋아 건너편으로 갈미봉 (918.2m)정상이 올려다 보이고 검마산 능선 검마산 정상 918.2봉이 왼쪽으로 올려다 보이며 왼쪽아래 검마산 휴양림 계곡이 내려다보이고 수비면 소재지가 보인다. 잠시 사방을 관망하고 가파른 내리막을 내려 임도(산판길)에 내려서니 14시 1분이다. 마루금은 산판길을 건너 절개지 가파른 오르막을 올라 작은봉을 넘으니 다시 산판길

이다. 이정표에 검마산 정상 2.5km 휴양림 1.5km이다. 오늘 종주는 14시 5분 여기서 마무리 하고 산판길을 따라 내려오니 조금전 내려선 고개다. 오늘 마루금 종주 산행은 일찍 마무리하고 산판길을 따라 내려와 휴양림 매표소에 내려오니 2시 30분이다. 휴양림에 내려와 수비 택시에 전화를 해도 택시가 못 온다고 한다. 걱정을 하고 있는데 매표소 아가씨 잠시 기다리라고 하더니 사무실로 들어가 수비택시에 전화를 해봐도 택시가 못 온다고 한다며 팀장님이 승용차로 태워준다고 기다리란다. 잠시 후 팀장님이 나와 승용차로 태워주는데 장애인으로 국립검마산 자연휴양림 팀장 현재혁(010-3806-6500)이시다.

고맙게 수비버스터미널에 내려줘 고맙다는 인사를 하고 떠났

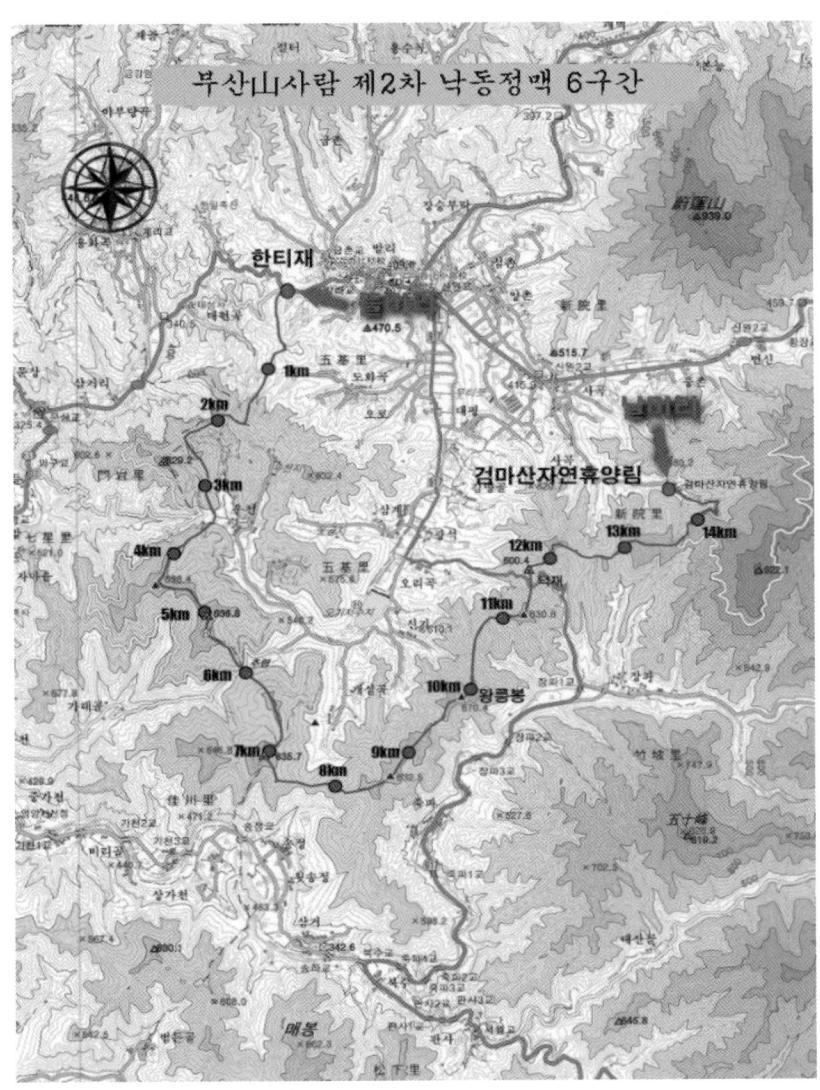

는데 휴대폰을 차에 놓고 내려 걱정을 하고 있는데 슈퍼 주인이 검마산 휴양림에 전화를 걸어 다시 휴대폰을 갖다줘 얼마나 고마운지 모른다. 시간이 있어 식당에서 소머리국밥 한그릇을 먹

고 4시 10분 안동행 버스로 영양을 거쳐 안동에서 6시 50분 부산행 버스로 노포동 9시 30분 집에 오니 10시반이다. 집사람 그래도 빨리 왔다며 격려해준다.

제2차 낙동정맥 단독종주 7구간

검마산휴양림 : 경상북도 영양군 수비면
창수령 : 경상북도 영덕군 창수면 창수리
도상거리 : 휴양림갈림길 29.7km 창수령
소요시간 : 휴양림갈림길 14시간40분 창수령
이동시간 : 휴양림갈림길 13시간39분 창수령
휴양림임도출발 5시54분. 갈미봉 6시42분. 임도 6시55분. 검마산 7시24분.
검마산주봉 8시3분. 916봉 금장지맥 분기점 8시25분. 임도차단기 8시53분.
백암산갈림길 10시21분. 임도안내판 10시55분. 953봉 12시5분.
매봉산 12시40분. 윗삼승령 1시20분. 굴바위봉 2시30분.
아랫삼승령 2시50분. 학산봉 3시10분. 쉰섬재 4시1분. 저시재 4시41분.
옷재 5시1분. 서낭당재 5시25분. 지경 6시20분. 임도 산판길 7시4분.
독경산정상 8시16분. 창수령 도착 8시48분. 누적거리 133.2km

이번 구간은 검마산 휴양림을 출발해 삼승령을 거처 창수령까지 계획을 하고 부산에서 오후 2시 20분 안동행 버스로 안동에서 영양을 거처 수비행 버스로 가는데 지난번 민박집 주인을 만난다. 버스에서 인사를 하는데 누구인가 하고 생각해보니 지난번 수비에서 하룻밤을 자고 간 민박집 주인이시다. (수비면 한일 민박집 주인 이미자 054-682-9024, 010-4526-9024) 나이가 80세 라고 하는데 믿겨지지 않는다. 언뜻 보기에는 70도 안 들어 보인다. 민박집에서 숙소를 정하고 내일 아침 일찍 갈려면 택시를 미리 예약해놓고 잠자리에 들어간다.

2016년 4월10일 맑음

아침 일찍 일어나 간단히 아침을 먹고 5시25분 택시를 열락해 택시로 검마산 휴양림 차단기까지 올라가 5시36분 산행에 들어간다. 1차때도 이곳으로 올라가고 지난번 내려온 길이라 익숙하고 아침 일찍이라도 날이 밝아지기 시작해 임도를 따라 올라가 지난번 하산지점에 도착하니 5시53분이다. 간단히 사진 한판 찍고 정맥마루금을 따라 산행을 시작한다. 임도이정표 휴양림1.5km 검마산 2.5km 이정표에서 임도 왼쪽 오르막을 8분 올라서면 오른쪽으로 임도가 내려다보이고 갈미산 정상이 보인다. 조금전 올라 올때는 아무소리가 안들렸는데 능선에 올라서니 왼쪽아래 골짜기에서 멧돼지소리가 들린다. 마루금은 잘자란 금강송을 감상하며 오른쪽으로 능선을 약간 내려 다시 가파른 오르막을 오르는데 멧돼지 소리는 계속 들린다. 가파른 능선을 숨을 몰아쉬며 한동안 올라 암능을 지나 갈미산 이정표에 올라서니 6시 42분이다.

좌표【 N 36" 44" 14.7" E 129" 14" 33.9" 】

　정상은 오른쪽으로 등산로 아님으로 표시되어 있고 이정표에 검마산 정상 1.5km 휴양림 2.5km 이고 마루금은 왼쪽으로 이어진다. 갑작스레 온산이 운무가 앞을 가려 사방이 보이지 않고 방향 감각이 안된다. 정상에는 낙동정맥 갈미산 818m 준희 표찰이 이정표에 걸려있고 마루금은 왼쪽으로 가파른 내리막을 한동안 내려 임도에 내려서니 6시54분이다. 이정표에 휴양림 임도 3.0km 휴양림 4.0km이며 산판길을 따라가다 삼거리에서 마루금은 왼쪽 상죽파 방면이다. 산림청에서 세운 이정표에 왼쪽은 신원 4km 오른쪽은 상죽파 10.7km 뒤로는 휴양림 4.5km 이며 마루금은 상죽파 길을 따르다 왼쪽 능선으로 올라선다. 갈림길 이정표에 검마산 정상 1km 신원리 4km 죽파리임도 10.7km 이며 마루금은 이정표를 따라 왼쪽으로 오르막을 한동안 올라 검마산 정상에 올라서니 7시 24분이다.

좌표【 N 36" 44" 43.1" E 129" 15" 13.4" 】

　검마산 정상은 전망대가 설치되어 있고 전망대 정상 표지목에 검마산 정상 해발 1014m가 있고 전망은 운무가 앞을 가려 사방이 운무에 쌓여 볼 수가 없고 사진만 찍어둔다. 사진 몇판 찍고 잠시 허리쉼을 하고 왼쪽으로 내리막을 내려 능선을 가는데 앞에서 멧돼지가 소리를 지른다. 인기척을 하고 카세트를 틀면서 내려가니 길가를 뒤져 논 흔적이 여기저기 있지만 멧돼지는 보이지 않는다. 능선을 가다 삼거리 이정표를 7시41분 지나간다. 산림청에서세운 이정표에 검마산 휴양림 2.2km 검마산 0.42km 휴양림 3.0km 이며 옆에 있는 다른 이정표에는 검마산 정상 0.2km휴양림 4.0km 헬기장 0.7km 왼쪽으로 휴양림 3.0km이다. 이곳에서 왼쪽으로 내려가면 휴양림까지 1km 정도 빠르다. 마루금은 삼거리를 지나면서 오른쪽으로 능선을 가며 길가에 멧돼지가 땅을 후빈 흔적을 봐가며 능선을 가다 삼거리 이정표를 7시52분 지나간다. 산림청에서 새운 이정표에 생태숲 2.0km 검마산 휴양림 2.7km 검마산 0.88km 를 지나면서 가파른 오르막을 한동안 올라 암능을 오르고 검마산 주봉(1017.2m)에 올라서니 8시3분이다.

좌표【 N 36" 44" 49.4" E 129" 15" 48.4" 】

『검마산(劍磨山), 해발 1017.2미터, 영양군 수비면 신원리』
검마산은 백두대간과 13 정맥 중 낙동정맥에 속하며 산용(山容)이 하늘높이 솟아 거산(巨山)을 이루어 웅장하다. 이산은 산정이 높아 맑은 날에도 상봉은 흐리게 보이며 겨울철에는 백설이 산정을 덮어 백악(白岳)이 우뚝하게 솟은 모양이 거령(巨嶺)이다. 산의 중정(中頂) 이상은 흙갈색의 암석으로 형성되어 있으며 산정의 석골(石骨)이 하늘로 솟은 것이 흡사 검병(劍柄)을 빼어든 것 같다하여 검마산이라 한다. (전설에는 삼국시대 장수들이 칼을 갈았다 하여 검마산이라고도 함). 이 산의 북쪽에는 옛날 검마사, 일명 도성암(道成庵)이 있었으며 여기서 약 300미터 정도 내려가면 사찰이 있었음을 짐작케하는 석종형(石鐘形) 부도 2기가 나란히 있고 산 아래에는 자연경관이 뛰어나고 숙박과 레저시설을 갖춘 검마산 자연휴양림(054-682-9000)이 있으며 여기서 약 3km를 나가면 영양과 울진군 평해면 온정리를 잇는 924번지방도가 나온다. [옮겨온 글]』

검마산 주봉은 삼각점이 있으며 쉼터 나무의자 두개가 있으며 산림청에서 새운 이정표에 옥녀당 4.37km에 검마산 주봉 1017.2m 준희 표찰이 있다. 검마산은 갈미산 검마산정상 검마산주봉이 있는데 주봉이 삼각점이 있고 높이도 제일 높아 검마산중 상봉이 주봉이다. 오늘은 날씨가 운무가 많아 멀리는 볼수가 없고 지나온 능선과 가야할 백암산은 윤곽이 나타나지 않아 아쉽지만 선선한 날씨라 산행하기는 좋은 편이다. 정상에서 사진 몇판 찍고 8시8분 출발해 왼쪽으로 통나무계단을 4분 동안 내려 능선 내리막을 가다 8시18분 안부에 내려섰다 오르막을 올라 금장지맥 분기점에 올라서니 8시25분이다. 916.봉 정상에는 금장지맥 분기점 준희 표찰이 나무에 걸려있고 산림청에서 새운 이정표(옥녀당 3.42km 검마산 0.96km)가 있으며 쉼터(나무의자)두개가 있다. 동쪽으로 오던 마루금은 남쪽으로 내리며 왼쪽은 영양군 수비면을 벗어나 울진군 온정면이고 오른쪽은 수비면 경계로 이어지며 암능을 지나 잘 자란 금강송을 감상하며 내리막을 내려 차단기가 있는 임도에 내려서니 8시 53분이다. 이 산판길 임도는 검마산 아래 삼거리에서 죽파쪽으로 오다 갈려 선구리쪽으로 이어지며 선구리쪽에 차단기가 있으며 정맥 종주자 누구나 기억하는 곳이다. 차단기를 지나 오르막을 오르며 무명봉을 두개를 넘어 삼각점이 있는 779.3봉에 올라서니 9시19분이다. 779.3봉은 삼각점만 달랑 있고 아무 표시가 없으며 마루금은 왼쪽으로 계속해서 오르막으로 이어지며 금강 松도 감상해보며 봉오리를 몇개 넘어 낙동정맥 등산로 장기 모니터링구간 안내판을 9시58분 지나고 가파른 오르막을 숨을 몰아쉬며 올라 백암산 갈림길에 올라서니 10시20분이다. 백암산 정상은 왕복 30분 거리인데 백암산은 여러번 다녀간 곳이고 금년 2월에도 다녀갔기에 오늘은 백암산에 오르지 않고 진행하기로 한다. 오늘은 날씨가 흐려 백암산 정상은 시야에 들어오지 않고 능선 아래서 멧돼지 소리만 요란히 들린다.

　잠시 허리쉼을 하고 출발해 가파른 내리막을 내리며 낙동정맥 등산로 장기모니터링구간 안내판을 지나고 8분후 넓은 안부를 지나 가파른 오르막을 한동안 올라 10시42분 무명봉에 올라서니 건너편에서 멧돼지 소리가 들리지 않고 백암산은 운무가 거치면서 흰바위가 나타나더니 금세 사라진다. 가파른 암능길을 한동안 내려 임도에 내려서니 10시55분이다. 임도(산판길)

에는 낙동정맥 트레일 종합안내도가 있으며 위쪽은 죽파리에서 아래쪽은 가산리로 연결되는 산판길이다. 임도를 지나 오르막을 한동안 올라 오른쪽으로 능선을 가며 칼등같은 능선을 가며 안부에 내려서 오른쪽에 임도를 보며 다시오르막을 한동안 올라 953봉에 올라서니 12시 6분이다. 953봉은 낙동정맥 935m 준희표찰이 나무에 걸려있고 날씨가 맑아지면서 지나온 마루금이 보이고 가야할 매봉산이 건너다보이며 이제는 날씨가 좋아져 멀리 온정계곡이 내려다 보인다. 마루금은 왼쪽으로 능선길을 가며 안부를 지나고 오르막을 오르며 시장기가 들어 앞에 매봉산을 바라보며 전을 펴고 점심을 먹고 오른쪽으로 이어지는 능선길을 가다 가파른 오르막을 올라 매봉산 정상에 올라서니 12시40분이다. 매봉산 정상은 야영도 할 수 있는 장소이며 낙동정맥 매봉산 919m 준희표찰이 걸려 있고 서래아 박건식 표찰에는 921m로 되어있으며 1/50000 지도에도 921m로 되어있다. 잠시 쉬면서 사진 몇판 찍는데 디카 메모리가 부족하다는 신호가 떠 먼저 찍은 옛날 사진을 지우면 되는데 사진이 모두 보안되어 지울 수가 없어 메모리 카드 없이 가능으로 옮겨놓고 사진 몇판 찍고 사진기 조작시간이 많이 걸려 1시 6분 출발한다.

좌표【 N 36"41" 30.27" E 129" 16"36.74" 】

마루금은 매봉산을 지나면서 오른쪽은 수비면을 벗어나 영양읍 기산리 이고 왼쪽은 울진군 온정면 조금리다. 마루금은 왼쪽으로 가파른 낙엽길을 미끄러지며 내려 작은봉을 넘어 내리막을 내려가는데 울산에서 왔다는 젊은이를 만난다. 이사람 바쁘다고 추월해 가고 가파른 내리막을 내려 윗삼승령 임도에 내려서니 1시30분이다.

좌표【 N 36" 40" 58.8" E 129" 16" 44.5" 】

윗삼승령 임도는 영양읍 기산리에서 온정면 조금리 신기를 넘는 산판길로 비포장 길이다. 임도를 건너 오르막을 한동안 올라 칠보지맥 분기점에 올라서니 2시7분이다. 칠보지맥은 진두목이 원수목이 칠보산 등운산 밤재 옥녀봉 영해 동산을 지나며 송천에서 끝난다. 칠보산 분기점은 여기가 삼승령 748.5m 준희 표찰아래 칠보지맥 분기점 표찰이 걸려 있고 오르막을 2-3분 오르면 굴바위봉이다. 굴바위봉은 붉은 글씨로 굴바위봉 표찰이 나무에 걸려있고 마루금은 오른쪽으로 내리막을 내려 다시 왼쪽으로 능선을 가며 왼쪽 건너편 삼승바위를 카메라에 담고 작은 봉을 지나면서 오른쪽으로 내리막을 내려서니 아랫삼승령이다. 2시47분.

좌표【 N 36" 40" 11.2" E 129" 15" 27.7" 】

아랫삼승령은 영양읍 기산리에서 창수면 조금리 증발을 넘는 비포장도로이며 넓은 공터와 쉬어갈수 있는 사각정자가 있다. 1차때 있던 정자가 십년가까이 되었는데 지금도 있으며 각종 산악회 리본이 수십게 줄에 달여 있다. 정자에 안자 잠시 쉬고 창수령까지는 약 12km 5시간 정도 가야하는데 조금 망설이다 야간 산행을 조금 하면 된다는 생각에 3시에 출발해 가파른 오르막을 숨을 몰아쉬며 올라 학산봉 정상에 올라서니 3시 10분이다.

좌표【 N 36" 40" 17.11" E 129" 15" 16.33" 】

학산봉 정상에는 낙동정맥 학산봉 689m 준희 표찰이 나무에 걸려 있고 마루금은 왼쪽으로 능선길을 오르내리며 왼쪽 아래 백천리 마을을 내려다보며 좌우로 능선을 오르내리다 718봉을 힘들여 올라섰다 내리막을 내려 쉼섬재를 4시3분 지나간다.

좌표【 N 36" 39" 46.2" 129" 14" 14.4" 】

쉰섬재에는 여기가 쉼섬재입니다. 준희 표찰이 나무에 걸려있어 표찰이 없으면 그냥 지나칠 번했다. 능선을 오르내리다 저시재를 4시43분 지나고 706봉에 올라섰다 능선을 오르내리며 왼쪽아래 계속해서 백천저수지를 내려다보며 옷재를 5시2분 지나간다. 옷재에도 여기가 옷재입니다. 준희 표찰이 걸려 있다.

좌표【 N 36"38"20.9" E 129" 14"09.4" 】

옷재를 지나고 오르막을 올라 714봉을 넘어 왼쪽으로 내리막을 내려 다시 오른쪽으로 능선을 오르내리며 서낭당재를 지나고 오르막을 한동안 올라 645봉을 지나고 건너편에 풍력 바람 계기가 줄지어 보이고 아직까지 독경산을 한 바퀴 돌아야 하는데 시간이 촉박하다. 내리막을 내려 다시 오르막 능선을 가다 분기봉을 6시23분 지나면서 오른쪽도 영양읍을 벗어나 창수면 보림리 땅이다. 언듯 보기에는 직진 능선으로 가야 풍력 발전기 능선으로 가는 것 같은데 마루금은 왼쪽으로 이어지며 급경사를 조심조심 한동안 내려 능선을 가다 벌목지 능선을 오르내리며 왼쪽에 산판길을 내려다보며 무명봉을 넘어 임도(산판길)에 내려서니 7시5분이다. 이제는 해가 서산에 기울고 날씨가 어두워지기 시작한다. 아직도 2.5km거리가 남았는데 물도 바닥날 판이다. 임도를 건너 584.3 봉을 올라섰다 오른쪽으로 방향을 틀어 내려가는데 주위는 암흑이다. 손전등을 꺼내 길을 찾아 한동안 내려와 능선을 오르내리며 오른쪽에 묘를 지나고 내려오는데 어둠속에 임도가 보인다. 어둠속으로 오른쪽에 희미하게 독경산 정상이 올려다 보이는데 지금도 얼마를 가야할지 의문이다. 임도를 따라가다 가파른 오름길을 올라가는데 힘도 빠지고 물도 없고 초콜릿을 먹으려 해도 물이 없어 먹을 수가 없다. 가파른 오르막을 있는 힘을 다해 독경산 정상에 올라서니 8시 16분이다.

좌표【 N 36" 36" 52.9" E 129" 14" 50.5" **】**

 독경산 정상에는 삼각점이 있으며 헬기장과 산림재해방지 산악기상관측 장비 시설이 있으며 낙동정맥 독경산 683.2m 준희 표찰이 나무에 걸려 있다. 영양택시를 부르려고 트렝글을 종유하다 저장을 눌러 트렝글이 종료되어 할 수 없이 다시시작하고 영양에 택시를 불러놓고 어둠속 능선 내리막을 내려 창수령고개 불빛이 보이는데 내려가는데 택시기사 전화가 온다.

창수령에 도착하니 8시48분이다. 택시기사 수고했다며 격려해준다. 오늘 산행은 검마산 휴양림에서 임도까지 약0.9km 임도에서 독경산까지 28.63km 독경산에서 창수령까지 1.08km 도합 30.6km 종주를 마무리 한다. 우선 내려오다 휴게소에서 기사에게 부탁해 물부터 한병 받아먹으니 살 것 같다. 택시로 영양으로 내려와 저녁 식사를 하고 숙소에서 사워를 하고나니 피로가 풀린다. 오늘은 거리가 멀어 늦게 도착하였으나 무사히 도착 했다고 집으로 전화를 하고 오늘은 피곤도하여 일찍 잠자리에 들어간다.

제2차 낙동정맥 단독종주 8구간

창수령 : 경상북도 영덕군 창수면 창수령
황장재 : 경상북도 청송군 진보면 황장재
도상거리 : 창수령 34.1km 접촉거리1.24km 황장재
소요시간 : 창수령 13시간38분. 황장재
운동시간 : 창수령 12시간 32분 황장재
창수령출발 5시35분. 690봉 6시2분. 율치재 7시2분. 527.1봉 7시13분.
당집 7시20분. 730봉 7시40분. 풍력2호 임도 8시10분. 오케이목장 8시35분.
맹동산 9시39분. 임도삼거리 10시23분. 봉화산 10시51분. 명동산 12시35분.
화림지맥분기봉 12시55분. 박짐고개 1시20분. 포도산분기봉 2시5분.
첫번째철탑 2시51분. 여정봉 3시26분. 2번째철탑 3시52분. 당집 4시5분.
포도마을 4시27분. 세번째철탑 4시56분. 화매재 5시43분. 삼군봉 7시6분.
황장재 도착 7시39분. 누적거리 168,3km

낙동정맥 8-9구간 종주차 2016년 4월 23일 노포동 시외버스 터미널에서 안동행 4시 버스(16,200원)로 안동에서 영양행 버스 6시 31분 버스표를 부산에서 구매했는데 대구에서 차가 밀려 7시가 넘어서야 버스가 도착한다. 7시 5분 안동을 출발해 영

 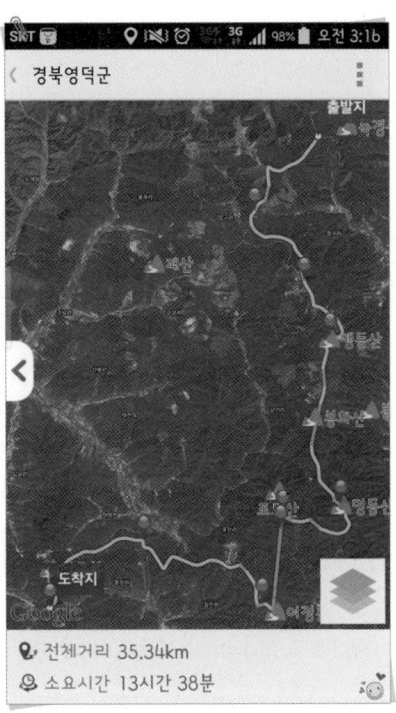

양에 도착해 버스정류장옆 부산식당에서 저녁식사를 하고 지난 번 묵었던 신라장 모텔에 숙소를 정하고 내일 아침밥 먹을 곳을 정해놓고 잠자리에 들어간다.

2016년 4월 24일 맑음

오늘은 장거리 산행 멀리가야기에 아침4시반 일어나 산행준비를 하고 나드리 김밥천국식당에서 아침식사를 하고 택시(경북16바5516전화054-682-****) 로 지난번 하산한 창수령에 도

착하니 5시32분이다. 기사님(명함을 받았는데 분실함)의 손을 빌려 사진 몇판 찍고 5시 35분 산행에 들어간다. 창수령은 영양군 영양읍 무창리에서 영덕군 창수면을 넘는 고개로 창수령은 영덕군 창수면에 속해있고 산불 감시 초소가 있고 변압기가 전봇대 아래 여러개 설치되어 있으며 산림청 영덕국유림 관리소에서 조성한 창수지역 국유림 14개 수종이 독경산 아래 조성되어 있다고 입간판에 표시되어있다. 2008년 10월 21일 1차때는 낙동정맥 맹동산 등산 안내도가 있었는데 지금은 없어지고 초소만 있다. 산행 초입은 전봇대 뒤로 이어지며 능선을 오르며 왼쪽 창수면쪽에서 창수령 오르는 918번 지방도를 내려다보며 오르막을 한동안 올라(산불 기계화 진화훈련장 종점 900m)지점을 지나면서 오른쪽으로 오르막을 올라 능선 분기점 690봉을 6시2분 지나간다. 690봉을 지나면서 오른쪽은 영덕군 창수면을 벗어나 영양읍 무창리와 창수면 경계를 따른다. 가파른 내리막을 한동안 내려 3분후 묘를 지나고 6시12분 안부에 내려섰다 가파른 오르막을 올라 오른쪽으로 능선을 가며 돌길을 지나 분기봉에서 왼쪽으로 가파른 내리막을 내려가며 오른쪽에 풍력계가 돌아가는 소리를 들으며 내리막을 내려 능선을 가며 오른쪽 임도와 풍력계를 6시34분 지나고 4분후 묘를 지나 왼쪽에 창수저수지를 내려다보며 작은봉을 넘어 율치재에 내려서니 7시3분이다.

좌표 【 N 36" 35" 31.9" E 129" 13" 06.4" 】

2008년 10월 21일 2차때는 이곳이 산판길로 차량이 거의 다니지 않은 길이었고 가을이라 길가에 도토리가 널려 있었는데 지금은 창수리에서 양구를 넘는 도로 확장공사가 한창이다. 넘어져 있는 이정표에 원창수 3.2km 창수고개 4.0km 이며 1차때는 양구리 1.5km ok목장 3.0km 표말이 있었는데 ok목장 양구리 이정표는 보이지 않고 온통 길이 공사하느라 엉망이다. 진입로도 파헤쳐 올라가는 길이 안보인다. 이정표 삼거리에서 왼쪽으로 흙더미를 밟고 올라가 능선 오르막을 올라가며 뒤로 줄지어 있는 풍력계 능선을 돌아보며 왼쪽에 창수저수지와 율치재 올라오는 도로를 내려다보며 527.1봉에 올라서니 7시10분이다.

527.1봉에는 삼각점이 있으며 낙동정맥 527.1m 준희 표찰이 걸려있고 전망이 좋아 사방이 잘보인다. 527.1봉에서 사진 몇판찍고 7시13분 출발해 내리막을 내려서니 율치재다. 당집이 있는 고개는 옛 율치재로 지금은 도로가 생기면서 사람이 거의 다니지 않으며 1차때는 집가에 검색어 울긋불긋 무당집 표시가 있었는데 지금은 빈집으로 으스시한 모습이다. 마루금은 당집 뒤를 지나면서 오르막을 오르며 잘나있는 능선을 오르내리며 왼쪽으로 창수저수지와 율치재 올라오는 길을 내려다보며 지나온 독경산과 주능선을 뒤돌아보며 가파른 오르막을 한동안 올라 풍력계 1번뒤 임도에 도착하니 8시 10분이다. 풍력계1번은 왼쪽아래 30여m 아래에 있고 산판길을 따라 오르다 3번 풍력계 뒤로 능선으로 올라서 오른쪽으로 내려 다시 임도를 따라가며 풍력계가 늘어서 있는 능선 도로를 따라간다. 1차때는 도로가 없었고 밭둑과 능선길로 억샌 바람을 받아가며 이곳을 지나다 모자가 날아간 기억이 나는데 지금은 도로를 따라가기에 억수

로 수월하다. 도로를 따라가며 ok목장을 바라보며 도로를 따르다 ok목장 정문앞을 8시35분 지나고 계속해서 도로를 따르다 갈림길에서 오른쪽 길로 돌아가다 왼쪽에 있는 산이 맹동산으로 생각하고 다시 왼쪽길로 오르다 보니 맹동산 아님을 확인하고 다시 내려와 도로를 따라 풍력계가 있는 절개지에서 왼쪽 절개지 위로 올라서니 맹동산 정상석이 있다. 9시 39분.

좌표【 N 36" 33" 35.1" E 129" 14" 30.8" 】

맹동산 정상은 오른쪽 풍력계 절개지 위에 있으며 삼각점과 자그마한 표지석이 있으며 명동산악회에서 새운 검정오색 표지석이 있다. 정상석은 작은데 산악회 표지석이 두배 이상 커 어울리지 않는다. 1차때는 정상이 정상다웠는데 지금은 절개지 위에 있어 자칫 잘못하여 도로를 따라가다 보면 그냥 지나칠 수도 있으며 옛날에는 산불 초소도 있었는데 긴 막대 표지목만 그대로 있다. 맹동산 정상은 볼품은 없으나 전망은 좋아 지나온 능선과 가야할 봉화산 명동산 포도산이 줄지어 보인다. 정상에서 사진 몇판 찍고 간식을 보충하고 9시53분 출발해 왼쪽으로 절개지를 내려와 도로를 따라가다 왼쪽 능선으로 올라서 작은 봉을 넘어 오른쪽으로 내리막을 내려서 다시 도로를 따르다 38번 풍력계 뒤 능선으로 들어서 오른쪽 천마농장을 바라보며 능선 내리막을 내려 다시 도로를 따라간다. 맹동산에서 도로를 따라와도 천마농장 삼거리를 지나고 이도로와 연결된다.

　1차때는 곰취농장 도로에서 올라와 들어섰는데 오늘은 능선 길을 가기에 도로를 따르지 않아 삼거리를 그냥 지나간다. 도로를 따라 풍력계 능선을 가다 지도상 임도 삼거리를 10시24분 지나간다. 임도 삼거리는 산판길로 오른쪽에 고랭지 채소밭이 있으며 길가에 퇴비 포대가 많이 쌓여있고 삼거리를 지나 도로를 따르다 왼쪽 숲길 능선으로 올라서 가파른 오르막을 10여분 올라 왼쪽으로 능선을 가다 오르막을 오르며 헬기장이 있는 봉화산(732m)정상에 올라서니 10시51분이다. 봉화산 정상에는 넓은 헬기장위에 낙동정맥 봉화산733m 칠산원山표찰이 걸려 있고 명동산 능선을 가름해본다. 봉화산을 지나 3분쯤 내려오면 돌탑이 있으며 누군가 기도를 한 흔적(타다 남은 초)이 있고 돌탑앞에 제단같은 게 있는 것으로 보아 돌탑을 쌓아놓고 제를 올리는 곳으로 생각된다. 마루금은 돌탑 뒤로 가파른 내리막을 한동안 내려 능선을 오르내리며 왼쪽에 잘자란 낙엽송 조림 능선을 오르내리다 시장기가 들어 자리를 잡고 점심을 먹고 출발해 가파른 오르막을 올라 명동산 정상에 올라서니 12시 35분이다.

좌표【 N 35" 30" 59.7" E 129" 14" 43.1" 】

명동산 정상에는 통신 철탑에 산불감시 무인카메라가 설치되어 있으며 자그마한 삼각점과 낙동정맥 명동산 812m 준희 표찰이 있는데 표찰이 떨어져 숲에 덮여있어 잘 보이지 않는 것을 찾아 나무에 걸어놓고 사진 한장 찍어둔다. 명동산 정상은 전망이 좋아 지나온 마루금과 가야할 포도산이 오른쪽에 보이고 멀리 주왕산 먹구등 왕거암 가마봉 등이 줄지어 보인다. 명동산에서 보면 포도산이 오른쪽 옆에 있으나 마루금은 남쪽으로 가파른 내리막을 한동안 내려 능선을 가다 다시 오르막을 올라 805봉 화림지맥 분기봉에서 오른쪽(서쪽)으로 이어진다. 화림지맥은 분기봉 805봉에서 배곡고개 국사당산 독점고개 화림산 7번 국도 자부터고개 봉화산을 거처 강구항에서 마무리 짓는다. 마루금은 화매지맥은 남쪽으로 낙동정맥은 서쪽으로 분기되며 왼쪽은 영덕군 영해면을 벗어나 지품면과 영양군 석보면을 경계로 가파른 내리막 능선을 오르락내리락 한동안 내려 박짐고개에 내려서니 1시20분이다. 박짐고개는 산판길로 영덕군 지품면 율곡리에서 영양군 석보면 삼의마을을 넘는 비포장도로가 차량이 다닐 수 있다. 박짐고개에는 낙동정맥 여기가 박짐고개입니다. 준희 표찰이 나무에 걸려 있고 마루금은 산판길을 가로질러 능선을 오르내리며 다시 안부에 내려섰다 가파른 오르막을 한동안 숨을 몰아쉬며 올라 포도산 분기봉 삼거리에 올라서니 2시5분이다.

좌표【 N 36" 30" 50.4" E 129" 13" 34.8" 】

 포도산 분기봉에서 오른쪽(북쪽)은 포도산이고 낙동정맥 마루금은 왼쪽(남쪽)으로 이어진다. 잠시 배낭을 내려놓고 간식도 먹고 갈증을 면하고 2시10분 출발해 가파른 내리막을 내려 잘 나있는 능선을 오르내리며 왼쪽에 버섯 재배지를 지나면서 작은 봉들은 좌로 또는 우로 사면길로 이어지며 2시 29분 묘를 지나고 잘나있는 능선길을 오르락내리락 2시 44분 다시 묘를 지나고 철탑을 2시55분 지나간다. 포도산 분기봉을 지나 조금 오다 트랭글이 중단되며 작동이 안되여 kt에 열락을 해도 일요일이라 연결이 안도고 하는 수 없이 산행을 한다. 철탑을 지나고 오르막을 오르며 오늘구간은 곳곳에 철쭉이 피어 심심찮게 산행을 하며 옛날에 불이나 화목이 된 능선을 한동안 올라서 삼각점이 있는 여정봉에 올라서니 3시 26분이다.

좌표【 N 36" 29" 20.5" E 129" 13" 27.6" 】

여정봉은 전망이 좋아 지나온 능선이 한눈에 들어오고 남쪽으로 대둔산 먹구등 왕거암 주왕산이 보이고 마루금은 서북쪽으로 내리막을 내리며 능선 내리막을 7분쯤 내려오면 송수신용 철탑을 지나고 2분후 낙동정맥 트레일 종합 안내도 영양구간 11을 지나면서 낙동정맥 트레일 영양구간은 오른쪽으로 내려가고 마루금은 직진으로 한동안 내려와 오른쪽에 배밭을 지나고 임도에 내려서니 3시43분이다. 도로가에는 트랙터 한대가 있고 퇴비포대가 쌓여있으며 마루금은 오른쪽 묘목밭을 두고 산판길을 따라가다 8분후 왼쪽 능선으로 올라서 2분 후 철탑을 지나면서 오른쪽으로 조금전 지나온 능선 넘어로 명동산 능선과 박짐고개 오르는 도로가 건너다보인다. 철탑을 지나 내리막을 내려 길가에 파란 천막천으로 텐트같은게 3개가 있는 곳을 지나 임도에 나오니 긴 통나무의자(쉼터)가 있다. 잠시 배낭을 내려놓고 긴의자에 누어 잠시 허리쉼을 하고 출발해 도로를 따라가도 되지만 왼쪽 능선으로 올라서 작은봉을 넘어 다시 도로를 따라가다 다시 능선으로 올라서 愛國志士南平文公永和 之墓를 4시14분 지나 다시 임도에 내려서 가다 다시 숲길로 들어서 오른쪽 포산마을을 내려다보며 내리막을 내려가 포산마을 갈림길 임도에 내려서니 4시 31분이다. 임도에 내려서 오른쪽은 포산마을를 넘는 길이고 마루금은 왼쪽길로 내려와 임도를 따라 2분후 임도는 오른쪽으로 가고 왼쪽으로 들어서 능선을 가며 둘레석으로 치장한 청주한씨(孺人淸州韓氏之墓)묘를 지나 504봉을 넘어 NO 56번 송전 철탑을 4시49분 지나고 능선 내리막을 내리며 NO 57번 철탑을 4시56분 지나며 안부에 내려섰다 다시 오르막을 올라 왼쪽으로 능선을 오르며 457.5봉에서 5시16분 오른쪽으로 능선 내리막을 내리며 5시36분 묘를 지나고 화매재에 내려서니 5시43분이다.

좌표【 N 37" 12" 41.3" E 128" 58" 00.8" 】

화매재는 영양군 석보면 에서 영덕군 지품면을 넘는 고개로 911번 지방도로가 지품면 34번 국도로 연결된다. 오늘구간은 화매재에서 마무리 할까 했는데 시간이 많이 남아 사진 몇판 찍고 바로 출발한다. 들머리는 입간판 왼쪽으로 오르며 성도 김해

김씨 가족묘 오른쪽으로 오르막을 한동안 올라 왼쪽 과수원 능선길을 지나 임도 사거리를 6시2분 지나 작은봉을 오르락내리락 하며 405봉을 6시29분 지나고 묘를 6시36분 지나 능선길을 가는데 해는 서산에 기울기 시작하고 삼군봉이 앞에 보인다. 마음은 바쁘고 발걸음은 무뎌지고 저 앞산을 넘어야 하기에 있는 힘을 다해 가파른 오르막을 힘들여 올라 삼군봉 정상(532봉)에 올라서니 7시 6분이다.

좌표【 N 37" 12" 52.4" E 128" 58" 32.0" 】

532봉은 삼군봉으로 영양군 석보면과 청송군 진보면 영덕군 지품면으로 삼개군이 연결되는 봉으로 서쪽으로 오던 마루금은 왼쪽(남쪽)으로 급경사 내리막을 내려간다. 532m 정상에는 (여기가 삼군봉 532m 청송군 영덕군 영양군 입니다 준희) 표찰이 걸려 있고 해는 서산으로 넘어간다. 바쁘게 서둘러 가파른 내리막을 내려와 사각 정자가 있는 임도에 내려오니 7시15분이다. 아직까지는 밝지만 차츰 어두워지기 시작한다. 임도에서 왼쪽 능선길로 들어서며 이정표 신촌리 4.50km 황장재0.94km로 되어있다. 마루금은 이정표에서 임도는 오른쪽이고 왼쪽 능선으로 이어지며 오르막을 올라 작은봉을 넘어 묘 3기가 나란히 있는 곳을 지나가는데 흰깃털이 맨위 묘 봉분위에 널려있다. 아마도 독수리나 매가 날짐승을 잡아먹은 것 같다. 해는 서산에 지고 주위는 어둡기 시작한다. 묘를 지나 능선을 가다 오른쪽으로 방향을 틀어 가파른 내리막을 한동안 내려 황장재 절개지 아래로 차가 지나가는 소리가 요란히 들인다. 거리가 멀면 손전등을 꺼내야 되지만 막 어두워지기 시작하면서 황장재에 내려선다. 절개지에서 나무계단을 내려와 오른쪽 철망 끝에서 내려서면 34번 국도다.

좌표【 N 37"13"17.0" E 128" 59" 11.5" 】

황장재는 영덕에서 청송군 진보를 넘는 34번 국도로 황장재 휴게소가 있고 황장재 황토구들 펜션(054-874-4800 H 011-536-5353)이 있다. 오늘은 지난주에 이어 최고로 먼거리다. 오늘 전체거리 35.34km 소요시간 13시간 38분 이동시간 12시간 32분, 황장재 도착시간 오후 7시19분 기록이다. 그래도 오늘은 길이

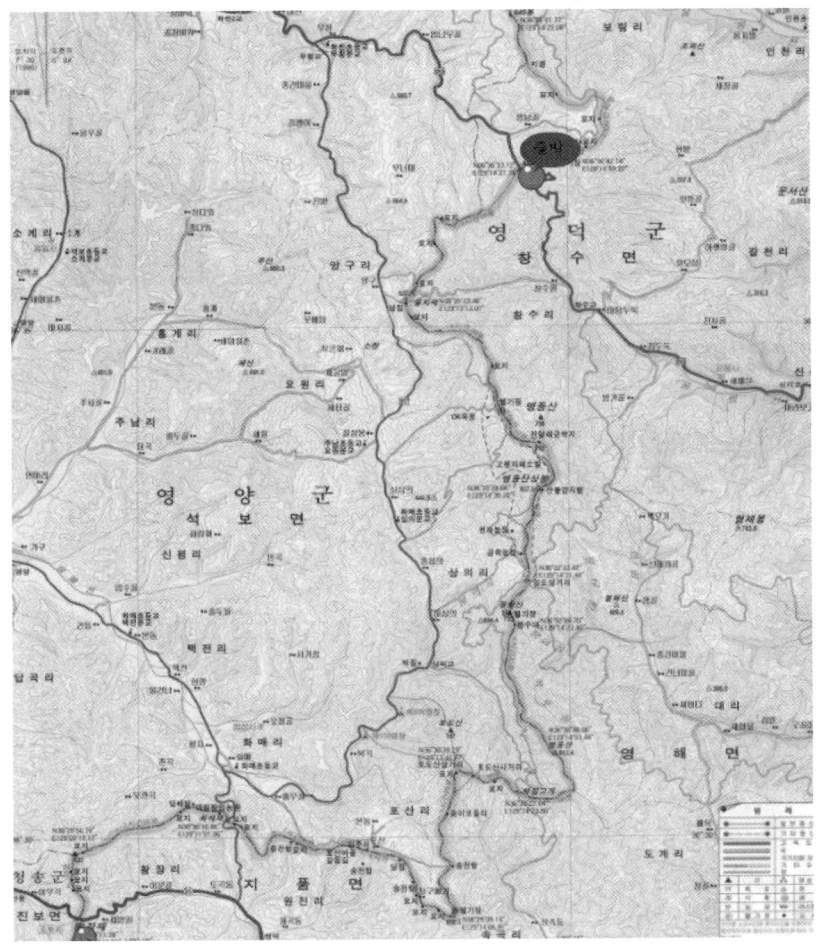

양호해 먼거리를 왔어도 어렵지 않게 와 오늘 산행을 마무리 하고 진보택시에 전화를 걸어 10분이 조금 지나니 택시가 온다. 택시로 진보에 애플 모텔에 숙소를 정하고 식당에 나와 저녁 먹고 무사히 도착하여 저녁 먹고 숙소에 들어왔다고 집으로 전화를 하고 일찍 잠자리에 들어간다.

제2차 낙동정맥 단독종주 9구간

황장재 : 경상북도 청송군 진보면 황장재
주산재 : 청송군 주왕산면 주산재 설티재
도상거리 : 황장재 22.2km 주산재 접촉거리1.09km
소요시간 : 황장재 11시간48분. 설티재
운동시간 : 황장재 10시간41분. 주산재

황장재출발 6시5분. 갈평재 6시52분. 591봉 7시39분. 대둔산 8시41분.
834봉 9시14분. 두고개 10시14분. 먹구등 10시36분. 명도재 11시50분.
느지매재 12시19분. 왕거암 삼거리 1시14분. 제단바위 2시12분.
갓바위 전망대 2시26분. 헬기장 3시21분. 움막터 3시40분. 처사묘 3시55분.
안부 4시21분. 주산재 도착 5시23분. 주산재출발 5시28분. 설티재 5시53분.
누적거리 191.8km

2016년 4월 25일 맑음

오늘 종주산행은 황장재에서 주산재까지다. 어제에 이어 연 2일간 산행이라 걱정이 되었는데 아침에 일어나보니 별지장없어 아침 일찍 일어나 샤워를 하고 김밥집에 가보니 아침 일찍 문을 열지 않아 25시 매점에서 컵라면으로 식사를 대용하고 나와 마

트에서 간식을 사고 나니 김밥집에 문을 연다. 김밥집에서 김밥 두줄을 사고 택시로 황장재에 도착하니 6시2분이다. 택시기사(진보 대원택시 안승걸 경북12바-3317 호출 010-3522-****)에게 부탁해 사진 몇판 찍고 6시5분 산행에 들어간다.

초입 마루금은 고개 입간판 중간에서 초입이 시작된다. 6시16분 묘를 지나고 능선을 오르며 넘어진 이정표 먹구등 7.9km를 지나며 거꾸로 쓴 묘를 6시31분 지나 오르막을 오르다 능선 분기점에서 오른쪽 661.7봉 방향으로 능선을 가다 가파른 오르막을 올라 6시48분 661.7봉 분기봉에서 왼쪽(남쪽)으로 방향을 틀어 가파른 내리막을 한동안 내리며 안동권씨묘(處士安東權公在]維之墓)를 지나고 왼쪽 아래 한골 저수지를 내려다보며 갈평재에 내려서니 6시52분이다.

좌표【 N 36" 28" 28.0" E 129" 08" 57.0" 】

갈평재는 오른쪽 갈평동에서 왼쪽 안학골을 넘는 고개로 넘어져 있는 이정표에 황장재 2.1km 갈평동 2.4km 로 거리가 거의 비슷하다. 갈평재를 지나 가파른 오르막을 한동안 올라 591봉에 올라서니 7시25분이다. 591봉에는 이정표에 황장재 3.1km 먹구등 5.2km이며 잠시 내리고 다시 가파른 오르막을 올라 능선 분기점에 올라서니 7시39분이다. 이정표에 먹구등 5.2km 황장재 3.7km 이며 마루금은 왼쪽으로 올라간다. 이곳은 누군가 야영을 하다 바람에 날린 텐트가 여기저기 널려 있으며 등산화가 있는 걸로 보아 사고가 나지 않았나 생각된다. 이곳부터는 가파른 오르막을 오르며 암능구간을 한동안 올라 대둔산정상인가 했는데 묘를 8시14분 지나고 잘나있는 능선길을 오르며 출입금지 안내판을 8시25분 지나 느짓한 오르막을 오르며 묘앞에 올라서니 8시38분이다. 이곳에서 마루금은 묘앞 왼쪽으로 내려가고 대둔산 정상은 오른쪽으로 올라간다. 묘앞에 배낭을 내려놓고 대둔산 정상에 올라서니 8시41분이다.

좌표【 N 36" 27" 12.0" E 128" 09" 36.6" 】

　대둔산 정상에는 낙동정맥 대둔산 905m 준희 표찰이 걸려있고 펑퍼짐한 곳에 별다른게 없어 인증샷을 하고 내려와 묘앞에 내려오니 남녀 두사람이 묘를 지나 내려가고 있다. 묘에서 정상까지 갔다 오는데 5분이면 충분하다. 묘를 지나 내려가는데 두사람을 내려가다 만난다. 두사람 대둔산을 무심코 지나가다 내가 정상을 다녀온다고 하니 자기들도 다시 빽하여 대둔산 정상에 갔다 온다고 올라간다. 이 사람들도 낙동정맥 종주차 황장재에서 피나무재까지 간다고 한다. 대둔산을 지나며 느짓한 능선길이라 편한길로 이어지며 9시 14분 799.7봉을 살짝 넘어 너덜지대를 지나고 오르막을 올라 834봉을 넘어 잘나있는 편한길 능선을 가며 묘를 지나고 잠시 내려섰다 9시45분 암능을 지나며 무명봉을 넘어 내기사 삼거리을 10시14분 지나간다. 이정표에 내기사 저수지 1.5km 대전사 14km 갓바위골 지킴이 9.4km 먹구등 0.7km 이며 내기사 저수지는 오른쪽이고 마루금은 직진으로 먹구등을 향해 올라간다. 삼거리를 지나 오르막을 한동안 올라 먹구등 정상에 올라서니 10시33분이다.

좌표 【 N 36" 25" 43.0" E 129" 12" 06.5" 】

먹구등 정상(846.2m)은 이정표가 있고 삼각점이 있으며 먹구등 NO-4 표찰이 나무에 걸려 있고 이정표에 내기사 저수지 2.2km 대전사 13.3km 갓바위골 지킴터 8.7km 명동재 1.5km 이다. 마루금은 왼쪽 능선으로 이어지며 정상에서 사진 몇판 찍고 잠시 쉬며 갈증을 면하고 10시39분 출발해 잘나있는 능선길을 가며 3분후 818봉을 지나간다. 이정표에 먹구등 0.1km 느즈미재 2.8km이며 내리막을 한동안 내려 안부를 지나 가파른 오르막 능선을 한동안 올라 잘나있는 느짓한 능선길을 가며 오른쪽으로 능선을 가다 자리 좋은 바위에서 점심을 먹고 11시50분 출발해 명동재에 올라서니 11시52분이다.

좌표 【 N 36" 25" 35.9" E 129" 11" 17.9" 】

명동재는 펑퍼짐한 정상에 있으며 이정표에 내기사 저수지 3.7km 먹구등 1.5km 갓바위골 지킴터 7.2km 느즈미재 1.4km 이며 마루금은 잘되어 있는 길을 따라 느짓한 능선 내리막을 내려가며 5분후 헬기장을 이정표 명동재 0.3km 느즈미재 1.1km

지나며 앞에 왕거암 가마봉 능선을 건너다보며 내리막을 한동안 내려 느즈미재에 내려서니 12시19분이다.

좌표【 N 36" 25" 09.0" E 129" 12" 37.0" 】

느즈미재는 옛길로 오른쪽은 내원동 큰골로 내려가는 길이고 낙동정맥길은 직진이다. 이정표에 내기사 저수지 5.1km 명동재 1.4km 갓바위골 지킴터 6.5km 왕거암 삼거리 1.5km 이며 마루금은 능선 오르막을 올라간다. 느즈미재를 출발해 가파른 오르막을 한동안 오르며 뒤돌아보면 명동재 먹구등 능선이 보이며 멀리 대둔산이 보이며 왕거암 오르는 가파른 오름길을 한동안 올라 왕거암 삼거리에 올라서니 1시14분이다.

좌표【 N 36" 24" 29.7" E 129" 12" 37.0" 】

왕거암 삼거리에서 오른쪽을 왕거암 가매봉 주왕산 대전사로 연결되며 마루금은 왼쪽으로 대관령으로 이어진다. 이정표에 내기사 저수지 6.6km 느즈미재 1.5km 대전사 8.9km 가매봉 2.1km 왕거암 0.3km 이며 남쪽으로 오던 마루금은 왼쪽(동쪽)으로 이어진다. 잠시 허리쉼을 하고 출발해 가파른 내리막을 한동안 내려 안부를 지나고 능선 왼쪽 절벽길을 (통나무 막이길) 지나면서 왼쪽 멀리 영덕 청송 안동간 고속도로 다리발 공사장을 내려다보며 작은봉을 넘어 대관령을 2시10분 지나고 가파른 오르막을 오르며 제단바위에서 배낭을 내려놓고 누워서 피로를 풀고 2시18분 출발해 가파른 오르막을 올라 펑퍼짐한 능선을 올라 갓바위 전망대에 올라서니 2시26분이다.

좌표【 N 36" 23" 46.14" E 129" 13" 41.57" 】

전망대에서 갓바위 등을 사진기에 담아두고 출발해 오른쪽(남쪽)으로 가파른 내리막을 내려 안부에 내려서니 굵은 밧줄이 늘어져 있으며 왼쪽으로 길은 보이지 않는데 밧줄이 느려져 있고 나무에 붉은 글씨로 청련사라 쓰여 있는 것으로 보아 왼쪽아래 청련사가 있는 모양인데 내려가는 길은 낙엽에 묻혀서 인지 보이지 않는다. 잠시 쉬며 간식을 먹고 있는데 대둔산 아래서 만난 두사람이 내려온다. 어제에 이어 계속 산행을 하다 보니 속도가 줄어들고 피로가 온다. 앞에 산이 높아 보이고 힘은 점점 줄어들고 두사람은 추월해 간다. 가파른 암능길 오르막을 힘

들여 올라 헬기장이 있는 정상에 올라서니 3시21분이다.

좌표【 N 36" 22" 54.9 E 129" 13" 37.7" 】

정상에는 세면 콘크리트 헬기장이 있으며 앞에 간 두사람 쉬고 있다. 이분들의 양해를 구해 사진한판 찍어두고 잠시 숨을 돌리고 가파른 내리막을 내려 움막터같은 작은 돌무덤을 3시40분 지나면서 마루금은 왼쪽 능선을 오르지 않고 오른쪽 사면길로 계속 이어지며 오른쪽 계곡을 바라보며 한동안 비탈길을 가다 능선길로 이어지며 경주이씨(處士慶州李公圭鴈之墓) 묘를 3시53분 지나 능선을 가며 앞에 두사람 어디쯤 갔는지 보이지 않는다. 시간은 많이 남았지만 피로가 쌓여 별바위 봉을 넘기가 힘들 것 같아 오늘은 주산재에서 마무리하기로 마음먹고 포근

히 쉬며 능선을 가다 안부에 내려서 주산재인가 했는데 지도를 보니 주산재는 별바위봉 능선 분기봉인 것을 확인하고 가파른 오르막을 오르는데 힘이 들어 쉬엄쉬엄 올라가 주산재에 올라서니 4시53분이다.

좌표【 N 36" 21" 38.9" E 129" 12" 57.7" 】

　오늘은 이곳에서 마무리하고 다음 이어가기로 하고 포근히 쉬고 마루금은 오른쪽(서쪽)방향이고 동쪽 능선을 가다 670봉에서 오른쪽으로 가파른 내리막을 내려가며 팔각산을 건너다 보며 내리막을 한동안 내려 설티재에 내려서니 5시53분이다. 아직도 해는 남아있으나 영덕에서 부산까지 가야기에 대충 마무리를 하고 있는데 1톤 봉고차 한대가 올라와 손을 들으니 태

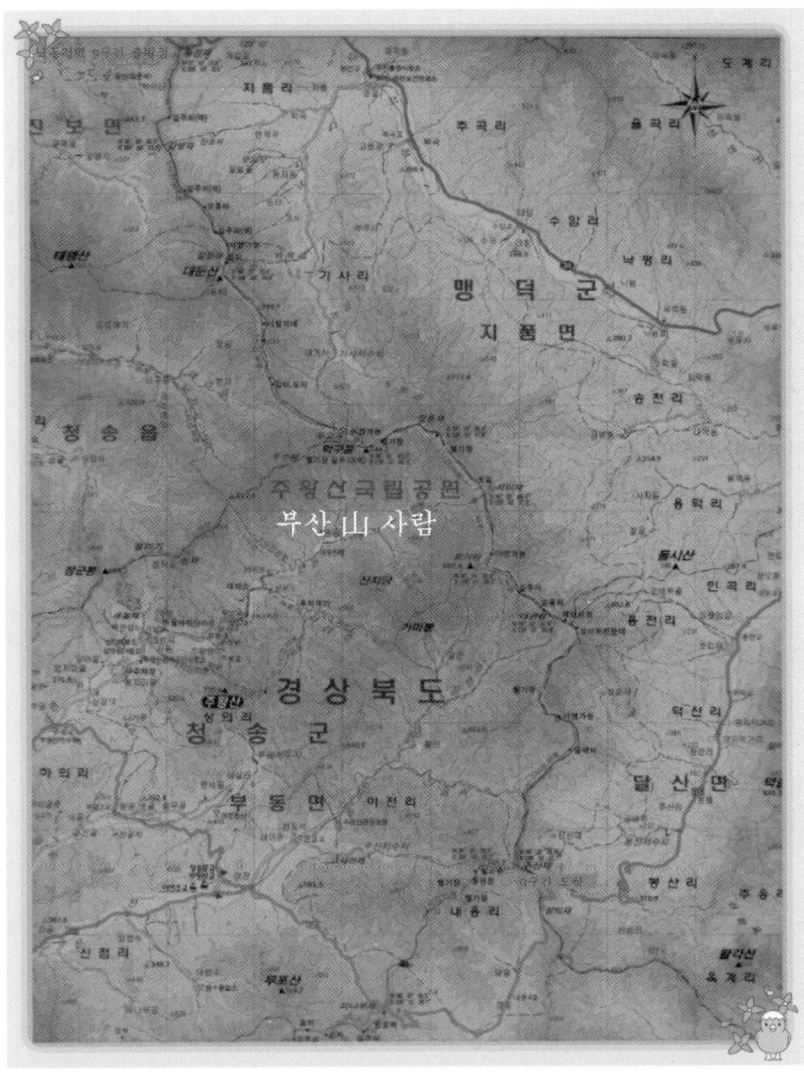

위준다. (영덕 이레산업 이용락 010-8709 **** 기술용역 시설물 관리 고장수리) 이용락씨는 부산에서 몇년 살면서 원양어선 기관사로 오래 근무한 사람으로 남양사 동원산업 등 많은 선박

회사를 알고 있다. 영덕에 와서 목욕탕에서 몸을 풀고 버스터미널에 오니 포항행 버스가 8시13분에 있어 한참을 기다리니 버스가 와 포항에 도착하니 부산행 버스가 10시40분에 있다기에 경주행 버스로 경주에 와도 시외버스가 11시 넘어야 있어 고속버스 터미널에 가니 10시20분 버스가 있어 10여분 기다리니 버스가 와 고속버스가 두실역에 내려줘 지하철 막차로 충무동에 와서 집에 오니 12시10분경이다. 그래도 조금만 늦었으면 노포동에서 택시로 와야 되는데 집사람 기다리며 다행이라 격려해 준다.

제2차 낙동정맥 단독종주 10구간

> **주산재** : 경상북도 청송군 주왕산면 주산재
> **통점재** : 경상북도 포항시 북구 죽장면 통점재
> **도상거리** : 주산재 21.6km 접촉거리1.26km 총거리22.86 통점재
> **소요시간** : 주산재 11시간28분 운동시간 9시간57분 통점재
> 설티재출발 6시1분. 주산재 6시30분. 별바위 6시54분. 통천문 7시7분.
> 702봉 7시44분. 피나무재 8시31분. 임도삼거리 9시1분. 평두산도 10시1분.
> 질고개 11시19분. 산불초소 11시35분. 660봉 12시28분. 785봉 2시25분.
> 유리산805m 2시55분. 간장현 3시45분. 706봉 4시41분. 통점재도착
> 4시55분. 누적거리 213.26km

    낙동정맥 10구간 종주차 2016년 4월 30일 토요일 4시31분 동부산터미널을 출발 (8,100) 포항에서 6시20분 (5,600)영덕행 버스로 영덕에 도착해 시내 25시 첫눈愛감자탕집에서 (7,000) 저녁을 먹고 (30,000) 바킹검모텔에서 자고 아침에 감자탕 식당에서 아침을 먹고 영덕개인택시 (30,000)(경북16바5619 이춘발 010-3804-3420)로 설티재에 도착한다.

2016년 5월 1일 맑음

영덕 개인택시로 설티재에 도착하니 5시56분이다. 택시기사에게 부탁해 사진 몇판 찍고 산행준비를 하고 6시1분 산행에 들어간다. 설티재는 영덕군 달산면에서 청송군 부동면을 넘는 고개로 왼쪽 능선은 유명한 팔각산으로 이어지고 오른쪽(북쪽)은 낙동정맥 주산재 오르는 길이다. 초입은 청송군쪽 철망 울타리 끝에서 시작된다. 지난주 내려온 길이라 익숙하다. 산길로 들어

서 왼쪽 사면길로 들어서 오르다 능선으로 들어서 오른쪽 914번 지방도를 내려다보며 가파른 오르막을 한동안 올라 분기봉에 올라서니 6시23분이다. 분기봉을 지나 왼쪽으로 내리막 능선을 가다 지난주 마무리한 주산재에 도착하니 6시30분이다.

좌표【 N 36" 21" 38.9" E 129" 12" 57.7" 】

주산재부터 낙동정맥 마루금을 따른다. 주산재부터는 왼쪽에 영덕군을 벗어나 좌우로 청송군 부동면 땅으로 이어진다. 주산재를 지나 가파른 오르막을 한동안 올라 별바위에 올라서니 6시54분이다.

좌표【 N 36" 21" 39.8" E 129" 12" 35.5" 】

별바위봉은 암산으로 전망이 좋아 사방이 시야가 확트여 지나온 주왕산 능선과 동쪽에 팔각산 동대산 동남쪽 내연산 능선이 한눈에 들어온다.그리고 오른쪽 아래 주산제(저수지)는 주왕산에서 유명한 제(저수지)다. 정상에서 사방을 관망하고 사진도 찍고 7시1분 출발한다. 서쪽으로 오던 마루금은 왼쪽(남서쪽)으로 가파른 내리막 위험한 길을 한동안 내려 통천문에 내려서니 7시8분이다. 통천문은 큰 바위에 구멍이 나있어 아래로 내려다보면 절벽이고 옆으로 전망바위 이며 마루금은 통천문 반대편 오른쪽(서쪽)으로 급경사 내리막을 조심해서 내려간다. 급경사 내리막을 내려 왼쪽으로 능선에 들어서 보니 통천문 암봉이 거창하게 보이며 안부 헬기장을 7시21분 지나고 능선을 오르내리다 가파른 오르막을 올라 702봉에 올라서니 7시44분이다. 702봉은 분기봉으로 마루금은 왼쪽(남쪽)으로 이어지며 조금 내려오면 왼쪽에 성같은 암능을 지나 가파른 내리막을 한동안 내려 능선을 오르내리다 안부에 내려섰다. 다시 오르막을 오르는데 종달새 한마리가 날아가 자세히 보니 길가숲에 알이 6개나 있다. 사진한판 찍어두고 오르막을 올라 무명봉을 넘어 능선 내리막을 내려 피나무 재에 내려서니 8시 31분이다.

좌표【 N 36" 20" 19.2" E 129" 11" 29.7" 】

피나무재는 914번 지방도가 지나는 고개로 마루금은 도로를 건너 철조망 아래 개구멍을 통과해야 한다. 배낭을 밀어넣고 기어서 통과한다. 개구멍을 기어서 통과하는데 지나가는 차가 멈

추더니 웃으면서 손을 흔들고 지나간다. 개구멍을 통과하여 능선에 올라서면 통신시설이 있고 조금 오르면 방호벽을 지나 능선 오르막을 올라 505봉을 8시56분지나 내려가며 평해황씨묘 (學生平海黃公 悳賢之墓)를 지나며 내려와 임도삼거리에 내려서니 9시. 마루금은 오른쪽 삼거리쪽으로 가다 왼쪽능선으로 올라선다. 삼거리 이정표에 부동나리 1.7km 부동이전 1.21km 이며 부남화장방면은 글씨가 보이지 않는다. 삼거리에 2009년도 세운 경고문 간판에 산나물 채취 시 징역 7년 벌금 2000만원이다. 너무 과도한 징벌같다. 이곳을 지내다보니 벌금이강해서인지 곳곳에 산나물이 많다. 마루금은 능선을 올라 5분후 다시 임도를 만난다. 길가에 승용차 한대가 있는데 사람은 보이지 않는다. 산판임도를 건너 능선 오르막을 올라서니 다시 왼쪽에 임도를 만나고 임도를 왼쪽에 두고 능선을 따르다 임도는 왼쪽으로 마루금은 직진으로 오르막을 올라 9시23분 분기봉에서 서쪽으로 오던 마루금은 왼쪽(남쪽)으로 이어진다. 이곳부터는 오른쪽은 부동면을 벗어나 부남면과 부동면을 경계로 이어진다. 분기봉을 지나 내리막을 내리고 2분후 다시 임도를 만난다. 임도를 건너 오르막 능선을 오르며 왼쪽에 나리좌지동마을을 내려다보며 능선길로 이어지며 9시42분 헬기장을 지나 조림수 능선을 지나 계속해서 왼쪽 좌지동마을을 내려다보며 평두봉(622.7m)에 올라서니 10시1분이다.

좌표【 N 36" 19" 10.79" E 129" 10" 20.87" 】

평두산(622.7m)정상에는 삼각점이 있으며 각종 표지기가 많이 걸려 있으며 낙동정맥 622.7m 준희에 누군가 매직으로 평두산이라 적어놓았다. 평두산 정상은 전망이 좋아 지나온 마루금과 동쪽으로 내연산 향로봉 동대산 바데산 능선이 줄지어 보인다. 언듯 보기에는 직진 능선같은데 직진 능선은 온 산이 벌목을해 산에 나무하나없고 마루금은 분기봉에서 왼쪽(동쪽)벌목 능선을 내리다 4분후 구헬기장을 지나며 내리막을 내려 활 모양으로 오른쪽으로 돌아 남서쪽으로 능선길을 가며 잘자란 소나무도 때론 감상하며 능선을 오르내리며 755봉은 오르지않고 왼쪽 사면길로 가다 리본이 많이 달린 곳에서 왼쪽(남동쪽)으로 가파른 내리막을 한동안 내려 930번 지방도에 내려서니 11시19분이다.

좌표【 N 36° 18' 00.7" E 129° 11' 01.0" 】

　930번 지방도는 청송군 부남면에서 부동면 얼음골을 경유 영덕군 달산면 옥계을 경유 영덕으로 이어지며 2차선 도로에 낙동정맥 여기가 질고개입니다. 준희표찰이 철망에 걸려 있고 마루금은 옹벽을 오르는데 밧줄 설치가 되어있다. 절개지를 밧줄을 잡고 올라 개간지를 지나는데 콘테이너 건물이 있으며 묘목지를 지나 파란망 울타리에 문이 있어 올라가보니 열고 닫고 못하게 만들어 힘들게 그물망을 넘어 능선으로 들어서 남으로 오던 마루금은 왼쪽(동쪽)으로 가파른 오르막을 한동안 올라 산불감시초소에 올라서니 11시35분이다. 초소에는 산불 감시원이 반가히 맞으며 1시간 전에 두사람이 지나갔다며 친절히 반겨준다. 이곳은 전망이 좋아 지나온 능선(설티재, 주산재 별바위 멀리 주왕산 피나무재 평두산 질고개와 부남면 화장저수지와 부동면 나리 항리) 일대가 내려다보인다. 잠시 쉬면서 사진도 몇장 찍고 11시40분 출발해 능선을 가며 오르막을 한동안 올라 580봉에 올라서니 11시54분이다. 마루금은 왼쪽 오른쪽 능선을 오가며 12시5분 무명봉을 넘고 12시10분 또 넘어 3분후 묘를 지나고 3분후 안부습지(오른쪽에 물이 고인 곳)인 안부 사거리를 지나 능선 오르막을 올라 12시40분 무명봉(지페스662m)

에 올라서 자리를 펴고 점심을 먹고 12시58분에 출발해 내리막을 내려 8분후 안부를 지나면서 오른쪽으로 능선 분기점을 지나면서 동으로 오던 마루금은 오른쪽(남쪽)으로 능선을 오르며 간간히 철쭉을 감상해가며 오르며 왼쪽은 청송군을 벗어나 포항시 죽장면 경계를 가며 왼쪽 건너편에 동대산 바데산 내연산 능선을 지근에 보며 가지치기한 능선을 오르내리며 2시11분 구 헬기장을 지나고 785봉에 올라서니 2시25분이다.

좌표【 N 36" 17" 16.27" E 129" 13" 15.64" 】

785봉은 시.경계구간 785m 포항시 산악 구조대 표찰과 낙동정맥 785.0m 칠산원산 표찰이 나무에 걸려있고 마루금은 왼쪽으로 능선을 가며 오르막을 올라 유리산 정상에 올라서니 2시55분이다.

좌표【 N 36" 17" 3.16" E 129" 13" 24.19" 】

유리산 정상에는 준희 표찰에는 낙동정맥 805m이고 다른 표찰에는 유리산 805.5m이며 지도에는 806m이다. 정상에는 헬기장이 있으며 잠시 쉬며 사진도 찍고 간식을 먹고 3시에 출발해 오른쪽으로 내리막을 내리며 3분후 묘를 지나고 잘나있는 능선을 오르내리며 왼쪽에 내연산 능선과 왼쪽앞에 상옥리마을을 간간히 나무사이로 보며 610봉을 넘어 내려서 간장현에 내려서니 3시45분이다.

좌표【 N 36" 16" 20.3" E 129" 12" 50.6" 】

간장현은 포항시 죽장면 하옥리에서 청송군 부남면 간장리를 넘는 옛길로 여기가 간장현입니다. 「칠산원산」 표찰이 있으며 사람 다닌 흔적은 없다. 안부를 지나 가파른 오르막을 한동안 올라 능선 분기봉 이정표(낙동정맥 트레일, 황장재 71.6km 주왕산 25.3km 통점재 1.6km)를 4시21분 지나며 마루금은 왼쪽 능선길로 이어진다. 아마도 이곳에서 오른쪽길이 트레일 인가 보다. 왼쪽으로 능선을 오르내리며 이정표 (낙동정맥 트레일 황장재73.1km 주왕산 26.8km 통점재 0.9km)를 4시31분 지나고 오른쪽으로 능선 오르막을 올라 706봉에 올라서니 4시41분이다. 706봉 정상에는 시.경계구간 706.2m 포항시 산악구조대 표찰이 나무에 걸려 있고 이정표(낙동정맥 트레일 황장재 72.7km 주왕산 26.4km 통점재 0.5km)가 있으며 마루금은 왼쪽으로 내리막을 내려 4시43분 유인 밀양박씨묘를 지나고 4시51분 묘를지나 절개지 이정표(낙동정맥 트레일 황장재 73.2km 주왕산 26.9km)이며 절개지 아래로 통점재다. 절개지에서 왼쪽으로 내려 통점재 68번 지방도에 내려서니 4시55분이다.

　　　　　　　　　　좌표【 N 36" 15'41.1" E 129" 12' 19.4" 】

　　통점재는 포항시 죽장면 상옥리에서 청송군 부남면을 넘는 2차선 도로가 지나가며 통점재에서 가사령까지는 4.5km 이다. 오늘아침 일기예보에 내일(월요일)오후에 전국적으로 비가 오며 바람이 많이 분다고 해서 내일 산행은 포기하고 부산에 갈려면 일찍 마쳐야하기에 시간상 가사령까지 갈수는 있으나 오늘은 통점재에서 마무리하고 대충 정리를 하고 있는데 승용차가 한대 와 손을 들으니 새워준다. 젊은 사람인데 자기는 청하 월포리까지 간다며 청하에 가면 포항 가는 버스가 있다며 청하까지 태워줘 얼마나 고마운지 모른다. (청하면 월포 안선국 전화 010-4806-2633) 오늘은 안선국씨 덕분에 청하에 와 조금 있으니 버스가 와 포항에서 부산노포동 전철로 남포동에서 버스로 집에 오니 9시50분이다. 이제 포항권에 접어들어 당일코스로도 산행할 수 있으며 쉽게 이동할 수 있어 마음이 놓이다. 집에 오니 집사람 고생했다며 격려해준다.

제2차 낙동정맥 단독종주 11구간

통점재 : 경상북도 포항시 죽장면 통점재
한티재 : 경상북도 포항시 기계면 한티재
도상거리 : 통점재 23.7km 한티재
소요시간 : 통점재 11시간 18분 한티재
운동시간 : 통점재 10시간 32분 한티재
통점재출발 5시35분. 776.1봉 7시18분. 팔공 보현기맥분기봉 7시50분. 가사령 8시31분. 성법봉 9시47분. 사관령 11시6분. 배실재 228.3km지점 12시29분. 막실재 1시28분. 침곡산 2시46분. 산불감시초소 4시17분. 한티재 5시51분. 누적거리 236.96km

    낙동정맥 11-12구간 종주차 2016년 5월 7일 토요일 오후 8시 20분 포항행 버스로 포항에 도착하니 9시 50분 터미널 앞 25시 찜질방에서 잠을 자고 찜질방 옆 중국집에서 잡채밥으로 아침밥을 먹고 5시 30분 울진행 버스로 청하까지 간다.

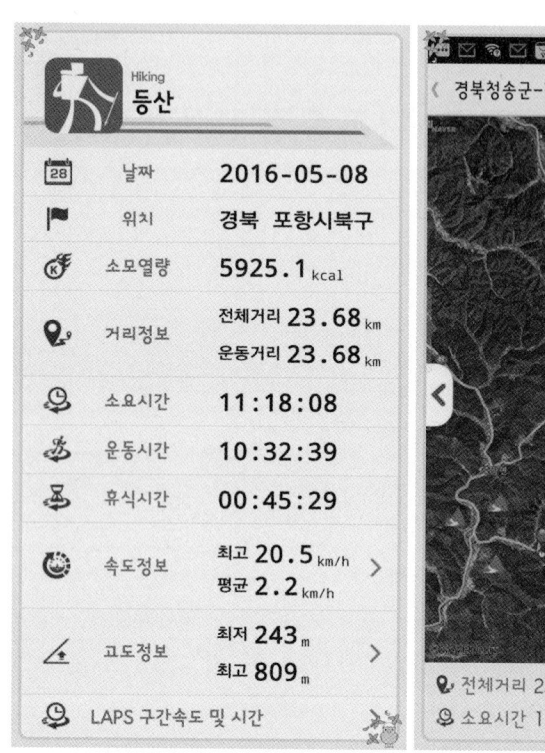 

2016년 5월 8일 맑음

포항터미널 앞 찜질방에서 아침 일찍 일어나 24시 중국집에서 잡채밥으로 아침식사를 하고 나와 버스터미널에서 청아택시에게 전화를 걸어놓고 5시 30분 울진행 버스로 청하에 도착해 택시(3만원)로 죽장면 상옥리 통점재에 도착하니 6시29분이다. 택시기사에게 부탁해 사진 몇장 찍고 6시35분 산행에 들어간다.

좌표【 N 36" 15"41.1" E 129" 12" 19.4" 】

　산행 초입은 고개 상옥쪽에서 시작된다. 오르막을 12분 올라 623봉을 넘어 내리막을 잠시 내렸다 다시 오르막을 오르며 묘를 7시5분 지나면서 가파른 오르막을 올라 776.1봉 갈림길에 올라서니 7시19분이다. 776.1봉 정상은 오른쪽이고 마루금은 왼쪽으로 이어진다. 삼거리에 시.경계구역 776.1m 포항시 산악구조대 표찰이 나무에 걸렸다. 마루금은 왼쪽 완만한 능선을 가며 왼쪽 건너편에 향로봉을 건너다보며 능선을 가며 때로는 잘자란 소나무를 감상하며 7시38분 묘를 지나면서 오른쪽으로 가파른 오르막을 한동안 올라 보현지맥 팔공지맥 분기봉 745봉에 올라서니 7시50분이다.

　　　　좌표【 N 36" 14" 26.60"　E 129" 11" 33.14" 】

보현지맥은 구암산 배틀봉 민봉산 보현산 석심산을 지나면서 팔공지맥은 남쪽 보현지맥은 북쪽으로 구무산 푯대봉 해망산 비봉산을 거처 남으로 위천과 낙동강 합류에서 가라안고 팔공지맥은 보현지맥 석심산에서 갈라서 방가산 화산을 거처 팔공산을 지나면서 북으로 가산 응봉산 적라산 청아산 만경산을 거처 위천과 낙동강 합류지점에서 보현지맥 맞은편에서 멈춘다. 보현 팔공지맥 분기점에서 사진도 찍고 갈증도 면하고 7시58분 출발해 남서쪽으로 오던 마루금은 왼쪽(동남쪽)으로 잘자란 소나무 능선을 내려와 벌목지에서 가파른 내리막을 내리며 건너편에 가사령을 내려다보며 능선길을 한동안 내려와 벌목지 끝 임도에서 가파른 오르막을 한동안 올라 작은봉을 넘고 내리막을 내려서니 69번 지방도 가사령이다.

좌표 【 N 36" 13" 52.3" E 129" 12" 07.1" 】

가사령은 포항시 죽장면 가사리에서 상옥리를 넘는 고개로 2차선 지방도로가 지나며 마루금은 도로를 건너 가사리쪽 철조망 끝에서 시작된다. 마루금은 절개지 위를 올라 가파른 오르막을 한동안 오르고 벌목지를 올라 삼각점이 있는 599.6봉에 올라서니 8시46분이다. 왼쪽 건너편에 매봉 향로봉 내연산 동대산 능선을 건너다보며 상옥리를 내려다보며 능선을 좌로 우로 오르내리며 봉오리를 몇개 넘나들며 가다 가파른 오르막을 한동안 오르고 느즛한 능선을 오르며 왼쪽 잣나무 능선을 가며 성법봉 (709.1m)에 올라서니 9시 47분이다.

좌표【 N 36° 12" 29.2" E 129° 12" 08.0" 】

성법봉은 세면 콘크리트 헬기장과 삼각점이 있으며 내연지맥 비학지맥 분기점으로 내연지맥은 성법령 811봉에서 비학지맥은 남쪽으로 내연지맥은 북동쪽으로 쾌령 샘재 매봉산 향로봉 내연산 동대산 비데산 메티재 천제봉 강구삼해공원 전망대 강구항에서 내려 안고, 비학지맥은 성법령에서 남으로 비학산 원고개 도음산 연화재 수도산 천마산 형산강에서 가라 앉는다. 성법봉은 비학지맥 분기점 내연지맥 분기점 준희표찰과 낙동정맥 709.1m 칠산원산 표찰이 있으며 삼각점 안내문에 국토지리 정보원에서는 측량법에 따라 우리나라 모든 측량의 기준이 되는 국가기준점인 삼각점을 설치하여 공공 및 민간 분야에서 이용하도록 하고 있습니다. 삼각점은 전국에 일정한 간격으로 일만 육천여점(16,000)을 설치하여 지도재작, 지적측량, 건설공사 각종시설물의 설치 및 유지 관리 등을 위한 기준점으로 이용되는 중요시설물로서 국민 모두에 소중한 재산이니 훼손하는 사람은 엄중한 처벌을 받는다고 적혀 있으며 동경 129도 12.08: 북위 36도 12:29: 높이 약 710m 기록되어 있다. 잠시 배낭을 내려놓고 간식을 먹고 10시 6분 출발한다. 마루금은 오른쪽(서남쪽)으로 가파른 내리막을 내려 능선을 가며 암능도 지나며 오른쪽 구암산 능선 임도(산판길)를 건너다보며 공터를 지나고 무명봉을 오르락내리락 두개를 오르내리며 왼쪽아래 성법마을을 내려다 보며 오르막을 올라 797봉에 올라서니 10시42분이다. 797봉에서 잠시 내리막을 내려 능선을 가며 사관령 988.2봉을 올려다 보며 능선을 가다 암능봉을 10시55분 지나 능선을 가다 가파른 오르막을 숨을 몰아쉬며 올라 헬기장이 있는 사관령에 올라서니 11시6분이다.

좌표【 N 36" 11" 42.8"　E 129" 11" 00.0" 】

788.2봉은 오른쪽에 있고 마루금은 왼쪽으로 이어지며 전망이 좋아 사방을 관망할 수 있다. 오른쪽에 보현 팔공지맥 능선과 산판길이 보이며 지나온 성법령 내연산 능선 왼쪽은 비학산 비학지맥 능선 가야할 배실재 침곡산이 줄지어 보이고 기북면 들판이 내려다보인다. 잠시 허리쉼을 하고 11시8분 출발해 왼쪽으로 내리막을 내리며 오른쪽 벌목능선을 내리며 땅까시 딸기나무 잡목길을 헤치며 내려 안부에 내려서니 11시31분이다. 안부에 내려서니 남여 6명이 점심을 먹으며 막

걸리 한잔을 준다. 이분들은 성법리에서 올라와 멀목지에 산나물을 뜯으러 왔다고 하며 김밥 점심을 먹으며 반가히 맞아준다. 이분들이 주는 막걸리 한잔을 얻어먹고 능선을 좌로 우로 사면 길로 들락거리며 느긋한 능선을 가다 處士驪江李氏묘를 11시 57분 지나고 능선을 가다 가파른 오르막을 한동안 올라 574봉에 올라서니 12시16분이다. 574봉은 아무표시가 없고 리본만 주렁주렁 달려있다. 마루금은 왼쪽으로 내리막 능선을 내려서 낙동정맥 중간지점인 배실재에 내려서니 12시29분이다.

좌표【 N 36" 10" 30.8" E 129" 10" 31.6" 】

배실재는 기북면 오덕리 덕동에서 죽장면 가사리 독골을 넘는 옛길 고개로 야영할 수 있는 공터가 있고 이곳 배실재가 낙동정맥 중간지점으로 되어있는데 정확한 지점은 알 수 없고 여기 기록을 보면 북으로 피재까지 227.3km 남으로 부산 몰운대까지 229.7km이고 다른 곳에는 북으로 피재까지 212.9km 남쪽으로 몰운대까지 219.7km로 되어있으며 내가 걸은 기록은 228.3km이다. 각자 지페스 오차가 약간은 있으나 분명한 것은 이지점에서 (+−1.5km)안에 낙동정맥 중간지점인 것은 분명하다. 배실재에서 사진 몇판 찍고 갈증도 면하고 12시 38분 출발해 잘나있는 능선을 가다 오르막을 올라 492.4봉에 올라서니 12시55분이다. 492.4봉은 삼각점이 있으며 낙동정맥 492.4m 준희표찰이 걸려있고 산 정상이라기 보다 능선에 있으며 계속해서 능선을 오르내리며 막실재에 내려서니 1시28분이다.

좌표【 N 36° 9" 48.36" E 129° 9" 59.19" 】

막실재를 지나 남으로 오던 마루금은 오른쪽(서쪽)으로 방향을 틀면서 능선을 오르락내리락하며 작은봉은 오르지 않고 왼쪽 사면길로 가다 능선에 들어서 잠시 내리고 능선을 가며 處士月城崔公龜壽之墓를 1시55분 지나고 능선을 가다 가파른 오르막을 한동안 올라 암능을 오르고 묘에 올라 침곡산 정상은 묘뒤 바로위에 있으며 정상에 올라서니 2시45분이다.

좌표【 N 36° 09" 37.4" E 129° 08" 53.6" 】

침곡산 정상은 구 헬기장 위쪽에 검정오석 정상석이 있으며 2004년 4월4일 포항시 팔도산악회에서 새운 정상석에 전면에

는 針谷山 725.4m 후면에는 침곡산이라 되어있고 포항팔도산악회에서 걸어놓은 파란표찰에 한티재 2km 산불초소 1km 성법령 4km 덕동수련장 1시간40분으로 2007년 7월 15일 1차때 있던게 9년이 지났는데도 그대로 있다. 아직까지는 숲 사이로 전망이 좋은 편이나 머지않아 숲이 가리면 잘 보이지 않을 것 같다. 잠시쉬면서 간식도 먹고 갈증을 면하고 사방을 관망해본다. 서쪽으로 오던 마루금은 왼쪽 남쪽으로 이어지며 2시46분 출발해 가파른 내리막을 한동안 내려 능선을 내리며 3시10분 철탑을 지나고 서당골재에 내려서니 3시13분이다. 침곡산에서 언뜻보기에는 능선으로 이어지게 보이는데 고도가 600m 이하로 낮아졌다 다시 오른다. 서낭골재는 삼거리로 왼쪽은 기북면 용가리로 내려가는 길이고 마루금은 직진으로 이어지며 2007년 7월15일 1차때 있던 포항산악회 표찰에(한티재 1시간 40분 산불초소 40분 침곡산 30분 기북 1시간)이 지금도 있다. 마루금은 가파른 오르막을 숨을 몰아쉬며 한동안 올라 암능에 올라서니 3시 31분 온몸이 땀으로 범벅이다. 벌써부터 이렇게 땀을 흘리니 앞으로 갈수록 더위가 심할텐데~~ 잠시 바위에서 배낭을 내려놓고 숨을 돌리고 불어오는 바람에 땀을 식히고 출발해 능선을 오르며 무명봉에 올라섰다 능선을 가며 낙엽에 푹푹 빠져가며 오르막을 오르며 묘를 지나면서 가파른 오르막을 한동안 올라 정상인가 했는데 산불 초소는 보이지 않고 능선길을 한동

안 오르내리며 능선끝에 산불 초소가 보인다.

좌표【 N 36" 8" 22.93" E 129" 8" 20.10" 】

　태화산 산불초소에 4시17분 도착해 사방을 관망해 보며 앞으로 가야할 한티재를 내려다보며 내일 갈 운주산 능선도 가름해 보고 4시21분 출발해 남으로 오던 마루금은 오른쪽(서남쪽) 급경사 내리막을 굵은 밧줄을 잡아가며 내려와 왼쪽으로 비탈길을 가다 오른쪽으로 능선길을 한동안 내려오며 벌목지를 지나오며 잡목숲길을 내려오며 전망 좋은 곳에서는 사진도 찍어가며 내려와 다시 오르막을 약간 올라 무명봉에 올라섰다 다시 가파른 내리막을 내려오며 왼쪽에 전망바위서 기북면을 관망하고 내리막을 내리며 處士晉州姜氏 묘를 5시13분 지나고 먹재에 내려서니 5시19분이다.

　먹재는 죽장면 가안리 먹골에서 감곡리 못안마을을 넘는 옛길로 지금은 폐쇄된 길이며 낙동정맥 여기가 먹재입니다. 칠산원산표찰이 나무에 걸려있고 마루금은 가파른 오르막으로 이어진다. 오르막을 올라 능선에 자그마한 삼각점을 지나 (處士義城金公通模之墓)를 지나고 전선줄 길을 5시38분 건너간다. 이 전선줄은 절계지 계측 시스템이 설치된 지역으로 양쪽에 시설물이 설치되어 있다. 전선줄을 건너 조금 내려가면 삼거리다. 삼거리(23.3km)에서 5시40분. 정맥은 마무리한다.

좌표【 N 36" 7" 33.42"　E 129" 7" 10.83" 】

　삼거리에서 하산길은 왼쪽(동쪽)으로 내려가며 급경사를 400m 내려와 터널 입구에 내려오니 5시51분이다. 1차때는 이곳에 이동 가계가 있었는데 내려오니 아무도 없고 차들만 많이 지나간다. 잠시 쉬면서 대충 정리를 하고 죽장면 쪽으로 가는 차에 손을 들어도 보통 그냥 지나가는데 1톤 트럭이 세워줘 죽장면 소재지까지 쉽게 내려왔다. 이차는 포항에서 청송으로 공사하러가는 차량이다. 나이는 40대 젊은이로 이름은 안종구 H.P 010-9599-**** 이시다. 죽장 농협앞에서 내려 마트에서 콜라캔 하나를 사먹고 주인에게 숙소를 물으니 골목안으로 가면 죽장여관(민박)이 있다고 가르쳐 준다. (풀마트 주인 김종섭 전화 054-242-5540)여관 앞에서 문이 잠겨 있어 전화(010-2065-1313)

를 하니 조금 있으니 주인이 온다. 여관에는 방이 없다며 민박집으로 가서 숙소를(20,000원)정하고 저녁 식사는 민박집 주인이 경영하는 묵밥집에서 별미로 묵밥 한그릇(7,000)을 사먹고 오면서 국밥집에서 내일 먹을 국밥 한그릇을 포장해 숙소로 와서 오늘도 무사히 도착했다고 집으로 전화를 하고 일찍 잠자리에 들어간다. 숙소에는 가정집(살림집)같이 부엌이 있어 냉장고 가스 조리대가 있다.

제2차 낙동정맥 단독종주 12구간

한티재 : 경상북도 포항시 북구 기계면 한티재
이리재 : 경상북도 포항시 북구 기계면 이리재
도상거리 : 한티재 12.76km 접속거리230m 이리재
소요시간 : 한티재 6시간12분 이리재
이동시간 : 한티재 5시간57분 이리재
한터널출발 5시31분. 낙동정맥접속로 5시44분. 544.9m 문수봉 6시39분. 불랫재 7시27분. 구 헬기장 9시31분. 797m돌탑봉 운주산 갈림길 9시49분. 식탁바위 10시12분. 돌탑봉 11시3분. 621.4봉 11시11분. 이리재 11시44분.
누적거리 248.59km

2016년 5월 9일 맑음

오늘은 어제에 이어 이틀간 산행이라 한티재에서 씨티재까지 도상거리가 26km가 넘는 거리라 생각을 잘해야 한다. 다음구간도 씨티재에서 아화고개까지 도상거리 24.2km 로 구간 정하기가 어렵다. 여하튼 가다가 생각하기로 하고 어제 준비한 국밥을 데워 먹고 택시에 전화를 걸어 5시15분 출발한다. (죽장택시 정

종형기사 011-521-****, 054-243-2729) 택시로 어제 하산한 한 티터널 입구에 도착하니 5시 28분이다. 기사에게 부탁해 사진 몇판 찍고 5시 31분 종주산행에 들어가 가파른 오르막을 올라 정맥 마루금에서 5시 40분 마루금을 이어간다. 마루금을 따라 오르막을 오르고 작은봉을 5시48분 넘어 오른쪽으로 내리막을 내려 한티재에 내려서니 5시54분이다.

좌표【 N 36" 07" 33.9" E 129" 07" 10.8" 】

한티재는 비포장 농로로 되어 있으며 왼쪽은 기계면쪽 터널 아래서 만나고 오른쪽은 죽장쪽 터널 입구 아래쪽으로 내려간

다. 고개에는 포항 팔도산악회에서 설치한 이정표에 (불랫재 1시간 30분. 운주산 3시간. 이리재 4시간 30분. (북쪽) 뒤로 산불초소 1시간40분 침곡산 2시간40분 현위치 한티재 해발 266m 포항팔도산악회) 라고 쓰여 있다. 2005년 7월24일 1차 북진때 있던 이정표가 11년이 지났는데도 약간 훼손 되었지만 그대로 있다. 1차때는 단독종주로 2005년 2월 27일 몰운대를 출발해 2005년 7월 24일 한티재까지 오고 2007년 7월 15일 2년만에 한국등산클럽에 합류해 2008년 2월 27일 북진으로 1차 마무리를 했다. 세월이 10년이 지났는데도 대부분 변한 것은 별로없고 지나다 보면 기억이 생생한 곳이 많다. 마루금은 임도 삼거리에서 임도를 따라 밭길을 오르다 숲길로 들어서 한동안 오르다 뒤돌아보니 지나온 침곡산 산불감시초소 한티재 내려오는 능선이 건너다보이다. 오르막을 오르는데 벌목지 오르막을 한동안 오르며 문수봉에 올라서니 6시39분이다.

좌표【 N36" 6" 58.18" E 129" 6" 16.21" 】

 문수봉(544.9m)은 전망이 좋아 지나온 마루금과 가야할 운주산을 올려다보며 오른쪽은 601.1봉 이고 마루금은 오른쪽은 포항시를 벗어나 영천시 자양면과 포항시 기계면을 경계로 왼쪽으로 내리막을 내려 구 헬기장을 6시49분 지나고 능선을 가며 오르막을 올라 무명봉에서 오른쪽으로 가파른 급경사 내리막을 조심조심 내리며 오른쪽 69번 지방도로와 중도일 마을을 내려다보며 한동안 내려 가시덤불을 헤쳐 나가 능선 내리막을 내려 나무계단을 내려서 임도인 (회령현) 불랫재에 내려서니 7시27분이다.

좌표【 N 36" 0.6" 19.9"   E 129" 05" 43.9" 】

 불랫재는 포항시 기계면 남계리에서 영천시 자양면 도일리를

넘는고개로 임도 양쪽에 판자계단이 있으며 비포장 임도로 이정표에 남계리 3.5km 상도일 1.4km이며 낙동정맥 트레일 안내 간판이 있다. 마루금은 나무계단을 올라 무명봉을 올라 왼쪽으로 능선을 오르내리며 삼각점이 있는 421.2봉에 올라서니 7시 45분이다. 421.2봉은 길가에 삼각점만 덜렁 있고 산 정상이 아니고 능선에 있으며 계속해서 능선을 오르며 잠시 내리막을 내려 안부에 내려섰다 오르막을 오르며 낙엽이 발목까지 푹푹 빠져가며 오르막을 올라 무명봉에 올라서니 8시15분이다. 계속해서 오르막을 오르며 분성김씨묘(孺人盆城金氏之墓)를 8시56분 지나고 가파른 오르막을 오르며 암능에 괴 소나무를 9시7분지나 오르막을 숨을 몰아쉬며 올라 헬기장에 올라서니 9시31분이다. 헬기장을 지나 3분후 상안국사 삼거리를 지나간다. 이정표에 상안국사 1.0km 불랫재 3.5km 운주산 정상 0.7km이며 운주산 정상가는 삼거리에서 왼쪽암능 가파른 오르막을 힘들여 올라 운주산 돌탑봉에 올라서니 9시49분이다.

좌표【 N 36" 4" 47.37" E 129" 6" 43.48" 】

운주산(雲柱山·807m)은 경상북도 영천시 임고면 및 자양면과 포항시 기계면 일대에 있는 산으로, 팔공산(八公山)·보현산(普賢山)과 함께 영천의 삼산(三山)으로 불리고 있다. 임진왜란 때는 산세 덕에 외적을 방어하기 좋아 김백암(金柏岩) 장군이 이곳에 성을 쌓고 진터를 설치했으며, 이와 관련되어 산 남쪽

아래 영천군 임고면에는 수성리(守城里)라는 마을이 있다. 한말에는 의병 조직인 산남의진(山南義陣)이 이곳을 근거지로 일제에 대한 항쟁을 펼쳤으며, 임진왜란과 6·25 전쟁 때는 주민들의 피난처가 되기도 했다.

　운주산은 구름이 산기슭을 항상 감싸고 있다고 하여 구름이 머물러 사는 산이라는 뜻에서 붙여진 이름이다. 국립지리원 발행 지도에는 한자로 운주산(雲住山)이라 표기되어 있지만, 최근에 설치된 정상부의 안내 간판에는 운주산(雲柱山)으로 표기되어 있다. 이는 산이 구름을 받치고 있는 기둥 같다고 하여 붙여진 이름이라는 의견이 있다. 운주산 정상은 건너편에 있는데 정상을 갔다 올까 망설이다 어제에 이어 산행이라 시간상 잠시 쉬

고 9시 54분 출발한다. 마루금은 운주산 정상은 직진이고 왼쪽(동쪽)으로 이어지며 이곳부터는 오른쪽은 자양면을 벗어나 영천시 임고면과 포항시 기계면을 경계로 이어지며 돌탑봉을 조금 내려가면 편한 능선길로 이어지며 식탁바위를 10시12분 지나고 편한 능선길을 가며 운주산 가1-15번 팻말을 10시20분 지나면서 동으로 오던 마루금은 오른쪽(남쪽)으로 경사진 내리막을 내리며 운주산 1-16번 팻말을 10시23분 지나고 내리막을 내리며 5분후 운주산 1-17번을 지나 안부에 내려서 앞에 있는 봉은 오르지 않고 오른쪽 지름길로 들어서 가다 처사 월성최씨묘를 10시39분 지나면서 운주산 1-18번 팻말을 지나고 오르막이 시작되며 오른쪽에 벌목지를 따라 오르막을 10여분 올라 무명봉에서 능선을 가며 암능을 지나면서 뒤돌아보니 지나온 운주산 능선이 보이며 왼쪽 아래로 대구 포항간 고속도로가 내려다 보이며 차량 지나가는 소리가 요란히 들리며 앞에 봉좌산이 건너다보이며 오른쪽 건너편에 천장산 그뒤로 도덕산이 줄지어 보인다. 암능을 오르며 사방을 관망하고 돌탑봉에 올라서니 11시3분이다.

좌표【 N 36" 4" 6.63" E 129" 8" 0.56" 】

  돌탑봉을 지나 암능을 한동안 지나 621.4봉에 올라서니 11시 11분이다. 621.4봉에는 시.경계구간 621.4m 포항시 산악구조대 표찰이 나무에 걸려 있다. 621.4봉을 지나면서 내리막이 시작되며 급경사 또는 능선길을 좌로 우로 한동안 내리며 아래로 대구 포항간 고속도로 터널로 들락거리는 차량소리를 요란히 들으며 가파른 내리막을 내려서 이리재에 내려서니 11시44분이다.

좌표【 N 36" 03" 29,1" E 129" 08" 26.5" 】

이리재는 포항시 기계면에서 영천시 임고면을 넘는 2차선 921번 지방도로다. 이리재에는 이정표에 봉좌산 정상 1.9km 봉좌마을 도.농 교류센터 5.1km 운주산 정상 4.0km이며 이리재는 포항시 기계면과 영천시 임고면 경계에 있는 고개로 옛부터 나무꾼들이 주로 이용하던 고갯길이다. 기계에서 출발한 한 나무꾼이 앞선 나무꾼 무리를 뒤따라 이 고개를 올라가다 영천에서 넘어오던 길손에게 앞서간 나무꾼들이 어디로 갔는지 물어보자 그 길손이 고갯마루를 가리키며 이리로 넘어갔다고 하였는데 그때부터 고갯마루를 이리재로 부르고 있다고 전해온다. 오늘은 시간은 넉

넉하지만 다음 구간을 조종하여 이리재에서 마무리 하고 다음 구간은 마치재 까지 정해놓고 일찍 마무리하고 점심을 먹고 대충 정리를 하고 사진도 찍고 포근히 쉬면서 피로를 푼다. 피로를 풀고 내려가려고 차를 기다리는데 여자 한분이 운주산에서 내려온다. 서울 사는 여자분(사라이아 정정애)이 불랫재에서 출발해 오룡고개 까지 간다며 내려온다.

   여자가 혼자 종주산행 하기가 쉬운 일이 아닌데 대단하다. 사진 한장 찍어주고, 조금 있으니 1톤 차가 지나가 손을 들으니 멈춰서줘 (서태환 010-2854-3758) 이 차를 타고 기계 버스 터미널 까지 태워줘 고맙다는 인사를 하고 기계에서 포항 시내버스로 안강을 거처 포항에서 바로 부산행 버스로 노포동에서 전철로 집에 와 저녁먹기 마침이다. 다음은 이리재에서 마치재까지 하루거리다.

제2차 낙동정맥 단독종주 13구간

이리재 : 경상북도 포항시 기계면 이리재
마치재 : 경상북도 경주시 현곡면 마치재
도상거리 : 이리재 24.31 km 마치재
소요시간 : 이리재 10시간48분 마치재
이동시간 : 이리재 10시간7분 마치재
이리재출발 5시31분. 봉좌산 갈림길 6시35분. 낙동정맥루 정자 7시23분.
천장산갈림길 7시48분. 도덕산 갈림길 8시7분. 도덕산 정상 8시17분.
오룡고개 9시10분. 안부사거리 9시49분. 삼성산 갈림길 10시27분.
삼성산제단 11시23분. 씨티재 11시40분. 호국봉 1시8분. 서낭당재 2시23분.
어림산 3시46분. 469봉 4시17분. 마치재 도착 4시39분.
누적거리 272.90km

2016년 5월 15일 맑음

이번13구간은 경주권에 들어와 당일코스로도 가능하나 도상거리가 24km가 넘어 저녁 7시40분 경주행 버스로 경주 터미널에 도착하니 8시40분이다. 마침 터미널 앞 시내버스 정류장에 나오니 안강행 버스가 있어 시내버스로 안강에 도착해(궁전모

 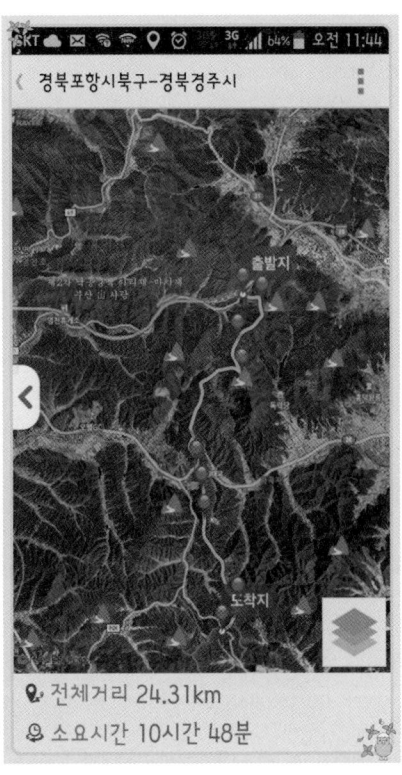

텔 30,000)숙소에서 자고 아침에 일찍 일어나 24시 참뼈 안강점 (054-763-0882) 해장국집에서 뼈다귀 해장국으로 아침을 먹고 개인택시(손해익 010-2530-**** 25,000)로 이리재에 도착하니 5시44분이다. 산행 준비를 하고 기사에게 부탁해 사진도 찍고 5시53분 산행에 들어간다. 오늘 초입은 지난번 확인한 도로갓 옹벽에서 시작한다. 옹벽을 올라 가파른 오르막을 힘들여 올라 봉좌산 갈림길에 올라서니 6시35분이다.

좌표【 N 36" 03" 17.6"   E 129" 09" 06.0" 】

　봉좌산 갈림길(614.9m)에서 70여m 올라가면 전망대 팔각정 자가 있고 마루금은 오른쪽으로 이어진다. 이정표 (봉좌산→이리재\운주산\옥산서원↓)가 있고 옥산서원 길 따라 가파른 내리막을 한동안 내려 민내마을 갈림길 쉼터(정자)에 내려서니 6시43분이다. 삼거리 왼쪽은 민내 마을로 내려가고 마루금은 직진이며 허술한 쉼터(정자)가 있으며 긴 나무의자가 몇개 있고 낙동정맥 트레일로드 안내간판이 있다. 쉼터를 지나 능선길을 가며 잠시 후 작은봉을 넘고 잠시 내리는가 하더니 오르막을 올라 능선을 가며 쉼터 (긴 통나무의자 2개)를 7시 2분 지나고 내리막 능선을 내리며 3분후 묘를 지나고 2분후 안부에 내려섰다 오르막을 오르다 작은봉은 오르지않고 오른쪽 사면길 (통아무에 밧줄설치한곳)로 가다 가파른 오르막을 올라 무명봉을 넘어 내리막을 내려 쉼터가 있는 임도에 내려서니 7시 23분이다.

좌표【 N 36° 2" 23.63" E 129° 8" 15.69" 】

　임도(산판길)는 왼쪽은 옥산서원 오른쪽은 임고면 수정리로 내려가며 이정표에 도덕산 1.5km 영천 2.2km 봉좌산 3.0km 옥산서원 5.6km이며 낙동정맥루(김규환 갑오년봄)가 있고 낙동정맥 트레일로도 안내간판이 있으며 마루금은 산판길(영천쪽)를 따라 100여미터 가다 왼쪽 능선으로 올라선다. 2005년 7월 1차 때에는 이곳에 임도만 있었는데 이정자는 갑오년 봄이면 2014년 봄에 이 정자를 건립 하였고 이곳이 많이 변해있다. 마루금은 능선 오르막을 오르며 뒤로 지나온 운주산 봉좌산 능선을 카메라에 담아보며 오르막을 한동안 올라 돌계간 길을 올라 천장산 갈림길에 올라서니 7시48분이다. 포항 마루금산악회에서 새운 이정표에 봉좌산 5.5km 도덕산 1.5km 천장산 1.7km 로 되어있으며 쉼터 (통나무의자)가 있고 능선 분기봉에서 정맥 마루금은 왼쪽이고 천장산은 오른쪽으로 내려간다. 천장산 분기봉을 지나 능선을 오르며 도덕산 갈림길에 올라서니 8시7분이다.

좌표【 N 36° 01" 55.4" E 129° 08" 09.8" 】

　동남으로 오르던 마루금은 오른쪽 서쪽으로 이어지며 도덕산 정상은 직진이다. 이정표에 봉좌산 4.5km 도덕산 0.5km로 되어있다. 1차때 도덕산을 그냥 지나쳐 도덕산 정상까지 갔다 오려

고 생각하고 올라가는데 자연쉼터 넓다란 평바위를 8시9분 지나면서 트렝글 빼지가 들어온다. 능선 오르막을 오르며 고압 철탑봉을 지나 삼각점이 있는 정상(703.2m)에 올라서니 8시17분이다.

좌표 【 N 36" 1" 32.54" E 129" 8" 22.83" 】

　도덕산 정상에는 삼각점만 하나있고 준희님이 걸어놓은 표찰(703.2m)만 걸려 있고 도덕산 다른 표지는 없다. 정상에서 인증을 받고 오던길로 내려와 갈림길에 내려서니 8시28분이다. (왕복 20분) 갈림길을 지나 가파른 내리막을 내려오며 마사길이라 잘못하면 미끄러져 넘어질 위험이 많아 조심조심 급경사 내리막을 내리며 1차때는 북진으로 이길을 올라가는데 힘들여 올라갔었는데 내려오는데 이렇게 위험한 줄은 몰랐다. 급경사 내리막을 내리며 양쪽에 너덜지대를 보며 한동안 내려 묘를 지나고 안부 능선에 내려오니 8시52분이다. 잘나있는 능선길을 좌우로 들락거리며 오르내리다 8시58분 경주이씨(處士慶州李公諱鍾林之墓)묘를 지나 내리막을 내리며 잡풀 숲을 헤쳐 가며 능선을 내려와 임도에 내려서니 9시3분이다. 마루금은 임도(산판길)를 따라오며 뒤로 지나온 도덕산과 앞으로 가야할 삼성산을 관망해보며 왼쪽 묘목밭 갓길을 따라가다 임도는 오른쪽으로 내려가고 마루금은 직진으로 9시8분 숲길로 들어서 1분후 최씨묘(孺人月城崔氏之墓)를 지나 내리막을 내려 오룡고개에 내려서니 9시10분이다.

좌표【 N 36" 0.1" 28.6" E 129" 07" 18.9" 】

오룡고개는 경주시 안강읍 하곡리에서 영천시 고경면 삼포리를 넘는 고개로 고개 양쪽모두 고경면 오룡리에 속해있고 이정표에 왼쪽은 오룡리 1.0km 오른쪽은 수흥마을 0.8km이며 차량은 많이 왕래하지 않는다. 마루금은 미룡마을쪽 전봇대와 이정표 있는 곳에서 밭길로 들어서 잡풀숲을 해치며 올라 묘뒤에서 숲속길로 들어서 가파른 오르막을 오르며 뒤로 지나온 도덕산을 한번씩 뒤돌아보고 잡목 가지치기한 능선에 올라서 368.4봉을 (삼각점은 벌목을 해 보이지 않음)지나고 오르막을 올라 407봉을 9시39분 넘어 경주이씨묘(處士慶州李公諱載榮之墓)를 지

나 가파른 내리막을 미끄러지듯 내려 안부사거리에 내려서니 9시50분이다.

좌표【 N 36"1" 0.48"　E 129" 7" 3.41" 】

이 고개는 오룡리에서 삼포리를 넘는 고개로 낙동정맥 트레일 이정표에 삼포리 1.8km 오룡리 0.7km 이며 쉬어갈 수 있는 쉼터가 있고 풀숲에 덮인 넓은 묘지가 있다. 잠시 쉬는데 뒤에서 사람소리가 나더니 조금 있으니 정맥팀 10여명이 내려온다. 이분들은 창원에서 와 오룡고개에서 출발해 마치고개까지 간다고 해 이분들에게 부탁해 사진한판 찍고 이사람들은 오룡고개에서 올라와 쉬지도 않고 올라가 이분들을 먼저 보내고 잠시 쉬며 갈증을 면하고 9시 58분 출발해 가파른 오르막을 힘들여 올라가는데 앞 능선에서 사람 소리가 나 앞에 간 대원들인가 생각했는데 나물케는 사람 3명이 나물 캐느라 산을 해매고 있다. 능선을 오르다 오른쪽 사면길로 가다보면 왼쪽위에 굴이 있어 올라가 사진 한판 찍어두고 올라 삼성산 분기능선에 올라서니 10시27분이다.

좌표【 N 36° 00′ 48.1″ E 129° 06′ 51.6″ 】

이곳 분기점에서 왼쪽은 삼성산가는 길이고 마루금은 오른쪽으로 이어진다. 삼거리에서 오른쪽으로 능선을 따라가면 2분후 월성이씨묘(贈通政大夫月城李公之墓)를 지나간다. 묘 앞에는 삼각점이 있고 묘 봉분은 풀이 하나도 없다. 묘를 지나 가파른 내리막을 한동안 내려 능선길을 가며 좌로 우로 들락거리며 10시58분 안부에 애려섰다 오르막을 올라 무명봉에서 왼쪽으로 가파른 내리막을 내려 오른쪽으로 능선을 가며 (봉학원개교 70주년기념 경주시 경계산행 : 1938.4.20.~2008.4.20.: 2007년 11월 25일 「8구간 씨티재 자옥산 도덕산 베티재」주관 : 경주 중고 동문 산악회 후원 : 경주 중 고등학교 총 동창회) 안내판이 10년이 가까웠는데 지금도 또렷이 있다. 간판을 오른쪽에 두고 능선을 가다 잠시 내리막을 내렸다가 능선 오르막을 오르며 좌우로 들락거리며 11시28분 묘를 지나고 묘뒤로 올라서면 넓은 공터에 삼성산 재단석과 제단 설립 안내석이 있다. 이제단(삼성산 제단석 안내 이곳은 매년 1월 1일 새해 일출을 맞아 고경면의 발전과 면민의 무사 안녕을 기원하는 장소로 2014년 고경면 개면(開面) 100주년을 맞아 제단을 설치하고 도움을 주신 각 단체에 대한 감사의 뜻을 담아 이 돌에 새긴다. 2014년 1월 1일 새해)은 매년 1월 1일 새해 일출을 맞아 제를 올리는 곳이다. 넓은 공터를 지나 조금 오르면 349.8봉에 올라서며 11시30분 마루금은 오른쪽으로 건너편에 영천 호국원 건물을 내려다보며 능선을 따라 내려가다 왼쪽으로 비탈길을 내리며 방호벽(자동차 다이어로 설치한곳)을 지나고 잡풀이 우거진 숲을 해치며 내려 산판길에서 오른쪽으로 내리며 길 오른쪽 위 잘 정돈된 묘앞을 지나 씨티재 휴게소 앞에 내려서니 11시42분이다.

좌표【 N 35" 59" 19.4" E 129" 06" 50.4" 】

씨티재는 南北平和統一念願碑가 정자나무 아래에 있고 오늘이 일요일 인대도 안강휴게소 앞에는 폐업을 했는지 차량이 한 대도 없고 주유소도 폐업하여 영업을 않고 있다. 씨티재는 안강에서 영천으로 통하는 28번 국도가 지나며 옛날에는 안강 휴게소 앞 구도로였는데 4차선 도로가 생기면서 구도로는 이용하지 않고 4차선 도로를 지나기 때문에 차량이 거의 다니지 않는다. 마루금은 안강 휴게소 앞 구 도로를 따라 주유소를 지나고 영천쪽으로 내려가다 11시45분 4차선 28번 국도 가드레인을 차가 없는 사이 넘어 도로를 건너 절개지 수로 끝에서 올라서 수로를 따라가다 수로 위 그늘에서 점심을 먹고 12시30분 출발한다.

마루금은 도로에서 수로에 올라서 오른쪽 숲속에 리본이 걸려 있어 길찾기가 애매하다 초입이 잡풀이 우거져 길이 잘 보이지 않고 자세히 봐야 리본을 발견할 수 있다. 능선 숲길로 들어서 오르막을 오르다 5분후 가파른 통나무 계단을 올라 쉼터(나무의자)가 있는 봉에 올라서니 12시46분이다. 무명봉을 지나 능선을 약간 내리며 5분후 통신시설물 철탑을 12시51분 지나 통신시설건물 정문앞에서 임도를 지나 사거리에서 이정표를 따라 능선으로 올라선다. 이곳에서 오른쪽은 청정리로 내려가고 마루금은 논실리쪽 직진으로 이어지며 이정표에 논실리 4.5km 청정리 0.5km로 되어 있다. 마루금은 이정표를 따라 오르막을 오르며 통나무 계단을 한동안 올라 전망대에 올라서니 오후 1

시2분이다. 이곳에는 낙동정맥 트레일 간판이 있고 전망대가 있는 능선에 올라 전망대에서 내려다보니 안강 하곡지 저수지와 28번 국도가 내려다보이며 멀리 안강 시가지가 한눈에 들어온다. 잠시 전망대에서 안강 시가지를 관망하고 능선 오르막을 올라 돌탑이 있는 호국봉(382.9m)에 올라서니 1시8분이다.

좌표【 N 35" 58" 42.3" E 129" 07" 00.6" 】

호국봉 382.9봉 에는 돌탑이 있고 호국봉 붉은글씨 표찰이 나무에 걸려있고 서래아 박건식이 걸어놓은 호국봉 382.9m 표찰도 걸려 있다. 나무팻말에 (護國峰 海發 三百四十m)로 되어있다. 호국봉을 지나 오르막을 올라 돌무덤 봉에 1시13분 올라서 가파른 내리막 통나무 계단을 내려 안부를 1시21분 지나고 2분후 낙동정맥 트레일 이정표 청정리 2.0km 논실리 3.1km 를 지나고 오르막을 올라 무명봉을 1시28분 넘어 내리막을 내려 2분후 안부에 내려섰다 오르막을 오르며 오른쪽에 고경 저수지를 나무사이로 내려다보며 오르다 통나무 계단을 한동안 올라 293봉에 올라서니 1시41분이다. 이정표에 논실리 2.4km 청정리 2.8km 이고 마루금은 오른쪽으로 내려가며 오른쪽에 철망을 따라 내려 안부 이정표를 1시49분 지나며 오른쪽 철망 문이 있고 리본이 주렁주렁 매달린 안부를 지나 가파른 오르막을 통나무 계단을 숨을 몰아쉬며 한동안 올라 5분후 무명봉에 올라섰다 다시 통나무계단을 내려 능선을 오르내리며 오른쪽에 철망을 따라 마루금은 이어지며 이정표(청정리 3.5km 논실리 1.7km)를 지나며 3분후 녹쓴 철 간판을 지나고 경주이씨 묘를 2시9분 지나고 능선을 오르내리며 밀양박씨(處士密陽朴公之墓)묘를 2시30분 지나고 내리막을 내려 서낭단 고개 옛길에 내려서니 2시33분이다.

좌표【 N 35" 57" 3.24" E 129" 7" 29.29" 】

서낭단 고개는 안강읍 평지말에서 고경면 논실리를 넘는 옛길, 고개로 낙동정맥 트레일 이정표에 청정리 5.7km 오른쪽은 황수탕 3.9km이다. 옛길 서낭단을 지나 오르막을 오르며 308봉을 2시46분 오르고 능선을 가다 5분후 다시 작은봉을 넘어 내리막을 잠시 내려 안부를 지나고 오르막 능선을 가며 3시6분 송전 철탑을 지나 능선을 오르내리다 가파른 오르막을 한동안 올라 무명봉에서 방향을 왼쪽(동쪽)으로 틀어 능선을 올라 어림산(510.2m)정상에 올라서니 3시46분이다.

좌표【 N 35" 53" 58.6" E 129" 08" 05.8" 】

어림산 정상은 전망이 좋아 경주시내가 멀리보이고 가야할 남사봉 관산 능선이 보이고 정상에는 삼각점(경주 309 2007.재설)이 있고 어림산 붉은글씨 표찰위에 낙동정맥 어림산 510.2m 준희표찰이 나무에 걸려있다. 잠시 배낭을 내려놓고 사진도 찍고 사방을 관망하고 마지막 간식을 먹고 4시 출발한다. 어림산을 지나면서 벌목지 능선을 내리며 비석이 있는 묘를 지나고 잡목

과 잡풀이 우거져 길이 풀섶이 묻혀 잘 보이지 않으며 땅까시 딸기나무등이 성가시게 한다. 때로는 개 복숭아 열매도 여기 저기 있으며 능선 오르막을 잠시 올라 469봉에 올라서니 4시17분이다. 469봉은 돌이 깔려 있으며 잡풀 가시덩굴 능선을 다 지나갔나 했는데 469봉을 넘어서 내리는데 다시 잡풀 능선을 한동안 내려와 4시22분 능선길로 들어서 잘나있는 마루금을 좌로 우로 들락거리며 내리막을 내려 마치재에 내려서니 4시39분이다.

좌표【 N 35" 55" 18.4" E 129" 07" 35.0" 】

마치재는 경주시 현곡면 남사리에서 영천시 고경면 덕정리 황수사(황수탕)을 넘는 고개로 2차선 904번 지방도로가 지나간다. 도로가에는 쉬어갈 수 있는 공간을 만들어 놓았다. 오늘

종주는 이르기는 하지만 내일 전국적으로 비가 온다기에 여기서 마무리 하고 잠시 쉬며 대충 정리를 하고 경주까지 가야기에 지나가는 차에 손을 들어봐도 지나가는 차는 많은데 새워주는 차가 없어 경주 콜택시에 전화를 걸어 15분쯤 있으니 택시가 온다. 택시로 남사저수지를 지나 경주터미널에 와서(택시요금 17,000) 부산 노포동행 버스(요금 4,800)로 노포동에서 전철로 집에오니 8시50분이다. 오늘은 집사람 일찍 온다며 먼처럼 같이 저녁을 먹는다. 오늘산행은 길이 보편적으로 좋았으며 도덕산 내려오는데 급경사 마사길이라 조심해 내려왔고 어림산을 지나면서 땅까시 딸기나무등 잡풀이 어우러져 통과하는데 어렵게 지나 왔으며 별다른 어려움은 없었다.

제2차 낙동정맥 단독종주 14구간

마치재 : 경강북도 경주시 현곡면 마치고개
효리재 : 경상북도 영천시 북암면 효리 909번 지방도로
도상거리 : 마치고개 18.98 km 909번 지방도로
이동시간 : 마치고개 7시간 3분 909번 지방도로
소요시간 : 마치고개 7시간 50분 909번 지방도로
마치재 출발 6시7분. 임도 6시36분. 남사봉 6시51분. 임도농장 7시7분.
한무당재 7시54분. 오골재 9시23분. 관산 10시11분. 밀양박씨묘 11시22분.
영축산농장 11시44분. 만불산 12시5분. 아화고개국도 12시30분
동광석재표지석 12시38분. 철탑 12시52분. 경부고속도로 지하통로 1시13분.
임도 농장 1시32분. 효리 909번지방도로 1시51분.
누적거리 291.88km

2016년 5월 22일 맑음

 이번구간은 거리가 짧은 구간이라 집에서 저녁을 먹고 노포동에서 8시40분 경주행 버스로 경주 숙소에서 하룻밤을 자고 아침 일찍 일어나 24국밥집에서 아침을 먹고 콜택시(경북 11바 5242, 김정동 010-3822-7781, 16,000원)로 마치재에 도착하니

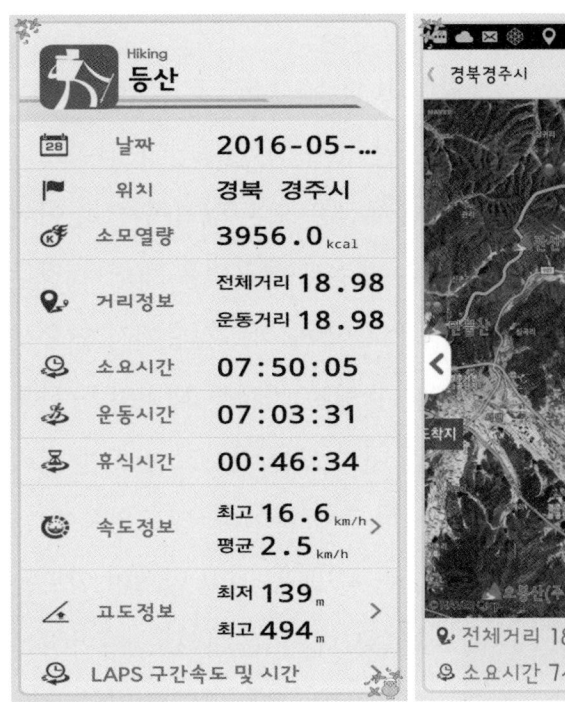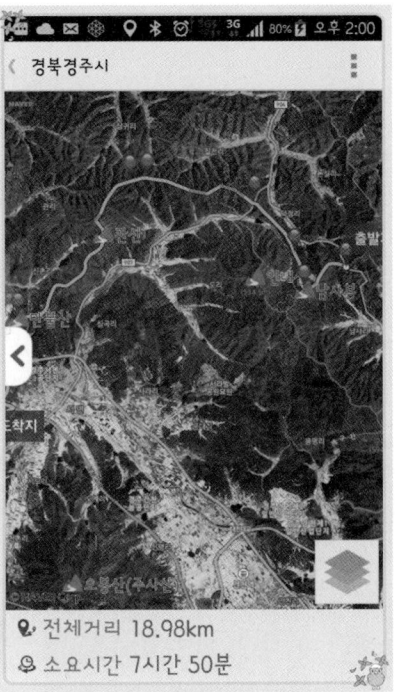

5시54분이다.

 기사에게 부탁해 사진을 찍고 산행준비를 하고 6시7분 산행에 들어간다. 초입은 박씨(通政大夫行龍驤衛副護軍朴公之墓) 묘 옆으로 오르막을 올라 능선을 넘어 오른쪽에 풀이없는 묘(南隱處士密陽朴公之墓)를 지나 내리막을 내려 다시 가파른 오르막을 10여분 올라 느즛한 능선 오르막을 오르며 작은봉을 2개 넘어 임도에 도착하니 6시36분이다. 도로를 따라 왼쪽으로 오르다 폐 경운기가 길가에 버려진 곳 사거리에서 오른쪽(서쪽)으로 숲길로 들어서 가파른 오르막을 힘들여 올라 남사봉 정상에 올라서니 6시53분이다.

좌표【 N 35° 55' 1.57" E 129° 6' 54.45" 】

남사봉(471m)은 분기봉으로 왼쪽(서쪽) 인내산과 남쪽으로 구미산 용암산 으로 이어진다. 마루금은 오른쪽(북쪽)으로 이어지며 남사봉을 지나면서 왼쪽은 경주시 현곡면을 벗어나 경주시 서면과 영천시 고경면을 경계로 이어간다. 정상에서 인증샷을 하고 허리쉼을 하고 6시57분 출발해 가파른 내리막을 한동안 내려 묘를 지나고 임도에 내려서니 7시7분이다. 임도왼쪽에 넓다란 풀밭(농장)이 있으며 임도는 황수사에서 운대리로 이어지는 비포창 농로다. 임도를 지나 능선길로 들어서 가며 오른쪽에 마치재에서 내려오는 904번 지방도로와 황수탕을 내려다보며 느즛한 능선길을 가다 이정표(용곡저수지 7.1km 경주시발점 0.1km)를 지나 내리막을 내려서 경주 시발점 이정표를 7시15분 지나가며 이정표에 인내산 3.3km 용곡 저수지 7.5km 오른쪽은 영천시 화

살표가 있다. 이정표를 지나 잘나있는 능선길을 오르내리며 오른쪽에 파란망 울타리 농장을 지나면서 오른쪽 건너편 황수탕과 어림산을 가름해보며 909번 지방도로에 자동차 소리를 들어가며 능선길을 좌로 우로 들락거리며 오르락내리락 가다 잠시 된비알 오르막을 올라 267봉을 7시45분 올라서 내리막을 내리며 甫厓處士麗江李公之墓를 왼쪽에두고 세면포장길을 따라 오른쪽으로 내려가다 언덕을 내려와 절개지를 내려 한무당재 909번 지방도로에 내려서니 7시54분이다.

　　　　　좌표【 N 35"56"10.0" E 129" 06" 07.0" 】

　한무당재는 경주시 서면에서 영천시 고경면을 넘는 2차선 지방도로가 지나며 2005년 7월 10일 1차때는 세면 포장도로였는데 지금은 2차선 도로가 지나며 양쪽 절개지에 철망으로 막아놓아 오른쪽으로 돌아 내려온다. 도로를 건너 다시 세면포장도르를 따라 왼쪽으로 100여미터 올라가 능선으로 접어들며 處士

麗江李氏墓 줄묘 3기를 따라 올라 묘뒤에서 능선에 올라 능선길을 가다 무명봉을 넘어 처사 김해김공 정수 유인 경주이씨 동우 묘를 지나, 3분후 處士金海金公諱慶損之墓를 지나 가파른 오르막을 오르다 316.4봉 왼쪽 사면길로 가다보니 316.4봉은 벗어나 잘나있는 능선을 좌로 우로 오르락내리락하며 때로는 소나무 숲길 때로는 참나무숲길을 번갈아가며 왼쪽에 잘 정돈된 쌍분묘 뒤를 9시9분지나 무명봉에 올라서 능선을 오르내리며 작은 봉들은 사면길로 가다 묘뒤에서 전망이 트이며 가야할 관산을 올려다보며 내리막을 내려 외골재 서낭당(무너진 돌머덤)에 내려서니 9시23분이다.

좌표【 N 35" 56" 16.8"　E 129" 03" 45.6" 】

　외골재는 경주시 서면 아곡에서 영천시 북안면 관동을 넘는 옛길로 서낭당이 있는데 요즘은 사람 다닌 흔적이 없다. 외골재를 지나 능선을 오르내리며 잘나있는 능선길을 가다 관산 턱바지에서 9시39분 가파른 된 삐알을 숨을 몰아쉬며 오르는데 보통 힘든게 아니다. 2005년도 1차때는 북진으로 내려가는데 별로 힘이 안 들었는데 보통 힘든게 아니다. 숨을 몰아쉬며 능선에 올라서 385봉에 올라서니 10시 3분이다. 잠시 허리쉼을 하고 왼쪽 능선길로 느즛한 능선길을 한동안가다 묘가 있는 관산 정상에 올라서니 10시11분이다.

좌표【 N 35".55" 48.7"　E 129" 03"41.3" 】

　관산정상에는 대구 백운회에서 걸어놓은 표찰에 관산(冠山) 393.5m 2008년11월19일 이 걸려 있고 숲사이로 조망은 인내산과 심곡 저수지가 나무사이로 내려다보인다. 잠시 쉬면서 간식을 먹고 사진도 찍고 10시35분 출발한다.

　동쪽으로 오던 마루금은 다시 오른쪽 (남쪽)으로 급경사 내리막으로 이어진다. 급경사 내리막을 미끄러지듯 내려 8분후 안부를 지나 잘나있는 능선을 가다 다시 안부에 잠시 내려섰다 가파른 오르막을 한동안 올라 318봉에 올라서니 11시15분이다. 318봉을 지나 내리막을 내리며 오른쪽 납골당을 11시18분 지나간다. 書記官 密陽朴公諱光烈之墓 위에 납골당이 있으며 산판길로 내리며 잠시 안부에 내려섰다 약간에 오르막 능선을 오르며 왼쪽으로 능선을 가며 밀양박씨 줄묘(處士密陽朴公諱閏在之墓)앞을 11시24분 지나 능선을 오르내리며 야산이라 그런지 곳곳에 많은 묘를 지나고 왼쪽 마을뒤 대나무밭을 내려다보며 임도(산판길)을 따라(11시30분)가며 8분후 오른쪽에 폐농장 건물을 지나가며 으슥한 폐건물들이 줄지어 있는 곳을 지나 산판길을 따라 오르막을 올라 사료 통이 있는 건물을 지나며 오른쪽으로 폐양계장 뒤로 가다 고개를 넘으며 왼쪽으로 내려서니 왼쪽에 천년란 영축산 표지석이 나온다. 11시44분 영축산 천년란 농장을 지나면서 포장길을 따라 오른쪽(서쪽)으로 한동안 내려 삼거리에 내려서니 11시53분이다. 삼거리에서 임도는 좌우로 갈라지고 마루금은 직진으로 숲길로 들어서 가파른 오르막으로 이어진다. 가파른 오르막을 오르며 숲길로 오르막을 올라 만불산 정상에 올라서니 12시4분이다.

좌표【 N 35" 54"43.2" E 129" 02" 17.2" 】

만불산(275m)정상에는 널다란 공터에 사리탑 조견표만 있고 아무것도 찾아볼 수 없으며 리본만 주렁주렁 달여 있다. 서쪽으로 오던 마루금은 만불산을 지나 공터끝에서 왼쪽(남쪽)으로 숲길로 들어서 이어진다. 이곳부터는 정맥꾼들만 다니는 길이라 길이 협소하며 어떤곳은 숲에 묻혀 길이 잘 보이지도 안고 어림해서 내려가 묘를 지나고 풀숲길을 헤쳐 나와 공장건물 뒤를 12시12분 지나며 만불사 아미타 대불 뒷모습을 보며 가다 왼쪽으로 숲길을 한동안 내려 35번 국도에 내려서니 12시30분이다.

좌표【 N 35" 54" 14.1" E 129" 01" 46.0" 】

　아화고개는 4번국도가 지나는 4차선 도로가 경주 영천간 도로이며 중앙 분리대가 있으며 차량이 많이 다니는 곳이다. 1차 때는 만불사 입구 지하통로를 통과해 왔는데 거리가 멀어 차량이 뜸한 사이 분리대를 넘어 도로 갓길을 50m쯤 가다 왼쪽으로 내려서 철길을 건너 저온창고 앞을 지나 동광석재 커다란 표지석이 있는 사거리에서 포장도로를 따라 직진으로 올라가다 밭 가운데 포장길을 한동안 따라가다 왼쪽 과수원 밭으로 들어서 과수원을 지나 오르막을 오르면 송전 철탑이 있고 능선으로 들어서 파랑 물통을 지나면서 130봉을 넘어 산판길을 따르며 오른쪽으로 (서쪽) 산판길을 따르다 고압 철탑을 12시52분 지나고 4분후 비포장도로를 따르다 왼쪽(남쪽)으로 능선에 올라서 고개를 넘어 과수원 왼쪽 철망을 따라가다 태양열 발전시설 있는 곳을 지나고 과

수원길 비포장 길을 따라 내려오니 경부고속도로 갓길이다. 고속도로는 확장공사 하느라 한창이고 고속도로 옆길을 따라 왼쪽(건천쪽)으로 내려가다 도로 확장 공사를 하는 삼거리를 지나 내려간다. 이곳은 도로 확장·포장 공사를 하느라 한창이고 고속도로 지하 통로에 내려서니 1시13분이다. 지하 통로도 고속도로 공사중이라 아직 완공이 안되어 있다. 고속도로 지하 통로를 통과해 한창 공사중인 고속도로 오른쪽 옆길로 가다 마루금은 왼쪽으로 산판길을 따라 능선으로 들어선다. 산판길을 따라 한동안 가다 1시23분 숲길로 들어서 오르막을 올라 210봉에 올라서니 1시27분이다. 마루금은 오른쪽으로 능선길을 가다 왼쪽으로 내려서 비포장도로를 따라가며 오른쪽에 농장(밭)가장 도로를 따라 10여분 가다 밭끝에서 산판길 고개를 넘어 왼쪽 과수

원 옆길로 내려서면 왼쪽 아래로 외딴집이 보이고 909번 지방도로에 내려선다. 909번 지방도로는 경주시 서면 서오리에서 영천시 북안면 신리를 넘는 고개로 2005년 1차때는
농로였는데 지금은 2차선 포장도로다. 도로에 내려 도로를 따라 영천방면으로 50여m 가면 시경계 이정표가 있고 무인 카메라가 있다.

좌표【 N 35" 52" 54.07" E 129" 1" 47.37" 】

 오늘은 이르기는 하지만 내일구간도 거리가 짧아 1시51분 마무리하고 잠시 그늘에서 쉬며 늦지만 점심을 먹고 피로를 풀고 도로에 나와 마침 지나가는 차로 아화리까지 태워줘 아화리에 여관이 있기는 하나 무인 텔이고 모텔은 걸어서 1km 이상 가야 기에 식사도 불편해 경주시내버스로 건천으로 와서 숙소를 정하고 샤워를 하고 나와 대추나무 식당에서 저녁식사를 하며 내일 아침을 예약해놓고 숙소로 돌아와 오늘은 일찍 내려와 숙소를 정하고 식당에서 저녁을 먹고 숙소로 돌라왔다고 집으로 전화를 하고 오늘 일과를 마무리 한다.

제2차 낙동정맥 단독종주 15구간

효리고개 : 경상북도 영천시 북안면 효리고개
당고개재 : 경상북도 경주시 건천읍 당고개재
도상거리 : 효리고개 17.58 km 당고개재
소요시간 : 효리고개 7시간 59분 당고개재
이동시간 : 효리고개 7시간 12분 당고개재
효리고개 909 지방도로 출발 5시57분. 철탑 6시19분. 임도사거리 6시24분.
용기리 갈림길 7시40분. 비슬지맥분기점 8시5분. 생식마을 8시35분.
숲재 9시1분. 기원정사 입구 9시54분. 서문성터 10시10분.
부산성 고냉지채소밭 10시30분. 남문성터 10시39분. 청천봉 11시7분.
독고불재 11시41분. 651.2봉 12시21분. 오리재 1시11분.
임도 비포장도로 1시30분. 396.9봉 1시42분. 당고개 도착 1시53분
누적거리 309.46km 129.3

2016년 5월 23일 맑음

오늘구간은 효리 909번 지방 도로에서 당고개까지 어제보다 조금 짧은 거리다. 건천 숙소에서 아침 일찍 일어나 어제 예약한 대추나무 식당에서 명태탕으로 아침 식사를 하고 택시(10,300

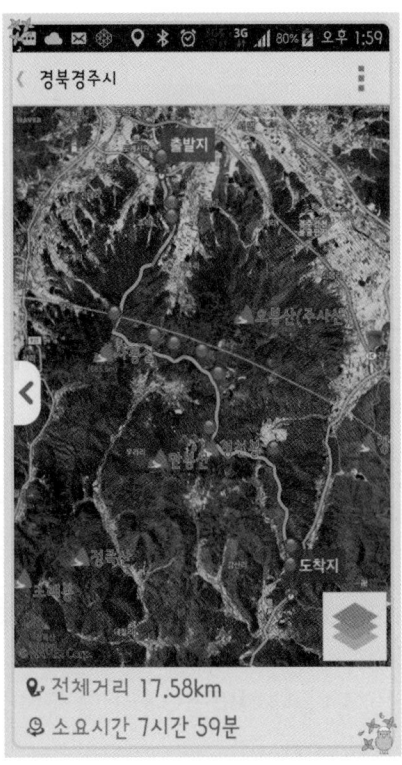

원)로 어제 내린 효리고개에 도착하니 5시 52분이다. 택시기사에게 부탁해 사진한판 찍고 산행준비를 하고 5시57분 산행에 들어간다. 초입은 영천시 북안면과 경주시 서면 경계 이정표 아래서 시작한다. 이곳 효리고개부터는 사룡산 정비사업으로 길이 양호하고 이곳부터는 등산객이 많이 이용해 길이 잘나있다. 초입부터 잘나있는 길 오르막을 올라 능선길을 가며 삼거리 이정표(효리1km 사룡산 정상 4km 생식촌 3.7km)를 6시15분 지나고 능선 오르막을 올라 4분후 철탑을 지나고 다시 3분후 철탑

을 지나 내리막을 내려 형제목장고개 비포장도로에 내려서니 6시24분이다.

좌표【 N 35" 51" 59.85" E 129" 02" 04.67" 】

형제목장고개 임도 이정표에 사룡산정상 3.4km 효리 1.6km 천촌리 0.6km이며 비포장길이다. 임도를 건너 잘나있는 능선길을 한동안 오르며 오른쪽 약초 제배지를 6시29분 지나고 2분후 산판길 이정표를 지나간다. 이정표에 사룡산 정상 3km 효리 2km 이며 오르막 능선을 올라 3분후 왼쪽에 쌍분묘를 지나고 이정표 사룡산 2.8km 효리 2.2km 를 지나면서 지금까지 느즛한 능선 오르막을 올라오다 가파른 오르막이 시작된다. 이곳부터 사룡산까지는 오르막으로 이어진다. 가파른 오르막을 숨을 몰아쉬며 오르고 또 오르고 능선분기점을 지나 왼쪽으로 오르막을 한동안 올라 498봉에 올라서니 7시18분이다. 잠시 허리쉼을 하고 약간 내리막을 내려 다시 가파른 오르막을 한동안 올라 용계리 갈림길에 올라서니 7시40분이다. 삼거리이정표에 사룡산 정상 1.1km 효리 4.9km 용계리 3.1km이다. 삼거리 이정표를 지나 암릉 오르막을 올라 소나무가 있는 전망바위에 올라서니 7시44분이다. 전망바위에 올라서니 오른쪽 아래로 경부고속 전철이 내려다보이고 잠시 쉬는 사이 고속열차 지나가는 소리가 들리고 열차 지나가는 게 보이며 멀리 영천 시가지와 경산시내가 보이며 지나온 마루금 능선이 내려다보인다. 잠시 쉬며 갈증을 면하고 오르막을 올라 길 오른쪽에 올라서니 삼각점이 있다. 잘못하면 삼각점은 못보고 지나칠번 했다. 삼각점을 지나 오르막을 오르며 오른쪽 당리고속철 열차 지나가는 소리를 들으며 가파른 오르막을 올라 전망바위에 올라서니 사방에 전망이 확 트여 왼쪽으로 오봉산 오른쪽 아래로 북안면 평야지와 멀리 영천 시가지와 경산시가 한눈에 들어온다. 사룡산 오르는 길은 가파르고 고된 오르막을 땀을 펄펄 흘리며 숨을 몰아쉬고 올라와 전망바위에 올라 사방을 살펴보는 이 기분, 말로는 표현할 수 없다. 전망바위에서 잠시 사방을 관망하고 오르막을 오르며 로프를 설치한 오르막을 한동안 올라 비슬지맥(밀양기맥) 분기점에 올라서니 8시5분이다.

좌표【 N 35" 50" 59.32" E 129" 0" 58.87" 】

　비슬지맥은 낙동정맥 사룡산(四龍山 683m) 북쪽 400m지점에서 분기하여 서진하며, 사룡산(683m), 구룡산(674.8m), 발백산(674.5m), 대왕산(607m), 선의산(756.4m), 용각산(692.5m), 상원산(674.1m), 삼성산(668.4m)등 6~700m대의 산들을 들어 올린 후 비슬산(琵瑟山, 1083.6m)에 이르러 북쪽으로 청룡지맥

을 분기한 후, 방향을 남쪽으로 틀어 조화봉(1057.7m), 수봉산(592.5m), 묘봉산(514m)을 지나 천왕산(619.2m)에 이르러 남쪽으로 열왕지맥을 분기한 후 동남진하며 호암산(611.2m), 화악산(930m), 형제봉(556.7m), 종남산(663.5m), 팔봉산(391.4m), 붕어등(278.8m)을 지나서 밀양시 상남면 외산리에서 낙동강에 발을 담그며 그맥을 다하는 도상거리 146.5km가 되는 산줄기로, 최고봉인 비슬산의 이름을 빌려와 비슬지맥이라 칭한다. 낙동정맥 분

기봉은 표지석에 비슬지맥 분기점 낙동정맥(656m)이 있다. 분기봉에서 사룡산 정상까지는 0.6km로 정맥에서 벗어나 있다. 사룡산 정상까지 갔다 올까 생각하다 분기봉에서 사진 몇판 찍고 쉬며 간식도 먹고 수분도 보충하고 8시 23분 출발한다. 남쪽으로 오던 마루금은 동쪽으로 방향을 틀어 가파른 내리막을 4분쯤 내려오니 민가(집)가 나오며 민가를 지나 헬기장같은 공터를 지나 숲길로 들어서 3분후 빨간벽돌집이 나오며 이집은 사람이 안사는지 마당

에 잡풀이 소복하고 집앞에 비석(三魂 知魂 生魂 覺魂 靈魂)이 있으며 각종 비석들이 많이 있다. 이곳에서 포장길을 따라 내려오면 오른쪽에 철문을 지나고 두번째 철문이 열려 있으며 철대문 안으로 들어가면 왼쪽은 건축을 하려는지 빨간 벽돌이 억수로 많이 쌓여있고 오른쪽에 사자상과 성경구절 몇구절이 표지석에 적여 있고 소(牛)상이 있으며 마을 매점같은 게 있다. 도로를 따라 철대문 하나를 나오고 두번째 철대문을 통과해 하느님

께 영광 땅에는 평화라 쓰인 표지석을 지나 나오면 입구 큰문이 나오며 이문은 닫혀 있고 왼쪽 쪽문만 열려있어 쪽문으로 나와 주차장 입구에서 능선으로 올라선다.

※생식마을 방문자를 위하여

1. 높은산 깊은숲곡 단석산 숲속까지 방문하신 님들께 빛과 사랑이 무한한 축복이 임하시길 바랍니다. 이곳은 진리를 탐구하는 도량으로서 수행자들이 정진하는 장소입니다. 이곳에서는 여러분께서 궁금하게 생각하시는 생식, 즉 살아있는 음식물을 섭취하고 있읍니다. 특별한 방법이나 특별한 것을 섭취하는 것이 아닙니다. 생활주변 곳곳에서 생산되는 식품 임니다. 중요한 것은 창조주께서 주신 인간생명 존재의 가치성에 있어 주님의 가르침의 지혜를 바탕으로 열심히 노력하고 실천하고 생활하는 것입니다. 그것이 여러분과 다를 뿐입니다. 생식을 실천 하시면 좋은 점이 많습니다.

첫째 : 식생활을 간편하게 할 수 있고 환경오염으로 부터 해방됩니다
둘째 : 건강(健康)을 유지(有志)할 수 있습니다
셋째 : 욕심이 줄어듭니다. 여러분께서도 어렵게 생각하지 마십시오

익히지 않은 음식물은 모두 생식입니다 가정에서나 직장에서 직접 실천하시어 생식의 소중함과 즐거움은 생활화하시기 바랍니다.

2. 이곳은 많은 사람들이 방문하므로 인하여 수행에 많은 지장이 초래되고 있읍니다. 출입을 삼가오니 수행자들을 위해 이점을 깊이 인식하시어 널리 양해를 구하는 바입니다. 항상 건강 하시고 뜻하는 모든 일들이 성취되기를 기원합니다.

<생식마을 수행자 일동>

위 글은 2005년도 1차 때에서 옮겨온 글입니다

대문을 나와 8시40분 왼쪽 주차장 입구에서 능선 숲길로 들어서 느즛한 오르막 능선을 올라 무명봉을 넘어 가파른(된비알) 내리막을 미끄러지듯 한동안 내려 묘를 지나고 능선을 가다 오른쪽으로 내리막을 내려 숲재에 내려서니 9시2분이다.

좌표【 N 35" 50" 43.7" E 129" 01" 40.4" 】

숲재는 경주시 서면에서 산내면을 넘는 2차선 도로가 지나며 사거리에서 오른쪽은 생식촌 들어가는 길이고 마루금은 직진으로 기원정사 입구 도로를 따른다. 2005년 1차때는 1차선 소로였는데 언제 확장 공사를 했는지 왕복 2차선 도로이고 우라생식마을 표지석과 우라 二리 청년회 표지석은 옛날 그대로다. 숲재 사거리에서 대한불교 송산종 기원정사 천도 도량 포장길을 따라가다 4분후 도로는 오른쪽으로 올라가고 마루금은 숲길로 들어선다. 도로에서 잠시 쉬며 간식도 먹고 피로를 풀고 9시27분 산행에 들어간다. 가파른 된비알을 한동안 올라 첫봉에 올라서니 9시42분이다. 숨을 돌리고 능선 오르막을 오르며 9시49분 기도원 오르는 도로에 들어서 도로를 따라 왼쪽으로 올라가 기도원입구에 도착하니 9시54분이다. 기원정사 기도원은 입구에 철문으로 외부인은 들어갈 수 없고 주위도 철망 울타리로 어디로든 외부사람은 들어갈 수 없다. 마루금은 기도원 철망따라 왼쪽으로 올라가며 기도원 안쪽을 보아가며 가파른 오르막을 한동안 올라 630봉에 올라서니 10시1분이다. 잠시 내리막을 내려 산판길을 지나 가파른 오르막을 올라 성터 서문에 올라서니 10시10분이다. 성터를 지나 숲길 오르막을 올라 한동안 가다 숲길을 벗어나 왼쪽 옛 농장 갓길 따라 능선을 오르며 왼쪽 오봉산을 건너다보며 729봉에 올라서니 10시22분이다. 마루금은 울창한 숲길로 이어지며 길도 잘 보이지 않은 숲길을 헤치고 능선을 가며 730봉을 10시26분 지나며 앞으로 가야할 단석산이 멀리 시야에 들어온다. 730봉을 지나 옛 고랭지 채소밭 갓길을 따라가다 채소밭 중간에서 산판길을 따라 오른쪽(남쪽)으로 가며 채소밭 능선을 넘으며 채소밭 갓길을 따라 내려오다 숲길로 들어서 내려오니 성터 남문이다. 남문성터는 성벽은 또렷하지만 성문은 서문과 같이 표시가 없다. 지도를 보면 성 넓이와 둘레 길이는 알 수 없으나 이 성이 건너편 오봉산까지 석성의 흔적을 찾아볼 수 있는데 이는 신라때 백제의 침약을 막기 위해 축조된 성터로 일명 주산 산성이라 불리우며 이 일대를 부산성(富山城)

이라 부른다. 험준한 산세를 이용하여 신라의 서쪽을 방어했던 부산성은 신라화랑 죽지랑과 득오에 관련된 모죽지랑가의 근원이기도 하다. 오봉산 정상 바로 아래에는 신라때 창건된 주사암이 있고 식당바위라 불리우는 지맥석(持麥石)등의 명물이 정상 부근에 군집해 있고 신라 선덕여왕의 뛰어난 예지와 관련된 옥문지(玉門池)로 유명한 곳이다. 남분 성터를 지나 안부에 내려서니 10시44분이다. 느즛한 오르막을 오르며 길은 양호해 편한 길을 오르며 오른쪽 소나무 조림지를 따라 오르는데 조림 소나무가 심어놓고 방치해 가지가 엉망이며 손질을 잘했으면 좋은 나무가 되었을 텐데 아쉽다. 소나무 밭은 오른쪽에 계속되며 한동안 가다 산판길에 올라서니 11시5분이다. 산판길에서 오른쪽에 통신안테나가 있고 마루금은 왼쪽으로 헬기장을 지나고 조금 올라서면 산불 초소가 있는 760봉이다.

좌표【 N 35" 50" 33.9" E 129" 02" 27.4" 】

산불 초소가 있는 760봉에는 석두산이라고 기록도 있고 트렝글에는 청천봉으로 나타나고 구리 한아울 산악회 장옥환이 걸어놓은 표찰에 청천봉 755m로 되어있어 잘못된 게 분명하다. 청천봉은 트렝글에 나와 있어 청천봉으로 기록한다. 산 정상에는 전망이 좋아 사방이 한눈에 들어오고 멀리 고현산 가지산이 눈에 들어온다. 남쪽으로 오던 마루금은 왼쪽으로 동쪽으로 이어지고 오른쪽은 만봉산으로 이어진다. 잠시 허리쉼을 하고 사

방을 관망하고 11시11분 출발해 급경사 된비알을 한동안 내려 능선 오른쪽 사면길로 한동안 가며 전망 좋은 곳에서 651봉을 건너다보며 왼쪽아래 채석장에서 돌 캐는 소리가 요란히 들린다. 급경사 내리막을 내려 산판길을 지나 급경사를 내려와 농장 갓길을 따라오다 오른쪽 임도로 들어서 보니 산판길을 따라와도 되는데 리본이 걸려있어 내려오니 험한 길이다. 임도를 따라 내려와 포장길에 들어서 왼쪽 농장앞 돌로 만든 쉼터 독고불재에 도착하니 11시41분이다. 우선 배낭을 내려놓고 간식도 보충하고 나무그늘에서 편히 쉰다. 1차때는 왼쪽에 어두농장이 있었고 오른쪽(산내쪽)에 건물이 없었는데 전원주택 같은게 몇군데 있고 캠핑장같은게 여러군데 있다. 마루금은 오른쪽 폐가 뒤로 가파른 오르막이 시작되며 11시56분 출발해 된비알 오르막을 한동안 숨을 몰아쉬며 가시철망을 건너고 옆으로 따라가고를 번복하며 능선 분기봉인 651봉에 올라서니 12시22분이다.

좌표【 N 35" 49" 17.1" E 129" 03" 32.5" 】

651봉에는 삼각점(경주 463-1982 재설)이 있고 준희표찰에 낙동정맥 651.2m로 되어있다. 651봉은 능선 분기봉으로 동쪽으로 오던 마루금은 오른쪽(남쪽)으로 이어지며 가시철망길을 따라가다 묵은묘를 지나고 암능을 내려와 안부에 잠시 내렸다. 다시 오르고 작은봉을 넘어 가파른 내리막을 한동안 내려 오리재에 내려서니 1시8분이다.

좌표【 N 35" 48" 33.0" E 129" 03" 39.4" 】

안부 오리재는 숲에 가려 좌우로 사람 다닌 흔적은 보이지 않고 오른쪽으로 능선을 오르며 줄을 쳐 놓고 출입통제구역 안내판이 나무에 걸려 있다. 오른쪽에 흰줄을 따라 오르막을 올라

능선에 올라서 孺人鳥川鄭氏之墓를 지나 산판길을 따라 단석산을 건너다보며 내리막을 내려 숲길을 지나 임도에 내려서니 1시32분이다. 이도로가 독고불재로 이어지는 도로다. 이곳이 땅고개인줄 알고 내려왔는데 앞산 하나를 더 넘어야 한다. 도로를 건너 산판길을 따르다 묘목을 심은 곳에서 오른쪽 능선으로 올라서 오르막을 올라 자그마한 삼각점이 있는 396.9봉에 올라서니 1시43분이다.

396.3봉은 낙동정맥 396.3m 준희 표찰이 걸려 있고 자그마한 삼각점이 있으며 마루금은 왼쪽으로 능선을 내려가며 능선에 수목장 묘지를 여러게 지나 절개지에서 오른쪽으로 내려서 20번 국도에 내려서니 1시53분이다. 당고개(일명 땅고개)는 건천에서 산내면을 거처 운문호와 청도로 연결되는 20번 국도가 지나며 이곳부터는 경주국립공원 단석산지구다.

좌표【 N 35" 47" 42.3" E 129" 03" 49.6" 】

땅고개 휴게소 주인 김정희님

　오늘은 어제에 이어 이틀간 산행이라도 거리가 짧아 일찍 마무리 한다. 이곳은 1차때(2005년 6월 26일 OK농장 출발) 이곳을 지나며 휴게소에서 아침을 먹던 생각이 난다. 10년이 넘는 세월 얼마나 변했을까? 도로를 따라 건천쪽으로 가다 휴게소에 올라가니 안주인 옛날과 같은 모습으로 휴게소(매점)에 앉아있다. 우선 들어가 캔을 1개 사먹고 안자서 이야기를 하며 1차때 이야기를 하며 카페에 들어가 1차때 기록을 보니 남자는 박문희씨 안주인은 김정희씨로 되어있어 물어보니 그렇다고 하면서 세월이 많이 지나고 많은 사람들이 들려가는 곳이라 생각이 안난다며 그래도 내가 옛날이야기를 하니 반가히 맞아주며 음료수도 한개 먹으라고 준다.

오늘은 일찍 마쳐 시간도 있고 이곳에 3시20분 경주행 버스가 있다기에 주인집 배려로 대충 머리도 감고 몸을 씻고 나니 홀가분하다. 주인아주머니 사진도 찍고 편집해서 카톡으로 보내주니 고맙다며 더욱 친절히 대해준다. 휴게소 주인아주머니 배려로 편히 쉬고 3시10분 작별인사를 하고 버스 정류장에 나와 기다리다 경주행 버스로 건천을 거쳐 경주에 와 바로 버스가 있어 버스로 노포동에서 지하철로 집에 와도 7시도 안되어 집사람 오늘은 일찍 와 좋아하며 격려해준다.

제2차 낙동정맥 단독종주 16구간

당고개재 : 경상북도 경주시 건천읍 당고개
산내고개 : 경상북도 경주시 산내면 산내고개 921 지방도
도상거리 : 당고개 30.9 km 운동거리 31.4km 산내고개 921 지방도
소요시간 : 당고개 12시간16분 산내고개 921 지방도
이동시간 : 당고개 11시간8분 산내고개 921 지방도
당고개출발 6시2분. 묘지 6시19분. 당고개1km 6시36분. 662봉 6시49분.
단석산 갈림길 7시15분. 방주교회 7시49분. ok목장 7시55분.
512봉송신탑 8시14분. 536봉 8시51분. 가축농장 9시4분. 605봉 9시26분.
상목골 고개 9시49분. 531.1봉 10시16분. 내남고개 10시30분.
헬기장 11시9분. 700봉 11시29분. 700.1봉 11시54분. 소호고개 12시11분.
638봉 12시49분. 책바위 1시17분. 전망바위 1시37분. 호미기맥 1시58분.
고래등바위 2시20분. 백운산정상 2시30분. 691봉 3시19분. 소호령 3시40분.
전망대 4시43분. 고현산 4시53분. 고현산서봉 5시6분. 외항재 5시52분.
670봉 6시12분. 산내재 6시29분. 누적거리 340.36km

2016년 6월 5일 맑음.

    이번16구간은 당고개에서 외항재를 넘어 산내 921 지방도로 까지 가기로 하고 4일 저녁 9시 경주행 막차로 경주에 도착하여

 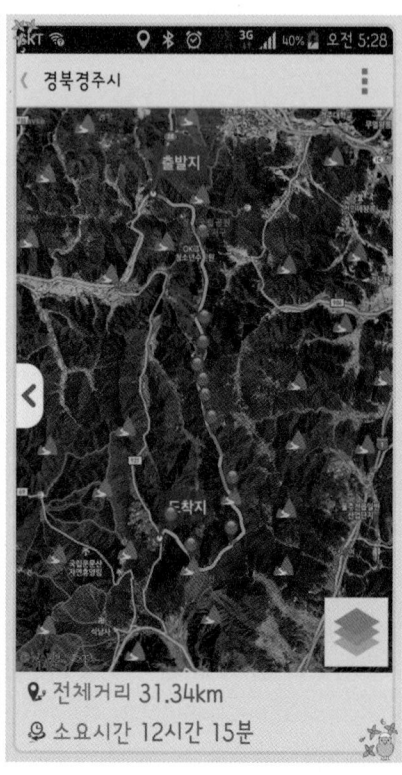

경주고속버스 터미널앞 정류장에서 건천행 버스를 기다리는데 주민 말로는 막차가 있다기에 10시반이 넘도록 가다려도 버스가 오지 않아 택시(14,000)로 건천으로 가서 지난번 자고 간 유림모텔에서 자고 아침 일찍 나와 대추밭 식당에서 아침을 먹고 택시 (9,500)로 당고개에 도착하니 5시56분이다. 당고개는 건천과 청도를 있는 20번 국도에 있다. 행정구역으로는 경주시 건천읍과 산내면 경계에 있으며 경주국립공원 단석지구가 지도상으로는 조금 벗어나 있으나 도로에 국립공원 관리공단에서

세운 경주국립공원 간판이 세워져 있고 등산로 입구에도 국립 공원 단석산을 알리는 네온싸인 간판이 있다. 산행 입구는 산내면 표지석 뒤 임도에서 오르는 길이 있으나 휴게소옆 단석산 등산로 입구에서 시작한다. 택시기사에게 부탁해 사진한판 찍고 6시2분 산행에 들어간다.

 초입은 네온사인 간판아래 등산로를 따라 오르막을 오르며 국립공원이라 길이 양호하며 초입 이정표에 단석산 정상 3.4km이다. 등산로를 따라 오르다 묘지가 있는 곳에서 능선으로 오는 길을 만나며 이곳부터 능선길을 따른다. 이곳 이정표에 당고개 0.5km 단석산 정상 2.9km를 6시19분 지나며 왼쪽 능선길로 오르막을 한동안 올라 당고개 1 km지점을 6시36분 지나고 계속해서 오르막을 오르며 662봉에 올라서니 6시49분이다. 운주산이나 검마산 같으면 멧돼지 소리가 들릴 것 같은데 짐승 소리는 들리지 않고 아침 일찍이라 잠에서 깬 새소리만 초라하게 들려 새들과 벗을 삼으며 심심찮게 산에 오른다.

좌표【 N 35" 47" 23.8" E 129" 04" 28.8" 】

662봉 이정표에 당고개 1.5km 단석산 정상 1.9km이며 가파른 내리막을 한동안 내려 6시56분 다시 오르막을 한동안 올라 당고개 2.4km에 7시11분 올라서 능선길로 가다 3분 후 단석산 갈림길에 7시14분 도착한다. 이곳에서 단석산 정상은 직진이고 마루금은 오른쪽으로 내려간다. 이정표에 단석산 정상 0.9km 신선사 1.8km 당고개 2.5km OK그릴연수원 2.0km 이다. 『단석산은 신라시대 김유신이 입산하여 무예를 연마한 곳이다. 홀로 무예를 연마하던 김유신은 어느날 "난승"이라는 도사를 만나 무술과 도술을 열심히 배워나갔다. 오랜 수련의 세월이 흐른 어느날 김유신은 난승에게서 배운 자신의 무술과 도술이 얼마나 완성되었는지 알고 싶었다. 그때 봉우리의 큰 바위가 눈에 들어왔다. 내 저바위를 단칼에 잘라보리라, 김유신은 호흡을 가다듬고 온 정신을 집중하여 바위를 내리쳤다. 그러자 거짓말처럼 그 큰바위가 두동강이 나버렸다. 그후 김유신이 무예를 닦았던 이 산을 단석산 이라 부르게 되었고 신라의 화랑들은 김유신을 흠모하며 단석산을 수련장으로 이용했다고 한다.

단석산 신선사 마애불상군은 우리나라 국보 199호가 있다. 이곳에서 단석산을 다녀오려면 40분 이상 걸리기에 아쉽지만 지나간다. 마루금은 오른쪽으로 내리막을 내려가며 5분후 이정표 단석산 정상 1.2km OK그린연수원 1.5km 이정표를 지나고 5분후 안부에 내려서 다시 오르막을 4분 올라 무명봉을 7시34분 넘어 내리막을 내려가며 뒤돌아보면 지나온 단석산 능선을 가름해보고 잘나있는 내리막을 내려 이정표 단석산 정상 2.3km OK그린연수원 0.5km를 지나 방주교회에 내려서니 7시49분이다. 방주 교회는 요즘은 사용을 않는지 썰렁해 보이며 조깅 온 사람 몇명이 내려간다. 임도를 따라 내려오면 넓은 초지가 나오며 오른쪽 아래 저수지 위에는 언제 올라왔는지 넓은 광장에 캠핑 온 사람들의 텐트가 즐비하며 초지 곳곳에도 텐트가 여기저기 있으며 어떤 곳은 아침 준비를 하느라 야단이고 많은 사람들이 오간다.

좌표【 N 35" 46" 17.46" E 129" 5" 22.69" 】

마루금은 목장 초지 중간 능선을 내려 초지끝에서 계단을 올라 통신시설이 설치된 512봉에 올라서니 8시13분이다. 512봉을 지나 내리막을 내리며 산판길 내리막을 내리며 마사길을 한동안 내려 잘나있는 능선길을 가다 내리막을 내려 안부를 지나고 오르막 능선을 올라 535봉에 올라서니 8시51분이다. 535봉을 넘어 내리막을 내려 월성김씨묘를 9시2분지나 임도를 따라

밭길을 따라 메아리 농장 건물 입구에 오니 갈 곳이 없다. 다행히 농장 주인이 차에서 사료를 내리고 있어 물어보니 농장 가운데로 가라고 문을 열어준다. 문을 열어놓으면 소가 나간다며 항상 문을 닫아 놓는다며 농장 가운데로 올라가면 된다고 친절히 알려준다. 이곳 농장주인은 정맥꾼들이 지나갈때 친절히 알려주는데 낙남정맥 종주때 농장길을 통과하다 도둑놈 취급을 받은 생각이 난다. 농장 가운데를 올라가는데 소들이 많이 다녀 분료가 여기저기 널려있고 냄새가 고약하다. 농장끝 통신 안테나를 지나며 뒤돌아보면 지나온 능선이 줄지어 보이며 통신 안테나를 지나 숲길 능선을 올라 605봉에 올라서니 9시26분이다.

좌표【 N 35" 44" 32.6" E 129" 04" 59.7" **】**

　마루금은 왼쪽으로 능선 비탈길을 가면서 농장 철조망을 한동안 가다 내리막을 내리며 철조망 끝에서 오른쪽으로 능선을 내려 안부에서 다시 오르막을 올라 작은 봉을 넘어 아래 상목골 청우농장 관광단지 개발지구 도로에 내려서니 9시49분이다. 1차때 이곳은 왼쪽 고개를 넘는길은 비포장도로였는데 이길이 어디로 연결되는지 2차선 포장길이며 오른쪽 마을은 전원 주택지로 개발되어 있으며 포장길에서 능선을 올라서 오른쪽으로 능선을 내려서니 능선을 파헤쳐 길을 내느라 포크레인이 능선을 파헤치며 공사를 하고 있다. 이길이 완공되면 고개에서 도로를 따르면 된다. 공사 도로를 따라가다 길이 여기저기 있어 공사하는 인부에게 물어보니 길을 일러주며 물통 있는데서 산으로 오르는 길이 있다며 조금 전에 등산객 한팀이 올라갔다고 알려준다. 도로를 따라가면 왼쪽 위에 전원주택인지 잘지은 건물이 있으며 야외공연장 같은게 있다. 마루금은 도로를 따라가다 능선으로 올라서면 쉼터(평상)있는 곳을 지나고 파란 물통을 10시6분 지나 숲길 오르막을 한동안 올라 535.1봉에 올라서니 10시16분이다. 535.1봉은 암봉으로 내리막을 내리는 데는 암능이 여기저기 곳곳에 있으며 때로는 밧줄을 잡고 내리기도 하며 위험한 암능 내리막을 내려서니 윗상목골 임도가 나온다.

좌표【 N 35° 43" 35.59" E 129° 5" 20.83" 】

이 도로는 경주시 내남면 박달리에서 경주시 산내면 내일리를 넘는 도로가 이 고개까지는 2차선 도로가 완공 되었으며 산

내면 내일리 윗상목골쪽은 공사중이며 도로가에 전봇대에 무인카메라도 설치되어 있고 곳곳이 공사 하느라 땅을 파헤쳐 놓았으며 경북 한방 휴양마을 산내고원 쉼터 안내판이 있고 산내고원 목적형재로(전원)주택 조성 추진위원회 경상북도 녹색마을 시범 조성사업 대상지 재로(전원)주택 토지분양 안내판이 있다. 마루금은 공사중인 전원택지 위 공사중 길을 따라가다 긴의자 있는 곳에서 숲길로 들어선다. 이곳부터 가파른 오르막을 오르며 10시37분 커다란 물통 두 개 있는 곳을 지나 계속 가파른 오르막을 숨을 몰아쉬며 올라 구 헬기장에 올라서니 10시55분이다. 헬기장을 지나면서 편한 능선 오름길이 이어지며 잠목숲이 엉켜있고 낙동정맥을 종주하시는 산님들 힘내세요, 천안불교산악회 표찰이 걸려있고 리본이 걸려있는 것으로 보아 헬기장인 것 같다. 계속해서 편한 능선 오르막을 한동안 오르내리며 서로 다른 나무가 한태 뭉쳐 자란 나무를 지나고 능선 오르막을 올라 700봉에 올라서니 11시29분이다. 700봉을 지나 내리막을 내리며 편한 능선길을 가며 오른쪽 능선길에 거목 소나무 밭을 지나며 이곳이 얼마나 바람이 세게 불었는지 소나무가 곳곳에 넘어지고 가지가 부러져 길가에 늘비하다. 바람에 날려 길을 막아놓은 소나무를 이리저리 피해가며 오르막을 올라 삼각점이 있는 700.1봉에 올라서니 11시54분이다.

좌표【 N 35" 42" 10.9" E 120" 05" 24.4" 】

700.1봉에는 삼각점(언양 303 1982. 재설)이 있고 낙동정맥 700.1m 준희표찰이 걸려 있다. 이곳부터 오른쪽은 경주시 산내면을 벗어나 울주군 상북면과 경주시 내남면을 경계로 이어진다. 700.1봉을 지나 원만한 내리막을 한동안 내려 소호고개 임도에 내려서니 12시11분이다.

좌표【 N 35° 41' 45.1" E 129° 05' 36.5" 】

소호고개는 울주군 두서면 외와리에서 상북면 소호리를 넘는 비포장 소로이며 이곳부터는 좌우로 경주시를 벗어나 울주군 두서면과 상북면을 경계로 이어진다. 12시가 넘어 이곳에서 점심을 먹기로 자리를 펴고 점심을 먹는데 산나물을 캐는 사람이 지나가며 혼자 산행 수고한다고 격려해준다. 이제 점심도 먹고 지금까지는 별 어려움 없이 왔는데 진짜로 백운산 893m 고현산

1032.8m을 힘들여 넘어야 한다. 오늘 운문령까지 갈련지 못가면 산내고개 까지는 가야한다. 점심을 먹고 12시37분 출발해 고압철탑을 지나 638봉을 넘고 잠시 내려섰다 가파른 오르막을 올라 698봉에 올라서니 1시17분이다. 698봉에 올라서면 백운산 정상이 보이며 능선이 펼쳐 보인다. 잠시 내리막을 내리는가 하더니 다시 오르막을 한동안 올라 전망바위에 올라서니 1시 48분이다. 전망바위는 사방이 확트여 지나온 능선을 단석산 까지 가름해 보며 교회 빨간지붕 건물도 보이고 앞에는 백운산 넘어로 고현산 오른쪽 문복산능선 멀리 가지산정상도 보인다. 백운산은 지근에 있는 것 같아도 지금도 몇봉을 넘어야한다. 전망바위를 지나고 사방을 관망하며 암능을 이리저리 오르며 호미지맥 분기봉 (845m)에 올라서니 1시58분이다. 호미지맥 분기봉에는 2007년 7월1일 부산 같이하는 산악회에서 세운 스텐레스 삼거리 이정표(▶백운산 ▲천마산 ◀낙동정맥 소호고개)가 있으며 호미지맥 분기봉 845m 표찰이 나무에 걸려있다. 845 호미지맥 분기봉을 지나고 암능을 오르내리며 가다 가파른 암능을 올라 헬기장같은 공터를 통나무 가드레인을 넘어 임도를 따라 백운산 정상에 올라서니 2시30분이다.

좌표【 N 35" 40" 19.2" E 129" 06" 12.0" 】

백운산 정상에는 2014년 11월 울산광역시 울주군수가 세운 커다란 표지석(백운산 893m)이 있으며 2005년 6월 12일 1차

북진때는 자그마한 표지석이 3개가 나란히 있었는데 작은 표지석은 철거하여 없고 커다란 표지석이 우뚝 서있다. 지금까지 낙동정맥을 남진하면서 통고산 정상석을 제외하고는 이곳 백운산 표지석이 가장 크게 설치되어 있다. 정상표지석을 배경으로 사진 한판 찍고 2시37분 출발해 3분후 백운산 방화선 복원공사 안내간판을 지나 내리막을 내리며 잘나있는 산판길을 따라 내리며 능선을 가다 약간에 오르막을 올라 삼각점(언양 440 2012.복구)이 있는 672봉에 올라서니 3시19분이다.

좌표【 N 35" 39" 33.2" E 129" 06" 32.7" 】

672봉을 지나고 내리막을 내리며 산판길을 가다 3시29분 포장 임도를 따라 작은 고개를 넘어 소호령 삼거리에 도착하니 3

시40분이다. 소호령 삼거리 이정표에(▶고현사. 외항재 ▼소호리)가 있고 마루금은 직진으로 간이 화장실을 지나 왼쪽에 농장(밭)갓길 임도를 따라 오르막을 오르며 농장 끝에서 3시44분 오르막을 오르며 중간 지점에서 잠시쉬면서 간식을 먹고 오르막을 한동안 오르며 암능을 지나 오르막을 올라 전망대에 올라서니 4시43분이다. 전망대에 오르면서 정상 부근에 운무가 끼기 시작하며 전망을 가리고 전망을 볼 수 없이 능선을 가며 분기봉에서 오른쪽으로 능선 오르막을 올라 고현산(1032.8m) 정상에 올라서니 4시52분이다.

좌표【 N 35" 38" 29.5" E 129" 05" 19.2" 】

울산광역시 울주군에 있는 고현산(1034m)은 낙동정맥 천의

봉 (1303.1m) 낙동정맥 분수봉 (1145m)에서 시작해 백병산 1259m 구룡산 1071m 면산 1245m 묘봉 1167m 삿갓봉 1119m 통고산 1066m 울진에 1005m를 지나면서 900m-800m로 떨어지며 다시 500-600m 또는 500-400m 로 가라안자 경주권에서는 200m이하로 구릉을 만든 후 사룡산 단석산을 지나며 다시 살아나 백운산 893m 를 지나 다시 1032.8m 고현산을 기점으로 1000m이상 우둑 솟구쳐 가지산 신불산 영취산까지 1000m 이상 솟구쳤다. 고현산은 행정구역으로 울산광역시 울주군 두서면과 상북면 경계에 솟아있는 산으로 전망대에서 바라보면 언양 시가지가 아래에 내려다보이고 울산시내도 보인다. 그러나 오늘은 날씨가 흐려 보이지 안고 건너편 가지산 신불산 능선도 잠시 드러냈다. 다시 사라지고 갑작스레 운무가 들락거리며 해방을 놓는다. 고현산 정상에도 백운산과 같이 울주군에서 새운 커다란 표지석이 있으며 전망대 시설이 있고 옛날에 있던 오석 (검은돌)표지석도 있다. 오늘산행 중 처음으로 고현산 오른 산꾼을 만나 이분에게 부탁해 사진을 찍어둔다. 정상에는 숲이 없어 바람이 세게 불어온다. 서남으로 오던 마루금은 오른쪽(서쪽)으로 이어지며 능선을 가며 나무 판자길를 따르다 서봉 아래서 숲길로 오르막을 올라 서봉을 지나면서 오른쪽(북쪽)으로 산판길을 따라 내리막을 내리며 왼쪽은 상북면을 벗어나 경주시 산내면과 경계를 따른다. 고현산부터는 등산로가 사람들이 많이 다녀 잘돼있으며 계속해서 내리막을 내리며 외항재에 내려서니 5시56분이다.

좌표【 N 35° 39" 23.3" E 129° 04" 13.1" 】

　외항재는 울주군 상북면에서 경주시 산내면을 거처 상북면 소호리로 통하는 지방도로이며 마루금은 도로를 건너 돌 축대를 올라가 능선 가파른 오르막을 20여분 올라가 분기봉을 6시 12분 지나면서 마루금은 왼쪽 내리막으로 이어지며 분기봉에서 부터는 오른쪽 왼쪽 모두 경주시 산내면 땅을 밟으며 산내 외항마을로 내려선다. 급경사 내리막을 한동안 내려 벌목지를 지나고 묘를 지나 내려서면 마을 뒤에서 왼쪽으로 마을 갓길을 내려오는데 집집마다 개들이 요란히 짖어댄다. 마을 포장길을 따라 내려오면 상북면에서 산내면을 넘는 921지방도로 삼거리다. 삼거리에 내려서니 6시29분이다. 삼거리 부근에는 노래방에서 네온불이 번쩍거리며 음악소리가 요란히 들린다. 오늘은 좀 이르지만 내일을 생각해서 이곳에 모텔도 있고 하여 산내재 외항마을에서 마무리하고 삼거리건너편 모텔에 숙소를 정하고 숙소에서 샤워를 하고 나와 산내 대현숯불생고기식당에서 곰국으로 저녁을 먹고 슈퍼에 들려 내일 아침 대용식 라면과 삼다수 한병을 사가지고 숙소로 들어와 오늘도 무사히 도착해 저녁먹고 숙소라고 집으로 전화를 하고 일찍 잠자리에 들어간다.

제2차 낙동정맥 단독정맥 17구간

산내고개 : 경상북도 경주시 산내면 산내고개
배내고개 : 울산광역시 울주군 상북면 배내고개
도상거리 : 산내고개 16.3 km 운동거리 16.4km 배내고개
소요시간 : 산내고개 8시간38분 배내고개
이동시간 : 산내고개 7시간6분 배내고개
산내고개 921지방도 5시37분. 一松 樹木園 5시57분. 820봉 6시21분.
신원봉 6시41분. 헬기장 6시57분. 운문령 7시20분. 운문령 7시30분.
성남사갈림길 8시11분. 상운산 8시55분. 임도 9시7분. 쌀바위 9시25분.
가지산 정상 10시43분. 중봉 11시18분. 석남사갈림길 11시40분.
대피소 11시50분. 성남사주차장갈림길 12시15분. 석남터널 12시23분.
입석봉 돌탑 12시48분. 격산(떡봉)1시16분. 능동산 1시54분.
헬기장 2시10분. 배내고개 도착 2시39분. 누적거리 356.66km

2016년 6월 6일 흐리고 비.

어제에 이어 이틀째 산행이다. 아침 일찍 일어나 컵라면으로 아침을 먹고 산행 준비를 하고 조금 일찍 숙소를 나와 삼거리에서 산내면쪽 금와 부동산앞 921번 지방 도로에서 왼쪽으로 포

장길을 따라간다. 5시37분 삼거리 초입을 출발해 포장길을 따라 한동안 듬성듬성 건물을 지나 포장길을 따르다 우성목장 양계장을 지나 삼거리에서 왼쪽 길을 따라 올라가 一松樹木園 표지석에 도착하니 5시57분이다. 일송수목원은 오른쪽 도로를 따르고 마루금은 능선길로 숲길로 들어서 이곳부터 오르막이 시작된다. 아침부터 날씨가 찌뿌릇해 금방이라도 비가 내릴 것 같다. 가파른 오르막을 오르며 8부 능선부터는 운무가 지나가며 정상은 보이지 않고 새벽에 잠에서 깨어난 새소리만 벗을 삼아 오르막을 한동안 올라 능선분기점에 올라서니 6시21분이다. 이

곳부터는 왼쪽은 경주시 산내면을 벗어나 울주군 상북면과 산내면을 경계로 능선 오르막을 한동안 올라 신원봉(894.8m)에 올라서니 6시41분이다.

좌표【 N 35° 39' 00.0" E 129° 02' 48.5" 】

신원봉(894.8m)은 오른쪽으로 문복산 용강산으로 이어지고 마루금은 왼쪽으로 이어지며 신원봉을 지나면서 경주시 산내면을 벗어나 청도군 운문면과 울주군 상북면을 경계로 이어진다. 날씨는 점점 찌푸리며 금방이라도 비가 내릴 것 같다. 신원봉에는 넓은 공터에 자그마한 화강석 표지석이 있고 쉼터(긴의자)가 있으며 이정표에 낙동정맥 외항재 오른쪽은 문복산 3.5km 운문령 1.9km이다. 정상석을 배경으로 사진 한판 찍고 잠시 허리쉼을 하고 6시45분 출발해 내리막을 내리며 밧줄을 잡아가며 내리막을 내려 헬기장을 6시57분 지나 3분후 괴소나무를 지나가는데 비가 내리기 시작한다. 낙동정맥을 종주하면서 처음으로 우중 산행을 한다. 오늘 지경고개까지 갈려고 계획을 세우고 출발했는데 차질이 생길 것 같다. 이정표 문복산 4.2km 문복산 분기점(894m) 0.7km 운문령 1.2km를 7시에 지나고 잘나있는 능선 내리막을 한동안 내려 운문령에 내려서니 7시21분이다.

좌표【 N 35" 38" 08.8" E 129" 02" 23.8" 】

운문령은 언양에서 청도를 넘는 69번 2차선 지방도로가 넘는 고개로 간이식당이 있으며 마루금은 도로왼쪽 울산시와 청도군 경계판아래서 오른쪽 임도로 이어진다. 비가 내려 우선 간이식당에 들어가 배낭카바를 씨우고 커피한잔 먹고 식당벽에 수많은 리본이 셀수없이 많이 걸려있어 물어보니 7년전부터 지나가는 산악회와 종주산악회에서 걸어 놓았다며 자랑삼아 이야기해준다. 나도 그냥 나올 수 없어 리본하나 걸어놓고 7시30분 식당을 나와 다행이 오늘 우산을 가지고와 비의지는 된다. 마루금은 울주군 쪽으로 오다 오른쪽(가지산쪽)으로 임도를 따르다 차단기를 지나 환경 감시초소를 7시34분 지나고 계속해서 임도를 따르다 성남사 갈림길에 올라서니 8시5분이다. 이정표에 성남사 3km이고 이곳에서 임도는 오른쪽으로 마루금은 직진으로 능선 오르막을 올라간다. 가파른 능선 오르막을 한동안 올라 다시 산판길 임도에 올라서니 8시11분이다. 이곳은 쉼터(긴의자)도 있으며 마루금은 도로를 건너 능선 오르막을 오르며 왼쪽 임도를 내려다보며 암능도 오르고 가파른 오르막을 오르며 비가 오는데도 내려오는 산꾼을 만나고 암능을 올라 귀바위를 8시41분 지나고 가파른 암능을 오르며 상운산 정상에 올라서니 8시55분이다.

좌표【 N 35" 38" 08.8" E 129" 01" 14.8" 】

상운산 정상에는 암봉으로 자그마한 표지석에 상운산 1114m로 옛날에 있던 표지석은 없어지고 작은 표지석으로 대신하고 있다.(옛날 있던 표지석은 왜 없어 졌을까?) 상운산 정상에서 오른쪽길은 천왕사 쪽으로 내려가고 마루금은 왼쪽으로 내려가며

오를때는 암능을 올라왔는데 내려가는 길은 양호하다. 숲길 내리막을 한동안 내려가며 올라오는 산꾼을 만나고 임도에 내려서니 9시7분이다. 이정표에 석남사 5.9km 가지산 2.1km 쌀바위 0.6km 이며 이곳부터 임도를 따른다. 오늘은 월요일이고 비가 오는데도 산행하는 사람들이 더러 오고간다. 임도를 따라가 쌀바위에 도착하니 9시25분이다.

좌표【 N 35" 37" 43.8" E 129" 00" 35.9" 】

쌀바위 대피소 앞을 지나는데 찝차 3대가 올라와 있고 사람들이 비속에 왔다갔다하며 대피소에 들락거린다. 쌀바위 표지석에서 사진 한판 찍고 쌀바위 안쪽으로 들어가보니 상복입은 사람들이 제를 지내나 비속에 상을 차리고 있다. 멀리서 보고 되돌아 나와 쌀바위 뒤쪽으로 올라가며 생각해도 이상한 생각이 든다. 쌀바위를 지나면서 오른쪽 사면길로 오르며 나무계단을 올라 헬기장에 올라서니 9시44분이다 잠시쉬면서 간식을 먹고 오늘은 물을 두병이나 가지고 왔는데 비가 오는 관계로 물이 줄지않고 짐만 된다. 헬기장에서 10시 출발해 오르막을 오르며 주로 암능을 밧줄을 잡아가며 오른다. 낙동정맥 종주중 가지산이 암능이 가장 많은 곳이다. 산 높이도 면산 1244.9m 다음으로 3.9m낮은 1241m로 두번째 높은 산이고 영남에서 제일 높은 산이 가지산이다. 암능은 낙동정맥 마루금을 따라오며 백암산 별우산 운주산이 약간씩 있고 가지산에 들어서며 상운산 귀바위

쌀바위를 지나며 가지산 정상까지 계속 암능으로 이어진다. 가지산에 오르면서 곳곳에 전망바위가 있어도 우중 산행이라 운무가 앞을 가려 아무것도 볼 수 없고 오르막을 오르는데 오늘은 심심찮게 산꾼들 2~3명씩 내려오는 사람을 만난다. 가파른 오르막을 오르며 나무계단을 한동안 올라 가지산 정상에 올라서니 10시43분이다.

좌표【 N 35" 37" 12.6" E 129" 00" 10.8" 】

가지산 정상은 암산이라 전망이 좋은데 우중이라 10여미터 후방에는 보이지 않고 대피소에서 사람소리만 들리지 보이지않으며 조금 있으니 아래(성남터널쪽)서 암능을 힘들여 헐레벌떡거리며 4명이 올라온다. 다행히 비가와도 이분들께 부탁해 사

진몇판 찍어둔다. 날씨가 좋으면 쉬면서 관망도 하고 볼거리도 많을 텐데 아무것도 보이지 않아 사진만 몇판 찍고 내려간다. 서남쪽으로 오던 마루금은 왼쪽(동쪽)으로 이어지며 가지산을 지나면서 오른쪽은 청도군을 벗어나 밀양시 산내면을 경계로 울주군 상북면을 가르며 이어진다. 가파른 암능을 미끄러워 조심조심 내려가는데 위험한곳이 한두곳이 아니다. 가파른 암능 내리막을 내려와 제일 농원 삼거리 안부에 내려서니 11시5분이다. 중봉을 오르는데 암능으로 10여미터 후방은 보이지 않는데 내려오는 사람소리가 들린다. 오늘은 우중산행이라도 가끔 산꾼들을 만나 외롭지않고 산행을 한다. 마루금은 가파른 암능을 올라 중봉에 올라서니 11시18분이다. 이제는 성남고개까지는 내리막길이다. 잠시 허리쉼을 하고 암능 내리막을 한동안 내리고 나무계단길을 한동안 내려 대피소에 내려오니 11시50분이다. 대피소안에 사람소리가 많이 들린다. 대피소에서 쉬어갈까 하다가 그냥 지나쳐 간다. 동쪽으로 오던 마루금은 오른쪽(남쪽)으로 이어지며 내리막 능선길을 한동안 내려 가지산 산행 안내도와 가지산 철쭉나무 군락지 안내도를 11시50분 지나 내리막 능선을 한동안 내려 석남사 주차장 갈림길에 내려서니 12시15분이다.

좌표【 N 35° 36" 40.8" E 129° 01" 19.4" **】**

석남사주차장 갈림길에는 돌무덤이 있으며 이정표에 ◀가지산정상 2.4km ▲석남사주차장 1.7km ▶성남터널 1.0km ▶능동산 3.9km 이다. 성남사주차장 갈림길을 지나 오르막 능선을 한동안 올라 성남터널 위 갈림길에 올라서니 12시23분이다. 삼거리 이정표에 ◀가지산 3.0km ▲성남터널 0.4km ▶능동산 3.3km 이며 마루금은 직진으로 나무 계단을 오르고 잘나있는 능선 편한길을 가는데 등산객 한팀이 지나간다. 오르막 능선을 한동안 오르고 무명봉 삼거리에서 오른쪽으로 내리막을 잠시 내려 잘나있는 능성을 오르며 돌탑봉에 올라서니 12시48분이다. 돌탑봉에는 누군가 매직으로 813m 입석봉이라 적어놓았다. 마루금은 계속해서 오르막을 오르며 전망은 운무가 가득차 주위를 가름하가 어렵고 길만 따라 오르막을 올라 삼각점이 있는 격산(떡봉 813.2m)에 올라서니 1시16분이다.

좌표【 N 35" 35" 55.68" E 129" 1" 31.08" 】

격산(떡봉)삼각점에 언양 450 1982.재설이 있고 트렝글에 빼지가 들어온다. 격산(떡봉)을 지나 잘나있는 편한 능선 오르막을 한동안 올라 무명봉을 지나고 주위는 문무가 가득차 능동산이 얼마나 남았나 가름이 안되고 무턱대고 오르막을 올라 나무 계단을 한동안 올라가니 삼거리가 나오며 마루금은 왼쪽으로 내려가고 능동산은 직진이다. 1시54분 삼거리를 지나 능동산(983.0m) 정상에 올라서니 2시3분이다.

좌표【 N 35" 35" 05.3" E 129" 01" 01.5" 】

능동산 정상에는 삼각점(언양 312 1982.재설)이 있고 영남알프스 능동산 983m 커다란 표지석이 있고 이정표에 ◀배내고개 1.1km ▶샘물상회 4.1km ▶천황산 5.9km 이다. 오늘은 온종일 비가 내리며 운무에 가려 주위는 볼 수가 없고 정상에서 잠시 쉬며 사진 몇판 찍고 2시4분 출발해 삼거리로 되돌아와 오른쪽(동쪽)으로 내려간다.

이곳부터 오른쪽도 밀양시 산내면을 버리고 울주군 상북면 땅에 들어선다. 나무 계단을 내려와 헬기장을 2시10분 지나고 계속해서 나무계단 내리막을 내리며 곳곳에 전망대 쉼터를 지나 능선 내리막을 내려와 등산로 입구에 도착하니 2시35분이다. 등산로 입구에 내려서니 넓은 광장에 택지 조성을 해놓고

건물이 여러동 세워져 있으며 옛날에 있던 배내고개 도로는 터널로 연결이 되고 이곳이 변해도 너무 변했다. 도로를 따라 배내봉 등산로 입구에 도착하니 2시39분이다.

좌표【 N 35" 34" 51.4"   E 129" 01" 37.7" 】

옛 배내재 등산로 입구에는 화장실이 있고 쉼터(정자)가 있으며 영남알프스 안내 간판이 있다. 오늘은 시간상으로는 지경이재까지 갈수는 있으나 비가 와서 여기서 마무리하고 식당에 들어가 화장실에서 대충 씻고 옷을 가라 입고 따뜻한 칼국수 한그릇을 먹고 나니 피로가 풀린다. 식당 주인에게 물어보니 언양가는 버스가 4시에 있다며 터널입구 정류장에 가서 기다리면 된다기에 3시 50분 식당을 나와 터널 입구에 내려와 4시가 지나도

버스가 오지 않아 한참을 더 기다려 4시 10분경에 버스가 온다. 버스가 성남사로 해서 어디로 오는지 이곳저곳 마을을 들려 언양에 도착하니 5시가 넘어 버스터미널에 오니 부산가는 버스가 바로 있어 일찍 부산에 도착한다.

제2차 낙동정맥 단독종주 18구간

배내고개 : 울산시 울주군 상북면 배내고개
안적고개 : 경상북도 양산시 소주동 안적고개 영산대
도상거리 : 배내고개 26.5 km 안적고개 운동거리 26.45 km 영산대
소요시간 : 배내고개 13시간3분 영산대
이동시간 : 배내고개 11시간27분 안적고개
배내재 출발 5시52분. 헬기장 6시20분. 배내봉 6시28분. 912봉 7시8분.
간월산 7시34분. 간월재 8시19분. 신불산 9시14분. 신불재 9시41분.
1026봉 10시3분. 영축산 10시20분. 영축샘 11시11분. 대피소 11시19분.
지경마을 12시8분. 진부령 황태집 12시43분. 지경이재 1시19분.
통도골프장 1시44분. 17번홀 2시34분. 408봉 철탑 3시13분.
솔밭공원묘지 3시32분. 천주교공원묘 4시15분. 통신철탑봉 4시37분.
정족산 5시15분. 대성고개 6시2분. 주남고개 6시28분 안적고개. 6시50분.
영산대학 7시25분. 누적거리 383.3km

2016년 6월 11일 맑음

    이번구간은 배내고개에서 안적고개 영산대학까지 갈려면 아침 일찍 출발해야 한다. 6월11일 토요일 저녁 노포동에서 9시 막차(버스)로 언양에 도착해 숙소(큐모텔)에 들어가 하룻밤을

지내고 아침 일찍 일어나 24시 해장국집에서 국밥으로 아침 밥을 먹고 택시(17,000)로 배내고개에 도착하니 5시 48분이다. 산행 준비를 하고 사진 한판 찍고 5시 52분 산행에 들어간다. 산행 초입은 팔각정위 영남 알프스 등산 안내간판 에서 시작한다. 초입 이정표에 배내봉 1.4km 오두산 2.5km 간월산 4km 이다. 초입부터 나무계단을 오르며 계속해서 나무계단길을 한동안 오르는데 어디에선가 짐승 소리가 들린다. 인기척을 내며 오르막을 올라 헬기장에 올라서니 6시 20분이다. 동쪽으로 오던 마루금은 헬기장에서 오른쪽(남쪽)으로 능선길로 이어지며 잘나있는

편한길 능선 오르막을 한동안 올라 배내봉 정상에 올라서니 6시 28분이다. 배내봉 정상에 올라서니 비박 텐트 두개가 있는데 하나는 아직도 잠을 자는지 사람이 보이지 않고 한텐트에서 사람이 나오며 일찍 온다고 반가히 맞아준다.

좌표【 N 35" 34" 25.1" E 129" 02" 10.7" 】

비박하는 등산객에게 부탁해 사진 한판 찍고 고맙다는 인사를 하고 출발해 내리막을 한동안 내리고 능선을 좌로 우로 들락거리며 오르락내리락 능선길을 가며 억등 온천을 내려다보며 한동안 가다 912봉을 7시 8분 지나 내리막을 한동안 내려 서낭당에 내려서니 7시16분이다. 영남알프스 하늘을 오르는 사다리 선짐이질등 간판을 지나면서 본격적으로 오르막이 시작된다.

가파른 오르막을 오르면서 통나무 계단도 오르고 분기봉에 올라서니 7시35분이다. 이곳은 전망이 좋아 배내고개 아래서 간월재를 오르는 임도를 내려다보며 건너편 능동산 천황산 죽암계곡 배내골도 내려다보인다. 이곳 이정표에 ◀ 배내봉 2.3km ▲ 간월산 0.3km ▲ 간월재 1.1km 이며 남으로 오던 마루금은 왼쪽(동쪽)으로 오르막을 오르며 암능을 올라 간월산 정상에 올라서니 7시 45분이다.

좌표【 N 35" 33" 07.3" E 129" 02" 24.6" 】

간월산 정상은 암봉으로 울산광역시 울주군에서 세운 영남알프스 간월산 1069m 커다란 표지석이 있고 전망이 좋아 사방에 안보이는 곳이 없다. 마침 간월재에서 비박을 하고 올라온

젊은이에게 부탁해 사진 한판 찍어둔다. 간월산 정상에는 암봉이라 바람이 세게 분다. 이정표에 ◀ 배내봉 2.6km ◀ 배내고개 4km ▶간 월재 0.8km 이다. 잠시 쉬며 사방을 관망하고 내리막을 내려가는데 간월재에는 비박하는 팀이 여러팀이 있고 중간에도 비박팀들이 아침을 하는 사람들도 보이고 간월산 오르는 사람들도 있다. 내려가는 데는 길가에 나무를 세우는 공사를 하느라 한창이고 아래에는 가을에 억새밭으로 유명한 영남 알프스 간월재 평원이 펼쳐져 있다. 암능 내리막을 내리며 전망대에서 오른쪽으로 나무계단을 내려 간월재 휴게소 건물앞에 내려서니 8시 19분이다.

좌표【 N 35" 32" 49.0" E 129" 02" 43.5" 】

간월재에는 휴게소 건물이 2동이나 있고 매점도 있으며 영남 알프스 관문 간월재 간판에 『신불산(神佛山)과 간월산(肝月山) 두 형제봉 사이에 갈마처럼 잘룩한 간월잿마루는 영남 알프스의 관문이다. 이 왕고개를 일러 선인들은 왕방재(王蜂峴) 또는 "왕방이 억새만디"라 불렀다. 밥물처럼 일렁이는 5만평의 억새밭은 백악기 시대 공룡들의 놀이터이자 호랑이 표범과 같은 맹수들의 천국이었다. 간월산 표범은 촛대바위에 숨어 지나가는 길손을 노렸고 간월산을 지키던 소나무는 목재 화석이 되었다. 간월재 서쪽 아래에 있는 왕방골은 우리 민족사의 아픔을 오롯이 간직한 골짜기이다. 사방이 산으로 애워 싸인 원시림 협곡이라 박해받던 천주교들의 은신처였고 한때는 빨치산의 아지트(사령관 남도부)가 되기도 하였다. 지금도 왕방골에는 생쌀을 씹으며 천주의 믿음을 죽음으로 지킨 죽림굴과 숯쟁이가 기거하던 숯막이 남아 있다. 왕방골 산 발치에 있는 파래소 폭포는 소원 한가지를 들어 준다고 하며 바래소로 불린다. 간월제는 삶의 길이기도 했다. 배내골 주민, 울산 소금장수 언양 소장수 장꾼들이 줄을 지어 넘었다. 주민들은 시월이면 간월재에 올라 억새를 배어 날랐다. 밴 억새는 다발로 묶어 소 질매에 지우고 사람들은 지개에 한짐씩 지고 내려와 억새지붕을 이었다.』 간월재는 거대한 돌탑(돌무덤)이 있고 돌탑아래 간월재 표지석이 있으며 영남 알프스를 알리는 간판과 넓다란 캠핑장도 만들어 놓앉다. 주위는 넓은 억새평원이고 신불산과 간월산 중간에 위치해 많은 등산객들이 들락거리는 장소이다. 마루금은 캠핑장소를 지나 나무계단길을 따른다. 캠핑 온 젊은이에게 부탁해 사진 한판 찍어둔다. 간월재를 지나 신불산 오르는 길은 양호하며 계단이 많고 돌길도 오르고 전망대에 오르니 배내골 건너편 천황산 재약산 사자평원이 한눈에 들어온다. 전망대를 지나 돌길(암능)을 올라 1159봉에 올라서니 9시다. 마루금은 왼쪽(동쪽)으로 이어지며 헬기장을 지나고 편한 능선길을 한동안 올라 신불산(1159.3m)정상에 도착하니 9시14분이다.

좌표【 N 35" 32" 24.3"　E 129" 03" 12.8" 】

신불산(1159.3m)정상에는 영남 알프스 신불산 1159m 커다

란 정상석이 있고 무인 카메라도 있으며 둥근 돌탑이 있고 20여 미터 아래에 옛날에 있던 표지석이 있다. 정상은 암봉으로 사방이 전망이 좋으며 전망대 시설도 되어 있다. 신불산 정상에서 북쪽으로 간월산 배내봉 능동산 가지산과 고현산이 건너다보이고 동쪽으로 언양 시가지 멀리 울산 시가지가 보이며 남쪽으로 가야할 영축산과 남쪽으로 시살등 오봉산이 보이고 동남쪽으로 낙동정맥 정족산 천성산이 보인다. 정상에서 사진도 찍고 사방을 관망하고 9시 28분 출발해 동쪽으로 오던 마루금은 오른쪽(남쪽)으로 이어지며 왼쪽은 울주군 상북면을 벗어나 울주군 삼남면을 경계로 이어지며 허허벌판 돌길을 내려 영남 알프스의 한곳인 신불재에 내려서니 9시 41분이다

좌표【 N 35° 32' 02.7" E 129° 02' 23.3" 】

　신불재는 오른쪽은 배내골 왼쪽은 성남면 가천리로 내려가고 마루금은 직진으로 영축산으로 이어진다. 억새초원 가운데 계단길을 한동안 오르며 푸른 초원 신불평원을 감상하며 능선을 가며 10시3분 돌탑이 있는 1026봉을 지나고 좌로 우로 들락거리며 편한길을 오르내리며 단조늪 고산습지 안내판을 지나 이정표(◀ 신불산 2.2km ◀신불재 1.5km ▶ 영축산 0.7km)을 10시 8분 지나고 능선 오르막을 오르며 잔돌길로 이어지는 오르막을 한동안 올라 영축산 정상에 올라서니 10시 30분이다.

좌표【 N35° 30' 57.5" E 129° 03' 09.7" 】

　영축산은 여러번 오른 산이지만 오늘은 낙동정맥 단독 종주 산행으로 정상에 오르니 새롭게 느껴진다. 정상에서 조금 있으니 젊은이 등산객이 올라와 부탁해 사진 몇판 찍고 간식을 먹고 사방을 관망해 본다. 이제 오늘 건너갈 경부고속도로가 동쪽 아래 보이고 건너편에 정족산 천성산 능선으로 남쪽으로 금정산이 보인다. 이제는 금정산만 넘으면 낙동정맥도 몰운대에서 끝을 맺는다. 오늘은 고속도로를 건너 정족산을 지나고 안적고개에서 마무리 하고 영산대학으로 하산 한다. 이제 지경고개까지는 내리막길과 도로를 따르기에 어려움은 없다. 영축산에서 사방을 관망해보고 10시 51분 출발해 바로가면 암벽이라 오던 길로 다시 내려가 갈림길에서 오른쪽길로 내려간다. 영축산을 지나면서 오른쪽은 울주군을 벗어나 양산시 하북면과 울주군 삼남면을 경계로 이어지며 가파른 내리막을 한동안 내려가면 옹달샘이 나온다. 낙동 정맥에서 유일하게 샘이 있는 곳은 이곳과 금정산이 있다. 11시11분 샘에서 물을 한컵 마시고 가파른 내리막을 내리며 대피소에 내려오니 11시19분이다. 이곳에는 많은 등산객들이 쉬고 있다. 이곳부터는 임도를 따라 내려가는 길과 바로 내려가는 길이 있다. 올라올때는 임도를 따라 올라오는 사람들도 많이 있으나 내려가는 길이기에 바로 내려가는 길을 따른다. 대피소를 지나 가파른 내리막을 내려 임도에 내려서니 11시27분이다. 이정표에 ◀ 영축산 1.0km ▶ 지내마을 2.7km 이다. 임도를 건너 가파른 내리막을 내려 3분후 다시 임도를 건너고 다시 3분후 임도를 지나며 11시 35분 임도 3분후 임도를 가로지르며 ◀ 영축산 1.3km ▶ 지내마을 2.4km 이정표가 있는 임도를 지나 가파른 내리막을 내려 지산 임도 삼거리 이정표를 11시46분 지나면서 마루금은 왼쪽길로 내려간다. 가파른 능선 내리막을 한동안 내려 임도 산판길에 내려서니 11시 54분이다. 이정표에 ◀ 영축산 2.3km ▶ 지내마을 1.4km로 되어있고 왼쪽은 임도로 내려가고 직진으로 내려가니 길이 험하다. 샛길을 내려와 3분 후 임도(산판길)을 따라 내려오며 왼쪽아래 (골드그린 골프클럽)골프장을 내려다보며 계속해서 임도(산판길)따라 내려와 영축산 등산로 안내 간판이 있고 이정표 ◀ 영축산 3.4km

▲ 영축산 임도 5.2km 황토숲길 0.6km ▼ 지내마을 0.2km에 내려 2차선 도로를 따라 오른쪽으로 간다. 12시 18분 도로를 따르다 3분후 지내마을 못가서 전통 촌두부 간판에서 마루금은 왼쪽으로 대나무 밭을 지나 농로(밭길)를 따라가다 갈림길에서 왼쪽 길을 따라가며 컨테이너 박스를 지나며 왼쪽에 철망 울타리를 따라가다 삼거리에서 오른쪽으로 임도를 따라가면 다시 삼거리가 나온다. 삼거리에서 부터는 영남 알프스 둘레길을 따른다. (12시 36분) 전봇대 아래 이정표와 둘레길 안내 간판에서 왼쪽으로 임도를 따라가며 밭 갓에 외딴집을 지나고 둘레길 종합 안내도가 있는 2차선 차도에 도착하니 12시 48분이다. 마루금은 도로를 따라 오른쪽으로 20여미터 가면 삼거리다 삼거리에 왼쪽으로 진부령 황태 간판이 있으며 조금 가면 황태집이다. 삼거리에서 황태집 못가서 왼쪽에 빈집이 있어 처마그늘에서 자리를 잡고 점심을 먹고 1시 5분 출발해 진부령 황태집 앞 도로를 따라가면 주유소앞 양산 언양간 35번 국도다. 1시 8분 오른쪽(양산쪽)으로 국도 갓길을 따라가 2분후 삼거리에서 건널목을 건너 삼동면가는 2차선 도로를 따라가며 고속도로 위 고가도로를 건너 소머리 국밥집을 지나 s-oil 주유소 앞을 지나면 현대자동차 양산 출고센타 정문앞이 나오고 정문앞을 지나 등산로 입구 지경고개에 도착하니 1시 19분이다.

좌표【 N 35" 29' 50.6" E 129" 05' 47.9" 】

지경고개는 양산 언양간 35번국도에서 울주군 삼동면을 넘는 2차선 지방도로가 지나가며 왼쪽은 삼동면과 양산시 하북면을 경계로 이어지며 울산광역시 울주군 삼동면을 알리는 도계 이정표 아래 버스 정류장에서 오른쪽 능선으로 올라선다. 이정표에 ◀ 지내마을 2.7km ▼ 정족산 6.9km이며 이정표 뒤 숲속 능선을 오라서 가다 6분후 오른쪽으로 내려 도계를 벗어나 양산시 하북면 땅을 밟으며 묘를 지나고 통도사 칸트리 클럽 골프장 14번 홀에 내려서니 1시 31분이다. 마루금은 14번 홀을 지나 왼쪽 포장 임도를 따라간다.

능선 마루금은 골프장으로 길이 없고 임도를 따라가다 골프장 진입로 2차선 도로를 건너 1시 44분 능선으로 올라서 골프장

왼쪽 갓길을 따라가다 4번홀 끝에서 포장길을 따르다 능선에 올라서 2시 10분 오른쪽 골프장 왼쪽길로 남으로 오던 마루금은 동쪽으로 방향을 틀어 골프장 갓길을 가며 홀 3곳을 지나 정자(쉼터)있는 곳에서 숲길 가파른 능선으로 올라선다. 2시 34분 희미한 능선길을 간혹 리본을 보며 가파른 오르막을 올라가 임도를 건너 능선을 따라 가면 암자가는 임도가 나온다. 임도에서 잠시 쉬며 갈증을 면하고 2시 54분 능선으로 올라서 길은 희미하나 선답자들이 걸어놓은 리본을 따라 능선을 치고 올라서면 노상산 분기점 능선에 올라선다. 이곳부터는 경상남도 양산시와 울산광역시 울주군을 경계를 따라간다. 이곳부터는 길이 확실하며 보통 정맥꾼들은 이길로 노상산을 지나 내려가는데 이 길은 정맥이 아니고 골프장 안쪽 골짝물이 흐르는 수로 위를 지나야 한다. 오른쪽으로 가파른 오르막을 올라 408봉에 올라서니 3시 13분이다. 잠시 후 고압 철탑을 지나 능선 내리막을 한동안 내려가며 솔밭공원에 들어서 내려가 애국지사 한형석공의 묘앞 도로 삼거리에 내려서 3시 32분이다.

좌표 【 N 35" 28" 27.53" E 129" 7" 2.70" 】

이곳부터 마루금은 솔밭공원묘지 세면 길을 따라 올라간다. 공원묘지 길을 따라 올라가 3시 49분 공원묘지 끝에서 왼쪽 능선길로 들어서 가파른 오르막을 통나무 계단도 오르고 암능을 올라 무명봉을 넘어 내려서면 삼락공원 천주교 공원묘지다.

 4시 15분 묘지 세면길을 따라 천주교인의 쉼터 추모석을 지나 4시 21분 능선으로 올라선다. 가파른 숲길 오르막을 올라 4시 29분 雲峰仙化會員追慕碑를 지나고 철탑봉에 올라서니 4시 37분이다.

좌표【 N 35" 27" 58.13" E 129" 7" 17.56" 】

 철탑봉은 무인 카메라가 설치되어 있으며 철망 갓에는 각종 리본이 주렁주렁 달려있다. 뙤약볕을 받아가며 올라와 힘이 쭉 빠져 잠시 그늘에서 휴식을 취하고 4시 41분 출발한다. 마루금은 철탑 왼쪽으로 이어지며 이정표에 ◀ 동부마을 5.6km ▶ 정족산 1.0km 낙동정맥 정족산 6번을 지나고 편한 능선길을 한동안 가다 4시 48분 임도(산판길)길을 따라 올라가며 5시 7분 임

도(산판길)를 버리고 오른쪽 숲길로 들러서 가파른 오르막을 올라 정족산 정상에 올라서니 5시 15분이다.

좌표 【 N 35" 27" 30.5" E 129"07" 54.0" 】

 정족산(748.1m)정상은 암봉으로 표지석은 암봉 꼭대기에 있으며 옛날에는 바위벽면에 부착되어 있었는데 다시 만들어 바위 위에 언저 놓았다. 정족산 정상은 암봉이라 장소가 협소해 겨우 올라가서 인증샷을 하고 표지석만 사진 한장 찍고 조심해서 내려와 가파른 내리막을 한동안 내려와 5시 30분 임도(산판길)을 따르며 능선으로 잠시 올라 헬기장에 올라서니 5시 41분이다. 공터를 지나 내리막을 내려 대성재에 내려서니 6시 1분이다.

좌표 【 N 35" 27" 00.3" E 129" 08" 31.1" 】

대성재는 임도가 오른쪽은 대성암 가는 길이고 산판길을 건너면 원두막이 있고 쉼터가 있다. 마루금은 쉼터 뒤를 올라 봉오리 하나를 넘고 내려서면 오른쪽에 임도를 만나고 직진으로 능선 오르막을 한동안 올라 (557.6봉) 연화봉 갈림길에서 직진은 연화봉 쪽이고 마루금은 오른쪽 (남쪽)으로 이어지며 이곳부터는 왼쪽 울산광역시를 벗어나 경상남도 양산시 땅을 밟으며 한동안 내려서면 다시 임도가 나온다. 임도를 따라 포장길을 한동안 내려와 주남고개에 6시 29분 도착한다. 주남고개는 오른쪽으로 대성암 조계암 안적암을 가는 길이며 마루금은 직진으로 산판길 임도를 따라가다 오른쪽으로 가파른 오르막을 한동안 올라 송신용 철탑위 임도를 지나면서 계속해서 임도를 따라

가 안적고개 영산대 갈림길에 도착하니 6시 50분이다.

좌표【 N 35" 25" 47.70" E 129 8" 15.16" 】

　오늘은 거리가 26.4km로 빠듯한 거리인데 알맞게 정맥 마루금을 마무리 하고 영산대 1km를 내려가야 한다. 사진한판 찍어두고 다음 이곳에서 이어갈 마루금을 확인 하고 가파른 내리막을 내려 영산대에 내려와 버스 정류장 까지 내려가니 1.5km나 되며 7시 26분 도착한다. 버스 정류장에 버스가 없어 대충 몸을 씻고 옷을 가라 입고 기다리다 사람이 없어 한참을 내려가 안내소에 내려가 물어보니 버스 올 시간이 8시반이나 되어야 온다기에 내려가는데 마침 택시가 내려와 택시로 옹촌 농협앞에서 부산노포동행 버스로 지하철로 집에 오니 그래도 10시가 조금 넘었다. 오늘도 집사람 저녁 늦게까지 기다리며 격려해 준다. 이제는 낙동정맥도 3구간 남았고 집과 가까운 곳이라 걱정은 덜 된다.

제2차 낙동정맥 단독종주 19구간

안적고개 : 경상북도 양산시 소주동 안적고개
계명고개 : 부산광역시 금정구 청룡동 범어사 사적고개
도상거리 : 안적고개 25.99 km 운동거리 24.22 km 사적고개
소요시간 : 안적고개 11시간49분 사적고개
이동시간 : 안적고개 9시간8분 사적고개

영산대 출발 6시21분. 안적고개 6시57분.
안적고개출발 7시02분. 623봉 7시51분. 천성산2봉 8시24분.
은수고개 9시05분. 천성산 1봉 9시56분. 원효사갈림길 10시29분.
718.6봉 10시56분. 군부대입구 11시36분. 695.6봉 12시34분.
방화삼거리 12시49분. 서남단고개 13시13분. 헬기장 13시25분.
운봉산 13시59분. 하늘농장 삼거리 14시17분. 임도 14시27분.
철탑 15시20분. 2차선도로 15시36분. 255봉 16시09분. 276봉 16시14분.
임도 16시25분. 철탑 16시35분. 남낙고개 16시43분. 사배이산 17시06분.
녹동마을 17시27분. 계명봉 18시58분. 사배고개 17시22분.
누적거리 409.29 km

2016년 6월 19일 비온후 안개 오후 맑음

  이제는 부산권으로 들어서 나머지 구간은 많이 다닌 곳이라

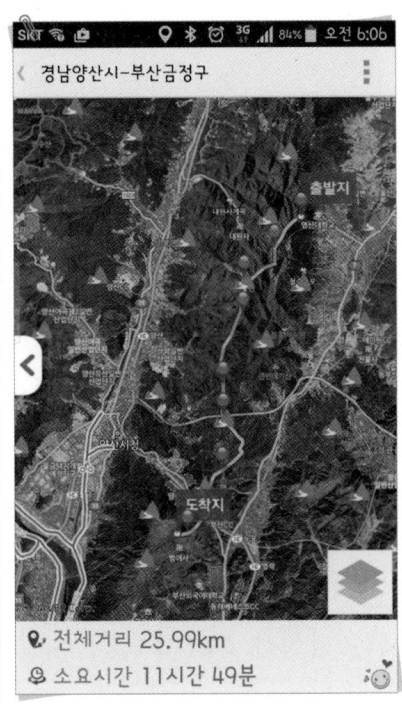

어렵지 않다. 오늘은 영산대에서 계명봉을 넘어야 하기에 어제 저녁에 웅촌에 와서 자고 아침 일찍 나와 영산대에서 6시21분 출발해 안적고개에 올라오니 6시57분이다. 영산대에서 안적고개까지 가파른 오르막이라 처음부터 힘이 빠진다. 잠시 허리쉼을 하고 정맥 마루금에 7시2분 들어서 이정표에서 임도를 버리고 오른쪽 능선길로 들어서 오르막을 올라간다. 이 길은 수없이 많이 다닌 길이지만 정맥 종주로 오르니 다시 새롭게 느껴진다. 능선길을 오르며 왼쪽 임도를 때로는 내려다보며 좌우로 들락거리며 능선 분기봉에 올라서니 8시4분이다. 정상에는 넓은 공터로 이정표에 ◀ 주남고개 3.0km ▶ 천성산 2봉 0.6km이며 주위는 운무에 가려 아무것도 보지 못하고 내려간다. 날씨가 좋으면 천성 2봉이 보이는데 아직은 날씨가 흐려 앞만보며 길만 따라 진행한다. 내리막을 5분 내려오니 안부 사거리다. 사거리 이정표에 ◀ 주남고개 3.3km ▲ 짚북재 1.5km ▼ 평산임도 0.3km ▶ 천성산 제2봉 0.4km이며 오르막을 한동안 올라 정상아래서 옛날에는 암봉을 오르는데 힘들여 올라왔는데 나무계단을 설치해 쉽게 올라 정상에 올라서니 8시21분이다.

좌표【 N 35" 25" 08.0" E 129" 07" 33.9" 】

천성산 2봉은 암봉으로 정상에 양산시에서 2008년 1월 1일 세운(천성산 2봉(비로봉) 해발 855m)커다란 표지석이 세워져

있으며 전망이 좋은 곳인데 운무가 가득차 주위는 아무것도 보이지 않고 정상석을 배경으로 사진 몇판 찍어두고 잠시 쉬며 갈증을 면하고 8시31분 출발해 내리막을 내리며 잘나있는 편한 능선을 가다 안부에 내려서니 8시47분이다. 이정표에 ◀ 내원사, 천성산제2봉 1.1km ▲ 한일유앤아이 아파트 5.0km ▶ 천성산 제1봉, 황룡사, 은수고개 0.7km이며 왼쪽은 평산 임도가 지나가며 능선길을 가며 암봉을 지나 삼거리에 내려서니 8시59분이다. 마루금은 삼거리에서 오른쪽으로 가파른 내리막을 내려 은수고개에 내려서니 9시5분이다. 은수고개를 지나 가파른 오르막을 한동안 올라 능선에 올라서니 초원으로 마루금은 왼쪽으로 초원(억새밭)길로 이어지며 능선 오르막을 오르는데 운무가 가득차 주위는 보이지 않고 삼거리 갈림길에 올라서니 9시33분이다. 이곳에서 왼쪽으로 사면길(비탈길)로 내려가면 원효암 가는 길이며 1차때는 천성산 1봉은 군사기지라 통행금지였었는데 길 양쪽에 녹색 철망으로 막아놓고 길을 잘 만들어 놓아 길을 따라 올라가는데 앞에서 사람소리는 나는데 운무에 가려 보이지 않아 부지런히 올라가니 등산객 3명이 올라간다. 이분들과 이야기하며 임도에 내려서니 9시45분이다. 마루금은 이곳에서 왼쪽(원효암)으로 내려가며 천성산 제1봉은 직진으로 올라간다. 이곳부터는 나무계단이 설치되어 있으며 전망대도 여러곳 있으나 운무에 가려 10m 전방은 보이지 않고 계단길 오르

막을 한동안 올라 천성산 제1봉 정상에 올라서니 9시56분이다.

좌표 【 N 35" 24" 02.5" E 129" 06" 24.1" 】

천성산1봉 정상에는 넓다란 공터위에 커다란 표지석(원효봉) 천성산 922m이 있고 주위는 운무에 가려 아무것도 보이지 않고 등산객에 부탁해 사진 한판 찍고 마루금은 다시 돌아와 임도에서 왼쪽(동남쪽)으로 내려간다. 포장 임도에서 철망문을 10시6분 통과해 포장길을 따라 내려와 삼거리에서 오른쪽(남쪽) 원효사 쪽으로 내려가며 이곳에서 옛날 마루금을 뒤에 두고 내려오다 직진으로 숲길로 들어서 내려오면 다시 원효사 입구 도로가 나오며 넓다란 주차장에 내려서니 10시28분이다. 이곳에서 오른쪽 위로 원효사 가는 길이고 왼쪽길은 군부대 가는 길이다. 넓은 주차장에 산길 자전차 대원들이 많이 올라와 준비를 하고 있고 주위는 운무에 가려 아무것도 보이지 않고 마루금은 주차장 끝에 표지기가 많이 달려있다. 원효암은 경상남도 양산시 상북면 대석리 천성산에 있는 절로 대한불교 조계종 제15교구 본사인 통도사의 말사다. 646년(신라 선덕여왕15년)때에 원효대사(617-686년)가 창건한 유서 깊은 고찰로서 천성산 원효봉(922m)남쪽 아래에 있다. 마루금을 따라 숲길 내리막을 한동안 내려 10시37분 다시 포장길 도로에 내려와 도로를 따라가다 왼쪽능선 숲길로 들어서 오르막을 오르며 잡목 풀숲길을 올라가는데 길이 협소해 이슬이 많아 옷이 흠뻑 젖으며 풀숲을 해치고 올라가 원득봉(718.6m)정상에 올라서니 10시56분이다.

좌표【 N 35" 23" 8.44" E 129" 6" 19.06" 】

정상에 올라와 사진 한판 찍고 내려갈려는데 갑자기 휴대폰이 이상한 소리가 나더니 갑작스레 불통이다. 잡목숲을 해치고 올라와 물이 들어갔나 생각하고 배터리를 갈아 끼고 바람에 말리고 있는데 전화벨이 계속 울려도 통화가 안된다. 폰을 돌위 햇볕에 말리고 있는데 젊은이 세사람이 올라온다. 이분들의 폰을 빌려 전화를 하려고 하니 이분도 폰은 안되고 옆사람이 옛날 휴대폰은 통화가 되어 집으로 전화를 해보니 집에서는 날리가 났다. 집사람 전화에 긴급 벨이 울리면서 구조 요청이와 119에 신고하려고 하던 차에 전화가 왔다며 얼마나 걱정을 했는지 통화를 하고나니 안심이 된다. 이상하게도 군부대부근이라 트렝글을 하고 오니 통신이 두절되면서 구조 요청이 간 모양이다. 폰이 이상이 생겼다며 집에 안심을 시키고 정상에서 조금 내려가니 마루금은 오른쪽으로 내려간다. 이곳은 왼쪽 능선이 장산지맥 분기점이며 왼쪽으로 백운산 망월산 문래봉 곰내재(정관재) 함백산 아홉산 쌍다리재(반송고개)장산으로 이어지며 마루금은 오른쪽(남쪽)으로 급경사를 한동안 내려오면 다시 포장도로다. 포장도로를 따라 3분쯤 오면 군부대 입구 갈림길에서 마루금은 오른쪽으로 포장길을 버리고 사면길(비탈길)로 내려 온다. 이곳부터는 능선길은 군부대로 오른쪽 철조망을 따라 사면길이다. 11시36분 사면길로 들어서 계속해서 철조망 갓길을 따라오다 12시10분 능선으로 올라서 잘나있는 능선길 오르막을 오르며, 595.9봉에 올라서니 12시34분이다.

좌표【 N 35° 21' 51.3" E 129° 05' 28.5" 】

정상에는 삼각점이 있으며 낙동정맥 595.9m 준희 표찰이 걸려있고 쉼터(긴의자)가 여러개 있다. 이곳 쉼터에서 점심을 먹고 12시45분 출발해 3분후 방화선 삼거리를 지나간다. 삼거리 이정표에 천성산 정상 5.9km 다람쥐 캠프장 1.6km 신기산성 3.9km이다. 삼거리를 지나 잡풀이 우거진 방화선길을 해치며가다 오른쪽으로 가파른 내리막을 밧줄을 잡아가며 한동안 내려 캠프장 사거리(호개재 또는 범고개)안부에 내려서니 1시13분

이다. 캠프장 사거리에서 이정표에 천성산 6.7km 남락마을 6.7km이며 오른쪽은 다람쥐캠프장 0.8km 왼쪽은 법기수원지 진입금지로 되어있고 왼쪽(법기리 수원지쪽)은 【이곳은 상수원보호구역이므로 입산을 금하는(입산통제구역) 구역이오니 허가없이 입산시에는 관계법령에 의거 처벌을 받게 됩니다. 2003년11월18일 부산 광역시장】 간판이 있으나 길은 잘나있다. 안부 사거리를 지나 작은 능선을 넘으면 다시 안부 사거리로 이곳 이정표에는 ◀ 천성산 7.0km ▲ 법기수원지 진입금지 ▼ 명곡마을 1.8km ▶ 남락마을 6.4km이며 이곳은 방화선으로 길은 좋으나 잡풀이 많아 햇빛을 받으며 오르막을 올라간다. 방화선 오르막을 한동안 올라 헬기장을 1시25분 지나고 498봉에 올라서니 1시32분이다. 지도에는 498봉 뒤에 헬기장이 있는데 현실은 헬기장을 지나고 오르막을 올라야 498봉이고 498봉을 지나면서 계속되는 방화선 길을 따라가며 억새풀이 무성해 풀밭을 헤치고 가는데 등산객들이 여러명 내려오며 반팔 입은 사람들은 억새풀이 억세서 손을 들고 내려온다. 계속해서 방화선을 따라 올라가 운봉산(534.4m) 정상에 올라서니 1시57분이다.

좌표【 N 35" 20" 22.0" E 129" 05" 38.2" 】

운봉산(534.4m)정상에는 삼각점이 있으며 정상석이라기 보다 시멘트로 만든 자그마한 표지말뚝에 운봉산 534m로 되어있고 이정표가 세워져 있다.(지도에는 군자산 534.9m)이다. 마침 등산객이 있어 사진 한판 찍고 폰 배터리가 다되어 갈아 끼우고

잠시 쉬면서 허리쉼도 하고 2시10분 출발한다. 마루금은 정상 삼거리에서 왼쪽은 법기리로 내려가고 오른쪽 2시방향 능선으로 이어진다. 잘나있는 편한 능선길을 한동안 가다 삼거리에서 직진은 하늘 농장으로 가는 길이고 왼쪽 숲길로 들어선다. 삼거리 이정표에 ◀ 낙동정맥 운봉산 0.2km ▶ 하늘농장 1.4km ▼ 낙동정맥 남락고개 0.35km이다. (아정표가 잘못 표기되어 있음)가파른 내리막을 밧줄을 잡아가며 급하게 내려 꽂는 길을 한동안 내려 세면도로(법기임도)에 내려오니 2시27분이다. 법기임도는 오른쪽은 하늘농원 가는 길이고 왼쪽은 법기로 내려가는 길인데 이 고개는 지도에 나와 있지 않아 고도표를 찾아보니 운봉고개로 되어있어 운봉고개로 기록한다. 포장도로를 지나 능선길로 들어서 작은봉을 넘으니 오른쪽에 농장인지 파란망 울타리를 따르며 편한길 오르막을 한동안 올라 능선 분기점에 올라서니 2시53분이다. 이정표에 법기임도 1.3km 군지고개 2.4km이다. 마루금은 오른쪽으로 편한 능선으로 이어지며 3시8분 철탑을 지나고 299.4봉에 올라서니 3시15분이다. 299.4봉에는 쉼터(긴의자)가 한개 놓여있고 마루금은 왼쪽으로 이어지며 능선 내리막을 내리며 고압철탑 74번을 3시20분 지나고 산판길에 내려서니 3시34분이다. 여기서부터 임도(산판길) 따라 내려오며 2분 후 이정표 ◀ 법기임도 3.4km ▶ 군지고개 0.3km를 지나고 비포장 임도를 따라 내려와 군지고개 2차선 도로

(유락농원)에 3시41분 내려 도로를 따라 왼쪽으로 20여미터 내려오면 등산 안내도 간판뒤로 올라간다.

좌표【 N 35° 19' 05.6" E 129° 05' 34.9" 】

　군지고개는 2005년도 1차때는 북진으로 능선에서 농장으로 내려서 고개에서 도로를 따라가다 길이 없어 능선을 치고 오른 기억이 난다. 둘레길 안내간판 아래서 잠시 쉬며 간식을 먹고 4시1분 출발해 오르막을 한동안 올라 유락농장 뒤 능선에 올라서 잘나있는 길을 오르락내리락 255봉을 4시9분 지나고 내리막을 내려 세면 포장길에 내려서니 4시11분이다. 이정표에 군지고개 0.7km 남락마을 삼거리 0.8km 이정표를 지나고 도로를 따르다 오른쪽으로 능선을 올라 고압 철탑을 지나고 276봉을 넘어 능선을 좌로 우로 들락거리며 한동안 가다 산판길에 내려서니 4시25분이다. 세면 포장길을 따라가다 능선으로 들어서 오르락내리락 숲길을 가다 4시35분 고압철탑을 지나면서 풀숲길을 헤치며 내려가 공동묘지를 지나고 풀숲을 헤치며 내려와 농장뒤 포장길에 내려와 형제목장 입구 간판에서 남낙고개 4차선 도로에 내려오니 4시43분이다. 남락고개(사송고개)는 노포동 7번국도 철마교에서 양산시로 연결되는 지방도로 인데 4차선 도로로 차가 많이 다니며 중앙 분리대가 설치되어있고 건널목은 왼쪽(노포동쪽)으로 50여미터 가야 하기에 차가 없는 사이 분리대를 넘어간다. 도로를 건너 마을길을 따라가다 농장 축사에서 좌측 밭 갓길을 지나 고압 철탑아래서 오른쪽으로 등산로가 나타나며 탱자나무 울타리를 따라 가면 등산로 입구 표지기가 몇개 달려있다. 이곳부터는 등로가 확실하며 오르막을 올라 능선에 올라서니 이한봉에서 올라오는 등산로가 확실하며 삼거리에서 왼쪽은 이한봉 등산로 이고 오른쪽으로 가파른 오르막을 한동안 올라 철 구조물위 암봉 사베이산 정상에 올라서니 5시6분이다. 사배이산(286m)은 암봉이고 정상을 지나 조금 내려오면 전망바위다. 전망바위에 올라서면 경부고속도로와 지나온 마루금이 한눈에 들어오고 가야할 건너편 계명봉 장군봉 탑봉이 우뚝 솟아있다. 잠시 쉬며 사방을 관망하고 내리막을 내리며 부산 칸트리클럽(골프장)을 왼쪽에 두고 능선을 내려와 대나무밭 사이길을 통과해 고속도로 위에서 고속도로를 내려다보며 왼쪽으로 내려와 고속도로위 육교를 5시6분 건너면 부산 양산간 도로다. 녹동마을 표지석앞에서 횡단보도를 건너 버스 정류장을 지나 도로 갓길을 따라 양산쪽으로 100여미터 가다보면 마을 입구에 표지기사 달려 있다.

좌표【N 35" 17" 20.8" E 129" 05" 18.6"】

지경고개는 부산 양산간 4차선 도로가 지나가며 마루금은 고개에서 포장길을 따라가도 되고 마을입구 고삿길 지름길로 들어서 올라서면 세면 포장길이 나오며 포장도로를 따라 올라가다 고물 처리장아래 낙동정맥 부산구간 종합 안내판 아래서 산

길로 들어선다. 이제 계명봉만 넘으면 되는데 계명봉 오르는 데는 보통 빡센게 아니다. 시장기가 들어 간식을 먹어야 하는데 물이 없어 오른쪽 공장 건물이 있어 들어가 물을 한병 구해 올라가다 금정산 둘레길에서 간식(미수가루)을 먹고 5시58분 출발해 가파른 오르막을 숨을 몰아쉬며 한동안 올라 계명봉 정상에 올라서니 6시53분이다. 막판이라 힘도 없지만 보통 빡센게 아니다. 계명봉 오르는데 날씨가 보통 더운게 아니라 온몸이 땀에 흠뻑 젖어 있고 정상에 올라오니 바람이 좀 분다.

좌표【 N 35" 17" 26.1" E 129" 04" 25.4" 】

계명봉 정상(601.5m)에는 얼마 전까지만 해도 오색(검정색) 정상석이 있었는데 무슨 영문이지 정상석이 없고 이정표만 세

워져 있다. 이정표에 명동아파트 1.7km 고당봉 4km이다. 계명봉 정상에서 잠시 쉬며 사진 몇판 찍고 7시5분 출발한다. 이제 내리막만 내려가 사베고개 까지만 내려가면 된다. 이 길은 부산 근교산 길이고 많이 익숙해 잘아는 길이라 마음놓고 내려간다. 가파른 내리막길을 나무계단도 내리고 개명고개(사배고개)에 내려오니 7시22분이다. 이제 나머지 2구간이면 낙동정맥도 끝이 나며 나머지는 부산근교산이라 옥녀봉까지는 수없이 많이 다닌 길이다. 오늘은 이곳 사배고개에서 마무리하고 범어사로 내려가 버스로 범어사역에서 지하철로 집에 오니 그래도 9시경 이다. 오늘도 거리가 27km이상 걸었으며 아무사고 없이 마무리 해 집사람 수고 했다며 격려해준다.

제2차 낙동정맥 단독종주 20구간

사배고개 : 부산광역시 금정구 청룡동 범어사 사배고개
구덕령 : 부산광역시 서구 서대신동 구덕령(꽃마을)
도상거리 : 사배고개 36.03km 운동거리 34.05km 구덕령(꽃마을)
소요시간 : 사배고개 12시간18분 구덕령(꽃마을)
이동시간 : 사배고개 10시간45분 구덕령(꽃마을)
사배고개출발 7시 2분. 갑오봉 7시35분. 고당봉 8시24분. 북문 8시59분.
원효봉 9시15분. 의상봉4망루 9시28분. 동문 10시1분. 산성고개 10시8분.
대륙봉 10시23분. 망미봉 10시51분. 만덕고개 11시45분.
만남의숲 12시25분. 만남의광장 12시34분. 산불초소 1시33분.
불태령 1시41분 중봉 1시59분. 백양산 2시13분. 애진봉 2시27분.
유두봉 2시37분. 삼각봉 3시10분. 갓봉 4시02분. 임도(산판길) 4시30분.
계화초교 4시55분. 개금역 5시12분. 백병원 5시26분. 산복도로 6시12분.
돌탑봉 6시57분. 엄광산 7시05분. 구덕령 7시50분.
누적거리 443.34km

2016년 6월 26일 맑음

    오늘은 부산근교 산행이기에 아침일찍 일어나 집에서 아침을 먹고 지하철로 범어사역에서 내려 택시로 범어사 내원암 입구

에서 걸어서 사배고개에 도착하니 6시52분이다. 산행준비를 하는데 벌써 범어사 스님들이 장군봉 쪽에서 내려온다. 스님에게 부탁해 사진한판 찍고 있으니 스님들이 몇명 내려온다. 범어사는 신라 시대에 의상 대사에 의해 창건된 절이다. 창건 이후 임진왜란과 화재 등으로 소실되기도 하였지만 몇 차례의 개수 및 중수를 거듭하여 오늘의 모습을 갖추게 되었다.

※범어사는 부산 금정산 기슭에 자리잡고 있는 천년고찰이며 신라 문무왕 18년(678년) 의상 대사에 의해 창건되었다.

(동국여지승람)에 의하면, 이 산의 꼭대기에 가뭄이 와도 마르지 않는, 금빛을 띤 우물이 있는데 하늘에서 내려온 물고기가 그 물안에서 놀았다고 한다.

이에 산 이름을 '금빛 우물'이라는 뜻의 금정산(金井山)으로 짓고 그곳에 사찰을 세워 '하늘에서 내려온 물고기'라는 뜻의 범어사(梵魚寺)라고 이름을 지었다고 한다. 범어사는 창건 이후 임진왜란과 화재 등으로 소실되기도 하였지만 몇 차례의 개수 및 중수를 거듭하여 오늘의 모습을 갖추게 되었다. 오늘날에는 해인사, 통도사와 함께 영남 3대 사찰로 꼽힌다. 절은 백년 노송들에 둘러싸여 있어 수려한 경관을 자랑하며, 오랜 역사와 함께 수많은 고승들을 배출하였고 삼층 석탑, 대웅전, 조계문 등 많은 문화재도 보유하고 있다. 특히 일제 강점기 때는 만해 한용운스님이 범어사에서 공부하던 학생들과 함께 독립 운동을 했으며 전국 각지에서 쓸 태극기를 범어사 암자에서 만들기도 했다.

대웅전

보물 제434호

범어사의 중심 건물로 본존불인 석가여래를 중심으로 미륵보살과 제화갈라보살의 삼존을 모시고 있다. 현존하는 건물은 광해군 6년(1614년)에 묘전 화상이 건립한 것이며 숙종 39년(1713년)에 다시 건축하였다. 정면 3칸, 측면 3칸, 공포는 다포 양식이며 처마는 겹처마이고 지붕은 맞배지붕으로 조선 중기 목조 건물의 좋은 표본이 되고 있다.

팔상 · 독성 · 나한전

부산광역시 지정 유형 문화재 제63호

300여 년 전의 건축 양식을 상당 부분 유지하고 있어 한눈에 눈길을 끄는 곳으로, 하나의 건물에 세 불전을 모시고 있는 점이 특징이다. 팔상전에는 부처님의 일생을 8가지로 나눈 팔상탱화를 봉안하고 있으며, 독성전은 천태산에서 홀로 수행하고 계신 나반존자를 모신 전각이며, 나한전은 아라한인 16나한을 모신 전각이다.

지장전

지장보살을 모시는 곳

지장보살은 지옥에서 고통받는 중생들을 구원하기 위하여 지옥에 몸소 들어가 죄지은 중생들을 교화, 구제하는 지옥 세계의 부처님이다. 지장보살은 지옥이 텅 빌 때까지 성불하지 않겠다는 큰 맹세를 세웠다고 전해진다. 지장전에는 지장보살을 중심으로 하여, 죽은 사람을 심판하는 시왕(十王)이 함께 모셔져 있다.

당간지주

부산광역시 지정 유형 문화재 제15호

당간이란 사찰에서 의식이 있을 때 당을 걸기 위해 세운 깃대를 말한다. 범어사에 세워져 있는 당간지주는 고려 말, 조선 초기에 세워진 것으로, 간석과 기단부는 없어지고 지주만이 남아 있으며 지주에는 문양이 조각되지 않아 소박한 느낌을 준다. 지주의 좌우 기둥은 모두 가로 50cm, 세로 87cm, 높이 4.5m 되는 거대한 돌로 되어 있고, 두 기둥의 간격은 79cm이다.

조계문

보물 제1461호

범어사의 정식 출입문으로 '일주문'이라고도 하고, 만법이 모두 갖추어져 일체가 통한다는 법리가 담겨 있는 '삼해탈문'이라고도 불린다. 돌기둥이 일렬로 나란히 늘어서 있는 것이 특징이며 맞배지붕에 처마는 겹처마, 정면 3칸에 공포는 다포양식으로 되어 있어 옛 목조 건물의 공법을 연구하는데 좋은 자료가 되고 있다. 광해군 6년(1614년)에 건립하였을 것으로 추측되며 숙종 44년(1718년)에 명흡 대사가 돌기둥을 바꾸고, 정조 5년(1871년)에 백암 선사가 중수하였다고 전해진다.

천왕문

사천왕이 모셔진 전각

범어사로 들어가는 두 번째 문이며, 동방 세계를 다스리는 지국천왕, 남방 세계를 수호하는 증장천왕, 서방 세계를 수호하는 광목천왕, 북방 세계를 수호하는 다문천왕이 모셔진 전각이다. 2010년 방화로 소실되었으나 이미 원형대로 복원하였다.

불이문

사찰로 들어가는 세 번째 문

부처님과 중생은 본래 둘이 아니며 생과 사, 만남과 이별 역시 그 근원은 모두 하나다'라는 뜻을 가진 문으로 차별하지 말고 문 안으로 들어오라는 의미를 담고 있다. 숙종 25년(1699년)에 자수 스님이 천왕문과 함께 창건한 건물로 동산 스님이 쓴 주련이 걸려 있으니 유심히 살펴보자.

보제루

법회 등이 진행되는 곳

부처님의 맑은 진리와 가르침으로 중생을 교화한다는 의미를 담고 있으며 예불, 법화, 각종 법요식이 진행되는 곳으로 쓰이고 있다. 보제루 외벽에는 심우도가 그려져 있는데 어리석은 중생이 수행을 통해 해탈의 세계에 이르는 장면을 열 개의 그림으로 보여주고 있다.

삼층 석탑

보물 제250호

통일 신라 시대의 전형적인 3층 석탑으로 탑의 층급받침이나 기단에 새겨진 코끼리 눈 모양의 조각 등으로 보아 9세기 경에 건립된 것으로 추정된다. 기단이나 탑신의 면석에 조각이 장식되는 신라 하대 석탑의 특색을 보여 준다. 이 탑은 제일 아래쪽에 한단의 석재를 첨가하고, 그 위에 탑의 몸체를 세웠기 때문에 우뚝 솟아 보이며 이색적인 느낌을 준다.

석등

부산광역시 지정 유형 문화재 제16호

신라의 의상 대사가 문무왕 18년(678년)에 조성한 것이라고 전해지나 양식상으로 볼 때는 9세기경의 작품으로 추정된다. 통일 신라 시대 석등의 전형적이고 기본적인 양식에 속하는 이 석등은 원래는 미륵전 앞에 있었으나 일제 강점기 때 지금의 자리로 옮겨지게 되었다.

종루

지옥 중생을 구제하는 종소리

숙종 25년(1699년)에 명학 스님이 중건한 것으로 2층 누각으로 되어 있다. 종을 치는 것은 지옥 중생을 구제하기 위한 것으로 사람들의 마음을 맑게 해 주는데 때때로 사찰 의식을 행할 때 치기도 한다.

미륵전

용화전 또는 자씨전으로 불리는 곳

석가모니 다음에 올 미래의 부처님인 미륵불을 모신 곳이다. 법당에 모셔진 불상은 서쪽을 향하고 있는데, 화재로 소실되었던 미륵전을 파 보니 미륵불상이 동쪽을 등지고 앉아 있어서 그대로 안치하였다고 한다.

휴휴정사

템플 스테이 장소

불교 수행법으로 가장 높이 평가되고 있는 참선 프로그램이 진행되는 곳이다. 사찰 예절 배우기, 발우공양, 저녁 예불, 108 참회, 스님과의 좌담, 산행, 새벽 숲길 걷기 등의 프로그램도 있으니 산사에서 참선을 직접 해 보고 참된 나를 찾고 싶다면 한번 참여해 보자. 옮긴글

산행준비를 하고 7시2분. 초입 종주산행에 들어간다. 초입은 항상 많이 다닌 곳이지만 오늘은 종주산행이라 새롭게 출발한다. 사각정자에서 출발해 능선 오르막을 오르며 지름길로 가파른 오르막을 한동안 숨을 몰아쉬며 올라 갑오봉 정상에 올라서

니 7시35분이다.

좌표【 N 35° 17" 52.0" E 129° 03" 26.1" 】

　　정상에는 자그마한 돌에 장군평원 갑오봉 720m표지석이 돌무덤 아래 있어 잘 표시가 안나 지나치는 사람이 많다. 갑오봉에서 사진한판 찍어두고 장군봉은 평소에 양산 다방리에서 금백종주할때 많이 지난 곳이라 바로 고당봉을 향해 진행한다. 삼거리 이정표에 고당봉 2.0km 호포역 5.0km 질매쉼터 3.2km 장군봉 0.5km 이며 마루금은 왼쪽으로 내려선다. 갑오봉은 전망이 좋아 금정산 고당봉 암봉이 우뚝 솟아있고 오른쪽에 장군봉이 지근에 보인다. 갑오봉에서 내려오다 보면 갈림길이 있는데 오른쪽으로 내려가면 옹달샘이 있고 조금 내려가면 갈라진 길과 합하며 범어사에서 올라오는 길과 합류하여 잘나있는 편한 능선길로 가며 고당봉까지는 별특징없는 능선길을 오르며 100m마다 거리표기가 있어 남은 길을 측정해가며 간다. 능선 오르막을 오르며 조림 솔밭을 지나고 사거리 안부를 지나 고당봉 아래 사거리에 내려서니 8시 15분이다. 이정표에 범어사 3.4km 호프역 4.5km 장군봉 2.5km 고당봉 0.3km이며 앞에 암봉인 고당봉이 우뚝 솟아 있다. 언뜻 보기에는 상당히 힘들어 보이지만 항상 다닌 곳이라 별로 힘든 곳은 아니다. 이곳에서 조금 편하게 올라가려면 금샘쪽으로 가다 능선으로 올라가면 조금은 수월하지만 바로 올라가도 별로 무리하지 않는다. 숲속길로 올라가다 암능을 올라서면 계단이 설치되어 있으며 정상까지 오르는데 수월하게 올라가 고당봉 정상에 올라서니 8시 24분이다.

좌표【 N 35" 16" 45.8" E 129" 03" 02.2" 】

금정산정상인 고당봉(801.5m)은 암봉으로 서쪽으로는 낙동강과 김해시가 한눈에 들어오고 북쪽은 양산시 동쪽으로는 금정구와 멀리 해운대 광안리 일대가 보이며 남쪽으로는 가야할 능선과 대륙봉 쌍계봉 파리봉 멀리 백양산 너머로 엄광산 구덕산 승학산까지 가름해본다. 금정산은 해발 801.5m의 고당봉을 주봉으로 장군봉과 상계봉, 백양산까지 길게 이어진 부산의 명산이다. 금정산에 있는 여러 명승지와 문화 유적 중에서 가장 유명한 것이 바로 범어사와 금정산성이다. 고당봉 정상에 벌써

부산 산꾼들이 많이 올라와 있으며 오르는 사람들도 있다. 정상에서 사진도 찍고 잠시 숨을 고르고 8시32분 출발해 조금 내려오면 고모당(金井山 山神閣-姑母靈神堂)이 있으며 전망대에서 내려다보면 금정샘과 북문성이 내려다보인다. 나무계단을 한동안 내려오면 우물이 있는데 이곳에서 식수를 보충하면 되는데 물이 있어 곧바로 지나쳐 내리막을 한동안 내려오면 대피소 앞에 식수를 보충할 수 있다. 식수대에서 물을 받아먹고 조금 내려오면 북문이다.

좌표【 N 35" 16" 33.2" E 129" 03" 25.8" 】

금정산 고당봉에서 북문까지 약25분이면 내려온다. 북문에서 왼쪽은 범어사로 내려가는 길이고 오른쪽은 산성마을로 내려가며 마루금은 직진으로 돌계단을 오르며 잘나있는 돌계단길을 한동안 올라 사기봉을 넘으면 야영장(판자길)을 지나 오르막을 한동안 오르면 삼각점이 있는 원효봉(686.9m)이다.

좌표【 N 35" 16" 10.4" E 129" 03" 37.9" 】

원효봉 정상에는 삼각점이 있고 자그마한 오석(검은돌)정상석이 있으며 금정구 일대가 내려다보인다. 9시15분 원효봉을 지나 내리막을 한동안 내리며 성각을 왼쪽에 두고 나무계단길을 한동안 내려 안부에 내려서니 9시23분이다. 이정표에 ◀ 고당봉 2.7km 북문 1.6km ▶ 동문 3km 이며 오르막을 조금 오르다 잘나있는 길은 오른쪽으로 가고 왼쪽 성각길로 오르막을 한

동안 올라 의상봉 오른쪽으로 숲길을 헤치고나와 암봉인 의상봉 정상에 올라서니 9시26분이다.

좌표【 N 35" 15" 51.5" E 129" 03" 45.0" 】

　의상봉은 암봉으로 전망이 좋으며 사방을 관망하고 내려와 제 4망루에 내려서니 9시31분이다. 오늘은 일요일이라 산성고개에서 올라오는 사람들이 많아 근교산임을 연상하며 성길을 따라 내리막을 한동안 내리며 경치 좋은 곳에서 사진도 찍어가며 잘나있는 등산로를 따라 내려오는데 부산 호우산악회 산행대장 고재영 회원이 인사를 한다. 오늘 울산 호우산악회에서 금정산에 와 산행 안내를 한다며 일행들이 많이 올라간다. 금정산 산행은 길이 좋아 속도도 빠르며 그리 힘들지 않은 종주길이다. 근교산이라 사람도 많이 다니고 어려움 없는 산행이다. 금정산 구간은 등산지도나 나침판이 필요없이 항상 다닌 곳이라 평범하게 지나간다. 고당봉에서 동문까지는 5.7km인데 동문에 도착하니 10시 1분이다.

좌표【 N 35" 14" 44.9" E 129" 03" 51.8" 】

동문을 지나 능선 하나만 넘으면 산성고개다. 옛날에는 도로에 내려섰다 올라가는데 지금은 산성을 복원해 성길로 바로 건너간다.

좌표【 N 35" 14" 30.7" E 129" 03" 41.8" 】

10시8분 산성고개를 지나 오르막을 오르며 가파른 나무계단을 한동안 오르고 암능을 올라서 대륙봉 정상에 올라서니 10시 23분이다. 대륙봉 정상은 암봉으로 되어있고 정상석은 아래 넓은 바위에 있다. 시장기가 들어 잠시 쉬면서 간식을 먹고 10시 33분 출발해 잘나있는 편한 능선길을 오르내리며 남문 갈림길을 지나면서 오르막을 한동안 올라 제2망루가 있는 동제봉에 올라서니 10시51분이다.

좌표【 N 35" 13" 49.18" E 129" 3" 35.13" 】

제2망루 동제봉을 지나 성각은 오른쪽 남문으로 이어지며 성각을 벗어나면 오른쪽으로 남문가는 도로를 지나 직진으로 능선을 올라 케이블카 갈림길에서 오른쪽길로 능선을 넘어 가파른 내리막을 한동안 내려 안부 내려오는 길은 몇개 있는데 왼쪽길로 내려오면 케이블카에서 내려오는 길과 만나고 안부에서 오른쪽길은 남문마을 가는 길이고 왼쪽길은 휴정암 안내판이 있으며 마루금은 직진으로 이어진다. 이정표에 남문 0.3km 동문 2.0km 케이블카 0.5km이며 마루금은 직진으로 오르막을 한동안 올라 능선길을 가며 전망대에 올라서니 많은 등산객들이 쉬고 있다. 전망대에서 내려보면 만덕고개 능선 백양산이 건너다 보인다.

마침 폰 배터리 갈라는 신호가와 배터리를 갈아 끼우고 나무계단을 내려 옹달샘이서 물을 보충하려고 가는데 등산객이 이 샘은 물을 먹을 수 없다기에 다시 내려와 가파른 길을 내려오고 남문 갈림길 삼거리에 내려서니 11시 34분이다. 이곳에서 오른쪽길은 남문마을을 지나 남문으로 올라가는 길이다. 보통 등산객들은 이길을 많이 이용한다. 이곳부터는 길이 편한 능선길이라 별로 힘든 길이 아니다. 잘나있는 능선길을 한동안 지나며 만덕고개에 내려서니 11시 45분이다. 만덕고개는 만덕터널이 생기기 전에는 온천동에서 만덕을 넘는 유일한 고개였는데 만덕터널이 두개나 생겨 이길은 산책로가 된지 오래다.

만덕고개와 빼빼영감

　동래사람들이 구포장을 보러갈 때 넘는 만덕고개는 옛날부터 동래부 관하에서는 최대의 도적 소굴로 소문난 험한 산길이었다. 어느날 이 고개를 동래 남문 밖에 사는 깡마른 빼빼영감이 구포장에 들렸다가 다른 장꾼들과 함께 넘게 되었다. 산을 오르던 중 갑자기도적무리가 달려들었고 물건을 판 돈과 가진 것을 모조리 내 놓으라고 위협했다. 빼빼영감은 잠시망설이다 벌떡 일어나 도적들을 공격하였다 그 솜씨는 날쎈 비호와 같았다 도척들은 하나 둘 도망쳐 달아나고 영감은 묶인 장꾼들을 전부 풀어주었다. 그후 영감은 여러분 마을에 내려가거든 오늘 일어난 일은 절대로 말하지 말아 주시오라고 당부했다. 장꾼들은 흐뭇한 마음으로 고개를 내려와 돌아갔다. 그리고 사흘 후 장사꾼 중 한사람이 빼빼영감집을 찾았더니 그집은 텅텅 비어 있었다. 소문이 밖으로 세어 나오자 나라에서는 빼빼영감이 비상한 힘을 가진 장사인 것을 알고 찾았으나 그 행적을 알길이 없었다고 전해진다. 옮긴글

　만덕고개도 짐승 통로를 만들어 도로에 내려가지 않고 도로 위를 지나 가파른 오르막 나무계단을 한동안 오르면 중계탑봉 산어귀 전망대에 올라선다. 전망대는 동래구 일대가 내려다 보이며 멀리 해운대까지 조망할 수 있다. 내리막을 한동안 내려 철학로 등산길을 따라가며 만남의 숲 간이매점에서 물한병을 사고 살문계란 3개를 사먹고 능선을 가다 갈림길에서 왼쪽길은

금정봉 오르는 길이고 오른쪽길은 만남의 광장 가는 지름길인데 왼쪽 능선으로 올라 금정봉 갈림길에서 오른쪽으로 급경사를 내려오면 조금전 갈림길과 합류하여 다시 직진으로 작은봉을 넘어 내리막을 내려오면 성지곡 수원지 사거리가 나온다. 사거리에서 왼쪽으로 내려가면 성지곡 수원지고 오른쪽은 만덕으로 내려간다.

사거리를 지나 통나무 계단길을 한동안 올라 작은봉을 넘으면 만남의 광장이다. 만남의 관장에 내려서니 12시 33분이다. 광장 쉼터에는 많은 등산객들이 차지하고 있어 쉬어갈 자리가 없다. 오늘은 엄광산을 넘어 구덕령까지 가야 하기에 포근히 쉴 시간도 없다. 만남의 광장에서 조금 오르다 나무그늘에서 전을 펴고 점심을 먹고 12시 56분 출발한다. 만남에 광장에서 불태령 오르는 길이 오늘 산행중 제일 빡센 오르막이다. 그래도 점심을 먹고 오르니 수월하게 올라가 산불감시초소에 올라서니 1시33분이다. 이곳에서 불웅령 중봉 백양산까지는 능선 오르막이라 그리 어려운 코스는 아니다. 잠시 허리쉼을 하고 능선 오르막을 올라 불웅령(불태령)에 올라서니 1시41분이다.

좌표【 N 35" 11" 28.6" E 129" 01" 26.9" 】

불웅령(불태령)은 암봉에 돌무더기 아래에 자그마한 표지석에 불웅령(불태령) 616m가 있으며 왼쪽으로 가야할 중봉 오르는 방화선 억새능선길이 그림같이 보이고 백양산도 한눈에 들어온다. 이곳에서 오른쪽 능선은 주지봉(낙타봉)능선이고 마루금은 왼쪽으로 내려간다. 정상석을 배경으로 사진 한판 찍고 내리막을 내리는데 예전에는 암능을 내려갔는데 나무계단을 설치해 놓아 수월하게 내려가 방화선 능선길을 따라 가는데 자유인 우상배군이 인사를 한

다. 우상배 군은 모아산악회 산행에 많이 참석하는 회원이다. 오늘은 근교 산행으로 백양산에 갔다. 성지곡으로 내려간다고 한다. 방화선 능선을 한동안 올라 중봉을 1시59분 지나고 잠시 내리다 백양산 오르막을 오르는데 서면에서 열쇠집을 하는 모아산악회 노짱 노태황님이 지나가며 인사를 한다. 노짱도 근교 산행으로 백양산에 갔다 온다며 낙동정맥 마지막 구간 다와간다고 격려해 준다. 작별인사를 하고 가파른 오르막을 한동안 올라 백양산 정상에 올라서니 2시13분이다.

좌표【 N 35" 11" 03.2" E 129" 01" 19.1" 】

백양산 정상은 부산 근교산이기에 많이 오르는 산인데 오늘은 낙동정맥 종주 산행이라 잠시쉬면서 갈증을 면하고 사진 한 판 찍고 바로 내려간다. 오늘은 부산 근교산이라 산에 오르는 사람들이 많으며 지나온 고당봉을 뒤돌아보니 까마득하고 앞으로 가야할 엄광산도 멀리 보인다. 이제 계금고개까지는 내리막

길인데 계화초등학교 부터는 도시길을 지나야 하고 백병원을 지나 엄광산 오르는 길도 보통이 아닌데 빨리 가야기에 바로 출발해 내리막을 한동안 내려오면 넓다란 헬기장이 있는 애진봉이다. 커다란 정상석이 있는 애진봉에 내려서니 2시27분이다. 백양산에 불태령은 고개가 아니고 봉오리인데 애진봉은 봉오리가 아니고 백양산과 유두봉 사이에 있는 고갯길이다. 널다란 헬기장위에 커다란 예진봉 표지석이 있으며 만원경도 설치되어 있고 마루금은 유두봉을 향해 오르막을 올라간다. 가파른 오르막을 한동안 올라 유두봉 정상에 올라서니 2시37분이다.

유두봉 정상에는 자그마한 오석(검은돌)으로 만든 표지석(낙동정맥 유두봉 540.1m)이 있으며 누군가 표지석 왼쪽 모서리를

파손해 놓았다. 낙동정맥이 부산으로 들어서 오면서 계명봉부터 한군데도 낙동정맥이란 표시가 없었는데 유일하게 작으나마 낙동정맥이란 글귀가 표지석에 새겨져 있다. 천의봉 낙동정맥 분기봉에서 내려 오면서 정상석마다 낙동정맥이라 표시되어 있는데 부산에 주산인 금정산을 비롯해 많은 정상(봉오리)을 지나 오면서 부산에 명산 금정산 백양산 구덕산 다대포 몰운대까지 낙동정맥이란는게 정맥종주자 외에는 아는사람이 없을 정도다. 앞으로 부산시에서 이정표나 정상석에 낙동정맥을 알리는 글귀가 있었으면 한다. 유두봉을 지나 내리막을 내려오면서 암능 바람맞이 시원한 곳에서 잠시쉬며 갈증도 면하고 15분 휴식을 하고 가파른 내리막을 한동안 내려 삼각봉에 올라서니 3시10분이다. 삼각봉 정상은 암봉으로 사상산악회에서 세운 삼각봉 454m 표지석이 있고 전망대가 설치되어 있으며 오른쪽 아래로 신라대학교와 멀리 낙동강과 김해 비행장이 한눈에 들어온다. 삼각봉 정상에서 암능을 내려오면 전망대에서 나무계단길을 내려와 능선길로 한동안 내려오면 갓봉 정상이고 정상에 올라서니 4시 2분이다. 갓봉 정상에는 낙동정맥 갓봉 405.6m 표찰이 나무에 걸려있어 작으나마 낙동정맥임을 알리는 표찰이 있다는게 다행이다. 갓봉에서 직진은 개금초등학교로 내려가고 마루금은 왼쪽(동쪽)으로 가파른 내리막을 한동안 내려 산불 감시초소를 지나고 사거리에서 직진으로 약간 오르막을 올라 헬기장을 지나고 철탑을 지나 동쪽으로 오던 마루금은 오른쪽(남쪽)으로 내려오면 임도(산판길)가 나온다. 4시30분 임도를 건너 능선을 표지기를 따라 내려가며 2분후 철탑을 지나고 다시 3분후 철탑을 지나 내리막을 내려 훈련장 갈림길에 내려서니 4시39분이다. 갈림길에서 오른쪽 능선길로 리본이 걸려있어 능선길로 들어서 2분후 다시 철탑을 지나고 6분후 다시 철탑을 지나 표지기를 따라 가파른 내리막을 좌로우로 들락거리며 내려와 밭 갓길을 가며 오른쪽 밭둑으로 올라서니 철망 울타리에 표지기가 주렁주렁 매달려있다. 철망울타리를 지나 밭길로 가다 왼쪽으로 내려서니 개화초등학교 정문앞이다. 4시55분 개화초교 정문앞에서 마을길을 따라 내려오다 수퍼에서 물한병을 사고 우유 한개를 사먹고 도로를 따라 내려와 도시고가도로 아래 건널목을 지나 오른쪽으로 가며 경부선 철로위 도로를 지나 개금고개 사거리에 도착하니 5시12분이다.

좌표【 N 35" 09" 12.5" E 129" 01" 12.7" 】

　도로에서 개금역 2번 출구로 들어가 3번 출구로 나와 백병원 올라가는 도로 왼쪽 인도를 따라가다 건널목을 건너 오른쪽 인도로 가다 사거리에서 백병원 가는 길을 따라가다 백병원 입구를 5시30분 지나 직진으로 올라가면 삼거리에서 직진으로 올라가다 개금 2동 주민센타 앞에서 일요일이라 사람이 없어 아스발트 포장길을 가다보니 피로해 밴취 나무그늘 아래서 15분정

도 쉬고 도로를 따라 올라가다 부산 진구 사회복지관 에서 개금동 마을 숲 안내간판앞 길로 들어서 사각정자를 지나 나무계단을 오르면 체육시설을 지나고 오르막을 한동안 오르며 곳곳에 쉼터를 지나고 산복도로에 올라서니 6시9분이다. 앞으로 가파른 오르막을 올라야하기에 길가 밴취에서 마지막 간식을 먹고 6시18분 출발한다. 산복도로를 건너 가파른 오르막을 오르며 거리는 얼마 안되는데 보통 빡센게 아니다. 가파른 오르막을 한동안 올라 돌탑봉에 올라서니 6시57분이다. 이제 어려운 길은 모두 지나고 엄광산 정상만 넘으면 구덕령(꽃마을)이다. 잠시 허리쉼을 하고 출발한다. 마루금은 오른쪽 능선으로 이곳부터는 등산로가 잘돼있고 편한 능선길 오르막이다. 잘나 있는 길을 따라 엄광산 정상에 올라서니 7시 7분이다. 엄광산 정상에는 헬기장이 있고 정상석은 팔각정 옆에 있다.

　　　　　좌표【 N 35" 08" 14.8"　 E 129" 01" 11.7" 】

엄광산은 부산진구와 서구에 걸쳐있는 산으로 해발 503.9m

이고 정상에는 헬기장과 팔각정이 있으며 정상석에 嚴光山 504m 로 되어있고 건너편에 구덕산 시약산과 마주보고 있으며 지나온 정맥 마루금은 백양산 고당봉까지 가름할 수 있다. 엄광산은 자주오는 산이며 길이 좋아 내려만 가면된다. 정상에서 사진한판 찍고 집에 전화를 하고 가파른 내리막을 내려가는데 젊은이 한사람이 커다란 개를 대리고 올라오는데 개가 사나운지 내가 내려갈때까지 붙들고 있다가 내가 지나간 뒤에 올라간다. 가파른 내리막을 20분 내려 사거리에서 오른쪽으로 이정표대로 한동안 내려 꽃마을 입구에 도착하니 7시37분이다. 겨울같으면 깜깜할 시간인데 아직도 해가 남아있다.

좌표【 N 35" 07" 39.9" E 129" 00" 26.3" 】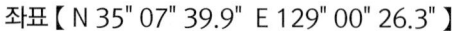

벤취에서 신발도 털고 대충 정리하고 도로를 따라 내려와 마을버스 정류장에오니 버스가 대기하고 있다. 오늘 구간은 거리도 무려 36km이상 걸었는데 그래도 밝아서 마무리하고 슈퍼에서 음료수(캔) 한 개를 사먹고 집에 오니 8시40분 집사람 먼거리 그래도 무사히 빨리 왔다며 격려해 준다. 이제는 마지막 한 구간만 남겨놓아 시작한지가 얼마 안된 것 같은데 마지막 구간만 남겨 놓았다.

제2차 낙동정맥 단독종주 21구간

구덕령 : 부산광역시 서구 서대신동 꽃동래 구덕령
몰운대 : 부산광역시 사하구 다대동 몰운대
도상거리 : 구덕령 17.66 km 운동거리 17.66km 몰운대
소요시간 : 구덕령 7시간46분 몰운대
이동시간 : 구덕령 7시간17분 몰운대
구덕령 9시10분. 구덕산 10시13분. 시약산(510m) 10시23분. 박씨묘 10시55분. 대티고개 11시10분. 까치고개 11시20분. 천마산 옥녀봉 11시52분. 괴정고개 12시30분. 체육공원 13시07분. 군부대후문 13시16분. 장림고개 13시32분. 봉화산 14시16분. 구평고개 14시28분. 구평가구거리 14시42분. 성보냉장육교 15시09분. 아미산봉화대 16시02분. 홍티고개 16시20분. 다대포전망대 16시46분. 다대도서관 16시54분. 다대 분수대 17시05분. 몰운대입구 17시13분. 다대포객사 17시28분. 다대포 관사 17시31분. 몰운대전망대 17시37분. 누적거리 462 km

2016년 7월3일 흐리고 비

오늘은 제2차 낙동정맥 마지막구간 종주산행이다. 모아산악회 회원들이 참석하여 함께 산행하기로 했다. 오전 8시에 구덕

령(꽃마을)에서 만나기로 약속해 집에서 아침을 먹고 출발해 구덕령(꽃마을)에 도착하니 7시50분이다. 오늘은 흐린날씨에 오후에 비가 온다는 기상청 예보다. 등산로입구 팔각정에서 조금 있으니 모아산악회 회원들이 하나 둘씩 모이기 시작하고 오늘은 트렝글 회원들도 합류해서 산행 한다며 부항님 일행이 속속 들이 모여 모두 20여명이 산행에 들어간다. 오늘 날씨는 비는 오지 않는데 흐린 날씨에 상당히 무덥고 후덥지근하다. 8시40분 정자를 출발해 포장길을 따라가다 구덕 문화공원 입구에서 사진 한판 찍고 8시45분 돌계단을 한동안 올라 공원안에 들어가 목석 원예관 민속생활관 앞을 지나 숲길 오르막을 올라 포장도로에 올라서니 8시58분이다. 도로에서 마루금은 직진으로 능선으로 이어지고 도로는 오른쪽으로 돌아 올라간다. 이곳에서 구덕산 기상레이저는 1.7km이며 입간판을 배경으로 사진 한판 찍고 직진으로 최명하 회원님과 같이 둘이 올라가고 나머지 회원들은 도로를 따라 우회로 올라간다. 이곳부터는 가파른 오르막으로 구덕산 오르는 데는 보통 힘든 게 아니다 가파른 오르막을 한동안 숨을 몰아쉬며 올라 전망바위에 올라서니 9시27분이다. 전망바위에서 건너편 엄광산과 꽃마을이 잠시 내려다보이더니 금세 운무에 가려 보이지 않는다. 잠시 허리쉼을 하고 수로를 따라올라 기상레이저 건물앞에 올라서니 9시34분이다. 이곳에서 오른쪽으로 내려가면 구덕문화공원에서 올라오는 삼거리도로에 내려서 승학산으로 이어지고 마루금은 기상레이저 건물 왼쪽철망 갓길로 비탈길을 지나 기상레이저 건물을 지나면 구덕산정상 표지석이 나온다.

좌표 【 N 35" 07" 22.9" E 129" 59" 57.2" 】

구덕산 정상에는 자그마한 화강석에 구덕산 565m 정상석이 있으며 삼각점은 레이저 건물안에 있다고 하는데 확인이 안되고 구덕산을 내려와 꽃마을 구덕 문화공원에서 올라오는 도로를 따라 내려섰다. 팔각정 삼거리를 지나 KAC 부산항공무선공사 건물 앞에서 왼쪽으로 들어서 건물 뒤에 올라서면 시악산 정상이다.

좌표【 N 35° 07' 07.5" E 129° 59' 59.7" 】

부산항공 무선공사 건물 뒤에 있는 시약산 정상에는 2016년 3월27일 모아산악회에서 세운 자연석 표지석(낙동정맥 시약산 510m)이 있으며 오늘은 모아산악회 회원들과 낙동정맥 완주를 기리며 태백 매봉산 천의봉을 3월6일 출발해 오늘까지 21일간 아무사고 없이 무사산행을 기리며 시약산 산신령께 고하고 앞으로 나머지 2차(한남금북-금북-한남-한북)정맥도 완주할 수 있게 기원하며 오늘 낙동정맥 마지막 마무리에 참석하신 회원 모두에게도 감사드리고 사진도 몇판 찍어 둔다. 시약산 정상에서 간단히 환영 행사를 마치고 10시15분 출발해 가파른 내리막을 내리며 안부 삼거리에 내려서 보통 산행은 왼쪽으로 내려가는데 낙동정맥 종주산행이라 직진으로 오르막을 올라 지페스에

옛시약산을 올라서면 전망바위가 있다.

　다시 내려와 왼쪽으로 내려가 안부사거리를 10시24분 지나 오르막을 올라 돌탑봉(382m)에 올라서니 10시28분이다. 마루금은 오른쪽으로 가파른 내리막을 한동안 내려 산불감시초소를 10시35분 지나고 2분후 박씨묘(密城朴氏杏山公派大峙門中先塋)앞을 지나면서 잠시 허리쉼을 하고 318.3봉을 지나 가파른 내리막을 한동안 내려 산불 초소가 있는 등산로 입구에 내려서니 10시51분이다. 이곳은 구덕산 갈멧길로 왼쪽길은 꽃마을로 연결된다. 초소를 지나 마을 고샷길로 내려와 대티고개에 내려서니 10시56분이다.

좌표【 N 35" 06" 24.9" E 129" 00" 29.7" 】

　대티고개는 서구에서 사하구를 넘는 옛77번 도로인데 옛날에는 이길로 서구 대신동에서 사하구 한단으로 넘는 유일한 도로였는데 지금은 대티터널이 생기고 지하철 1호선이 터널로 지나가면서 많은 차량은 터널로 통과하고 이 고개는 노선버스와 지역차량만 통과하며 마루금은 건널목을 건너면 우체통옆 전봇대에 표지기가 걸려있고 마을 고샷길로 들어서 곳곳에 표시기를 따라 마을 끝에서 능선에 올라서 고개를 넘어 까치마을 행복센타 앞을 지나 까치고개 도로를 건너간다.(지금은 대티고개 시약산 천마다리가 건설되어 시약산 천마다리를 건너 삼나무 숲길을 올라서 대티배수지를 지나 파크병원 아래 까치고개 주차장에서 합류)마루금은 주차장 옆으로 올라 삼안그릴빌라 뒷길을 지나 감천 문화마을 갈림길에서 직진으로 마을을 벗어나면 등산로 입구에 표시기가 걸려 있다. 마을끝에서 직진으로 오르막을 한동안 오르면 공동묘지가 나오며 공동묘지를 지나며 왼쪽 아래로 감천 문화마을과 건너편으로 천마산 철탑을 건너다보며 뒤로 지나온 시약산을 올려다보며 능선 오르막을 올라 천마산(옥녀봉)우정탑에 올라서니 11시35분이다. 조금 이르지만 모아회원들은 자리를 펴고 점심을 먹고 트렝글 회원들은 감천고개에서 점심을 먹는다며 출발한다.

좌표【 N 35" 03" 48.4" E 129" 00" 11.7" 】

 옥녀봉 우정탑 아래서 점심을 먹고 11시 58분 출발해 가파른 내리막을 한동안 내려 임도에 내려서니 12시5분이다. (우정탑을 지나며 직진으로 잘못가면 해양고등학교 방향이고 마루금은 오른쪽으로 내려간다. 주의해야 한다.) 임도 삼거리에 왼쪽은 차단기가 설치되어 있으며 왼쪽길은 감천문화마을로 가는 길이고 오른쪽은 장림방면 이며 마루금은 직진이며 극낙암 옥련암 안내판이 있고 도로를 건너 작은봉을 넘어 내리막을 내리며 성불사 산신각 앞을 지나 내려서면 능선길은 직진이나 직진길은 장림 군인관사 철문이 있어 외부인은 출입이 금지되어 있고 오른쪽으로 차도를 따라 조금 내려가다 삼거리 슈퍼미화당 삼경 앞에서 왼쪽으로 괴정삼경빌라를 지나 마을도로를 따라가다 괴정고개 삼거리 못가서 고려페인트 앞에서 건널목을 건너 왼쪽으로 도로를 따라 가다보면 카센타 앞 괴정고개 삼거리 육교가 나온다.

좌표【 N 35" 05" 35.3" E 128" 59" 34.2" 】

괴정고개 삼거리 육교아래서 마루금은 오른쪽계단을 올라간다. 12시30분 도로에서 오른쪽 계단길을 올라 마을길로 조금가다 다시 담벼락에 표시기를 따라 오른쪽 골목계단길을 한동안 올라가 골목끝에서 다시 오른쪽으로 밭 가운데 길을 가다 밭끝에서 해동고등학교 운동장끝에서 능선으로 올라선다. 1차때는 이곳에서 바로 내려가 카센터 앞으로 내려갔는데 집을 지으면서 길을 가로막아 조금 돌아왔다. 12시35분 가파른 능선을 숨을

몰아쉬며 한동안 올라 능선 분기점 임도에 올라서니 12시49분이다. 이곳에서 오른쪽 철탑이 있는 훈련장으로 내려가야 하는데 선두들은 왼쪽 훈련장으로 올라가 다시 빽페스해 임도는 왼쪽으로 내려가고 마루금은 철조망을 통과하는 훈련장을 지나 내리막을 내려서 임도에서 왼쪽으로 가다 오른쪽으로 내려서면 체육공원이다.

12시55분 체육공원 삼거리에서 오른쪽 군부대길로 가다 삼거리에서 직진으로 올라가면 세면볼록 헬기장이다. 헬기장을 지나 왼쪽으로 훈련장을 내려서면 삼거리에서 갈림길과 만나며 군부대 후문을 1시에 지나 군부대 철망길을 따르며 왼쪽으로 군부대 연병장 철망 갓길을 지나가는데 비가 오기 시작한다. 지금까지는 비가 오지않아 잘 왔는데 비가 오기 시작해 배낭카바를 꺼내 덮고 우산을 쓰고 가는데 갈림길에서 왼쪽길로 가도 되는데 선두들이 오른쪽길로 들어서 가며 삼거리에서 왼쪽 능선으로 내려선다. 삼거리 갈림길에 도막난 전봇대에 낙동정맥 화살표가 있고 리본이 나무에 걸려있다. 1시10분 왼쪽 능선을 가다 가파른 내리막을 미끄러지며 내려 등산로 입구 체육공원 쉼터에 내려서니 1시16분이다. 조금전 삼거리에서 와도 여기서 합류한다. 농구코트가 있는 자유아파트 뒤에서 도로에 내려서 자유공인중개사 앞을 지나 대동중고등학교 정문앞 정자에서 잠시 쉬며 비를 그시고 시장기가 들어 황유선님이 김밥 한줄을 줘서 먹는데 허고문님 김밥을 밀어 뒤 언덕으로 떨어트린다. 그나마 먹을 복이 없고 허기진 몸으로 출발한다. 1시31분 출발해 2분후 한신休풀러스 정문앞을 지나고 2분후 주, 부일냉장 앞을 지나 장림고개 도로에 내려서니 1시36분이다.

좌표【 N 35" 05" 05.8" E 128" 59" 00.3" 】

 마루금은 장림고개 건널목을 건너 삼일냉장 방면으로 직진해 가다 오른쪽으로 보도블록 길을 따라가다 e편한세상아파트 건설현장입구에서 오른쪽으로 나무계단을 올라 쉼터를 지나고 능선길로 들어서 가파른 오르막을 오르며 돌탑을 1시52분 지나고 오르막을 올라 봉화산(156.3m)정상에 올라서니 1시57분이다.

좌표【 N 35" 04" 41.9" E 128" 59" 04.7" 】

봉화산에는 쉼터와 체육시설이 되어있고 주위는 운무가 가득해 주위는 볼 수 없고 많은 비는 아니지만 계속 내린다. 잠시 쉬는데 모기떼가 날아들어 내살 내놔라 하며 극성부려 조금 쉬다가 허고문님과 같이 출발한다. 마루금은 왼쪽으로 잘나있는 길을 따라 내려 다시 오르막을 한동안 올라 148봉을 2시6분 넘어 내리막을 내려서 구평고개 2차선 도로에 내려서니 2시11분이다. 구평고개를 지나 능선에 들어서는데 모아 민보식회장이 앞에와 있다. 봉화산 정상에서 민회장이 안온다고 기다리는데 민회장 봉화산 올라오면서 왼쪽 지름길로 와 벌서 앞에 와 있다. 능선에 들어서 삼거리에서 마루금은 직진 오르막인데 민회장 뒤 후미를 기다린다고 하기에 허임석 고문님과 함께 가파른 오르막을 올라 잡풀이 우거진 147봉에 올라서니 2시20분이다. 147봉을 넘어 내려가는데 잡풀이 우거져 길이 잘 안보이는데 희미한 길을 찾아 내려가는데 건너편에 구평 가구 단지가 건너다보이며 밭둑으로 내려서 파랑망 울타리 밭둑길을 지나 가구단지 도로에 내려서니 2시26분이다. 오른쪽 장림에서 올라오는 도로를 따라 한동안 가다 가구단지 사거리에 2시28분 지나며 삼거리에서 왼쪽에 마을버스 정류장이 있고 오른쪽은 구평농협이 있고 맞은편 이갤러리 시몬스 가구백화점 앞에서 오른쪽길로 들어서가다 진품아울렛 구평산마트 간판아래서 왼쪽길로 들어서면 전봇대에 리본이 몇개 걸려있다. 레이앙스 가구 전시장길로 들어서 가다 맛나식당을 지나고 삼거리에서 오른쪽으로 오름길을 가다 광진산업 갈림길에서 왼쪽으로 가다 5거리 이정표를 2시35분지나 5거리 연화식당 옆 슈퍼에 들려 빵과 계란 우유등 간식을 먹고 나니 살 것만 갔다. 오늘 종주는 야산이고 오르내림이 별로 없어도 여기까지 오는데 힘들었는데 높은 산을 오르내렸더라면 많이 힘들었을 것이다. 슈퍼에서 간식을 먹고 물도 한병 사고 2시53분 출발해 슈퍼앞에서 직진으로 가다 오른쪽으로 내려서면 전봇대에 낙동정맥 ← 아미산, 몰운대 ← 준희표찰이 걸려있고 왼쪽으로 내려 오른쪽으로 내려가며 세면길을 한동안 내려 삼환아파트 뒤에서 세면길이 끝나고 계단길을 내려 2차 삼환아파트 정문앞에 내려서니 3시4분이다. 삼환아파트 입구에서 건너편에 다대온천을 보며 오른쪽으로 도로를 따라가다 3분후 다송초등학교 정문앞을 지나고 다대고개 육교를 3시10분 지나간다.

좌표【 N 35" 04" 05.8" E 128" 58" 42.5" 】

육교를 건너 신다대아파트 104동 끝에서 돌계단을 올라서 대한불교 조계종 서림사 입구에서 오른쪽에 보면 아미산 숲길 등산 안내도 간판앞을 지나 서림사 오른쪽 능선으로 올라 능선 갈림길 쉼터에서 잠시 쉬며 갈증을 면하고 오른쪽 능선길로 가다 돌탑(돌무덤)을 지나고 가파른 오르막을 숨을 몰아쉬며 올라 능선에 올라서니 3시40분이다. 벤취(쉼터 의자)에서 잠시 쉬며 물

한모금 먹는데 허임석님 앞에 올라간다. 잠시 쉬고 돌탑(돌무덤)을 3시44분 지나고 가파른 오르막을 한동안 올라 능선 분기점에서 왼쪽으로 능선을 가다 아미산 정상 봉화대에 올라서니 3시57분이다.

좌표【 N 35" 03" 56.5" E 128" 58" 05,8" 】

몰운대가 섬으로 남아 있었다면 낙동정맥의 마지막 봉우리는 부산 다대동과 장림동의 경계를 이루는 아미산(234.1m)이었을 것이다. 설사 몰운대가 현재처럼 육지화 된 상황이라 하더라도 '산'이름이 붙은 낙동정맥의 막내는 아미산이다. 또한 아미산과 몰운대는 다대포 해수욕장 서쪽 가덕도 연대봉 너머로 떨어지는 낙조가 너무도 아름다운 까닭에 부산 최고의 낙조 감상 포인

트로 손꼽히는 곳이다. 응봉 봉수대가 있는 곳이 아미산(234m)이다. 그리고, 이 봉수대를 관할하는 기관은 몰운대 내에 있는 다대진(多大鎭)이었다.

응봉봉수대(鷹峰烽燧臺)

봉수대는 나라에 위급한 상황이 발생하거나 외적의 점령등 발란이 일어났을 때 그 사실을 낮에는 연기로 밤에는 횃불로 신호하여 중앙으로 알리는 옛 통신시설의 하나다. 응봉 봉수대는 낙동강 하구 일대와 몰운대 앞바다를 한눈에 볼 수 있으며 화창한 날씨면 거제도 연안과 대마도 까지 감시할 수 있는 군사적 요충지였다. 응봉 봉수대는 전국 5개 봉수대중 직봉 제2의 기점으로 여기서 한낮에 올린 봉수는 해지기 전에 최종 집결지인 서울 남산 봉수대에 도착하는 게 원칙이었으며 전국적으로 673개소의 봉수대가 있었다. 사하구청에서는 이곳을 역사 교육장으로 활용하고자 2010년 1월 1일 봉수대 모형을 설치하였다.

※ 봉수대 모형
◆ 기단 - 직경 4m 높이 - 1m ◆ 화구 - 가로1m 세로1m
◆ 봉수 - 직경 3.4m~2.8m 높이 - 3.5m

　봉수대에서 사진 몇판 찍고 4시6분 출발해 내려가는데 주위는 운무에 가려 볼 수가 없고 계단길 내리막을 내려 삼거리에서 직진은 아미산 숲체험원 0.4km이며 마루금은 왼쪽으로 롯데캐슬 몰운대 아파트 내려가는 길이다. 주위는 운무에 가려 아무것도 보지 못하고 잘나있는 능선길을 내려가 홍티고개에 내려서니 4시22분이다.

좌표【 N 35° 03' 31.8" E 128° 57' 56.1" 】

　홍티고개 이정표에서 2차 롯데캐슬 후문앞 등산안내판 아래서 마루금은 왼쪽으로 가야 하는데 허임석씨와 오른쪽 도로를 따라 가다보니 정맥길이 아닌데 몰운대에서 기다리는 회원들이 있고 비가와 도로를 따라 내려갔다. 이후부터는 2016년 7월 17일 기록이다. 롯데캐슬 후문에서 4시21분 왼쪽으로 도로를 따라 가면 롯데캐슬 1차 아파트와 롯데캐슬 2차 아파트 중간 도로를 따라간다. 마을버스 정류장과 시내버스 정류장을 지나 삼거리에서 4시32분 건널목을 건너 오른쪽으로 도로를 따라가다 몰운대 초등학교 정문앞을 지나 부산은행 삼거리에서 왼쪽길로 롯데캐슬 3차 아파트단지를 오른쪽에 두고 도로를 따라가다 탑

마트앞을 지나며 탑마트에서 딸기우유 2개를 사먹고 왼쪽에 몰운대 성당을 지나고 오른쪽에 몰운대 전망대에서 사진한판 찍고 도로를 따라 왼쪽으로 내려간다.

좌표【 N 35" 02" 54.3" E 128" 57" 51.8" 】

전망대에서 바라보면 다대포 해수욕장과 낙동강 하구 백합도 장자도 신자도 건너편 가덕도가 한눈에 들어오고 멀리 거제도까지 희미하게 보인다. 잠시 관망하고 4시45분 전망대를 출발해 도로를 따라 내려오며 3분후 아미산 노을 마루길 입구를 지나 도로를 따라 내려오며 몰운대 종합 복지관 어린이 집을 지나고 다대도서관앞을 4시54분 지나 사거리에서 오른쪽길로 내려가며 대우아파트 정문앞을 지나 다대포해수욕장 도로에 내려서니 5시2분이다. 도로는 지하철 공사중이라 엉망이고 왼쪽으로 도로 갓길을 따라가다 건널목을 건너 다대포 해수욕장 분수대를 5시6분 지나는데 많은 사람들이 분수대에서 물놀이를 즐기고 있다. 분수대를 지나 임해 행정봉사실 건물앞 도로를 따라 몰운대 해수욕장 주차장 입구를 지나 몰운대 입구 표지석에 도착하니 5시13분이다.

좌표【 N 35° 02" 36.19" E 128° 58" 10.24" 】

지난 7월 3일에는 홍티고개에서 허임석 고문님과 비를 맞으며 오른쪽 도로를 따라 내려와 몰운대 입구까지 오는데 37분 걸렸으며 비가 와서 마무리를 못하여 다시 구덕령을 출발해 홍개

고개 이전 기록은 7월 3일 종주 기록이고 홍개재부터 기록은 7월 17일 기록이다.『몰운대는 16세기까지 몰운도(沒雲島)라는 섬이 있었으나 그후 낙동강에서 내려오는 흙과 모래가 퇴적되어 다대포와 연결된 부산의 전형적인 육계도이다. 안개와 구름이 끼는 날에는 그속에 잠겨 보이지 않는다고 하여 몰운대라라고 하였다. 이곳의 남단에는 파도의 침식으로 형성된 해식동이 발달되어있고 배후인 육지쪽에는 수려한 모래 해안이 있어 해수욕장으로 유명하다. 예로부터 몰운대는 우거진 숲, 기암괴석, 파도와 수려한 모래밭으로 빼어난 경승지로 이름이 나 있었다. 이곳의 대표적인 수종은 해송인데 그 사이에는 활엽수등 약 90여종이 자라고 있다. 그리고 삼광조 갈매기등 많은 조류의 새들을 볼 수 있는데 이들 가운데 상당수는 철새들이다. 몰운대에는 다대포 객사와 임진왜란때 이순신 장군이 부산포 해전에서 승전을 거둘때 큰 공을 새우고 순절한 정운공 순의비가 있다.』

몇년전만해도 다대포 해수욕장 모래사장이 도로까지 있었고 모래사장과 음식점 사이 길을 건너가 몰운대 입구에 왔었는데 지금은 모래사장이 동산으로 변해 나무와 숲이 울창하고 산책길을 많이 만들어놓았고 모래사장 해수욕장은 멀리 떨어져 있다. 몰운대 입구 표지석에서 사진한판 찍고 도로를 따라 숲길을 가며 화손대 삼거리를 지나고 몰운대 시비(거대한 바윗돌에 새겨져 있음)을 지나간다. 【沒云臺 詩碑 浩湯風濤千萬里, 白雲天

牛沒孤台, 扶桑曉日車輪赤, 常見仙人駕鶴來 ◆ 朝鮮宣祖40年 東萊府使 李春元】『호탕한 바람과 파도 천리요 만리, 하늘가 몰운대는 흰구름에 묻혔네, 새벽바다 돋는 해는 붉은 수레바퀴, 언제나 학을 타고 신선이 온다.』시비를 지나 오르막을 올라 다대포 객사(多大浦 客舍)에 도착하니 5시 28분이다.

다대포 객사(多大浦客舍)
부산광역시 지정 유형 문화재 제3회
소재지: 부산광역시 사하구 다대동 산 144

이 건물은 조선후기 다대첨절제사영(多大僉節諸使營)에 있었던 객사이다. 다대포는 옛부터 왜구를 막기 위한 군사적 요충으로 중시되었다. 임진왜란 이후에는 경상좌도 7진중의 하나가 되었는데 부산진과 함께 다른진보다 더 중시되어 다른진보다 2

배의 병선을 보유하였으며, 첨사는 정3품의 당상관이었다. 객사는 조선시대 관아건물의 하나로 임금을 상징하는 전패(殿牌)를 보관하고 고을의 수령이 초하루와 보름에 대궐을 향하여 망배(望拜)를 드리던 곳인데 사신의 숙소로 사용되기도 하였다. 객사에는 정당(正堂)과 그 좌우에 익실(翼室)을 두는 것이 일반적인데, 이 객사는 정당만 남아있는 것으로 추정된다.

건물의 규모는 정면 5칸 측면 2칸에 팔각(八角)지붕이다. 안두리기둥위에 절단된 큰 들보를 놓은 5량집이며 벽이 없다. 객사앞에서 사진한판 찍고 관리 사무소 앞에서 오른쪽 길은 군부대로 출입금지고 왼쪽길로 계단길을 내려서 화손대 갈림길을 지나고 전망대에 올라서니 5시39분이다. 몰운대 전망대는 여러번 와본 곳이지만 오늘은 낙동정맥 마지막 마무리하는 날이라 더욱 새롭고 지난 3월 6일 매봉산 천의봉을 출발해 장장 462km를 21일만에 아무사고 없이 무사히 완주해 산신령께 감사를 드린다. 전망대는 군이 사용하던 곳으로 앞 바다에 쥐섬과 자그마한 섬들이 보이고 계단을 내려가면 자갈마당이다. 지난번 (7월 3일)우중 산행을 하다 보니 이곳까지 오지안고 객사에서 사진 한판 찍고 김해 횟집에 모아산악회 회원들이 기다리고 있어 간단히 마무리 했는데 오늘 다시 구덕령을 출발해 몰운대 전망대에서 마무리 하며 지난 3월 6일 매봉산을 출발해 단독으로 대중교통을 이용하며 무사히 마무리하여 집에서 뒷바라지 해준 집

사람과 식구들 주위에서 항상 지켜봐 주시고 격려해주신 모든 분들께 감사드리고 앞으로도 건강이 허락될 때까지 나머지 종주산행 2차도 종주할 것을 약속드리며 이로서 낙동정맥 마무리를 하겠습니다.

02

제2차 금북정맥

금북정맥(錦北正脈)이란 ▶京畿道 安城市 칠장산(七長山) 三正脈 分岐點 한남금북정맥(漢南錦北正脈) 한남정맥(漢南正脈) 금북정맥(錦北正脈)에서 태안반도(泰安半島)의 안흥진(安興鎭)까지 금강의 서북쪽을 지나는 산줄기의 옛 이름으로 길이는 (트렝글 내가 걸은 거리) 312.9km 한반도 13정맥의 하나이다.

금북정맥(錦北正脈)은 일대간(一大幹) 구정맥(九正脈) 중 한 개의 정맥(正脈)이며 백두대간(白頭大幹) 속리산 천왕봉(俗離山天王峯)에서 한남금북정맥(漢南錦北正脈)이 분기(分期)되어 안성 칠장산(七長山)에서 한남정맥(漢南正脈)과 분리(分離)되어 한남정맥(漢南正脈)은 북쪽으로 경기도 중앙(京畿道 中央)을 통과(通過) 김포 문수산(金浦 文殊山)에서 끝을 맺고 금북정맥(錦北正脈)은 서쪽으로 충청남도 중앙(忠淸南道 中央)을 가로질러 청양 백월산(靑陽 白月山)에서 북쪽으로 홍성군(洪城郡) 예산군(禮山郡)을 지나며 일월산(日月山) 덕숭산(德崇山) 가야산(伽耶山) 일림산, 상왕산을 지나며 다시 서쪽으로 서산시(瑞山市)을 지나 태안군(泰安郡) 근흥면 안흥만에서 끝을 맺는 산맥(山脈)이다.

한남금북정맥(漢南錦北正脈)의 끝인 칠장산에서 서남쪽으로 뻗어 칠현산(七賢山:516m), 덕성산(德城山), 이티재(梨峙), 성거산(聖居山:579m), 태조산(太祖峰), 차령(車嶺), 봉수산(烽燧山), 국사봉(國師峰), 공덕재등 충남을 가로질러 청양의 백월산

(白月山:395m)에 이르고, 여기에서 다시 북쪽으로 뻗어 오서산(鳥棲山:791m), 보개산(寶蓋山:274m), 일월산(日月山:395m), 홍동산(308.9m), 수덕산(修德山:495m), 가야산(678m), 석문봉(656.8m), 일락산(521m) 서산에 상왕산(309m) 이르러 다시 서쪽, 서남쪽으로 뻗어 팔봉산(326m), 백화산(白華山:284m), 지령산(知靈山:218m), 안흥만(安興灣)에서 끝을 다한다.

지역으로는 속리산 천왕봉(俗離山 天王峯)에서 한남금북정맥(漢南錦北正脈)으로 충청남도(忠淸南道) 중앙(中央)을 가로지르는 금강(錦江)을 애워 싸고 북쪽으로 치닫고 안성에 칠장산에서 한남정맥(漢南正脈)과 분기(分期)하며 칠현산(七賢山) 서운산(瑞雲山) 위례산성 성거산(聖居山) 태조산(太祖山) 고려산(高麗山) 봉수산 천방산 천종산 국사봉 문박산 오봉산을 지나 청양에 백월산(白月山)까지 왼쪽은 미호강 병천천 유구천 자천천을 가르며 금강으로 합류 공주 부여를 거처 군산에서 서해로 습여들며, 오른쪽은 안성천 곡교천 온양천 신양천 무한천 삽교천으로 안성천과 합류해 서해안으로 흘러가고 청양에 백월산을 지나면서 왼쪽은 대천천 광천천 와룡천 해미천 도당천은 서해로 흘러 들어가고 서산 태안을 지나 지령산 안흥만에서 금북정맥 끝을 맺는다.

구간	출발지 – 도착지	산행 거리	산행 시간
제1구간	칠장산 분기봉 – 이티재	22.8 km	10시간 10분
제2구간	이티재 – 유량리고개	25.6 km	11시간 4분
제3구간	유량리고개 – 제11탄약창앞	23.8 km	9시간 47분
제4구간	세종산업단지부대앞 – 갈재	24.1 km	10시간 52분
제5구간	갈재고개 – 차동고개	21.3 km	9시간 44분
제6구간	차동고개 – 학동고개	24.7 km	10시간 21분
제7구간	학당고개 – 스므고개	20.3 km	10시간 10분
제8구간	스므고개 – 윗말고개	27.8 km	10시간 47분
제9구간	윗말고개 – 광천고개	23.5 km	9시간 23분
제10구간	광천고개 – 무르치고개	22.2 km	9시간 42분
제11구간	무르치고개 – 수랑재	27.8 km	11시간 58분
제12구간	수랑재 – 밤고개	31.4 km	12시간 38분
제13구간	밤고개 – 지령산 안흥만	17.6 km	7시간 20분
		312.9km	133시간 56분

제2차 금북정맥	산명 지명	높이	주소
금북정맥 1구간	칠장산	492.1m	경기도 안성시 삼죽면 미장리 산 2-20
금북정맥 1구간	칠현산	516.5m	경기도 안성시 죽산면 칠장리 산 82-24
금북정맥 1구간	덕성산	506 m	경기도 안성시 죽산면 두교리 산 89
금북정맥 1구간	무티고개		충북 진천군 광혜원면 구암리 산 48-1
금북정맥 1구간	무이산		충북 진천군 광혜원면 죽현리 산 3-1
금북정맥 1구간	옥정재	390 m	경기도 안성시 금광면 옥정리 산 77-1
금북정맥 1구간	덕주봉	429 m	충북 진천군 백곡면 성대리 산 57-1
금북정맥 1구간	장고개		충북 진천군 백곡면 양백리 산 85-14
금북정맥 2구간	이티재	370 m	충북 진천군 백곡면 양백리 산 85-26
금북정맥 2구간	서운산	548 m	경기도 안성시 금광면 상중리 산 22
금북정맥 2구간	엽돈재		충남 천안시 서북구 입장면 도림리 산 24
금북정맥 2구간	부소산	459 m	충남 천안시 동남구 북면 운용리 산 24
금북정맥 2구간	부소문이재		충남 천안시 동남구 북면 운용리 산 3
금북정맥 2구간	위례산	523 m	충남 천안시 서북구 입장면 호당리 산 45
금북정맥 2구간	우물목이재		충남 천안시 서북구 입장면 호당리 산 50-4
금북정맥 2구간	사리목재		충남 천안시 동남구 북면 납안리 산 39-2
금북정맥 2구간	성거산	579.1m	충남 천안시 동남구 목천읍 송전리 산 13-1
금북정맥 2구간	만일고개		충남 천안시 동남구 목천읍 송전리 산 28
금북정맥 2구간	우량골고개		충남 천안시 동남구 목천읍 덕천리 산 38-2
금북정맥 2구간	태조산	420.1m	충남 천안시 동남구 목천읍 덕천리 산 47
금북정맥 3구간	유량리고개		충남 천안시 동남구 유량동 101-1
금북정맥 3구간	베넘이재		충남 천안시 동남구 목천읍 지산리 산 61
금북정맥 3구간	취암산	319.9m	충남 천안시 동남구 목천읍 고천리 산 36-1
금북정맥 3구간	고속도로굴다리		충남 천안시 동남구 목천읍 응원리 118-12
금북정맥 3구간	왕자산(옥자봉)	210.2m	충남 천안시 동남구 목천읍 신계리 산 78-9
금북정맥 3구간	돌고개		충남 천안시 동남구 목천읍 도장리 67-2
금북정맥 3구간	애미기재	180 m	충남 세종특별자치시 소정면 고동리 산 126
금북정맥 3구간	고려산	307.2m	충남 세종특별자치시 소정면 고동리 산 114
금북정맥 3구간	대곡리고개		충남 세종특별자치시 소정면 고동리 산 237

금북정맥 3구간	덕고개		충남 세종특별자치시 전의면 유천리 산 823
금북정맥 3구간	군부대 정문		충남 세종특별자치시 전의면 원성리 산 171
금북정맥 4구간	제11탄약창		충남 세종특별자치시 전의면 원성리 산 171
금북정맥 4구간	미래산업단지		충남 세종특별자치시 전의면 양곡리 640
금북정맥 4구간	국사봉	403-4m	충남 공주시 정안면 어물리 산 1-1
금북정맥 4구간	국수봉	382.8m	충남 공주시 정안면 사현리 산 81-1
금북정맥 4구간	차령고개		충남 공주시 정안면 인풍리 438
금북정맥 4구간	봉수산	366.4m	충남 공주시 정안면 인풍리 59
금북정맥 4구간	윗개치고개		충남 공주시 정안면 태성리 산 22-1
금북정맥 4구간	석지골 고개		충남 공주시 정안면 태성리 산 22-1
금북정맥 4구간	개치고개		충남 천안시 동남구 광덕면 지장리 산 130
금북정맥 4구간	곡두고개		충남 공주시 정안면 산성리 70-2
금북정맥 5구간	갈재고개		충남 공주시 유구읍 문금리 산 111-22
금북정맥 5구간	각홀고개		충남 아산시 송학면 거산리 400-2
금북정맥 5구간	봉수산	535.3m	충남 아산시 송악면 송학리 116
금북정맥 5구간	탑신리고개		충남 예산군 대술면 방산리 산 10-1
금북정맥 5구간	천방산	479 m	충남 공주시 유구읍 탑곡리 산 92-3
금북정맥 5구간	이치고개		충남 예산군 대술면 이티리 산 80
금북정맥 5구간	부영산		충남 공주시 유구읍 탑곡리 산 168
금북정맥 5구간	소거리재		충남 공주시 유구읍 덕곡리 산 6-26
금북정맥 5구간	극정봉	424 m	충남 공주시 유구읍 덕곡리 산6-26
금북정맥 5구간	명우산	368 m	충남 예산군 신양면 시왕리 산 68
금북정맥 5구간	절대봉	363 m	충남 공주시 유구읍 명곡리 산 65-2
금북정맥 5구간	서낭당고개		충남 예산군 신양면 차동리 산 23
금북정맥 6구간	차동고개		충남 예산군 신양면 차동리 산 206-2
금북정맥 6구간	장학산	380 m	충남 예산군 신양면 여래미리 산 57
금북정맥 6구간	천종산	409 m	충남 청양군 운곡면 추광리 산 51-1
금북정맥 6구간	서반봉	392 m	충남 청양군 운곡면 추광리 산 51-1
금북정맥 6구간	사점이재		충남 청양군 운곡면 신대리 산 128-1
금북정맥 6구간	국사봉	488.5m	충남 공주시 신흥면 불갑리 산 117-1

구간	지명	높이	위치
금북정맥 6구간	칠갑지맥분기봉		충남 청양군 대치면 상갑리 산 64
금북정맥 6구간	금자봉	369.8m	충남 청양군 운곡면 후덕리 산 43
금북정맥 6구간	분골고개		충남 청양군 운곡면 위락리 323-7
금북정맥 6구간	효제고개		충남 청양군 운곡면 위락리 889
금북정맥 6구간	문박산	338.4m	충남 청양군 비봉면 신원리 산 1000-1
금북정맥 7구간	학당고개		충남 청양군 청양읍 학당리 123-5
금북정맥 7구간	박정고개		충남 청양군 비봉면 용천리 산 78-1
금북정맥 7구간	일산봉	334 m	충남 청양군 비봉면 방한리 산 64-16
금북정맥 7구간	여주고개	210 m	충남 청양군 청양읍 장승리 518-1
금북정맥 7구간	천마봉	421 m	충남 청양군 화성면 매산리 산 50-1
금북정맥 7구간	구재리고개		충남 청양군 청양읍 군량리 429-1
금북정맥 7구간	오봉산	497.8m	충남 청양군 남양면 봉암리 산 102
금북정맥 7구간	공덕재		충남 청양군 화성면 산정리 378-19
금북정맥 7구간	백월산	554 m	충남 청양군 남양면 신왕리 산 141
금북정맥 8구간	스무재		충남 보령시 청라면 소양리 849-9
금북정맥 8구간	은고개		충남 청양군 화성면 장계리 산 65-1
금북정맥 8구간	물편고개		충남 청양군 화성면 화강리 647
금북정맥 8구간	보령고개		충남 보령시 청라면 장현리 산 68-1
금북정맥 8구간	대정산	258.7m	충남 청양군 화성면 농암리 산 58
금북정맥 8구간	우수고개		충남 청양군 화성면 화강리 647
금북정맥 8구간	가루고개		충남 보령시 청라면 장현리 산 52-1
금북정맥 8구간	금자봉	538 m	충남 홍성군 장곡면 광석리 산 92-1
금북정맥 8구간	공덕고개		충남 홍성군 장곡면 광석리 산 92-1
금북정맥 8구간	광성고개		충남 홍성군 장곡면 신풍리 731-4
금북정맥 8구간	신풍고개		충남 홍성군 장곡면 화계리 354-9
금북정맥 8구간	삼일운동기념비		충남 홍성군 장곡면 도산리 492-5
금북정맥 8구간	아홉고개		충남 홍성군 홍동면 원천리 232-4
금북정맥 8구간	걸마고개		충남 홍성군 홍동면 원천리 310-1
금북정맥 9구간	윗말고개		충남 홍성군 구항면 신곡리 500
금북정맥 9구간	와계교(철길)		충남 홍성군 홍성읍 학계리 616-1

구간	지명	고도	주소
금북정맥 9구간	꽃조개 고개		충남 홍성군 구항면 마온리 3-13
금북정맥 9구간	남산	221.5m	충남 홍성군 홍성읍 남창리 산 50
금북정맥 9구간	수락고개		충남 홍성군 홍성읍 옥암리 744-4
금북정맥 9구간	맞고개		충남 홍성군 구항면 마온리 산 51-1
금북정맥 9구간	하고개		충남 홍성군 홍성읍 옥암리 887
금북정맥 9구간	삼포쟁이고개		충남 홍성군 구항면 황곡리 산 27-2
금북정맥 9구간	백월산	394 m	충남 홍성군 홍성읍 월산리 산 71-6
금북정맥 9구간	까치고개		충남 홍성군 홍성읍 중계리 504-9
금북정맥 9구간	홍동산	308.9m	충남 예산군 덕산면 사천리 산 50-9
금북정맥 9구간	육괴정		충남 예산군 덕산면 운리 544
금북정맥 9구간	덕숭산(수덕산)	495.2m	충남 예산군 덕산면 대치리 산 88-2
금북정맥 10구간	광천고개		충남 예산군 덕산면 광천리 485-5
금북정맥 10구간	뒷산	449.1m	충남 서산시 해미면 대곡리 산 97-1
금북정맥 10구간	한티고개		충남 서산시 해미면 대곡리 산 92-1
금북정맥 10구간	가야산	678 m	충남 서산시 해미면 산수리 산 25-1
금북정맥 10구간	석문봉	656.8m	충남 서산시 해미면 대곡리 산 28-1
금북정맥 10구간	일락산	521 m	충남 서산시 운산면 용현리 산 5
금북정맥 10구간	상왕산	309.6m	충남 서산시 운산면 태봉리 산 5
금북정맥 10구간	가루고개		충남 서산시 운산면 갈산리 119-5
금북정맥 10구간	모래고개		충남 서산시 운산면 가좌리 157-8
금북정맥 10구간	동암산	176.3m	충남 서산시 운산면 가좌리 산 23
금북정맥 10구간	무로치고개		충남 서산시 운산면 갈산리 833
금북정맥 11구간	운산교차로		충남 서산시 운산면 갈산리 767-18
금북정맥 11구간	안산	149.9m	충남 서산시 운산면 갈산리 산 45
금북정맥 11구간	은봉산	282.3m	충남 서산시 음암면 탑곡리 산21-1
금북정맥 11구간	나분들고개		충남 서산시 음암면 도당리 1050-22
금북정맥 11구간	간대산	198.5m	충남 서산시 음암면 문양리 산 77
금북정맥 11구간	모과울고개		충남 서산시 음암면 율곡리 769
금북정맥 11구간	매봉산	113.5m	충남 서산시 성연면 명천리 148-6
금북정맥 11구간	갈현고개		충남 서산시 성연면 갈현리 46-11

구간	지점	고도	주소
금북정맥11구간	성왕산	252.3m	충남 서산시 성연면 왕정리 산 41-2
금북정맥11구간	성왕당고개		충남 서산시 성연면 일람리 산 120-1
금북정맥11구간	부엉산	165 m	충남 서산시 성연면 일람리 산 121
금북정맥11구간	내동고개		충남 서산시 온석동 온석동 581-25
금북정맥11구간	상여봉	186 m	충남 서산시 성연면 일람리 산 132
금북정맥11구간	77번국도		충남 서산시 갈산동 118-26
금북정맥11구간	솔개재		충남 서산시 성연면 일람리 산 261-3
금북정맥11구간	비룡산		충남 서산시 팔공면 금학리 산 136
금북정맥11구간	마전고개		충남 서산시 인지면 성리 612-3
금북정맥11구간	금강산	316.1m	충남 서산시 팔공면 금학리 산 142-6
금북정맥11구간	장군산	206.2m	충남 서산시 인지면 차리 산 36
금북정맥11구간	차리고개		충남 서산시 인지면 차리 645-19
금북정맥12구간	수량재		충남 서산시 인지면 차리 631-1
금북정맥12구간	문래봉		충남 서산시 인지면 차리 산 48-6
금북정맥12구간	팔봉중학교		충남 서산시 팔봉면 팔봉2로 133
금북정맥12구간	굴포운하		충남 태안군 태안읍 인평리 60-3
금북정맥12구간	도루재		충남 태안군 태안읍 도내리 973
금북정맥12구간	오석산	169 m	충남 태안군 태안읍 어은리 산 24-15
금북정맥12구간	강실고개		충남 태안군 태안읍 산후리 산 117
금북정맥12구간	백화산	284.7m	충남 태안군 태안읍 상옥리 산 139-2
금북정맥12구간	모래기재		충남 태안군 태안읍 남문리 387-13
금북정맥12구간	석산사거리		충남 태안군 태안읍 장산리 1127
금북정맥12구간	큰산(종산)	160 m	충남 태안군 원북면 양산리 산 128
금북정맥12구간	퇴비산	164.6m	충남 태안군 근흥면 두야리 402-5
금북정맥12구간	소원고개		충남 태안군 근흥면 두야리 산 116-1
금북정맥12구간	구수산	145 m	충남 태안군 근흥면 두야리 429-6
금북정맥12구간	유득재		충남 태안군 소원면 시목리 1024-1
금북정맥12구간	쉰고개		충남 태안군 소원면 영전리 산 172-2
금북정맥12구간	매봉산	101.5m	충남 태안군 근흥면 안기리 산 41
금북정맥13구간	밤고개		충남 태안군 근흥면 안기리 1021-5

금북정맥13구간	부흥산		충남 태안군 근흥면 마금리 산 126
금북정맥13구간	남산	89.2m	충남 태안군 근흥면 마금리 산 141
금북정맥13구간	후동고개	40 m	충남 태안군 근흥면 용신리 319-8
금북정맥13구간	근흥면농협		충남 태안군 근흥면 근흥로 704
금북정맥13구간	도항고개		충남 태안군 근흥면 도항리 564-13
금북정맥13구간	여수고개		충남 태안군 근흥면 도항리 728
금북정맥13구간	죽림고개		충남 태안군 근흥면 정죽리 661-14
금북정맥13구간	지령산	219.8m	충남 태안군 근흥면 정죽리 672-1
금북정맥13구간	안흥만 종점		충남 태안군 근흥면 정죽리 산 147-2

제2차 금북정맥 단독종주 1구간

칠장산 : 경기도 안성시 죽삼면 장계리 칠장산
이티재 : 충청북도 진천군 백곡면 양백리 이티재
도상거리 : 칠장산 22.8 km 양백리 이티재
운동시간 : 칠장산 10시간 10분, 양백리 이티재
휴식시간 : 칠장산 1시간 2분, 양백리 이티재
칠장사도착 7시 05분, 칠장사출발 7시17분,
칠장산3정맥분기봉 7시 52분, 칠장산 3 정맥분기봉출발 8시03분,
박문수몽중등과시 8시18분, 칠순비부도탑 8시29분, 칠현산515.7m 8시54분,
공림정상 513m 9시10분, 곰념이재 9시20분, 덕성산 정상 506m 9시40분,
470봉 도착 10시 26분, 470봉 11시28분 무티고개 11시 57분, 9.3km
사장골정상 도착 12시31분, 사장골정상 중식후 출발 12시50분, 무이산
갈림길 13시19분, 만디고개 13시26분, 고란이봉 411m 13시 59분,
옥정재 390m 14시18분, 덕주봉 헬기장 429m 16시06분 민둥고개
16시 56분, 장고개 17시27분, 이티재 (梨峙)370m 18시 15분, 22.8km

2019년 3월 16일 ~ 3월 18일 제2차 금북정맥 첫구간 2구간을 연달아 마쳤습니다. 오늘 날씨가 어제 꽃샘추위로 눈이 내려 칠

장산, 칠현산, 덕성산까지 설화를 보며 산행을 하게 되어 기억에 남기고 덕성산을 지나면서 날씨가 풀려 다행이었습니다만 오전에는 운무가 가득차 주위를 볼 수 없어 470.8봉에서 잘못된 정맥꾼 리본을 따라가다 되돌아와 첫구간 알바를 하고 무티고개를 지나면서 안개가 거쳐 산행에는 이상없이 이티재(梨峙)까지 마치고 내일 이어가기로 하고 하산한다. 진상귀(부산 山사람)

2019년 3월 16일

　2018년도 한남금북정맥 한남정맥을 마치고 금북정맥 종주차 3월15일 무궁화호 열차로 평택에 도착 찜질방 신세를 지고 아침 일찍 일어나 24시 식당에서 아침을 먹고 버스로 안성에서 죽산 칠장사에 도착하니 7시 5분이다. 상행 준비를 하고 경내를 한 바퀴 둘러보고 7시 17분 출발한다. 초입에 어사 박문수 합격 다리를 건너가는데 소원 리본이 수도없이 걸려 있어 나도 보시를 하고 리본에 금북정맥 무사완주를 기원한다는 리본을 하나 걸어놓고 출발한다.

어사 박문수 합격다리

때는 바야흐로 1723년 과거수험생 박문수는 두번의 낙방끝에 오늘날 '문과수시의 SKY'라고 할 수 있는 진사과에 당당히 수석합격하게 되었읍니다. 25세부터 도전한 시험을 8년만인 32세에 삼수끝에 장원급제한샘입니다. 박문수의 합격일화인 '몽중등과시(夢中登科詩)'는 유명한 이야기인데요, 박문수가 과거를 보러 한양으로 가는 길에 이곳 칠장사 나한전에서 기도를 드리고 잠이 들었는데 그날밤 꿈에 나한전의 부처님이 나타나 과거시험에 나올 시제(詩題)를 알려주어 박문수는 진사과에 급제하였고 암행어사와 병조판서까지 지냈습니다. 오늘날 칠장사 나한전은 각종 시험을 보는 사람들이 많이 찾아와 합격기도의 명소가 되고 있읍니다. 박문수 다리를 건너 칠현산으로 올라가면 어사 박문수길이 펼쳐져 있습니다. 천년고찰 칠장사와 칠장사를 품은 칠현산의 정기를 받으며 어사 박문수의 전설을 따라 함께 걸어볼까요? 옮겨온글

리봉이 주렁주렁 달려있는 어사 박문수 다리를 건너가다 오른쪽으로 둘레길을 따라 칠장사 뒷길로 오르막을 올라 7시 46분 칠현산 갈림길에 올라서 3 정맥 분기점에 올라서니 7시 52분이다. 이곳은 1차종주때 3차래 2차종주로 3차래 온 곳이다. 오늘은 금북정맥 시발점으로 첫발을 내딛는 의미로 감회가 새롭다. 어제내린 때 아닌 눈으로 안내판이 얼어붙고 나뭇가지에 설화(눈꽃)가 아름답다.

오늘도 사진도 찍고 금북정맥 완주때까지 안전산행 무사산행을 기원하고 8시3분 출발해 내리막을 내려 5분후 칠장사 갈림길을 지나고 잘나있는 능선길을 오르내리며 어사박문수시길 삼거리를 8시18분 지나간다. 어사 박문수는 1691년(숙종17)-1756년(영조32)어사 박문수가 칠장사 나한전에서 기도후에 꿈속에서 해소국사에게 계시를 받고 지어 장원급제한 시이며 마지막 구절만 박문수가 완성했다고 전해진다.

落照吐紅掛碧山 寒雅斥盡白雲間 問津行客鞭應急 尋寺歸僧杖不閒

토해내 듯 넘어가는 붉은빛은 푸른 산에 걸리고 기러기는 흰 구름 사이로 사라진다 나루를 찾는 나그네는 채찍이 급해지고 깊은 절로 돌아가는 스님의 지팡이는 한가롭지 않네 :
　　　放牧園中牛帶影 望夫帶上妾底鬢 倉煙古木溪南里 短髮樵童弄苗還
　　초원에서 풀 뜯는 소는 그림자 길게 드리우고 댓돌 위에서 서방 기다리는 아낙의 쪽머리는 뒤로 처진다 저녁 푸른 연기는 고목 사이 남쪽마을 계곡에 피어오르고 떠꺼머리총각은 풀피리 불며 돌아오는구나 :

　　칠장사 삼거리를 지나며 능선 오르막을 올라 구 헬기장에 올라서니 8시24분 (국가지점번호 라 바 9030 9144)지나고 왼쪽으로 내리막을 내려 안부 돌무덤이 있는 칠순비 부부탑에 내려서니 8시29분이다.(국가지점번호 라 바 9036-9130) 부부탑 칠순비는 돌무덤 앞에 있는데 무슨 사연이 있는 것 같은데 알 수 없고 부부탑을 지나면서 오르막을 오르며 가파른 오르막을 한동안 오르는데 나뭇가지 설화가 아름다워 감상해가며 숨을 몰아쉬며 칠현산(515.7m)정상에 올라서니 8시54분이다. 정상에는 돌탑 위에 칠현산 560m 표지석이 있고 표지석 앞에 (1976.건설부 24)삼각점이 있다.
　　　　　　　　　　　좌표 【 N 37″ 00″ 33.4″ E 127″ 23″ 53.5″ **】**
　　2008년 3월 2일 1차때 있던게 11년만에 왔는데도 변한 게 없고 등산로만 등산객이 많이 다녀 길이 잘나있다. 1차때 기록을 보니 그때도 눈이 왔었는데 오늘도 주위는 운무가 가득차 멀리는 볼 수가 없고 아름다운 설화만 만끽한다. 마루금은 오른쪽이며 왼쪽은 명적암으로 내려간다.(국가지점번호 라바 9075-9040) 마루금은 잘나있는 길을 따라 오르락내리락 공림정상(513m)에 올라서니 9시 10분이다.

좌표【 N 37" 00" 21.3 E 127" 24" 00.7" 】

정상 이정표에 칠장사 3.3km 칠현산 0.48km 덕성산 1.3km이며 표지석에는 희미하게 공림 정상이란 게 보인다. 공림정상에서 덕성산 가는 길은 길이 양호하며 10분 후 곰넘이재를 지나 나직한 오르막을 올라 덕성산 갈림길에서 2008년 3월 2일 1차때는 바로 지나갔는데 이번에는 잠시 덕성산에 올라가 사진한판 찍어둔다.

좌표【 N 36" 59" 43.1" E 127" 23" 55.4" 】

덕성산 정상에는 선임자들에 의하면 전망이 좋아 볼거리가 많다고 하였는데 오늘은 운무가 가득해 전망을 볼 수 없고 정상에는 돌탑위에 덕성산 519m 표지석과 돌탑 아래에도 검정오색 표지석(덕성산 519m)이 있다. 삼거리에서 덕성산에 왕복 8분 소모되고 삼거리 이정표에 '생거진천' 옥정재 6.29km 무술마을 2.2km 병무관 3.5km 이며 마루금은 오른쪽 옥정재쪽으로 이어진다. 삼거리에서 9시45분 마루금을 따라 오른쪽으로 능선 내리막을 내리며 안부 삼거리를 9시59분 지나며 약간에 오르막을 올라 잘나있는 능선을 오르내리며 414봉을 10시5분지나 능선을 가다 오르막을 한동안 올라 454봉 삼거리에서 10시26분 왼쪽으로 가야하는데 종주자 리본을 따라 오른쪽으로 간간에 리본을 따라 내리막을 내려 안부에 내려서 철탑에 올라서 아무래도 이상해 지도를 찾아보니 어디서 떨어졌는지 없고 운무가 가득차 멀리 볼 수 없어 트렝글에 나오는 것을 보니 반대편 큰골봉 쪽으로 가고 있어 다시 돌아가 458봉에 올라서니 무려 한시간 허비하고 약 2km를 알바하고 나니 힘이 쭉 빠진다. 마루금을 따라 삼각점이 있는 460봉에 올라서 11시36분 왼쪽으로 내리막을 한동안 내려 무티고개를 11시57분 지나간다. 무티고개에는 옛 고갯길로 되어있다. 무티재를 지나 오르막을 올라 사장골산 정상에 올라서니 12시 30분이다. 사장골산 정상에는 별다른게 없고 표지판만 한게 걸려있다. 시장기가 들어 점심을 먹고 12시50분 출발해 능선을 오르락내리락 몇개의 봉을 넘어 무이산 갈림길에 올라서니 13시19분이다. 무이산은 마루금에서 벗어나 있어 마루금을 따라 오른쪽으로 급경사 내리막을 내려 만디고개에 내려서니 13시26분이며 고개에는 옛길로 돌탑이 있다. 만디고개 아래에는 평택-제천 고속도로 터널이 지나가고 오르막을 오르며 작은봉을 두개넘고 오르막을 올라서 고라니봉에 올라서니 13시59분이다. 정상에는 반바지가 걸어놓은 금북정맥 고라니봉 411m 표찰이 나무에 걸려있고 목판에 희미하게 고라니봉이라 쓰여 있다. 마루금은 왼쪽으로 급경사 내리막을 내려오며 10분후 파란망으로 길이 막히고 오른쪽으로 잘나있는 길을 내려오다 절개지 내려오는데 미끄러질라 조심조심 내려와 산판길을 따라 임도끝 차단기를 지나 옥정재에 도착하니 14시 18분이다.

좌표【 N 36" 57" 27.26" E 127" 23" 13.4" 】

옥정재는 경기도 안성시 금광면에서 충북 진천군 이월면을 넘는 고개로 생명과 태양의 땅 충북을 알리는 커다란 남녀 인형이 있으며 화풍의 고장 이월면 이란 커다란 표지석이 있으며 차마루 커피집이 있다. 옥정재에 내려와 보니 커피집 뒤로 공사하는 걸로 보아 길을 가로막아 돌아오게 만들어 놓았다. 마루금은 이월면 표지석 앞에서 오른쪽으로 임도를 따라가다 왼쪽 능선으로 올라가다 구.헬기장을 14시 41분 지나 삼각점이 있는 옥정산(409.9m)정상에 올라서니 14시 44분이다.

좌표【 N 36" 57" 19.1" E 127" 22" 54.2" 】

정상에는 금북정맥 옥정산 410m 표찰이 있고 삼각점(진천 412 위도 36도 57분29초 경도 127 도 57분29초)이 있다. 마루금은 왼쪽(남쪽)으로 내리막을 내리며 잘나있는 능선길을 내려 10분후 안부에 내려섰다 오르막을 오르며 철탑(국가지점번호 다 사 8894-8335)을 지나 능선을 올라서 무명봉에서 오른쪽으로 잘나있는 능선을 오르내리며 15시33분 부터 10여분간 산판길을 따라가며 가파른 오르막을 올라 덕주봉 정상(470m)에 올라서니 16시6분이다. 덕주봉 정상에는 거대한 헬기장이 있으며 전망이 좋아 지나온 마루금과 가야할 마루금을 가름해 본다.

좌표【 N 36" 56" 41.0" E 127" 21" 35.9" 】

헬기장(470.8m)에서 잠시 쉬면서 사방을 관망하고 마지막 간식을 먹고 16시 20분 출발해 서쪽으로 오던 마루금은 오른쪽(북쪽)내리막을 한동안 내리며 왼쪽 샘골을 내려다보며 벌목지를 지나고 무명봉을 넘으며 북쪽으로 오던 마루금은 다시 서쪽으로 잘나있는 편한길 능선을 오르내리며 16시52분 무명봉을 넘어 왼쪽(남서쪽)으로 가파른 내리막을 내려 장고개에 내려서니 16시 56분이다. 장고개는 구레올골에서 새터를 넘든 옛길인데 지금은 왕래흔적이 없으며 안부를 지나고 왼쪽(남쪽)으로 오르막을 한동안 올라 잘나있는 편안한 능선길을 오르내리며 442봉에 올라서니 17시13분이다.

좌표【 N 36" 56" 29.3" E 127" 20" 43.9" 】

남쪽으로 오던 마루금은 오른쪽(서남쪽)급경사 내리막을 내려 고압 철탑(국가지점번호 다. 바 8582-8277) 밑을 17시18분 지나고 2분후 고압철탑(154 KV 서운만승 T/L NO 29)을 지나 내리막을 한동안 내려 연안이씨 숭모원 숭본경시(延安李氏 崇慕苑 崇本敬始) 납골당을 17시26분 지나 포장길을 내려서 2분후 오른쪽 능선 오르막 나무계단을 숨을 몰아쉬며 한동안 올라 17시37분 무명봉에 올라 잘나있는 능선길을 오르내리며 17시45분 작은봉을 넘고 편한길 능선을 오르내리며 구 헬기장을 17시51분지나 능선 오르막을 올라 자그마한 삼각점이 있는 422봉를 17시55분 지나고 내리막을 내려 왼쪽에 골프장 도로를 내려다보며 능선을 오르내리며 작은봉을 2개 넘어 절개지 급경사를 밧줄을 잡고 내려서 배티고개(이티재)에 내려서니 16시14분이다.

좌표【 N 36" 55" 53.7"　E 127" 19" 19.3" 】

배티고개(梨峙)에는 중앙 컨트리클럽 입구 간판이 있고 생거진천 백곡면 커다란 표지석 있으며 인형안내판(생명. 태양의 땅 충북)이 있다. 배티고개는 경기도 안성에서 충청북도 진천을 넘는 고개로 313번 지방도로이며 차량이 많이 왕래한다. 2008년 3월2일 일차때와 인형 표지판이 바뀌었다. 1차때는 알바를 안해 시간이 단축되었었는데 시간이 많이 걸린 셈이다. 10년이면 강산도 변한다고 했는데 11년 전에 67세 때와 78세는 변한 게 많으며 그래도 작년 (2018년)에 한남금북정맥 완주 한남정맥 완주에 이어 제2차 금북정맥 한북정맥을 올해 마치기 위해 금북정맥 첫구간을 아무 사고없이 마무리 하고 내일 연이어 2구간 종주를 위해 마무리 한다. 이곳은 버스시간이 안맞아 지나가

는 승용차를 얻어 타고 상촌마을 금광휴게소 시내버스 종점까지 태워줘 종점에서 7시20분 막차를 기다리며 산마루 식당에서 저녁을 먹고 시내버스로 안성시내에 내려와 여관(25,000)을 정해 사워를 하고 내일 산행때 먹을 것을 준비하고 무사히 도착하였다고 집으로 전화를 하고 잠자리에 들어간다.

제2차 금북정맥 단독종주 2구간

배티고개-유량리고개

　제2차 금북정맥 종주차 안성숙소에서 아침 일찍 일어나 식당에서 아침밥을 먹고 출발해 어제에 이어 배티고개(梨峙)에서 출발해 서운산 엽돈재 부소산 부소문이고개 위례산성 우물목고개 성거성지 성거산 태조산 유량리고개 까지 어제보다 약 4km가 멀다. 어제에 이어 약간에 걱정은 되지만 단단한 각오로 출발한다. 배티고개는 조선시대 반역의 뜻을 품은 신천영(申天永)의 무리와 북병사를 지낸 이순곤(李順坤)의 의병이 싸운고개인데 신영천이 패하자 이 고개를 '패한고개'라 하여 패티(敗峙)라 하였고 음이 변하여 배티가 되었다고 전해진다. 그러나 이와같은 전설은 믿을 수 없고 배나무와 관련된 이름으로 여겨진다. 배티고개(梨峙)는 충청북도 진천군 백곡면 이티마을에서 경기도 안성시 금광면 상중리 상촌마을을 넘는 고개로 여러 전설 중에서 이곳에 배나무가 많이 있어 배나무이(梨)고개치(峙)로 배치고개 또는 梨峙로 불리우며 백곡면 양백리 이치마을에서 유래된다.

이티재 : 충청북도 진천군 백곡면 양백리 이티재
유량리고개 : 충청남도 천안시 동남구 목천읍 지산리 유량리고개
도상거리 : 이티재 25.6 km 유량리고개
운동시간 : 이티재 11시간 4분, 유량리고개
휴식시간 : 이티재 1시간 6분, 유량리고개

이티재 도착 6시 57분, 이티재출발 7시 05분
쉼터 7시 22분, 0.7 km   : 석남사갈림길 7시 55분, 2.1 km
삼각점 8시 07분, 2.4 km   : 서운산정상 8시 10분, 2.5 km
서운산출발 8시 13분   : 헬기장 삼거리 8시 16분, 2.7 km
삼거리 쉼터 8시 23분, 3.2 km   : 임도삼거리갈림길 8시 57분, 4.4 km
암산(청룡봉) 9시 25분, 5.7 km   : 엽돈재 10시 02분, 7.5 km
만뢰지맥분기봉 10시 18분, 7.8 km : 부소산정상 10시 42분, 8.9 km
부소문이고개 11시 20분, 10.3 km : 쉼터중식 11시 51분, 11.4 km
중식후출발 12시 07분   : 돌탑.삼각점 12시 30분, 12.1 km
위례산정상 12시 38분, 12.7 km   : 갓봉(544m) 13시 03분, 13.4 km
우물목이고개 13시 20분, 14.0 km : 사리목고개 13시 39분, 14.8 km
성지산성지 13시 55분, 15.6 km   : 군부대갈림길 14시 21분, 16.8 km
성거산정상 14시 41분, 17.6 km   : 성거산출발 14시 48분,
만이사갈림 15시 06분, 18.1 km   : 걸마고개 15시 26분, 19.1 km
유량골고개 15시 48분, 20.2 km   : 태조산 16시 45분, 22.5 km
태조산출발 16시 54분 : 삼각점봉 17시 08분 23.1 km
아홉사리고개 17시 54분, 24.3 km : 유량리고개 18시 11분 25.6 km

 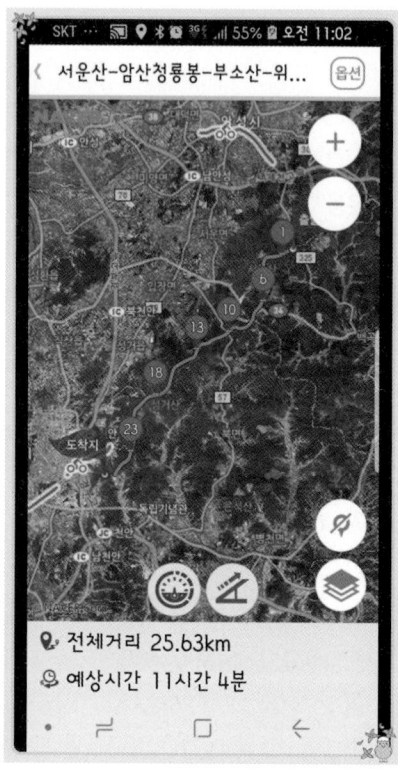

2019년 3월 17일 맑음

　아침 일찍 숙소에서 나와 24시 분식점에서 아침 식사를 하고 중식도 챙기고 나와 아침 일찍 버스가 없어 택시로 (17,000)배티고개에 도착하니 6시57분이다. 택시기사에게 부탁해 사진 한 판 찍고 산행준비를 하고 7시5분 산행에 들어간다. 오늘은 어제보다 거리도 멀고 연이어 이틀째 종주산행이라 걱정은 되지만 자고나니 피로가 좀 풀려 무거운 마음으로 산행에 들어간다. 산행 초입은 生居鎭川 백곡면 표지석 뒤에서 출발한다.

좌표【 N 36" 55" 53.7" E 127" 17" 19.3" 】

배티고개는 충북 진천군 백곡면에서 안성시 금광면 상중리를 넘는 고개로 이티재(梨峙) 370m 표지판이 있고 생명과 태양의 땅 충북을 알리는 인형 표지판이 있으며 백곡면 번영회에서 새운 生居鎭川 백곡면 표지석이 있으며 초입은 등산로가 잘되어 있다. 초입부터 오름길도 편한길 오르막으로 초입은 수월하게 시작하여 오른쪽(서쪽)으로 밧줄 설치길을 따라 오르막을 오르며 왼쪽으로 잘되어 있는 오르막을 올라 455봉에 올라서 6인묘 삼거리에 올라서니 7시22분이다. 삼거리에는 여기서부터 배티

성지 순례길 배티성지 둘레길을 알리는 표지판이 있고 삼거리 이정표에 왼쪽은 무명 순교지 6인 묘이고 정상은 직진으로 3분쯤 올라가 쉼터를 지나고 잘나있는 능선길 오르막을 곳곳에 로프 설치길을 올라 석남사 삼거리 이정표(배티고개 1.8km 석남사 1.6km 서운산 자연휴양림 2.2km 서운산정상 0.5km)를 지나고 두번째 석남사 갈림길을 7시55분 지나 능선 오르막을 올라 삼각점에 올라서니 8시7분이다. 이곳에는 야영하는 등산객이 이제서야 일어낫는지 텐트 안에서 사람소리가 들리며 놀란 표정으로 밖을 내다본다. 표지석이 있는 서운산 정상은 50여미터 위에 있다. 약간에 내리막을 내려서 쉼터와 놀이터가 있는 삼거리에서 오른쪽으로 올라가면 정상이다. 표지석이 있는 서운산 정상에 올라서니 8시10분이다.

좌표【 N 36" 55" 39.0" E 127" 17" 55.2" 】

서운산은 경기도 안성시 서운면 철룡리에 있으며 경기도 시도기념물 제81호 서운산성이 있다. "경기도 기념물 제 81호" 성의 둘레가 600m 정도인데 지금은 너비 2m이고 높이가 1m쯤 되는 토루가 약 300m 남아있다. 남문과 북문터로 추정되는 곳이 있다. 성안에 높이가 2m이고 너비가 1m의 석불이 있고 남문터 아래로 근래에 새운 약천암과 토굴이 있으며 동남쪽 1km쯤 청룡사가 있다. 임진왜란 때에 의장병 홍계남(洪系南)과 이덕남(李德男)장군이 왜군을 격퇴한 엽둔령(葉屯嶺)이 진천군과의 경계인데 홍계남이 서운산 정상에 쌓은 성을 우산성(右山城)이라하고 덕봉리 앞산에 이덕남 장군이 쌓은 성을 좌산성(左山城)이라고 한다. 기록에는 서운 고성의 둘레가 3리라 하고 금강고성의 둘레를 5리라 하였다. 산 아래 홍계남 장군이 쌓은 곳에도 토성이 있다고 한다. "서운산성" 이성은 서운산(瑞雲山)의 서쪽 능선에서 서남방향으로 해발 535m 에서 460m 지점까지 골짜기처럼 비탈진 사면(斜面)을 삼테기 모양으로 둘러싼 반면식(半面式) 토축산성(土築山城)이다. 둘레는 약 620m이고 성벽의 높이는 6~8m이며 성벽 윗부분의 너비는 2~4m 인데 성터 안쪽의 흙을 깎아 판축(版築)한듯 성벽 안쪽이 내황(內隍)처럼 파여져 있다. 동서 양쪽 끝이 높게 된 말 안장 모양의 북벽은 거의 자연지처가 있으며 용굴이라 불리는 작은 동굴도 있다. 성 안에서 출토되는 유물로 보아 삼국시대(三國時代)에 축조된 것이라 여겨지는데 임진왜란(壬辰倭亂) 때에 홍계남(洪系男)장군이 수축(修築)하여 방어전(防禦戰)을 전개하였던 곳이기도 하다. 옮겨온글

서운산 정상에는 2008년 1차때 있던 표지석이 그대로 있고 전망대를 새로 만들어져 있으며 전망대 위에는 어젯밤 야영한 사람들이 여럿이 있고 벌써 일찍 올라온 사람들도 있다. 야영한 젊은이에게 부탁해 사진 한판 찍고 삼거리에 내려와 마루금은 따라 헬기장 못가서 왼쪽(남쪽)으로 엽돈재 이정표를 따라 가파른 내리막을 내려간다. 2008 년 1차때는 헬기장에서 내려온 기

억이 있는데 헬기장 50여미터 전방 갈림길에서 내려간다. 이정표에 청룡사 2.35km 엽돈재 5.3km 서운산 정상 0.15km 이다. 8시15분 서쪽으로 오던 마룩금은 남쪽으로 가파른 내리막을 내려 안부쉼터에 내려서니 8시23분이다. 이곳은 삼거리로 오른쪽은 청룡사 가는 길이고 마루금은 직진으로 잘나있는 능선길을 오르락내리락 하며 7분후 가파른 오르막을 올라 460봉을 8시36분 넘고 작은 봉들을 오르락내리락 하며 왼쪽에 임도(산판길)을 내려다보며 잘나있는 편한길 등산로를 오르락내리락 임도 삼거리 이정표를 8시57분 지나며 마루금은 오른쪽(서남쪽)으로 잘 나있는 등산로를 오르락내리락 좌우로 들락거리며 왼쪽에 히든벨리 GC 골프장을 내려다보며 편한길 등산로를 따라가다. 암산(청룡산)정상에 올라서니 9시25분이다.

좌표【 N 36" 54" 00.0" E 127" 18' 03.3" 】

　암산(청룡산)은 잘나있는 길을 따라가다 왼쪽에 삼각점이 있는 정상인데 트랭글 빼찌가 들어와 알 수 있지 지름길로 가다보면 지나칠 수 있는 봉이다. 정상에는 자그마한 C급 삼각점이 있고 금북정맥 395.4m 준희 표찰이 걸려있고 전망을 별로다. 사진 한판 찍고 오른쪽으로 내리막을 내려 오른쪽 아래 진천 입장간 도로 터널 위를 지나 능선을 오르락내리락하며 작은봉을 9시38분 지나고 능선을 가다 9시51분 무명봉을 넘어 왼쪽에 백곡에서 올라오는 45번 국도를 내려다보며 편한길 능선을 한동안가다 왼쪽으로 가파른 내리막을 한동안 내려 엽돈재 45번 국도에 내려서니 10시2분이다. 도로가에 충절에 고장 충남입니다 란 커다란 표지석이 있고 공터에 서울에서 온 등산객 관광버스가 한대있고 마루금은 진천쪽으로 약 200m 가면 생거진천(生居鎭川)이란 커다란 표지석이 있다.

좌표【 N 36" 53" 27.5" E 127" 17' 30.9" 】

　엽돈재는 충북 진천군 백곡면에서 충청남도 천안시 입장면을 넘는 34번 국도로 우리나라에서 삼도고개로 유일한 곳이다. 우리나라에서 백두대간(白頭大幹)에 삼도봉(三道峰)은 지리산 삼도봉(三道峰) 대덕산 삼도봉(三道峰) 영동 삼도봉(三道峰)이 있으며 大幹과 正脈을 지나며 三郡峰과 三面峰은 종종 있으나 삼

계도를 지나는 고개는 대간과 정맥을 통틀어 이곳이 유일하다. 엽돈재 북쪽은 경기도 동남쪽은 충청북도 서남쪽은 충청남도이다. 등산로 입구에는 진천 로타리클럽에서 세운 生居鎭川이란 커다란 표지석이 있으며 약 100여미터 진천쪽 도로가에 충청북도 생거진천 백곡면입니다. 란 커다란 표지석이 있으며 이정표에는 부소산 1260m 만뢰산 9.77km 보답사 11.22km 로 되어 있다. 10시 7분 엽돈재를 출발해 오르막을 한동안 올라 만뢰지맥 분기봉에 올라서니 10시18분이다. 만뢰지맥 이정표에 부소산 1000m 만뢰산 9.66km 보탑사 10.93km 서운산 5070m 엽돈재 0.29km이며 마루금은 경기도와 충청북도를 벗어나 충천남도 천안시에 접어들며 오른쪽으로 잘나있는 오르막을 오르며 부소

산(459m) 정상에 올라서니 10시 42분이다.

좌표【 N 36" 53" 05.5" E 127" 18" 59.7" 】

　부소산 정상에는 삼각점이 있으며 화강석 사각 말뚝 표지석(부소산 495m)이 있다. 부소는 솔(松)의 뜻이며 백제 온조왕이 위례성에 도읍을 정한 곳이며 직산(하남위례성)의 진산이다. 부소산 정상에서 인증샷을 하고 20여미터 돌아와 오른쪽(북서쪽)으로 내리막을 내려 양대리삼거리 이정표(위례산성 3310m 부소산 340m)를 지나면서 왼쪽(서남쪽)으로 편한길 능선을 걸으며 왼쪽 벌목지를 내려서 11시9분 안부를 지나고 약간에 오르막을 올라 작은봉을 넘어 전주최씨묘(全州崔公諱載奎 配孺人 淸州郭氏墓)를 11시15분 지나 부수문이고개 생태통로에 내려서니 11시21분이다.

좌표【 N 36° 53" 27.5" E 127° 17" 30.9" 】

2008년 1차때는 도로에 내려서 도로를 건너 부수문이고개 표지석 뒤로 올라갔었는데 생태통로가 생기면서 오른쪽은 입장면 내려가는 길이고 생태통로를 건너가면 북면에서 올라오는 잘나있는 등산로와 만난다. 부수문이고개 생태통로를 지나면서 등산로를 잘 정돈하였고 나무계단을 한동안 오르고 잘나있는 편한길 오르막을 오르며 위례산 오르는 등산로는 등산객이 많이 오르내려 일명 산길고속도로 같다. 잘나있는 등산로를 따라 올라가다 국가지점번호 다.바 7825-7566번을 12시20분 지나고 이정표가 있는 양대리 삼거리를 12시25분 지나간다. 이정표에

입장 양대리 2.1km 부수문이고개 2.1km 위례산 0.3km 이며 국가지점번호 다.바 7811-7574이며 마루금은 왼쪽으로 5분쯤 오르면 쉼터가 있고 돌탑 2개가 있고 삼각점이 있는 봉에 올라서니 12시 35분다.

좌표【 N 36" 52" 36.9" E 127" 15" 22.5" 】

위례성은 삼각점에서 왼쪽으로 3 분 거리이며 정상석이 있는 위례산성 정상에 올라서니 12시38분이다.

좌표【 N 36" 52" 32.6" E 127" 15" 13.7" 】

위례산성 정상에는 정상석이 3개 있으며 전망이 좋아 사방을 관망할 수 있고 성터 흔적이 있다.

천안 성거산 위례산성(天安聖居山慰禮城)

지정별 : 기념물 제 148호

지정년월일 : 1998년 7월25일

위치 : 천안시 북면 운용리 산 81의 2

이 산성은 해발 523m 인 위례산 정상을 둘러싸고 있는 태뫼식 산성으로 둘레는 950m 정도다. 성벽은 토.석 혼축공법(土石 混築工法)과 석축공법(石築工法)의 이중 구조로 이루어져 있다. 흙과 돌을 혼합하여 쌓은 부분을 가연암반을 평탄하게 고른 후 1.5m 너비로 2 열로 돌을 평행으로 쌓고 그 위에 흙과 잡석 및 기와조각을 섞어 쌓았다. 현제 남아있는 성벽의 높이는 1.5m 정도 이다. 돌로 쌓은 성벽은 경사가 급한 40m 구간에만 남아있는데 주로 자연활석으로 쌓았으며 현제 높이는 4m 정도이다. 이 城은『삼국유사』의 기록에 의해 백제의 도읍지였던 위례성으로 보기도 하나 조사결과 도읍성(都邑城)이라기보다는 방어를 위한 산성으로 보인다. 산성이 자리한 위례산은 충남지역을 동북에서 서남으로 비스듬히 가로지르는 금북정맥에 위치하고 있으며 이 일대에서 가장 높은 해발 579m의 성거산과는 직선거리로 3.5km 정도 떨어져 있다. 위례산성에 대한 학술조사가 이뤄진 것은 1989년으로 거슬러 올라간다. 초창기는 7일간에 걸친 간단한 시굴조사를 통해 토. 석 혼축성임을 확인했다. 축조시기가 백제시대까지 소급될 가능성이 있음이 가시화 됐다. 뒤이어 1995년 5월에서 7월에 걸쳐 다시한 번 시굴 조사가 이루어졌고 이를 바탕으로 1996년 9월에서 11월 사이에는 기초적인 발굴조사가 추진됐다. 이를 통해 성벽의 축성법과 함께 정상부에서 제사를 지내던 것으로 추정되는 유구와 토제마 철제마 등 관련 유물이 출토됐다. 유물은 지표상에서 수습된 것도 있고 토성벽 안에서 발견된 것도 있다. 성벽의 기지부에서 출토된 것으로 볼때 위례산성의 축소상한은 4세기에서 5세기 전반경에 이른다는 사학계의 통설이다. 이밖에도 여러 통설이 전해지고 있다. 옮겨온글

　　12시44분 위례산을 출발해 내리막을 한동안 내려 5분후 안부삼거리에 내려선다. 안부삼거리 이정표에 우물목고개 2.2km 위례산 0.2km 군단이 2.1km이며 국가지점번호(다.바 7768-7534)가 있다. 안부를 지나 암능 오르막을 한동안 오르고 가파른 오

르막 나무계단을 올라 갓봉(촛봉)에 올라서니 13시3분이다. 정상 이정표에 위례산 0.9km 성거산 4.1km 북면 납안리 2.9km 이며 반바지가 걸어놓은 금북정맥 촛봉 464m 표찰이 이정표에 걸려있다.

좌표【 N 36" 52" 06.3" E 127" 15" 05.0" 】

촛봉 정상에서 마루금은 오른쪽(서쪽)으로 나무계단을 기루하게 내려 우물목 고개에 내려서니 13시20분이다. 우물목고개에는 무당이 제를 올리는 곳인가 울긋불긋한 천으로 나뭇가지에 장식해놓고 여기저기 돌탑(서낭당)이 있다. 2008년 1차때도 이곳을 지날때 똑같은 게 있었는데 11년이 지난 지금도 매년 바꾸어 놓는지 지금도 화려하게 있다.

좌표【 N 36" 51" 46.8" E 127" 14" 19.1" 】

우물목 고개는 천안시 입장면 호당리에서 북면 납안리를 넘는 고개로 고갯마루에 좋은 물이 나는 우물이 있어서 우물목 고개라는 이름이 붙었다. 조선시대에 우물목 고개에는 정항원(井項院)이 있었다. 원(院)은 조선시대에 관원이 공무로 지방을 다닐때에 숙시를 제공하던 곳을 말하는데 그렇기에 주변에 주막도 있었다. 고갯마루에 좋은 물이 나는 우물이 있으니 오가는 사람들이 쉬었다 가기도 하고 과거를 보러가는 나그네들도 쉬어가는 곳이었다. 그런데 우물 윗쪽에 조선시대 문신인 김자점(金自點)일가의 묘가 있어 김자점 집안이 역적으로 몰린 뒤 과거를 보러가던 선비가 묘 밑의 우물을 마시면 재수가 없어 과거에 합격하더라도 역적이 된다는 소문이 퍼져 그때부터 우물을 찾는이도 없고 원(院)과 주막도 폐쇄되었다. 좋은 물도 사람들의 사랑을 받던 우물이 단지 역적집안의 묘 밑에 있다는 이유로 사람들로 부터 외면을 당하고 재수없는 우물로 전해진다. 마루금은 우물목고개 언덕바지를 올라 잘 나있는 길을 오르내리며 10분후 고압철탑(국가지점번호 다.바 7676-7538)을 지나고 5분후 다시 철탑을 지나 능선 내리막을 내려 운동기구가 있는 사리목 고개에 내려서니 13시39분이다.

좌표【 N 36" 51" 57.04" E 127" 14" 11.60" 】

사리목 고개는 천안시 입장면 호당리에서 북면 납안리를 넘는 포장도로이며 마루금은 삼거리에서 군부대 도로를 따른다.

이곳부터는 지루한 포장길이며 13분후 체육시설을 지나고 성거산 성지 제 1 줄무덤을 13시54분 지나간다. 이곳은 신유박해 (1801년)부터 병인박해(1866년)가 끝날때까지 박해를 피해 신자들이 비밀리 모여 살던 교우촌이 형성되었던 곳이며 특히 프랑스 선교사 신부들이 은신처로 사용하며 사목활동을 하였던 곳이기도 하다.

또한 성거산 교우촌 출신 순교자 23명중 병인 박해때에 순교한 소학골 출신 5 명의 순교자들과 많은 무명 순교자들의 묘소가 있는 천주교 성지(聖地)이다. 성거산 성지를 지나고 4분후 성거성지 제 2 줄무덤을 지나고 계속해서 도로를 따라가며 물이 부족해 주차장에 쉬어있는 차에 염치를 무릅쓰고 물이 있으면 좀 달라고 하니 물은 없고 어름이 섞어있는 냉커피 한잔을 줘 마시며 얼음이 있어 시원하게 먹으며 도로를 따라 계속해 가며 공사중인 곳을 지나고 군부대 갈림길에 도착하니 14시21분이다. (도로거리 트렝글로 2.1km 소요시간 43분) 마루금은 군부대 삼거리에서 군부대 도로를 버리고 왼쪽길로 들어서 군부대 옆길(비탈길)로 들어서 3분후 나무다리를 건너고 비탈길 오르막을 올라 능선 마루에 올라서니 14시27분이다. 오른쪽 위 군부대를 올려다보며 고개를 넘어 내리막을 내려가며 나무계단을 한동안 내려 군 부대옆 비탈길을 돌아 나무다리를 건너고 갈림길에서 왼쪽으로 가파른 오르막을 올라 표지석이 있는 성거산 정상에 올라서니 14시41분이다.

좌표【 N 36" 50" 54.5" E 127" 13" 46.5" 】

성거산은 천안 시가지에서 동북쪽의 명산이다. 성거산은 고려 태조 왕건이 삼국통일을 이룩하기 위하여 동서분주 할때 직산면 수헐원에서 잠시 머무는 동안 동쪽산을 바라보니 오색구름이 영롱함을 보여 신령이 사는 산이라 여겨 성거산이라 하고 친히 이곳에 와서 제사를 지냈다고 한다. 조선시대에는 세종대왕도 이곳에 와서 제사를 지냈다는 기록이 있다. 성거산의 서쪽 산 중턱에는 천년사찰 만일사가 있으며 만일사 경내에는 오층석탑(충남 문화제 자료 254호)과 아매불(충남문화제 255호)등 문화제가 여러점이 있다. 특히 문화제 256호 석가여래상은 자

연 동굴안 암벽에 조각한 좌상으로 불교의 창시자인 석가모니 부처님을 형상화한 것으로 머리부분은 육계가 없이 동굴로 되어있고 이마에는 흰 유리구슬로 백호를 끼웠다. 얼굴모습은 눈을 감은형태이고 머리부분은 잘려 나갔던 것을 다시 붙였다고 한다. 석탑이나 아매불상은 양식이나 유물로 보아 고려시대의 작품으로 예상한다. 성거산 정상은 공군부대가 위치하고 있고 현재 성거산 정상석은 서남쪽 100여미터 떨어져 있다. 2008년 이곳을 지날때는 정상석 있는 곳이 협소하였는데 지금은 사람들이 많이 다녀서 인지 넓은 공터에 쉼터도 있으며 삼각점은 조금 떨어진 암봉 위에 있다. 삼각점(평택 22 1991 재설)에 인증샷을 하고 암봉에 올라온 젊은이에게 부탁해 사진 한판 찍고 14시48분 출발해 급경사 내리막을 내리며 10분후 (국가지점번호 다.바. 7509-7236 태조산 주 등산로 제 30지점)을 지나고 때로는 나무계단도 내리고 5 분후 (국가지점번호 다.바 7493-7229 태조산 주 등산로 제29지점)을 지나고 내리막을 내려 만일고개 만일사 삼거리에 내려서니 15시6분이다.

좌표【 N 36" 50" 44.5 E 127" 13" 29.6" 】

만일사 사거리 이정표에 오른쪽은 만일사 1.0km 왼쪽은 승전리 1.3km 성거산 정상 0.6km 각원사 2.7km 이며 쉼터 넓은 평상이 놓여있고 (국가지점번호 다.바 7478-7230 태조산 제28지점)있다. 마루금은 평상 뒤편으로 나무계단을 한동안 오르고 4

분후(국가지점번호 다.바 7459-7224 태조산 제27지점)을 지나고 잘나있는 능선길을 올라 (국가지점번호 다.바 7439-7216 태조산 제26지점)을 지나며 국민은행 천안 연수원 삼거리를 15시 17분 지나간다. 이정표에 천흥 저수지 3.1km 각원사 2.6km 성거산 1.1km 이며 2분후(국가지점번호 다.바 7431-7207 태조산 제25지점)을 지나 편한길 능선을 좌로 우로 오르내리며 (국가지점번호 다.바 7427-7197 태조산 제24지점)지나며 내리막을 내려 걸마고개를 15시26분 지나간다.

좌표【 N 36° 50" 27.6" E 127° 12" 42.4" 】

  걸마고개에는 개성군의 묘 화살표와 숙의하씨묘 화살표가 있고 이정표(성거산 정상 1362m 태조산 각원사 1218m)가 있고 금북정맥 걸마고개 335m 반바지가 걸어놓은 표찰이 있다. 걸마고개를 지나 능선 오르막을 오르며 무명봉에 올라서니 15시36분이다. 무명봉에 (국가지점번호 다.바 7379-7150 태조산 제22지점)는 넓은 바위 쉼터가 있다. 무명봉을 지나 내리막을 내리며 15시40분 문암재에 내려선다. 문암재에도 반바지가 걸어놓은 금북정맥 문암재 355m가 있고 왼쪽에 잣나무밭 능선을 오르며 4분후 쉼터가 있고 상명여대 삼거리에 올라선다. 정상에(국가지점번호 다.바 7343-7126 태조산 제21지점)가 있고 내리막을 내려 유량골 삼거리에 내려서니 15시48분이다.

좌표【 N 36° 49" 43.9" E 127° 12" 14.2" 】

　유량골(덕전3리)은 정말 북쪽에 있는 마을인데 백제시조 온조왕이 위례성에 도읍을 정하고 봄·가을이 되면 이곳에 머물면서 농사를 지었다고 목천읍지에 기록되어 있습니다. 또한 고려태조 왕건이 후백제 운주(현 홍성)지방 성을 취하여, 목주(현 천안시 동 남부지역 일대)를 친히 다스릴때 태조산에 진을 치고 군량은 유량동에 두고 왕은 이곳에 머물렀다고 전해지는 곳이 바로 유왕골입니다. 유량골은 목천읍 덕전리로 마을입구에 주민들이 세운 '유량골 유래비'가 있는데 500여년된 느티나무가 마을의 유래를 대변하고 있다. 고개에는 사각 정자(쉼터)가 있고 이정표에 성거산 정상 3430m 태조산 정상 2360m 이고 유량골 유래비와 새천안 로타리클럽에서 새운 사랑의 쉼터 비가 있다.

사랑의 쉼터

오늘 여기 태조산 마루턱에 천안 시민이 함께할 수 있는 공간을 만들어 시민과 이곳을 넘나드는 대한민국의 모든 선량한 국민들께 휴식할 수 있는 공간 쉼터를 마련하였읍니다. 과거 이곳은 목천 삼뱅이의 화전민들이 생계유지를 위하여 화목과 숯을 구어 천안으로 입성하는 지름길이었고 세월이 흘러 지금은 54만 천안시민의 건강을 다지는 등산로가 되었으며 젊은이들의 사랑을 나누는 사랑길이 되었읍니다. 국제로타리 3620지구 새천안 로타리클럽은 창립 30주년을 맞아 여기에 회원들의 정성으로 여름철 소나기와 겨울철 눈과 찬바람을 피할수 있는 아담한 4각정 휴식공간 쉼터를 만들어 천안시민과 이곳을 지나는 모든분들께 바치오니 기쁜 마음으로 마음껏 이용하여 주시기 바랍니다.

서기 2007년 5월 23일
국제 로타리 3620 지구 새천안 로타리클럽 증

오늘은 성거산에서 사진 찍어준 젊은이 남녀가 다시 이곳에서 만나 사진도 찍고 내가 배티재에서 온다고 하니 놀라는 표정으로 정맥이 무엇인지 모른다. 젊은이가 궁금히 여기는 정맥과 대간을 한동안 설명을 해주며 같이 간다. 15시48분 출발해 나무계단 오르막을 올라 4분후 4각 정자가 있고 '국가지점번호 다.바 7350-7089 태조산 19지점'과 각원사 안내판이 있으며 이정표에 성거산 정상 3750m 태조산 2040m 좌불상 610m가 있다.

각원사는 남북통일을 기원하는 동양최대의 아미타불 좌상이 있는 천안시 동남구 태조산 기슭에 제일교포 각열거사(覺列居士) 김영조의 시주로 1977년 5월에 새워졌으며 천안의 진산 태조산에 자리잡고 있습니다. 높이 12m 둘레 30m 무게 60t 에 이르는 거대한 청동 아미타불상과 엄청난 규모의 태양의 성종이 특히 유명하다. 언덕에 있는 203개의 계단은 백팔번뇌와 관음보살 32화신, 아미타불 48 소원 및 각원사는 경주 불국사 이래 최대 사찰이라고 한다. 잘나있는 능선을 오르내리며 4분후 국가지점번호 다.바 7349-7062 태조산 제18지점을 지나고 16시에 이정표 태조산 1680m 유왕골 약수터 840m 를 지나고 오르막을 올라 사각 정자가 있고 체육시설이 있는 대머리봉에 올라서니 16시 3분이다. 대머리 봉에 트렝글 빼지를 받고 정상에는 사각정자와 체육시설이 있으며 제 2 솔바람길 지압 간판이 있다. 간판에 여기는 천안의 역사가 서려있는 성불사를 지나 각원사로 향하는 태조산 제 2 솔바람길 입니다. 길을 걷다가 힘들때 만나면 반가운 쉼터, 이곳에서 신발을 벗고 지압길을 걸으면 쌓인 피로는 솔바람과 함께 날아간다고 되어 있고, 이정표에 유왕골 약수 1030m 구름다리 1510m가 있다. 잘나있는 능선을 오르내리며 6분후 국가지점번호 다.바 7353-7011 태조산 정상길 제1번을 지나고 2 분후 국가지점번호 다.바 7357-7007 태조산 정상길 제2번을 지나가며 잘나있는 능선길을 오가며 다시 2분후 국가지점번호 다.바 7359-6990 태조산 정상길 제 3번을 지나고 4분후 국가지점번호 다.바 7363-6974 태조산 정상길 제4지점에 올라서니 16시18분이다. 청소년 수련원 삼거리 이정표에 성거산 4867m 태조산 843m 청소년 수련원 1520m 이다. 성거산에서 태조산 등산로는 잘나있는 등산로 로 오르내림이 심하지않고 누구나 쉽게 오를수있는 등산로가 고도가 심하지 않아 편한길 등산로다. 약간에 능선 오르막을 올라 파란망 울타리 문을 16시 34분 통과해 나무계단을 오르며 잠시쉬며 마지막 간식을 먹고 오르막을 올라 태조산 정상에 올라서니 16시45분이다.

좌표【 N 36" 48" 57.4" 127" 12" 21.8" 】

태조산 정상에는 위례산 성거산 정상석과 같은 모양의 정상

석이 있으며 2층 팔각정 전망대가 있으며 정상석에 태조산 해발 421.5m이 있고 팔각정은 전망이 뛰어나 천안 시가지를 비롯해 사방이 확트여 전망이 아주 좋다.

태조산

높이 421m

고려 태조가 이곳에 머물렀다 하여 태조산이라 부르게 되었다고 한다. 시내를 흐르는 원성천과 산방천(山方川)의 분수령을 이루고 있으며 능선을 따라 북상하면 성거산(聖居山)을 거쳐 유서 깊은 위례성(慰禮城)에 이른다. 태조산의 형성은 화강암과 편마암으로 이루어져 있으나 현제 조림이 잘 되어 계곡을 따라 경관이 매우 아름답다. 이산에 얽힌 내용을 보면 고려 태조가 930년(태조13년)후백제 신검(神劍)과 대치할때 술사 예방의 인도로 이 산에 올라 군대의 주둔지가 될만 한 곳을 살폇다 한다. 이 산에는 태조가 산신제를 지냈다는 제단의 흔적이 남아 있으며 왕이 머물렀다는 유왕골(留王谷) 유려왕사(留麗王寺)등의 이름까지 전해진다. 산 중턱에 천년고찰 성불사(成佛寺)가 자리하고 있으며 또한 최근에 이르러 태조산 야영장이 개설되어 청소년의 심신 훈련장으로 이용되고 있다. 산 정에는 각원사(覺願寺)가 있고 그 옆에 남북통일 기원청동대불(南北統一祈願靑銅大佛)이 있는데 이 대불상은 1977년 조성된 불좌로서 좌대의 지름이 10m 좌대와 불상 전체 높이가 14.2m로 우리나라에서 가장 큰 좌불상이다. (옮겨온 글)

태조산 정상에서 천안시내를 관망하고 16시54분 출발해 왼쪽 파란 울타리를 따라 내려와 3분후 오른쪽 철망울타리 쪽문을 통과해 내무계단을 잠시 내리다 오르막을 올라 삼각봉에 올라서니 17시 8분이다. 삼각봉을 지나 내려가며 다시 이정표 태조산 600m 제일포스트 1230m 교육원삼거리 1670m 17시9분 지나고 잘나있는 능선길을 오르내리며 흑성산 삼거리를 17시 43분 지나간다. 이정표에 흑성산 2020m 태조산 2370m 취암산 4600m 로 되어 있으며 흑성산은 왼쪽길이며 취암산은 오른쪽 직진으로 마루금은 취암산길을 따른다. 여기서 부터는 국가지점번호 태조산길이 동우아파트길로 바뀐다. 국가지점번호 다.바 7310-6791 태조산 동우아파트길 제 15지점을 지나 6분후 국가지점번호 다.바 7290-6791 태조산 동우아파트길 제14지점을 지나고 잘나있는 능선길을 오르내리며 아홉사리 고개에 내려서니 17시54분이다. 이정표에 교육원 1000m이며 국가지점번호 다.바 7267-6776 태조산 동우아파트길 제13지점을 지나 오르막 능선을 오르며 국가지점번호 다.바 7260-6759 태조산 동우아파트길 제12지점을 17시57분 지나 6분후 국가지점번호 다.바 7246-6734 태조산 동우아파트길 제11지점을 지나 내리막을 내려 유량리고개에 내려서니 18시8분이다.

좌표【 N 36" 47" 59.7" E 127" 17" 29.9" 】

　유량리고개는 천안시 남동구 유량동에서 목천읍을 넘는 고개로 생태통로 터널이 있으며 목천읍 지산리로 내려선다. 도로에 내려 대충 정리를 하고 택시를 부를까 하고 있는데 지나가는 승용차가 세워줘 승용차로 시내 목욕탕 앞에 내려줘 고맙다는 인사를 하고 목욕을 하고 나와 시내버스로 아산역에서 ktx로 부산에 오니 11시다. 오늘도 집사람 기다리며 고생했다고 격려해준다. 이로서 금북정맥을 첫구간 2구간을 마무리 하고 다음주 3-4구간을 준비해야 한다.

제2차 금북정맥 단독종주 3구간

유량리 고개-요셉의마을 군사시설물 정문앞

  이번 구간은 천안시 유량동 유량고개에서 출발해 불대산 취암산 경암산 천안삼거리 국도 왕자봉 돌고개 고려산 전의면 덕고개 돛고개 연기군 전의면 원성 2 리 제11탄약창 군부대 정문 앞까지다.

유량리고개 : 충청남도 천안시동남구 목천읍 유량리고개
제11탄약창정문앞 : 세종시 전의면 원성리 제11탄약창 정문앞
도상거리 : 유량리고개 23.8 km 제11탄약창 정문앞
운동시간 : 유량리고개 9시간 47분, 제11탄약창 정문앞
휴식시간 : 유량리고개 37분, 제11탄약창 정문앞

유량리고개출발 6시 18분,　　　: 장태산 갈림길 6시 29분, 0.5 km
장고개 6시 42분, 1.3 km　　　　: 봉대산 6시 53분, 1.7 km
배넘이고개 7시 10분, 2.6 km　 : 취암산 7시 20분, 2.9 km
경암산 7시 43분, 3.4 km　　　 : 동우아파트삼거리 8시 07분, 4.3 km
지방도 철계단 8시 28분, 5.2 km : 고속도로굴다리 8시 40분, 6.1 km
동원시스템주 8시 51분, 6.7 km : 왕자봉 9시 16분, 7.6 km
돌고개 9시 52분, 9.3 km　　　　: 굴머리고개 10시 36분, 11.3km
애미기고개 10시 47분, 12.3km　 : 애미기고개 11시 11분, 12.9km
고려산정상 11시 42분, 13.8km　 : 고려산 중식후출발 12시 10분,
아야목삼거리 12시 17분, 14.0km : 대곡리지방도로 12시 19분, 14.8km
고동고개 12시 55분, 15.4km　　 : 전의산연수원정문 13시 39분, 17.0km
세종애미슨cc 14시 10분, 18.3km : 골프장도로갈림길 14시 26분, 19.0km
덕고개표지석 15시 06분, 20.9km : 1번국도지하통로 15시 25분, 21.7km
원성리고개 15시 44분, 22.4km　 : 군부대초소 15시 58분, 22.9km
제11탄약창 군부대 정문도착 16시 03분, 23.8km:

2019년 3월 31일 맑음

벌써 금북정맥 시작한지 3구간째다. 3월30일 저녁밥을 일찍 먹고 준비를 하고 부산역에서 9시45분 무궁화열차로 천안역에

내리니 새벽 2시다. 한증막 찜질방 24시 사우나에 들려 자는 둥 마는 둥 4시20분 일어나 샤워를 하고 장수식당 24시 해장국집에서 아침을 먹고 택시(7,000원)로 지난번 하산한 유량리 고개에 도착하니 6시15분이다. 택시기사에게 부탁해 사진 한판 찍고 산행 준비를 하고 6시18분 산행에 들어간다. 초입은 나무계단을 오르면 마루금에 연결되며 유량리고개 생태통로길을 건너 잘나있는 등산로를 따라가며 3분후 국가지점번호 (다 바 7221-6718 태조산 제10번)을 지나고 나무계단도 오르고 장태산(구성산) 갈림길에 올라서니 6시29분이다. 서쪽으로 오던 마루금은 오른쪽은 장태산이고 왼쪽(남쪽)으로 이어지며 낡은 이정표 (취암산 2.9km)가 있고 조금 내려가면 고압철탑 (국가지점번호 다.바 7190-6713)를 지나 내리막 능선을 오르내리며 장고개 지산리 사거리에 내려서니 6시43분이다. 금북정맥 천안 장고개 이정표에 오른쪽은 천안시 구성동 왼쪽은 목천읍 지산리며 태조산 4770m 취암산 2200m 로 되어있으며 마루금은 오르막을 오르며 잘나있는 능선을 오르내리며 무명봉에 올라서 왼쪽으로 능선을 올라 불대산 정상에서 6시53분 트렝글빼지를 받고 오른쪽으로 내려서며 운동시설과 쉼터를 지나 내리막을 내려서 3분후 안부에 내려섰다 다시 오르막을 오르고 작은봉을 오르고 내리며 배넘어고개(뱀넘어고개)에 내려서니 7시10분이다. 배넘어고개를 지나 가파른 오르막을 오르고 잘나있는 능선을 가다 가파른 오르막을 한동안 올라 돌탑봉에 올라서니 7시20분이다. 트랭글에는 취암산 빼지가 들어오고 정상에는 아무런 표시가 없고 커다란 돌탑(돌무덤)만 있고 전망이 아주 좋아 천안시내가 한눈에 들어온다.

좌표【 N 36" 47" 0.23" E 127" 11" 7.85" 】

 마루금은 돌탑을 지나며 급경사 내리막을 5분간 내려 안부를 지나며 아래로 21번국도 남부대로 터널위를 지나고 오르막을 한동안올라 쌍룡동 삼거리 이정표(쌍룡동 0.9km 태조산 5.8km 아홉살이고개 4.1km동부아파트 1.3km)를 지나 삼각점(평택 464 1991.재설)있는 경암산정상에 올라서니 7시 43분이다.

좌표【 N 36" 46" 54.0" E 127" 11" 33.8" 】

취암산에서 본 천안시내

　취암산(경암산)은 전망이 좋아 사방을 관망하며 쉼터에서 물 한 모금 마시고 밧줄을 잡아가며 암능 내리막을 내려 암봉을 오른쪽으로 우회하며 돌탑을 지나고 나무계단을 내리며 다시 돌탑을 지나고 삼거리에서 왼쪽 동우아파트로 내려와야 하는데 이정표에 고려산은 오른쪽 직진으로 되어있어 내려오다 보니 삼거리에서 왼쪽비탈길로 들어서 쉼터 못가서 합세하여 넓은 평상이 있는 쉼터를 8시4분 지나고 동우아파트 삼거리에 도착하니 8시7분이다. 이곳까지는 등산로가 양호하여 좋은길로 왔는데 이곳부터는 등산로가 별로며 삼거리에서 오른쪽으로 아파트 철망 울타리를 따라 내려오며 묘를 지나고 갈림길에서 정맥꾼만 다니는 왼쪽길로 들어서 고개를 넘어 동우아파트 누리어

린이집을 8시13분 지나고 능선 오르막을 오르면 5분후 철조망 울타리가 나오며 오른쪽으로 아파트를 벗어나며 철망 울타리를 따라가다 9분후 철계단 위에 도착한다. 절개지 철계단을 한동안 내려 지방도로에 내려서니 8시28분이다. 마루금은 고속도로를 건너야 하나 건널 수 없고 오른쪽(천안쪽)으로 잘나있는 인도를 따라가며 세광 엔리치빌 정문앞을 8시35분 지나고 고인돌공원을 지나 천안삼거리 가구단지 못가서 건널목을 8시38분 건너 고속도로 굴다리를 통과하는데 새로 건설되는 굴다리를 지나고 기존 굴다리를 통과해 왼쪽으로 고속도로 아랫길로 경동택배를 지나면서 새로 확장되는 도로를 따라가 동원시스템즈 회사앞 쉼터에 도착하니 8시51분이다. 동원시스템즈 회사앞 쉼터에서 잠시 쉬며 갈증을 면하고 8시55분 출발해 회사옆에 이정표(금북정맥 천안 응원리. 태조산 10290m 고려산 6630m)뒤로 가파른 오르막을 한동안 올라가서 보니 고속도로 건너편에 동우아파트와 조금전 내려 온 철계단이 건너다보인다. 이곳부터 정식으로 정맥 마루금이다. 마루금은 오른쪽으로 산판길을 따라가다 사각묘를 지나면서 임도(산판길)은 왼쪽으로 내려가고 9시 6분 등산로 산길로 들어서 편한길 능선을 오르내리며 삼각점이 있는 왕자봉(216m)에 올라서니 9시16분이다. 정상에 반바지가 걸어놓은 표찰에는 금북정맥 옥자봉 210m 되어있고 트렝글에는 왕자봉이라 되어있다. 왕자산(王子山)은 아마도 천정리에 옥자사가 있어서 옥자산(玉子山)이라 붙인 것 같다. 왕자산을 지나면서 내리막을 한동안 내려 편한길 능선을 좌우로 오가며 9시21분 안부에 내려섰다 왼쪽으로 능선 오르막을 올라 5 분후 작은봉에서 오른쪽으로 능선을 내리고 오르며 왼쪽 아래에 농장건물을 내려다보며 능선을 오르내리고 작은봉을 넘어 이곳부터는 왼쪽은 목천읍을 벗어나 성남면 응원리로 잘나있는 능선길을 오가며 전의이씨묘를 지나 내려서 돌고개 2차선 지방도로에 내려서니 9시시52 분이다.

좌표 【 N 36" 44" 50.8" E 127" 12" 09.3" 】

돌고개는 성남면 응원리에서 목천읍 도장리를 넘는 고개로 오른쪽에 쓰리에어치 시스템 파이프 공장 건물과 천안 제 5 산업단지 공업용수 석곡 배수지가 있다. 마루금은 석곡배수지 정문옆에 리본이 많이 걸려있고 배수지 철조망 울타리를 따라 올라가는데 철조망이 바닥에 깔려있어 야간 산행에는 주의해야 할 곳이다. 배수지 철조망 울타리 절개지를 올라가는데 왼쪽도 예성골재 회사가 정맥 줄기 골재를 채취해 머지않아 정맥이 없어질 것 같다. 골재체취능선을 올라 작은 봉을 넘어 묘지 뒤를 10시6분 지나고 오르막을 한동안 올라 4 분후 작은봉을 넘어 한치고개 안부에 내려서 산판길을 따라 왼쪽에 인삼밭을 지나 안부에 내려섰다 다시 다른 인삼밭을 지나고 고압철탑(154 KV 천안-전의 T L N ; 23번)을 지나고 오른쪽으로 산판길을 따라가며 왼쪽 철탑아래 순흥안씨 묘를 지나며 계속해서 임도를 따라가며 왼쪽 산 전체가 벌목지를 내려다보며 능선을 오르내리며 굴머리고개를 10시36분 지나간다. 굴머리고개는 반바지가 걸어놓은 (금북정맥 굴머리고개 215m) 표찰이 있고 고개라고 보기에는 애매하며 표찰이 없으면 모르고 지나갈 곳이다. 마루금은 잘나있는 능선을 오가며 왼쪽에 고려사 절 건물을 내려다보며 애미기재 1을 10시47분 지나간다. 이곳도 반바지가 걸어놓은 표찰에 (금북정맥 애미기재 1 225m)가 있고 오르막을 10분 오르고 고개를 넘어 잘나있는 능선길을 가다 11시2분 분기봉에서 남으로 오던 마루금은 오른쪽(서쪽)으로 이어지며 이곳부터는 왼쪽은 성남면을 벗어나 소정면 고동리와 오른쪽은 목천읍 소사리를 가르며 내리막을 내려 안부 사거리에 내려서니 11시11분이다. 이곳에도 반바지가 걸어놓은 (금북정맥 애미기재 218m) 표찰이 있으며 이정표에 (고려산 정상입구 0.9km)가 있고 안부를 지나 능선에 올라서면 오른쪽 절개지를 밧줄 처놓은 곳을 지나고 오르막을 오르며 능선 오르막을 오르는데 군데군데 나무로 길을 막아놓았다. 아마도 산짐승 내려오는 길을 막은 것 같다. 계속해서 오르막을 오르며 나무계단을 한동안 올라서니 돌탑(돌무덤)이 있고 넓은 평상이 있는 고려산 정상(307m)에 올라서니 10시42분이다.

　　　　　　좌표【 N 36" 43" 28.0" E 127" 11" 30.4 】

정상에는 돌탑이 있고 넓은 평상이 있으며 사각 정자도 있고

고려산성에 대한 안내문도 있고 반바지가 걸어놓은 (금북정맥 고려산 307m) 표찰이 있다. 고려산에 유래는 나당 연합군에 의하여 사비도성이 무너진 후 백제 부흥군이 3 년여에 걸친 서기 660년~663년 항쟁 본거지의 하나였으며 그후 고려충열왕 17년 (서기 1291년 5월) 正左山(서면 창고개 위치)에 침입한 哈丹敵을 고려 3 장군 (한희유 김혼 인후)이 연기 전역에서 대승을 거두므로 이는 高麗太祖(왕건)의 陰德이라 하여 연기군 祖山城인 이곳에 고려태조 사당을 세워 모신 이곳을 高麗山城이라 부르게 되었다. 고 되어있다. 시장기가 들어 이르지만 정자에서 점심을 먹고 12시10분 출발해 서쪽으로 오던 마루금은 왼쪽 남쪽으로 가파른 내리막을 내리며 고려산 정상을 지나며 마루금은 소정면 고등리와 대곡리를 가르며 나무계단길을 내려와 야아묵고개에 내려서니 12시17분이다. 고개에는 쉼터도 있고 이정표에 고려산성 300m 아야목 750m 작은황골 2.2km이며 능선길을 가며 5분후 산불감시초소를 지나 능선 오르막을 오르내리며 왼쪽에 늘봄 농장을 내려다보며 작은봉을 넘어 수로를 따라 내려서 대곡리 고개에 내려서니 12시39분이다. 대곡리 고개는 고등리에서 대곡리를 넘는 2차선 지방도로이며 도로를 건너 절개지를 올라서 능선에 오르면 아래로 고동리에서 대곡리로 통하는 4차선 도로 터널이 지나고 있으며 능선길을 오르내리며 10분후 작은봉을 넘어 내리막을 내려 구 고등고개에 대려서니, 12시55

분이다. 고등고개에는 반바지가 걸어놓은 (금북정맥 고등고개 185m) 표찰이 걸려있고 오르막을 올라 5분후 작은봉에 올라서 13시2분 이정표에서 왼쪽으로 내려서 10분후 쉼터(넓은 평상 2개)를 지나고 이곳에서 잠시 허리쉼을 하고 오르막을 올라 6분후 능선에 올라서 마루금은 오른쪽으로 이어지며 이곳부터 소정면을 벗어나 마루금은 전의면 땅에 들어서 3 분후 능선을 올라서 전의산 연수원을 바라보며 비탈길을 돌아서면 건물이 나오며 족구 경기장이 나온다. 13시37분 경기장에서 포장길로 모퉁이를 돌아나가면 전의산 연수원 입구 도로에서 바로 도로건너편에 표지기(리본)가 보인다. 13시40분 도로를 건너 연수원 비탈길을 돌아 능선에 올라서 내리막을 한동안 내려며 왼쪽에 벌목지를 따라 안부에 내려서니 산판길(고개길)이다. 13시46분 임도를 건너 오르막 능선을 한동안 올라 작은봉을 13시54분 넘어 내리막 능선을 내려 3분후 왼쪽으로 능선을 내려서니 세종 에머슨 CC 골프장 주차장이 나온다. 골프장 하우스 건물 앞을 지나 정문 앞에 도착하니 14시10분이다. 마루금은 골프장 정문 앞에서 도로를 따라 700m가량 내려오면 왼쪽에 표지기가 몇개 걸려 있다. 2시26분 왼쪽으로 수로를 따라 능선에 올라서 마루금을 따라 능선을 좌우로 오르락내리락 작은봉을 넘고 돗고개에 내려서니 2시 53분이다. 돗고개는 반바지가 걸어놓은 (금북정맥 돗고개 105m)표찰이 있다. 마루금은 좌우로 들락거리며 오르락내리락 하며 왼쪽 과수원 갓길에 올라서 밀양박씨 묘뒤에서 올바른 길이 없고 밭둑길을 내려서 덕고개 표지석에 내려서니 3시 5분이다.

좌표【 N 36" 40" 37.7" E 127" 11" 21.3" 】

덕고개는 커다란 표지석이 있으며 아래로는 경부선 철로가 지나가고 있다. 덕고개 표지석에 (덕고개, 차령산맥 조그만 줄기 내려와 이곳에 머무르니 고개 되었내 우마차 달구지가 넘나들었고 오가는 길손마다 쉬어 넘었네, 삽교천 금강으로 물이 갈라져 몇구비 돌고돌아 서해로 가네, 여기는 분수령 전의 덕고개 유서 깊은 옛고을 인심 좋은 곳) 이 일차때도 이곳을 지날때 이곳에서 철길을 건너는데 어려웠는데 아직도 뚜렷한 길이 없다. 덕고개 표지석 에서 전의쪽으로 가다보면 철로에 내려갈 수 있는 길이 있어 철로에 내려서 철길을 건너가면 옹벽이라 올라갈 수 없고 오른쪽으로 가다보면 옹벽끝에서 올라가면 1번국도 G S 칼텍

군부대 정문앞

스 충청에너지 주유소 앞을 지나고 오일 삼보주유소를 지나 1번국도 왼쪽 옆길로 내려가면 굴다리가 나온다. 3시25분 굴다리를 통과해 아담한 집앞에서 묘(昌原黃公鍾和之墓)있는 곳으로 올라서면 능선길이다. 이곳은 군부대가 가까워서 인지 전선줄이 여기저기 있으며 3시38분 능선 분기봉에서 오른쪽으로 조림지 갓으로 내려가 임도에 내려서니 3시41분이다.

보통 정맥 종주자들은 이곳에서 마무리하고 전의 요셉의집으로 하산하는데 2008년도 1차때 지나간 기억이나 있는 둥 마는 둥 하는 능선길을 올라 전깃줄이 여기저기 널려있는 곳을 해치고 10여분 가니 군부대 초소가 나온다. 초소에 장병 2명이 군무중이다. 장병에게 물어보니 왼쪽으로 내려가라기에 철조망 울타리를 따라 내려와 제11탄약창 군부대 정문앞에 도착하니 4시 3분이다. 이곳부터는 군부대라, 이번구간은 여기서 마무리 한다. 마침 군부대에서 택시가 나오는데 손님이 타고 있어 그래도 손을 들어 세우니 다행히 합승을 해줘 전의역까지 와서 전의역 앞에 지하 목욕탕에 들어가 보니 2008년 1차때도 이곳에서 목욕을 하고 갔는데 지금도 그대로 있다. 사워를 하고 나와 시내버스로 조치원에서 기차로 무궁화호열차로 대전역에서 KTX로 갈아타고 부산에 도착 금북정맥 3구간도 마무리한다.

제2차 금북정맥 단독종주 4구간

전의면 양곡리 세종미래산업단지-갈재고개

　이번구간은 지난번 하산한 군부대에서 군부대가 끝나는 전의면 양곡리 압실 세종미래일반산업단지 위 군부대 철조망에서 출발한다. 1차때는 압실마을 끝에서 길이 없어 산길을 치고 올라갔는데 이번에는 산업단지에서 올라가는 길을 찾아 올라가니 군부대 철조망까지 20분 밖에 안걸린다. 1차때는 국사봉 갈림길에서 바로 지나갔는데 이번에는 국사봉에도 들리고 차령고개까지 무난한 길이며 차령고개에서 오르는 길이 가파르고 낙엽이 많아 고생했고 그리 높지는 안치만 때로는 가파른 봉이 많아 보기보다 힘든 산행이었다. 갈재고개는 1차때는 비포장 임도였는데 지금은 공주시 유구읍에서 천안시 광덕면을 넘는 2차선 포장도로가 있어 차량이 종종 다니는 곳이다. 여기에서 각흘고개까지 갈 예정이었으나 이곳도 다음에 이어가기가 적합하여 여기서 마무리 한다.

전의면양곡리 세종미래산업단지 군부대
군부대철조망 : 충청남도 세종시 전의면 양곡리
갈재고개 : 충청남도 공주시 유구읍 문금리 갈재고개
도상거리 : 세종미래산업단지군부대 24.1 km 갈재고개
운동시간 : 세종미래산업단지군부대 10시간 52분, 갈재고개
휴식시간 : 세종미래산업단지군부대 35분, 갈재고개

양곡리세종미래산업단지 출발 6시 20분,
군부대철조망진입 6시 40분, 0.9 km : 무명봉 6시 49분, 1.7 km
안부 7시 08분, 2.1 km : 임도(산판길) 7시 12분, 2.2 km
두번쩨철탑갈림길 7시 23분, 2.7 km : 국사봉갈림길 7시 52분, 4.0 km
국사봉 402.7m 7시 55분, 4.2 km : 안부(청룡사) 8시 17분, 4.7 km
헬기장 8시 29분, 5.7 km : 임도(산판길) 8시 35분, 5.9 km
철탑봉 8시 41분, 6.1 km : 국수봉 8시 53분, 6.7 km
구수봉출발 8시 57 분, : 안부 9시 17분, 8.2 km
철탑봉 9시 22분, 8.5 km : 진주강씨가족묘 9시 56분, 9.3 km
차령고개 10시 05분, 9.7 km : 차동고개 출발 10시 13분,
철탑봉 10시 31분, 10.1 km : 망배단 10시 36분, 10.3 km
봉수산봉화대 10시 46분, 10.6 km : 인재원고개 10시 59분, 10.9 km
묘지 점심 10시 30분, 12.0 km : 점심후출발 11시 58분,
철탑봉 12시 18분, 12.7 km : 윗 개치고개 12시 40분, 13.5 km
석골고개 12시 48분, 14.1 km : 372봉 13시 09분, 14.9 km
개치고개 13시 36분, 15.9 km : 삼각점봉 13시 59분, 16.4 km
섭밭말고개 14시 39분, 17.2 km : 섭밭봉426m 15시 0분, 17.5 km
헬기장 440m 15시 53분, 19.3 km : 곡두고개 16시 22분, 20.4 km
까막봉 497m 17시 04분, 21.0 km : 갓바위 17시 31분, 21.7 km
곰방대나무쉼터 17시 53분, 22.2 km : 태화산갈림길 18시 02분, 22.6 km
갈재고개 도착 18시 38분, 24.1 km

 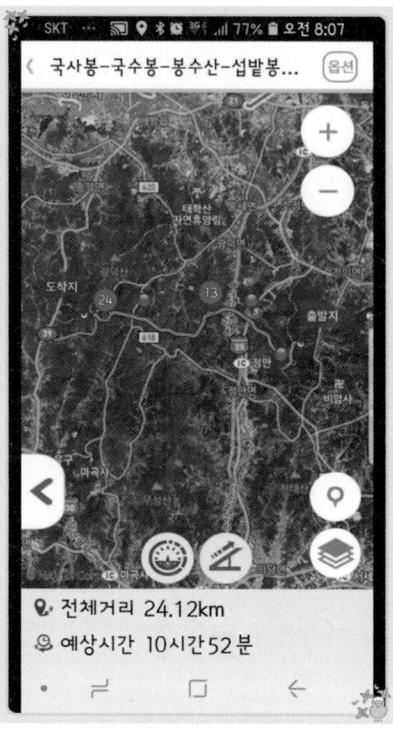

2019년 4월 7일 맑음

　4월 6일 한식날 고향(익산)에 가서 시제(한식차례)를 지내고 부산에 와 저녁먹고 저녁 9시45분 무궁화 열차로 조치원역에서 내려 역전뒤쪽 드림사우나 24시 찜질방에서 잠시 눈을 부치고 4시40분 일어나 샤워를 하고 구구단 뼈다귀 해장국집에서 아침을 먹고 버스시간이 6시 넘어야 있다기에 택시로(23,000)전의면 양곡리 세종미래일반 산업단지 팩컴코리아 공장 신축부지

컨테이너 박스옆에 도착하니 6시16분이다. 상행준비를 하고 6시20분 팩컴코리아 공장 신축부지 컨테이너 박스옆 임도를 따라 올라가면 커브길에서 산길로 들어선다. 입구 전임자표지기가 걸려있어 진입로를 확인하고 희미한 길을 따라 올라가면 새로 공사를 한 산판길 임도에 5분후 올라선다. 이 산판길(임도)은 어디로 통하는가 알 수 없으나 근래에 확장을 하여 차량도 올라올 수 있는 길이다. 도로 에서는 표지기가 없어 망설이다 도로를 건너 골짜기로 올라가니 가끔 표지기가 하나씩 걸려있고 습지를 지나 오른쪽으로 올라 능선에 올라서니 오른쪽 30 여미터 지점에 군부대 철조망이 보인다. 6시40분 능선 마루금에서 정식으로 정맥길에 들어서 왼쪽으로 표지기를 따라 올라간다. 이곳은 군부대를 지나면서 가장 가까운 정맥 진입로이다. 오르막을 9분쯤 올라가 360봉에 올라서니 6시53분이다. 마루금은 오른쪽으로 안부에 내려섰다 능선오르막을 오르며 7시12분 임도에 들어서 임도를 따가가며 왼쪽 위 철탑을 지나고

계속해서 임도(산판길)를 따라 오르막을 올라 2번째 철탑에 올라서니 7시23분이다. 마루금은 철탑 위 고개에서 임도를 버리고 오른쪽으로 산길로 들어서 오르막을 올라 6분후 작은봉에서 오른쪽(서쪽)으로 능선을 오르내리며 7시40분 다시 왼쪽으로 능선을 오르내리며 작은봉을 넘어 가파른 오르막을 올라 국사봉 갈림길 돼지고개에 올라서니 7시52분이다. 마루금은 직진으로 올라가며 국사봉 정상에 올라서니 7시55분이다.

좌표【 N 36" 37" 8.52" E 127" 8" 59.98" 】

국사봉(402.7m)은 삼각점이 있으며 준희가 걸어놓은 표찰(금북정맥 국사봉 402.7m)이 있고 갈림길 돼지고개애서 3 분거리다. 정상은 전망이 좋아 정안면 일대가 내려다보인다. 정상에서

인증샵을 하고 되돌아와 마루금을 따라 남쪽으로 오던 길을 북쪽으로 내리막을 내려 안부에 내려서니 8시7분 오른쪽에 천왕사 건물을 나무사이로 내려다보며 다시 오르막을 오르며 오른쪽 건너편에 지나온 능선을 건너다보며 가파른 오르막을 올라 무명봉을 넘어 능선을 가다 왼쪽으로 오르막 능선을 오르며 자그마한 돌탑을 지나 능선을 좌로우로 들락거리며 가파른 오르막을 4분쯤 올라가니 헬기장이 있다. 헬기장은 성터같은게 있으며 전망이 좋다. 헬기장을 내려서면 임도를 만나며 임도를 따르다 2분후 왼쪽으로 표지기를 따라 4분쯤 올라가면 고압 철탑봉 이다. 철탑봉 오르는 길은 협소하며 철탑을 지나 내려서면 조금전 갈려진 임도에 내려선다. 더러는 임도를 따라 오는 사람도 있는 것 같다. 임도를 따르다 왼쪽으로 가파른 오르막을 올라 3분후 왼쪽(서쪽)으로 가며 가파른 오르막을 올라 국수봉 정상(382.8m)에 올라서니 8시55분이다.

좌표【 N 36" 38" 01.7" E 127" 08" 33.1" 】

 국수봉 정상에는 삼각점(전의427 1991.재설)이 있고 반바지가 걸어놓은 표찰(금북정맥 국수봉 383m)이 있고 전망이 좋으며 마루금은 오른쪽으로 가파른 내리막을 내려 길가에 자그마한 삼각점(NO220)을 지나고 왼쪽으로 능선을 돌며 밤나무밭 능선을 가며 안부에 내려서니 9시22분이다. 임도를 지나 가파른 오르막을 한동안 올라 철탑봉(765kv 신서산-신안성 NO:118)에 올라서니 9시22분이다. 철탑봉을 지나 오른쪽으로 임도를 따라며 2 분후 왼쪽으로 능선에 올라서 오른쪽에 임도를 바라보며 가파른 오르막을 올라 무명봉에 올라서니 9시33분이다. 무명봉을 넘어 가파른 내리막을 한동안 내려 임도에 내려서니 9시44분이다. 임도를 따라가며 왼쪽에 터널입구 차도를 내려다보며 3분후 왼쪽 능선으로 올라서 진주강씨 가족묘 뒤로 올라 철탑봉(765kv 신서산 - 신안동 T/L " NO : 116)에 올라서니 9시56분이다. 철탑봉에 올라서 임도를 따라 내려가다 쓰레기더미 있는 곳에서 왼쪽으로 능선을 내려서 휴게소가 있는 차령고개에 내려서니 10시5분이다.

좌표【 N 36" 38" 58.7" E 127" 07" 37.9" 】

차령고개는 천안시 광덕면 대평리에서 공주시 정안면 인풍리를 넘는 고개로 옛날에는 차량이 많이 넘는 고개로 차령 공주간 휴게소. 펜션. 식당이 있었는데 지금은 아래로 터널이 개통되며

휴게소는 폐쇄되고 휴게소 마당에 쓰레기 더미만 있고 사람은 한사람도 보이지 않는다. 고개에는 광장에 차령고개 커다란 표지석이 있고 고개에 자그마한 표지석(차령고개 190m 공주시장)이 있으며 공주시와 천안시 경계 안내판이 있다. 휴게소 뒤쪽에 平和統一祈願一鵬詩碑가 있다. 統一詩 [南嶺山川名勝地 忠心祈願燒淸香 速成統一三千里 平和國運萬年大. 三藏法師 一鵬 徐京保 韵] 잠시쉬며 갈증을 면하고 10시13분 출발해 통일기원비에서 오른쪽 나무계단을 올라 대나무밭 뒤로 오르다 갈림길에서 표지기를 따라 오른쪽으로 가다 왼쪽으로 가파른 오르막을 오르는데 낙엽길 가파른 오르막이라 힘들여 올라 능선마루에 올라서 잠시 허리쉼을 하고 능선길을 올라 철탑봉은 왼쪽 사면길로 이어지며 철탑이 있는 임도에 올라서니 10시31분이다. 아마도 왼쪽에서 올라오는 길은 차령고개 위 갈림길로 이어지는 지름길이다. 임도를 따르다 왼쪽 능선으로 들어서 오르막을 올라 구 헬기장(337m)에 올라서니 10시35분이다. 헬기장 넓은 공터에 망배단(望拜壇)面民安寧祈願碑)비가 있고 삼각점이 있다. 망배단을 지나 임도를 따르다 오른쪽으로 능선을 오르며 암능을 올라 봉수산 정상에 올라서니 10시45분이다.

좌표【 N 36" 39" 07.4"　E 127" 07" 22.4" 】

　봉수산(366m)은 돌탑(돌무덤)이 있고 붉은 글씨 봉수산 표찰이 나무에 걸려있으며 봉수대가 있다고 하나 확인이 안된다.

쌍령산 봉수대(雙嶺山烽燧臺)

쌍령산 봉수대는 공주시와 천안시의 경계를 이루는 해발 324m 봉화산 정상부에 자리하고 있는 봉수대다. 비교적 높은 곳에 자리하고 있어 멀리 월성산 봉수대까지 한눈에 들어온다. 『신증동국여지스람』에서는 '쌍령산 봉수대는 남쪽으로 고등산 봉수대에 응하고, 북쪽으로는 천안의 대학산(大鶴山)봉수대에 이어진다'라고 설명하고 있다. 봉수대는 비교적 잘 남아있는 편인데 둘레 93m에 이르는 반달형 방호벽의 흔적이 그대로 남아있다. 이 방호벽의 북쪽에 치우쳐 주변보다 약간 높은 대(臺)의 흔적이 남아있는데 봉수대의 불을 피웠던 곳으로 추정된다. 크기는 직경 45m의 원형이며 높이는 약 1.5m 정도다. 고등산 봉수대와 마찬가지로 건물터의 흔적도 남아 있다. 옮긴글

봉수산 정상에서 사진 한판 찍고 허리쉼을 하고 10시49분 출발해 왼쪽으로 급경사를 내려 10분후 임도를 따르고 반바지가 걸어놓은 (금북정맥 인재원고개 225m) 표찰을 지나 철탑봉을 넘어 안부에 내려서니 다시 임도를 만나고, 다시 임도는 오른쪽으로 내려가고 공주개발 프린쎄스 골프장 철조망 울타리를 따라 가파른 오르막을 올라 능선을 오가며 오른쪽아래 태화사 앞 탑이 보이며 공주계발 안내문을 11시14분 지나고 묘를 지나면서 11시30분 시간이 이르지만 시장기가 들어 점심을 먹고 11시58분 출발해 오르막을 올라 능선을 가다 철탑봉에 올라서 오른쪽으로 능선이 이어지며 임도에 일명 윗개치 고개에 내려서니

12시27분이다. 윗개치 고개를 지나며 능선을 오르락내리락 왼쪽에 남쪽으로 오르내리며 석지골 고개에 내려서니 13시36분이다. 이고개는 광덕면 지장리 석지골에서 정안면 태성리 아래 개치골을 넘든 고개로 지금은 사람다닌 흔적이 미미하다. 석지골 고개를 지나면서 가파른 오르막을 숨을 몰아쉬며 올라 372봉에 올라서니 13시59분이다. 372봉을 지나고 능선을 내리며 남쪽으로 오던 마루금은 오른쪽 서쪽으로 능선을 오르내리며 개치고개에 내려서니 14시36분이다.

좌표【 N 36" 38" 22.4" E127" 04" 52.2" 】

개치고개는 정안면 월산리 개치골에서 광덕면 지장리 손무지골을 넘는 고개로 지금도 사람이 넘어 다닌 흔적이 있으며 왼쪽 아래에 절(암자)이 내려다보인다. 개치고개를 지나 가파른 오르막을 숨을 몰아쉬며 올라 삼각점이 있는 봉에 올라서니 14시04분이다.

좌표【 N 36" 38" 19.0" E 127" 04" 33.6" 】

삼각점봉을 지나 내리막을 한동안 내려 섭밭말고개에 내려서니 14시39분이다. 섭밭말고개는 정암면 문천리 섭밭말에서 광덕면 지장리 석산을 넘는 옛 고개로 흔적만 남아있다. 고개를 지나 묘(풀 없는 묘)뒤에서 부터 가파른 오르막을 올라 섭밭봉(426m)정상에 올라서니 15 시다.

좌표【 N 36" 38" 34.5" E 127" 03" 36.7" 】

섭밭봉은 트렝글 빼지가 들어오며 정상에 각종 리본이 많이 걸려있고 전망은 좋은편이나 여름철에는 숲이 많으면 별로일 것 같다. 섭밭봉을 지나 가파른 내리막을 내려 안부에 내려섰다 오르고 봉우리 두개를 오르내리고 안부에서 다시 가파른 오르막을 숨을 몰아쉬며 힘들여 올라 구 헬기장에 올라서니 15시53분이다.

좌표【 N 36" 38" 57.5" E 127" 03" 09.6】

헬기장을 힘들여 올라오니 전망이 좋아 사방을 관망할 수 있다. 잠시 허리쉼을 하고 왼쪽에 629번 지방도로 터널 입구를 내려다보며 내리막을 한동안 내려 능선을 오가며 곡두고개에 내려서니 16시22분이다.

좌표【 N 36" 39" 02.6" E 127" 02" 31.1" 】

곡두고개는 공주시 정안면 산성리 주막거리에서 천안시 광덕면 광덕리 안심내를 넘는 고개로 이정표에 곡두터널 300m 태화산 천자봉 540m 도깨비 쉼터 300m 이며 돌탑이 있고 오른쪽 아래에 임도가 보인다. 마루금은 나무계단을 올라 능선을 올라서 오른쪽에 임도를 내려다보며 능선을 가다 가파른 오르막을 한동안 올라 도깨비 쉼터에 올라서니 16시35분이다. 쉼터에서 배낭을 내려놓고 물통 빨대를 빨라 두어모금 마시니 물이 없는지 올라오지 않는다. 앞으로 갈길은 먼데 물이 없어 걱정이다. 잠시 쉬고 출발해 가파른 오르막을 한동안 올라 바람쉼터를 4시

58분 지나고 까막봉 정상에 올라서니 15시4분이다. 까막봉은 트랭글 빼지를 받고 이정표에 왼쪽으로 태화산 방향 이정표를 따라가며 편한길 능선을 오르내리며 진달래 쉼터를 17시20분 지나고 10분후 갓바위를 지나 주막봉 삼거리를 17시37분 지나간다. 삼거리 이정표에 주막봉오리 500m 다람쥐숲 350m 갓바위 80m 진달래 군락지 230m 이며 마르금은 직진으로 가다 곰방대나무 표지판을 지나고 태화산 갈림길을 17시55분 지나면서 마루금은 오른쪽으로 각홀재 칠갑산 이정표를 따라 가파른 내리막을 한동안 내려 갈재고개에 내려서니 18시58분이다.

좌표【 N 36" 39" 04.6" E 127" 02" 31.1" 】

갈재고개는 공주시 유구읍 문금리 분당골에서 천안시 광덕면 광덕리를 넘는 고개로 2차선 도로가 넘는 고개다. 2008년 일차 때는 비포장 도로였는데 지금은 차량이 많이 다녀 이곳에서 마무리 하고자 한다. 오늘 계획은 각홀고개 까지였는데 시간상 이곳에서 마무리한다. 각홀고개까지는 시간상 어려워 부산까지 갈려면 시간이 촉박하다. 마침 지나가는 승용차가 있어 이분들이(천안시 서북구 장동순)광덕면까지 태워주며 택시 타는 곳에서 택시까지 잡아줘 고맙다는 인사를 하고 택시로 아산역 앞 사우나에서 목욕을 하고 아산역에서 ktx로 부산에오니 10시40분, 이로서 금북정맥 4구간을 무사히 마무리 한다. 오늘은 차가 아산으로 가기에 아산에서 부산으로 왔지만 다음은 공주에서 유구읍으로 이어진다. 옛날 1차때는 교통이 불편해 구정맥 산악회와 합류해 종주를 했는데 이제는 교통이 좋아 무박당일산행도 가능하다.

제2차 금북정맥 단독종주 5구간

갈재고개-차동고개

이번구간은 갈재고개에서 차동고개로 1차때는 각홀고개에서 차동고개까지였는데 1차때보다 약 3km가 멀다. 오늘은 날씨가 좋아 산행하기가 좋았으며 각홀고개는 짐승 통행로를 만들어 놓아 도로에 내려서지 안하고 바로 통가하며 봉수산 갈림길에서 100m 거리인데 1차때는 바로 지나갔는데 이번에는 봉수산 정상에 들려 사진도 찍고 인증샷을 하고 돌아왔으며 등산로는 아주 잘나있으며 곳곳이 이정표 쉼터가 있으며 천방산은 옛날에는 표찰이 나무에 걸려 있었는데 정상에 이정표도 있고 표찰이 이정표에 붙여있으며 부엉산 극정봉 명수산 절대봉은 트랭글에 빼지가 들어와 알 수 있지 아무 표시가 없다.

2008년 1차때보다는 등로가 확실해 무사히 차동고개까지 도착했으며 1차때는 67세였는데 올해 78세인데도 정맥을 종주 할 수 있다는 게 神에게 감사를 드린다.

갈재고개 : 충청남도 공주시 유구읍 문금리 갈재고개
차동고개 : 충청남도 예산군 신양면 차동리 차동고개
도상거리 : 갈재고개 21.3 km   차동고개
운동시간 : 갈재고개 9시간 44분, 차동고개
휴식시간 : 갈재고개 30분, 차동고개

갈재 고개 출발 6시 17분,　　　　：광덕산갈림길 6시 22분, 0.3 km
임도안부 6시 35분, 1.0 km　　　 ：구. 헬기장 6시 53분, 1.2 km
철탑 6시 59분, 2.3 km　　　　　：310.2봉삼각점 7시 09분, 3.0 km
각홀고개 7시 16분, 3.4 km　　 ：분기봉이정표 7시 36분, 3.9 km
구만봉 8시 12분, 5.4 km　　　　：탑골 고개 8시 26분, 6.3 km
길상사갈림길 8시 54분, 7.1 km　：봉수산갈림길 8시 58분, 7.2 km
봉수산 정상 9시 07분, 7.4 km　 ：봉수산 출발 9시 14분,
철탑봉 9시 19분, 7.7 m　　　　 ：378봉 10시 01분, 9.3 km
탑산리고개 10시 20분, 10.1 km　：천방산 473m 11시 06분, 11.1 km
이치리고개 11시 26분, 12.0 km　：부영산 403m 11시 35분, 12.3 km
부영산중식후 출발 12시 02분,　 ：소거리 고개 12시 37분, 13.2 km
364봉 12시 48분, 14.1 km　　　 ：극정봉 424.m 13시 12분, 14.9 km
명우산 368m 13시 53분, 16.4 km ：절대봉 363m 14시 20분, 17.3 km
불운리고개 4시 27분, 17.7 km　：340 봉 14시 42분, 18.7 km
서재 15시 05분, 19.1 km　　　　：불골고개 15시 16분, 19.4 km
서낭당 고개 15시 25분, 20.0 km ：294.2m 삼각점 15시 47분, 20.7 km
차동고개 도착 16시 00분, 21.2 km

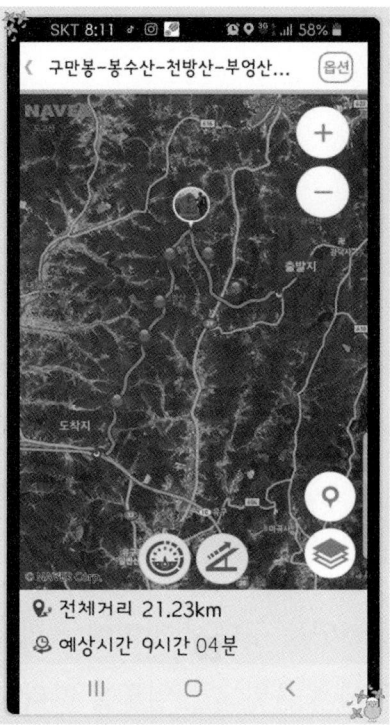

2019년 4월 21일 맑음

　2019년 4월 20일 오후 18시 55분 열차(ktx)로 대전역에서 대전복합터미널로 버스터미널에서 시외버스로 공주를 거처 유구읍 도착 유구 그린파크에서 잠을 자고 아침에 일찍 일어나 분식집에서 아침을 먹고 택시(14,000)로 갈재고개에 도착하니 6시 13분이다. 산행 준비를 하고 6시17분 산행에 들어간다. 초입은 반바지가 걸어놓은 금북정맥 갈재 450m 표찰 아래 리본이 많이

공주군 유구읍에서 천안시 광덕면을 넘는 갈재고개

걸려있는 곳에서 언덕에 올라서면 부안임씨 종중 추모공원 입구에서 올라오는 임도를 따라간다. 임도를 따라 편한길 오르막을 올라 넓은 헬기장에 올라서니 6시22분이다. 시간이 이른데 어젯밤 야영을 한 텐트가 3개있고 젊은이 한사람이 나와 있으며 일찍 올라온 나를 보고 의아한 모습이다. 이곳은 능선 분기점으로 오른쪽은 광덕산으로 이어지고 마루금은 왼쪽으로 내려간다. 이곳에서부터는 오른쪽은 천안시 광덕면을 벗어나 아산시 송악면과 공주시 유구읍을 경계로 남서쪽으로 잘나있는 능선길을 가다 작은봉을 넘고 왼쪽 벌목지를 보며 오른쪽으로 임도 갈림길에 내려서니 6시35분이다. 이정표에 각홀고개 2.5km 광덕산 5.2km이며 다시 왼쪽으로 오르막을 올라 다시 오른쪽으로 잘나있는 능선길을 오르내리며 무명봉을 지나고 능선을 오르내리다 가파른 오르막을 올라서니 구 헬기장이다.

좌표【 N 36" 38" 52.7" E 126" 59" 52.5" 】

삼각점이 있는 봉을 6시53분 지나고 왼쪽에 철탑을 6시59분 지나 이정표(금북정맥 2.1km 광덕산정상 6.5km 각흘고개 1.2km)를 지나 4 분후 전주이씨 묘를 지나 내리막을 내리며 2 분후 두번째 철탑을 왼쪽에 보며 안부를 지나 오르막을 올라 310.3봉(삼각점)에 올라서니 7시9분이다.

좌표【 N 36" 38" 53.2" E 126" 59" 21.1" 】

마루금은 삼각봉을 지나면서 내리막을 내리며 가족묘 뒤를 지나 생태계(짐승) 통로 위 각흘고개에 내려서니 7시16분이다.

좌표【 N 36" 38" 58.3" E 126" 59" 06.2" 】

각흘고개는 공주시 유구읍에서 아산시 송악면을 넘는 고개로 2008 년도 1차때는 도로에 내려서 도로를 건너야 했는데 언제

생태계 통로를 만들었는지 도로 위 생태통로를 통과한다. 통로 양쪽에 무인카메라가 설치되어있고 통로를 지나 절개지를 올라가면 오른쪽에서 올라오는 길을 만난다. 마루금은 안동권씨묘 뒤로 이어지며 연일정씨묘를 지나 오르막을 오르며 봉수산 535.2 현휘치 01-01팻말을 7시29분 지나며 가파른 오르막을 힘들여올라 능선 분기점에 올라서니 7시36분이다. 이정표에 현위치 351봉 각홀고개 0.5km 봉수산 정상 3.9km 이며 오른쪽으로 1분쯤 오르막을 올라 잘나있는 능선길을 오가며 현위치 봉수 01-02 팻말을 7시42분 지나며 계속해서 오르락내리락 편한길을 오르내리며 이정표 393.3봉에 올라서니 7시55분이다. 이정표에 봉수산 정상 2.7km 각홀고개 1.3km 이고 393.2 봉을 넘어 내리막을 내려 안부에 내려섰다. 오르막을 올라 구만봉 정상에 올라서니 8시12분이다.

좌표【 N 36" 39" 57.51" E 126" 58" 28.89" 】

 이정표에 봉수산 등산로 392봉 금북정맥 1.8km 각홀고개 2.1km 광덕산 정상 9.8km 이다. 이정표를 지나고 오르내리다 봉수산 등산로 이정표 봉수산 정상 1.4km 각홀고개 2.8km 이정표를 8시23분 지나고 능선 내리막을 내려 탑골고개에 내려서니 8시36 분이다. 이정표에 373m 갈림길 봉수산 정상 0.7km 광덕산정상 11.0km 이며 반바지가 걸어놓은 표찰에 금북정맥 탑골고개 385m 이다. 탑골고개를 지나면서 가파른 오르막이 시작되며 가파른 오르막을 힘들여 한동안 올라 길상사 갈림길에 올라서니 8시54분이다. 길상사 갈림길 대리석 이정표에 정상 280m 길상사 950m이며 계속해서 가파른 오르막을 올라 봉수산 갈림봉에 올라서니 8시58분이다. 이정표에 봉수산정상은 오른쪽으로 100m 지점에 위치해있고 마루금은 왼쪽으로 이어진다. 2008년 1차때는 바로 지나갔었는데 이번에는 빼지도 받을겸 약간에 내리막을 내려 암능을 올라 봉수산 정상에 올라서니 9시7분이다.

좌표【 N 36" 40" 35.1" E 126" 58" 11.2" 】

봉수산은 아산시 송악면과 예산군 대술면에 걸쳐 있는 산으로 표지석은 아산시에서 세웠으며 쉼터도 있고 등산객이 많이

오르내린 곳으로 등산로도 양호하다. 마침 정상에 올라서니 등산객 3 명이 올라와있다. 오늘 처음만난 등산객이다. 젊은이들은 갈매봉으로 간다고 한다. 젊은이에게 부탁해 사진 한판 찍고 9시10분 출발해 다시 돌아와 북으로 오던 마루금은 서남쪽으로 마루금을 따라 내리막을 내리며 이곳부터는 오른쪽은 아산시를 벗어나 예산군 대술면과 공주시 유구면을 경계로 이어지며 예산군에서 설치한 국가지점번호 다.바 5222-5354 봉수산 1-3번을 9시15분 지나고 4분후 왼쪽에 철탑을 지나 2분후 안부에 내려섰다 작은봉을 넘으며 국가지점번호 다.바 5211-5342 봉수산 1-4번을 9시21분 지나면서 오르락내리락 4 분후 봉수산 1-5 번을 지나고 다시 5 분후 봉수산 1-6 번을 지나며 가파른 오르막을 올라 쉼터가 있고 국가지점번호 다.바 5173-5291 봉수산 1-7번이 있는 무명봉에 올라서니 9시37분이다.

쉼터에서 배낭을 내려놓고 간식을 먹고 갈증도 면하고 9시44분 출발한다. 가파른 내리막을 내려 4 분후 봉수산 1-8 번을 지나 2 분후 안부에 내려서고 3 분후 봉수산 1-9 번을 지나며 안부 사거리를 지나며 왼쪽 탑산골을 내려다보며 오르막을 오르며 오른쪽 벌목지 능선을 올라 378봉에 올라서니 10시1분이다. 378봉은 전망이 좋으며 이정표 (봉수산 1.9km 천방산 1.7km)가 있으며 국가 지점번호 다.바 5148-5243 봉수산 1-10번이 있으며 쉼터도 있다. 잠시 가파른 내리막을 내리고 능선을 오르내리며 봉수산 1-11번을 10시8분 지나고 4 분후 봉수산 1-12 번 다시 3 분후 봉수산 1-13 번을 지나 탑산리 사거리 안부에 내려서니 10시20분이다.

이정표에 봉수산 2.7km 천방산 0.9km 탑곡리 1.5km 임도 0.4km 이며 국가지점번호 다.바 5157-5169 봉수산 1-14번이 있으며 안부를 지나 오르막길에 예산군에서 설치한 스텐레스 파이프로 길을 가로막아 놓았으며 '산악오토바이 금지 등산객 통행에 불편을 드려 죄송합니다'라고 길을 막아놓았다. 이곳부터 오르막을 오르는데 길이 양호하며 무명봉에 올라서니 이곳도 스텐래스 파이프로 가로막아 놓았다. 등산을 하다보면 오토바이가 등산로를 엉망으로 만들어 놓은 곳이 전국적으로 여러곳 있으나 무방비 상태인데 이곳은 예산군에서 오토바이 출입금지를 만들어 놓은 곳이 처음 보는 것 같다. 무명봉에서 오른쪽으로 이어지며 봉수산 1-15번을 지나며 이정표에 봉수산 3km 천방산 0.6km를 10시27분 지나고 나무 계단길을 한동안 올라 봉수산 1-16 번을 10시36분 지나고 가파른 오르막을 올라 무명봉을 지나 능선을 올라 천방산 갈림길에 올라서니 10시54 분이다. 이정표에 천방산 0.1km 극정봉 3.7km 봉수산 3.6km 이며 천방산은 왼쪽 100m 지점이다. 갈림길에서 능선 오르막을 올라 천방산 정상에 올라서니 10시 58분이다.

조표【 N 36" 39" 10.4" E 126" 57" 42.1" 】

천방산은 479m로 공주시 유구읍 탑곡리와 예산군 대술면 방산리에 걸쳐 있는 산으로 정상은 공주시 유구면에 있으며 예산군 경계에서 100m 공주쪽에 있어 관리는 공주시 담당이다. 정상이정표에 극정봉 3.8km 삼흥수양관 2.0km 이며 이정목에 천방산 표찰이 걸려있고 오른쪽 아래로 탑골리가 내려다보이고 지나온 봉수산 가야할 부엉산 극정봉 능선을 가름해본다. 잠시 허리쉼을 하고 갈증도 면하고 11시7분 출발해 3 분후 삼거리에서 오른쪽 (서남쪽)으로 능선을 따른다. 능선을 따라가다 이곳도 오토바이 스텐레스 차단막을 지나며 예산군에서 설치한 국가지점번호 다.바 5159-5095 천방산 2-1번을 11시12분 지나고 능선을 오르내리며 5 분후 국가지점번호 다.바 5144-5078 천방산 2-2 번을 지나고 능선 내리막을 내려 6 분후 쉼터가 있고 국가지점번호 다.바 5121-5065 천방산 2-3 번을 지나 가파른 내리막을 한동안 내려 이치고개에 내려서니 11시26분이다. 이정표에 탑곡리 1.3km 이치리 1.0km

천방산 1.0km 극정봉 2.9km이고 국가지점번호 다.바 5123-5054 천방산 2-4 번이 있으며 왼쪽은 탑곡리 오른쪽은 이치리로 등산로가 있다. 이치고개를 지나 오르막을 올라 부엉산 정상에 올라서니 11시38분이다.

좌표【 N 36" 38" 37.0" E 126" 57" 26.7" 】

부엉산은 아무 표시도 없고 트렝글 빼지만 들어오고 쉼터가 있다. 쉼터에서 자리를 펴고 이르지만 점심을 먹고 12시2분 출발해 3분후 국가지점번호 다.바 5128-5019 천방산 2-6번을 지나고 잘나있는 능선길을 잠시 내렸다 오르고 5분후 국가지점번호 다"바 5131-4997 천방산 2-7번을 지나고 4분후 국가지점번호 다"바 5124-4980 천방산 2-8 번을 지나 다시 잠시 내려갔다 올라 12시16분 이정표 천방산 2.0km 극정봉 1.9km 국가지정번호 다.바 5110-4964 천방산 2-9번을 지나고 6 분후 국가지점번호 다.바 5088-4949 천방산 2-10 번을 지나 능선을 오르내리며 12시28분 이정표 천방산 2.8km 극정봉 1.3km 국국가지점번호 다.바 5067-4919 천방산 2-11번을 지나고 급경사 내리막을 내려 소거리재에 내려서니 12시37분이다.

이정표에 소거리 1.2km 머그내미 1.2km 천방산 2.9km 극정봉 1.0km이다. 소거리재를 지나 가파른 오르막을 한동안 올라 364봉에 올라서니 12시49분이다. 국가지점번호 다.바 5055-4879 천방산 2-12번을 지나면서 오른쪽에 벌목지 능선을 오르내리며 다시 급경사 오르막을 한동안 올라 삼각점(예산94 1991 복구)이 있는 극정봉(424m)에 올라서니 13시12 분이다.

좌표【 N 36" 37" 32.8" E 126' 56" 50.8" **】**

극정봉에는 삼각점이 있고 국자지점번호 다.바 5041-1816 천방산 2-13 번이 있고 전망이 좋아 사방을 관망하고 잠시 허리쉼을 하고 출발해 가파른 내리막을 내려 안부에 내려섰다 오르막을 오르며 국가지점번호 다.바 5018-4777 천방산 3-2 번을 지나고 안부에 내려섰다 오르막을 오르며 국가지점번호 다.바 4979-4734 천방산 3-5번을 지나 가파른 오르막을 올라 명우산정상(368m)에 올라서니 13시53분이다.

좌표【 N 26" 37" 09.0" E 126" 56" 16.3" **】**

명우산도 정상에 아무표시도 없고 트렝글 빼지를 받고 국가지점번호 다.바 4954-4727 천방산 3-6 번이 있으며 간판에 명우산이라고 적어 놓은 게 전부다. 명우산 정상에서 인증샷을 하고 서쪽으로 오던 마루금은 왼쪽(남쪽)으로 방향을 틀어 오르락내리락 하며 10분 후 국가지점번호 다.바 4963-4692 천방산 3-7번을 지나고 4분 후 국가지점번호 다.바 4961-4676 천방산 3-8번을 지나고 내리막을 내려 5분 후 국가지점번호 다.바 4968-4661 천방산 3-9 번이 있는 안부에 내려섰다 다시 가파른 오르막을 올라 절대봉 (363m)에 올라서니 12시19분이다.

좌표【 N 36" 36" 54.00" E 126" 56" 13.39" **】**

　절대봉은 아무표시도 없고 국가지점번호 다.바 4962-4647 천방산 3-10번이 있고 정상뒤편에 폐광 터가 있다. 절대봉을 지나며 오른쪽으로 내리막을 내려 6분후 불운리 고개에 내려선다. 불운리 고개에는 반바지가 걸어놓은 금북정맥 불운리고개 315m 가 나무에 걸려있고 오르막을 오르며 작은봉들을 오르내리며 좌우로 들락거리며 5분후 국가지점번호 다.바 4930-4629 천방산 3-11번을 지나고 왼쪽으로 내리며 6 분후 안부에 내려섰다 오르막을 올라 국가지점번호 다.바 4923-4602 천방산 3-12번을 지나고 능선을 오르내리며 왼쪽에 벌목지 능선을 올라 374봉에 올라서니 14시49분이다.

좌표【 N 36" 36" 22.9" E 126" 56" 00.1" 】

마루금을 따라 잘자란 소나무 능선을 내리며 왼쪽 벌목지 가마골을 내려다보며 6분 후 국가지점번호 다.바 4913-4538 천방산 3-15번을 지나 내리막을 내려 서재에 내려서니 15시5분이다. 서재에는 반바지가 걸어놓은 금북정맥 서재 246m 있고 왼쪽 임도(산판길)에 간이 공중변소가 있다. 오늘 산행중 처음 보는 사람 4명이 올라오며 혼자 산행을 의아해한다. 아마 이분들은 나물 캐러 올라오는 사람들 같다. 마루금은 오른쪽으로 능선을 가며 5분후 국가지점번호 다.바 4910-4508 천방산 3-17번을 지나고 능선 하나를 넘으니 불모골고개다. (15시16분) 불모골고개에도 반바지가 걸어놓은 금북정맥 불모골고개 245m가있고 능선을 오르며 15시20분 국가지점번호 다.바 4883-4490 천방산 3-18을 지나 내리막을 내리며 평산신씨(平山申公諱亨秀配慶州金氏之墓)묘를 지나 내리막을 내려 서낭당 고개에 내려서니 15시25분이다.

좌표【 N 36" 35" 43.9" E 126" 55" 47.3" 】

서낭당고개는 공주시 유구읍 명곡리 동대말에서 예산군 신양면 차동리 불모골을 넘는 옛 고개로 이곳도 반바지가 걸어놓은 금북정맥 서낭당고개 235m 표찰이 있고 마루금은 왼쪽으로 능선 오르막을 오르며 때로는 잡목능선을 오르며 5분후 국가지점번호 다.바 4885-4451 천방산 3-19번을 지나고 3분후 국가지점번호 다.바 4878-4440 천방산 3-20번을 지나 계속해서 능선을 오르내리며 4분 후 국가지점번호 다.바 4884-4427 천방산 3-21 번을 지나고 5분 후 국가지점번호 다.바 4905-4412 천방산 3-22 번을 지나 잡목숲길 능선오르막을 오르며 삼각점이 있는 294.2봉에 올라서니 15시47분이다.

좌표【 N 36" 35" 20.0" E 126" 55" 59.1" 】

정상에 국가지점번호 다.바 4910-4392 천방산 3-23번이 있다. 마루금은 오른쪽으로 내리며 5분 후 국가지점번호 다.바 4894-4473 천방산 3-24 번을 끝으로 예산군에서 세워놓은 이정판 마지막을 지나며 내리막을 내리며 수원김씨 가족묘를 지나고 절개지를 내려서 차동고개에 내려서니 16시다.

좌표【 N 36" 35" 09.5" E 126" 56" 48.6" 】

차동고개는 공주시 유구읍에서 예산군 신광면을 넘는 2차선 도로인데 1차때는 차량이 많이 다녀 휴게소도 있고 충렬에 고장 예산 사과를 상징하는 커다란 표지석이 있었고 각종 깃발이 도로변에 있었는데 차동 터널이 생기면서 다니는 차가 거의없다. 마침 논산에서 산다는 차가 한대 있으며 고개에서 놀러갔다 오는건지 전을 펴고 음식을 먹고 있으며 마침 오늘 물이 부족해 갈증이 났었는데 음료수를 주며 고기도 먹으라고 한다. 음료수 과일 고기까지 얻어먹고 나니 부럴게 없다. 우리나라 인심은 아직도 인정이 많다는 것을 느끼며 다시한번 감사를 드린다. 오늘 종주는 예상보다 빨리 도착해 유구 택시에게 전화를 걸으니 7분후 택시가 와서 유구에서 목욕을 하고 시내버스로 공주에 와서 직행버스로 대전에서 기차로 부산에 일찍 도착해 5구간도 마무리 한다 집에 오니 집사람 고생했다며 일찍 왔다며 즐거워 한다.

제2차 금북정맥 단독종주 6구간

차동고개-학당고개

　이번구간은 6 구간으로 공주 예산을 지나 청양군에 들어선다. 초입은 공주 예산에서 출발해 장학산을 지나면서 예산군에서 청양군 천종산을 지나면서 공주시를 벗어나 청양군을 지나간다. 6 구간 등산로도 양호하다 초입부터 완만한 등로이며 장학산은 1차때 준희가 걸어놓은 장학산 표찰이 걸려있었고 2018년도 선답자들 기록도 표찰이 있었는데 언제 무엇때문인지 표찰이 없고 트랭글 빼지만 들어오고 아무것도 보이지 않아 소나무 아래서 사진만 찍어두고 성황당고개 천종산 서반봉 시점이 고개 국사봉 칠갑산 분기봉 420봉 423봉 금자봉 까지 길도 양호하고 곳곳에 이정표가 있어 산행에 큰 도움이 되었다. 효제고개에서 진입로가 희미하고 마지막 학당고개 내려오는데도 올바른 길이 없어 능선을 따라 밭둑으로 내려온다.

차동고개 : 충청남도 예산군 신양면 차동리 차동고개
학당고개 : 충청남도 청양군 청양읍 학당리 학당고개
도상거리 : 차동고개 24.7 km 학당고개
운동시간 : 차동고개 10시간 21분, 학당고개
휴식시간 : 차동고개 51 분, 학당고개

차동고개 출발 5시 50분,　　　　: 무명봉 6시 10분, 1.0 km
361 봉 6시 24분, 1.9 km　　　　: 374 봉 7시 00분, 3.8 km
장학산 381m 7시 16분, 4.3 km　: 성황당고개 7시 41분, 5.3 km
천종산 409m 7시 50분, 6.0 km　: 야광고개 8시 21분, 6.4 km
서반봉 392m 8시 36분, 6.9 km　: 403 봉 8시 58분, 7.9 km
사점이고개 9시 19분, 8.7 km　　: 국사봉 4898m 9시 42분, 9.4 km
국사봉출발 9시 57분,　　　　　 : 십자가 10시 04분, 9.7 km
수치골갈림길 10시 20분, 10.5 km : 칠갑산 분기봉 10시 44분, 11.4 km
420봉 11시 08분, 12.7 km　　　 : 423 봉 11시 28분, 13.1 km
중식후 출발 12시 03분,　　　　　: 운곡 고개 12시 21분, 14.0 km
334 봉 12시 35분, 14.8 km　　　: 금자봉 370m 12시 47분, 15.2 km
분곡고개 13시 34분, 17.8 km　　: 효제고개 14시 54분, 18.7 km
문복산 14시 47분, 20.8 km　　: 신원리갈림길 15시 02분, 21.4 km
백천리임도 15시 26분, 22.4 km　: 여우실고개 15시 37분, 23.0 km
학당고개도로 16시 04분 24.3 km : 등산로입구 16시 10분 24.8 km

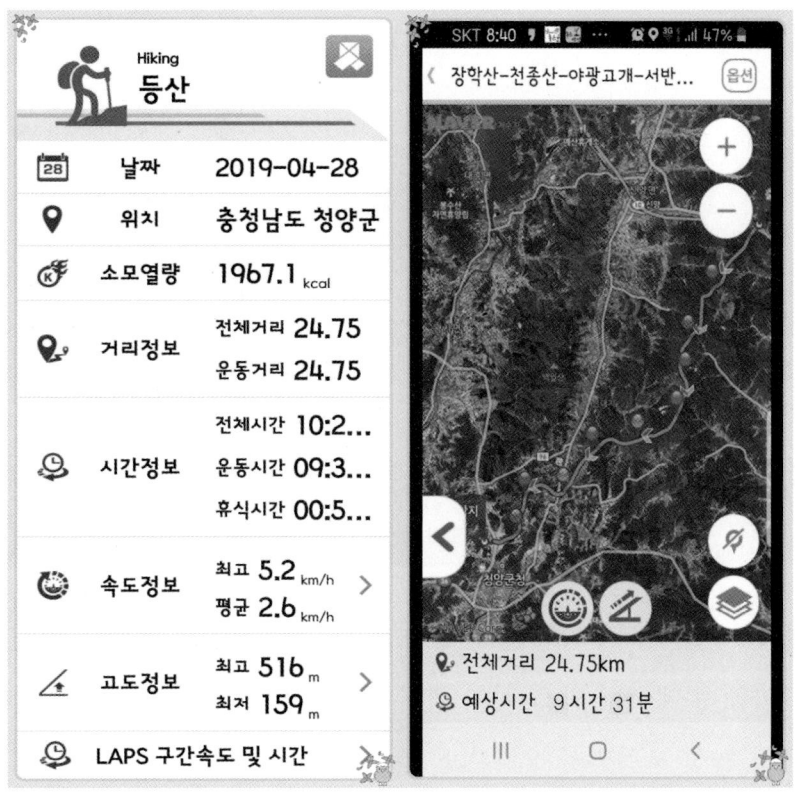

2019년 4월 28일 맑음

　이번 구간부터는 교통편이 좋지 않아 부산에서 대전까지 대전에서 공주행 막차로 유구행 막차가 떠나고 없어 공주 금강렌드 찜질방(9,000)에서 하룻밤을 지내고 24시 식당에서 아침을 먹고 있는데 마침 유구가는 1톤 짐차가 있어 얻어 타고 유구에 도착해 택시로 (7,000) 차동고개에 도착하니 5시47 분이다. 산

행 준비를 하고 5시50분 산행에 들어간다. 초입은 공주쪽 통신탑아래 콘테이너 박스 뒤에 표지기가 많이 달려있다. 초입에 들어서 능선 오르막을 오르며 8분후 묘를 지나며 오른쪽 아래에 영덕 당진간 고속도로 터널 입구와 23번국도 차동터널 입구가 내려다보이며 능선을 올라 3분후 작은봉을 넘고 능선 오르막을 좌우로 들락거리며 361봉에 올라서니 6시24분이다.

좌표【 N 36° 34" 18.9" E 126° 54" 59.7" 】

마루금은 능선을 오르내리며 5분후 묘를 지나 작은봉을 넘어 내리막을 내리며 묘를 지나 안부에 내려서 다시 가파른 능선을 오르며 왼쪽에 새로 만드는 임도를 바라보며 오르막을 올라 작은봉을 넘으며 왼쪽으로 능선을 내려오니 안부에서 올라온 임도를 다시 만난다. 안부에서 임도를 따라 올라와도 이곳에서 만난다. 6시40분 임도를 지나며 능선을 올라 구 산판길을 지나 잡목숲을 해치고 올라 374봉에 올라서니 7시다.

좌표【 N 36" 33" 46.9　E 126" 54" 34.0" 】

마루금은 능선을 가며 3분후 삼거리에서 왼쪽길로 내리막을 내려 안부에 내려서니 7시11분이다. 안부를 지나 가파른 오르막을 올라 정학산(381m)정상에 올라서니 7시16분이다.

좌표【 N 36" 33" 28.5"　E 126" 54" 15.7" 】

장학산(381m)정상은 아무 표시도 없으며 트렝글 빼지만 들어오고 빼지가 안들어 오면 알 수 없는 봉이다. 사진 한판 찍고 (사진에는 장학산을 확인하기 위해 만들어 놓았으니 참고 바랍니다)왼쪽으로 능선을 가다 오른쪽으로 가파른 내리막을 내리며 능선 분기봉을 지나며 오른쪽은 예산군을 벗어나 청양군 운곡면 추광리로 들어서 내리막을 내려 서낭당고개에 내려서니 7시41분이다. 서낭당고개에는 이정표(사점미고개 3.8km 차령고개 5.0km)가 있으며 서낭당(돌무덤)이 있으며 1차때 있던 오래된 고목나무도 있다. 서낭당을 지나면서 오르막을 올라 천종산(409m)에 올라서니 7시50분이다.

좌표【 N 36" 32" 52.0"　E 126" 64" 04.6" 】

천종산(409m)은 공주군과 청양군에 걸쳐 있는 산으로 정상은 청양군에서 관리하고 정상 표지판도 청양군에서 설치해 놓

앉으며 전망이 좋아 사방을 관망할 수 있으며 표지판이(천종산 해발 409m 금북정맥 9구간 청양군 산림축산과 041-940-2812 산림청 산악구조 및 산불신고 1688-3116) 있다. 금북정맥 9구간은 어느 곳을 기준으로 하였다는 근거가 미약하며 어디까지 인지 알 수 없다. 천종산을 지나 능선을 오르락내리락 작은봉 두개을 넘어 능선 이정표에 내려서니 야광고개 빼찌가 들어온다. 8시11분 이정표에 성황당고개 1.0km 사점미고개 2.8km 이며 마루금은 가파른 내리막을 통나무 계단길을 내려 안부사거리(야광고개)에 내려서니 8시21분이다.

좌표【 N 36" 32" 41.7" E 126" 53" 55.1" 】

야광고개를 지나 오르막을 오르는데도 통나무 계단을 오르며

5분후 무명봉을 올라서 능선을 가다 가파른 오르막을 올라 서반봉(392m)에 올라서니 8 시 36 분이다.

좌표【 N 36" 32" 38.12" E 126" 53" 35.15" 】

서반봉에도 천방산같이 표지판(서반봉 해발 392m 금북정맥 9구간 청양군 산림축산과 041-940-2812 산림청 산악구조 및 산불신고 1688-3116)이 있다. 청양군에 들어오면서 정상 표지판이 똑같이 잘 되어있다. 서반봉을 지나 잘나있는 능선을 내리며 암능을 지나며 왼쪽 암봉은 오르지 않고 오른쪽으로 잡목숲을 해치며 너덜지를 내려서 잘나있는 능선길을 가다 작은봉을 넘어 내리막을 내려서 안부에 내려서니 8시47 분이다. 다시 오르막을 오르며 좌우로 들락거리며 오른쪽에 벌목지 능선을 오르고 9시 벌목지를 지나고 암능을 오르며 암봉 아래서 암봉은 오르지않고 왼쪽 사면길로 돌아가면 유인 해주오씨지묘(孺人海州吳氏之墓) 뒤로 돌아가 암봉능선아래서 이어지는 마루금을 따라 이름모를 묘를 지나고 내리막을 내려오며 돌계단을 한동안 내려 사점미고개에 내려서니 9시19분 이다.

좌표【 N 36° 31" 46.9" E 126° 53" 31.9" 】

사점미 고개는 공주시 신풍면 조평리에서 청양군 운곡면 신대리를 넘는 산판길 고개로 이정표에 국사봉 0.8km 성황당고개 3.8km 이며 임도는 있으나 왕래가 거의없고 신대리로 내려가는 이정표가 있다. 사점미고개를 지나 오르막 돌계단길을 오르다 능선길을 한동안 때로는 암능도 오르고 경사진 통나무계단을 올라서 흰돌로 둘러쌓인 성터같은 곳을 올라서니 헬기장이다. 2008년 5월19일 1차때는 구정맥 산악회에서 무박으로 차령고개에서 새벽에 출발해 이곳에서 아침을 먹었었는데 오늘은 단독산행으로 9시38분 지나간다. 전망이 좋아 잠시 사방을 둘러보고 오르막을 올라 국사봉 (489.0m)에 올라서니 9시42분 이다.

좌표【 N 36° 31" 25.4" E 126° 53" 55.1" 】

국사봉(489m)정상에는 삼각점(예산 319 " 79.8 재설)이 있고 표지판(국사봉 해발 489m 금북정맥 9구간 청양군 산림축산과 041-940-2812 산림청 산악구조 및 산불신고 1688-3116)이 있으며 국사봉 이정표에 사점미고개 0.8km 운곡고개 4.8km이고 다른 국사봉 이정표에 왼쪽길은 수리치골 성지 4.30km 오른쪽은 수리치골 4.60km이며 마루금은 오른쪽 수리치골 성지방면으로 내려간다. 국사봉정상 쉼터에서 쉬며 간식을 먹고 9시57분 출발해 오른쪽으로 밧줄을 잡아가며 통나무계단을 내려서 5분후 안부에 내려섰다 다시 오르막을 올라 십자철탑봉에 올라서니 10시4분이다. 십자가 철탑아래에는 넓은공터로 쉼터가 여러게 있으며 전망이 좋아 수리치골이 내려다보인다. 마루금은 다시 내리막을 내리며 3분후 이정표 수리치골 성지 3.90km 국사봉 0.7km를 지나고 내리막을 한동안 내리고 잠시 오르막을 올라 370봉에 올라서니 1시20분이다.

좌표【 N 36" 31" 17.6" E 126" 53" 31.5" 】

370봉에도 정상표찰 (370봉 해발 370m 금북정맥 9구간 청양군 산림축산과 041-940-2812 산림청 산악구조 및 산불신고 1688-3116)이 이곳도 있고 삼거리에서 왼쪽으로 내려가면 수리치골 성지이고 마루금은 오른쪽으로 내려간다. 마루금을 따라 오른쪽으로 가파른 내리막을 내려 5분 후 안부를 지나고 가파른 오르막을 5분 동안 올라 능선길을 좌우로 들락거리며 오르막 능선을 올라 10시38분 무명봉을 오르고 능선 오르막을 올라 칠갑지맥 분기봉에 올라서니 10시44분 이다.

좌표【 N 36" 30" 31.2" E 126" 53" 09.7" 】

칠갑지맥분기봉에는 이정표에 국사봉 2.2km 운곡고개 2.6km이며 왼쪽 능선이 칠갑지맥이고 이곳에서부터는 왼쪽에도 공주시 신풍면을 벗어나 청양군 대치면과 운곡면을 경계로 좌우로 모두 청양군이다. 남으로 오던 마루금은 오른쪽 (서남쪽)으로 내리막을 내리며 밧줄을 잡아가며 통나무계단을 내려 10시54분 쉼터를 지나고 오르막을 올라 11시2분 무명봉을 넘어 잘자란 소나무 숲길을 지나며 오르막을 올라 420봉에 올라서니 11시8분이다.

좌표【 N 36" 30" 28.7" E 126" 52" 47.9" 】

420봉에도 정상 표찰에(420봉 해발 420m 금북정맥 9구간 청양군 산림축산과 041-940-2812 산림청 산악구조 및 산불신고 1688-3116)이 있고 역시 트랭글 빼지을 받고 내리막을 내려 6

분후 안부에 내려선다. 안부에는 쉼터도 있고 이정표에 국사봉 3.4km 운곡고개 1.4km 이며 오르막을 오르며 밧줄을 잡아가며 통나무 계단을 올라 424봉에 올라서니 11시 26분이다.

좌표【 N 36" 30" 14.3" E 126" 52" 13.2" 】

424봉도 420봉과 마찬가지로 표지판에(424봉 해발 424m 금북정맥 9구간 청양군 산림축산과 041-940-2812 산림청산악구조 및 산불신고 1688-3116)가 있으며 정상표지판이 땅에 떨어져 있어 우선 새워놓고 사진을 찍어 둔다. 424봉도 전망이 좋아 예산군 신양면 일대와 아래로 농곡저수지가 내려다보이고 청양군 대덕봉 칠갑산이 보인다. 시간은 이르지만 시장기가 들어 자리를 펴고 점심을 먹고 12시 3분 출발한다. 내리막을 내리며 작

은봉을 오르내리며 김해김씨 묘(直齊金海金公諱英培 配孺人慶州崔氏 之墓)를 12시12분 지나고 내리막을 한동안 내려 운곡고개에 내려서니 12시21분이다. 운곡고개는 청양군 대치면 농소리에서 예산군 운곡면 신대리를 넘는 고개로 고개 양쪽에 고목나무가 있고 이정표에 수리치 3.6km 금자봉 1.2km 신대리 안내표가 있으며 쉬어갈 수 있는 벤취도 한개 있다.

좌표【 N 36" 30" 11.5" E 126" 51" 43.43" 】

운곡고개를 지나 능선 오르막을 오르며 잘나있는 능선을 오르내리며 334봉에 올라서니 12시35분이다. 334봉은 아무표시도 없고 왼쪽으로 방향을 틀어 내리막을 내려 능선을 가다 가파른 오르막을 한동안 올라 금자봉에 올라서니 12시47분이다. 정상표지판(금자봉 해발 370m 금북정맥 9구간 청양군 산림축산과 041-940-2812 산림청 산악구조 및 산불신고 1688-3116)이 있으며 금자봉 정상은 이정표에 오른쪽으로 80m로 되어있고 정상 높이는 325m로 되어 있으며 국사봉 4.5km 문박산 5.5km 이다. 마루금은 왼쪽으로 이어진다.

좌표【 N 36" 30" 28.12" E 126" 50" 58.11" 】

마루금은 왼쪽으로 가파른 내리막을 내리며 경주김씨 묘를 13시4분 지나고 3분후 밤나무농장을 지나며 산판길을 내려서 이정표(금자봉1.0km 분골고개 1.5km)를 지나고 묘 뒤를 올라 소나무 능선을 넘어서 세면 포장길을 13시12분 지나간다. 이정

표에 금자봉 1.2km 분골고개 1.3km 가 있으며 묘뒤를 올라 소나무능선을 넘어 왼쪽에 우라리 사리동 마을을 내려다보며 동래뒤 능선을 가며 철탑을 13시21분 지나고 사리동 마을 뒤 능선을 가며 묘를 지나고 벌목지를 지나 분골고개에 내려서니 13시 30분이다.

좌표【 N 36" 29" 15.1"　E 126" 50"16.8" 】

분골고개는 운곡에서 우라리를 넘는고개로 포장길이며 이정표에 금자봉 2.5km 효제고개 1.0km 이며 마루금은 도로를 건너 이정표를 따라 능선을 오르며 순흥안씨묘(順興安公諱定植 配 潭陽田氏玉同之墓)뒤로 올라 능선을 가며 작은봉을 넘어 왼쪽으로 내리막을 내리며 오른쪽에 남골묘를 내려다보며 13시46

분 경주김씨 줄묘 뒤를 지나 내리막을 내리며 13시48분 이정표 분골고개 0.7km 효제고개 0.1km를 지나며 왼쪽으로 나무에 리본이 많이 걸려있으며 능선을 넘어 3분후 왼쪽에 논 위를 지나고 밤나무밭 능선을 지나 밭둑옆으로 내려서 2차선 지방도 효제고개에 내려서니 13시54분이다.

좌표【 N 36" 28" 58.9" E 126" 49" 53.2" 】

효제고개는 청양군 운곡면 효제리에 속해있으며 마루금은 2차선 지방도로를 건너 이정표를 따라 임도로 들어서 약 70여미터 가다 전봇대에서 왼쪽 밭둑으로 올라가면 청주한씨묘(淸州韓公諱正鎬 配丹陽禹氏之墓)에 올라 밤나무 능선을 오르고 잡목숲을 오르고 묘를 지나며 이정표(효제고개 0.3km 문박산 1.7km)를 지나 가시넝쿨과 잡목능선을 넘어 이정표(효제고개 0.5km 문박산 1.5km)를 지나며 왼쪽 아래 마을을 내려다보며 안부에 내려섰다 오르막을 오르며 마을 뒤를 돌아 왼쪽으로 태양열 전광판을 내려다보며 작은봉에 올라서니 2시18분이다. 마루금은 왼쪽으로 능선을 오르내리며 좌우로 능선을 오르며 조림지를 지나면서 가파른 오르막을 한동안 올라 임도(산판길)에 올라서니 2시39분이다. 이정표에 효제고개 1.7km 문박산 0.3km이며 왼쪽은 포장이 되어있으나 오른쪽은 자갈길이다. 임도를 건너 오르막을 올라 4분후 연안명씨(延安明公濟東 配水源白氏合祔之墓)묘를 지나고 3분후 산불감시 초소를 지나 삼각점이 있고 사각정자가 있는 문박산 정상(337.8m)에 올라서니 2시48분이다.

좌표【 N 36" 28" 49.8" E 126" 48" 56.6" 】

　문박산에는 사각정자가 있고 청양군 금북정맥 안내도 간판이 있고 평상이 있으며 삼각점이 있다. 2시50분 문박산을 출발해 마루금은 남쪽으로 내리막을 내리며 5분후 오른쪽에 자작나무 조림지를 지나고 왼쪽으로 내리막을 내리며 2분후 무안유씨묘(務安兪公在成 配孺人慶州金氏 之墓)를 지나며 밤나무 농장에 내려 3시2분 임도에 내려 임도를 따라가 신원리사거리에 내려서니 3시3분이다. 이정표에 문박산 1.6km 학당고개 2.2km이며 오른쪽 아래 묘목 수목원을 내려다보며 임도(산판길)를 따라가며 3시9분 오른쪽에 철탑을 지나고 계속해서 임도를 따라가다 3시26분 백천리 갈림길을 지나며 이정표 (문박산 2.5km 학당고개 1.3km)를 지나 학당리쪽 농장 건물을 내려다보며 임도를 따라가다 3시30분 임도를 버리고 오른쪽 숲길로 이정표를 따라 내려서 4분 후 무안유씨묘(務安兪公諱六鉉 配慶州李氏祔左合窆)뒤를 내려 2분 후 왼쪽에 고압철탑을 지나 임도에 내려서니 3시37분이다. 이정표에 학당고개 1.6km 문박산 2.2km이며 임도를 건너 왼쪽 대나무밭 갓길을 가며 주의 특 고압선 감전주의 간판을 지나 능선 오르막을 올라 작은봉을 넘어 내리막을 내리며 왼쪽에 고압철탑을 3시48분지나 2분 후 아래로 줄묘를 내려서 안부에 내려서니 3시52분이다. 이정표에 문박산 2.8km 학당고개 1.0km이며 2분 후 다시 이정표 문박산 2.9km 학당고개 0.9km 를 지나 오른쪽으로 내리막을 내려 밤나무 밭길을 지나 밭 가장가리를 내려 한흥전기 공장 뒤로 내려 학당고개 29번 국도에 내려서니 4시6분이다.

좌표【 N 36" 27" 57.9" E 126" 48" 06.5" 】

마루금은 29번 국도에 내려서 오른쪽 (보령쪽)으로 도로를 따라가며 서해장묘공사 석(石)공장 앞을 지나 청양 장례식장 앞 건널목을 건너가 보령쪽으로 50여 미터 가면 버스정류장 뒤에 등산로입구 이정표가 나온다. 오늘 종주산행은 이르지만 이곳에서 마무리한다. 다음 진입로를 확인하고 버스를 기다리는데

지나가는 택시가 있어 택시(4,000원)로 청양시내에 와서 목욕을 하고 대전행 버스로 대전에서 ktx로 부산에 오니 9시28분 집에 오니 9시50분이다. 집에 오니 집사람 일찍 왔다며 수고했다고 격려 해준다. 이로서 금북정맥 6구간을 마무리 한다. 요즘은 교통이 좋아 무박 단일 산행이 가능하다.

제2차 금북정맥 단독종주 7구간

학당고개-스무고개

　이제 금북정맥도 중반전을 지나며 청양군도 벗어나 보령시에 접어든다. 이번 구간은 청양읍 학당리 청양장례식장 버스정류장을 출발해 매일유업 청양공장 뒤편으로 청수리를 돌아 일산봉 334m 여주고개 천마봉 422m 오봉산 498m 광덕재 간티 백

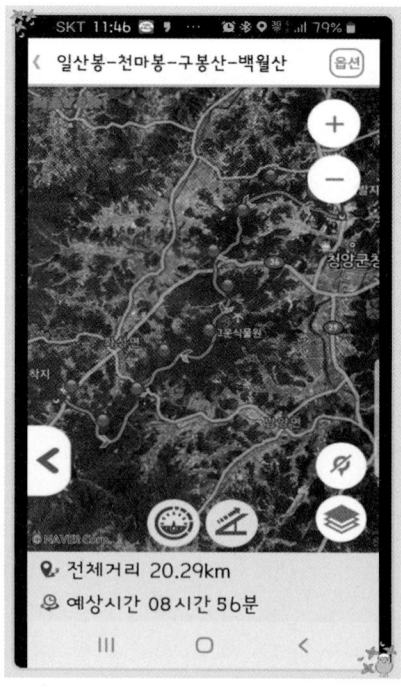

월산 성태산 갈림길 스무재 까지 20.3km 이다. 이번 산행은 보통 양호한 산길로 몇군데 오름길 빼고는 수월한 산행이었으며 길도 확실해 별 어려움없이 마쳤다.

학당고개 : 충청남도 청양군 청양읍 학당리 학당고개
스무고개 : 충청남도 보령시 청라면 소양리 스므고개
도상거리 : 학당고개 20.3km   스므고개
운동시간 : 학당고개 10시간 10분, 스므고개
휴식시간 : 학당고개 1시간 20분, 스므고개

학당고개 출발 6시 25분,   : 매일유업청양공장 6시 37분, 0.7 km
첫번째 철탑 6시 44분, 1.0 km   : 안골안부 6시 56분, 1.7 km
철탑봉 7시 04분, 2.0 km   : 임도 7시 10분, 2.4 km
박정고개 7시 26분, 3.2 km   : 일산봉 334m 8시 11분, 5.0 km
장승리갈림길 8시 24분, 5.7 km   : 분기봉 8시 41분, 6.5 km
여주고개 8시 57분, 7.1 km   : 천마산 9시 37분, 8.0 km
큰골고개 9시 57분, 8.8 km   : 구시치 10시 27분, 9.8 km
점심후 출발 11시 11분,   : 분기봉 422m 11시 33분, 10.7 km
오봉산 498m 11시 53분, 11.5 km   : 456봉 12시 10분, 11.9 km
437봉 12시 19분, 12.4 km   : 385봉 12시 42분, 13.4 km
공덕고개 12시 58분, 14.3 km   : 무명봉 13시 09분, 14.6 km
칸디재 13시 13분, 14.8 km   : 임도(산판길) 13시 51분, 15.8 km
헬기장갈림길 14시 20분, 16.4 km   : 백월산 564m 14시 35분, 17.3 km
백월산 출발 15시 25분   : 성태산 갈림길 15시 39분, 17.6 km
윗말고개 16시 14분, 19.2 km   : 아랫말고개 16시 23분, 19.7 km
스무재고개 도착 16시 40분, 20.3 km

2019년 5월 5일 맑음

 2019년 5월4일 대전에서 청양가는 마지막 버스로 청양에 도착하니 9시40분이다. 버스에서 내려 숙소를 정해야 하는데 오늘따라 청양에 축제가 있어 모텔 여관 민박까지 숙소가 없어 요행이 홍성가는 사람을 만나 홍성에서 자고 식당에서 아침을 먹고 택시로(24,000) 학당고개에 도착하니 6시20분이다. 마루금은 청양 장례식장 버스정류장 뒤에서 시작된다. 산행준비를 하고 6시25분 출발해 능선 오르막을 올라 능선을 넘으며 6시30분 이정표 (여주재 7.1km 학당고개 0.2km)를 지나고 다시 1분후 이정표 (여주재 7.0km 학당고개 0.3km)를 지나고 오른쪽으로 1분후 이정표 (여주재 6.8km 학당고개 0.5km)를 지나며 왼쪽에 매일유업 청양공장 철망울타리를 따라 잠시 안부에 내려섰다 오르막을 오르며 수원유씨묘(孺人水原李氏之墓)를 지나 능선에 올라 왼쪽에 매일유업 청양공장을 내려다보며 철조망 갓길 능선을 가다 왼쪽으로 철조망을 따라 내려섰다 다시 오르막을 올라 왼쪽으로 매일유업 공장끝 전망탑에서 6시13분 오른쪽으로 숲길을 지나면 임도가 나오며 1분후 이정표 여주재 6.2km 학당고개 1.1km를 지나며 왼쪽에 고압 철탑을 지나 1분후 다시 오른쪽으로 이정표(여주재 6.1km 학당고개 1.2km 를 지나며 임도를 따라 안부에 내려섰다 임도 오르막을 오르며 길가에 철쭉꽃이 너무나 예뻐 사진한판 찍고 능선을 넘어 내리막을 내려 임도 사거리에 내려서니 6시56분이다. 일차때보다 곳곳에 이정표가 있어 길찾기는 수월하다. 사거리에서 왼쪽밭에 비닐하우스를 지나 오르막을 오르며 7시 진주강씨묘(晋州姜公諱萬成之墓 配密陽朴氏雙封乾坐)를 지나고 오르막을 올라 축대위 철탑에 올라서니 7시4분이다.

좌표【 N 36" 28" 10.0" E 126" 47" 06.5" 】

철탑을 지나 작은봉을 넘어 내리막을 내려 7시10분 안부 포장길을 건너 오르막을 오르며 2분 후 파평윤씨 묘(工曹參議 坡平尹公諱冕煥 配淑人東萊鄭氏之墓)를 지나고 이정표 여주재

4.6km 학당고개 2.7km를 지나 능선을 넘어 파평윤시묘 (坡平尹公諱癸植之墓)을 지나며 오르막을 올라 무명봉을 넘고 내리막을 내려 박정고개에 내려서니 7시26분이다.

좌표【 N 36" 28" 21.7" E 126" 46" 21.7" 】

 박정고개 임도를 지나 돌계단을 올라서 잘나있는 능선을 올라가다 4분후 가파른 오르막을 올라 능선에서 이정표(여주재 3.4km 학당고개 3.9km)를 지나며 왼쪽(남쪽)으로 오르막을 올라 무명봉에 올라서니 7시38분이다. 무명봉을 넘어 내리막 능선을 가며 잘자란 소나무 능선을 가다 7시45분 잠시 안부에 내려섰다 오르막을 오르며 1분후 철탑을 지나고 오르막을 오르며 계속해서 가파른 오르막을 올라 작은봉을 7시53분 넘어 다시 오르막을 오르며 가파른 오르막을 한동안 올라 일산봉인가 했는데 무명봉을 8시3분 지나며 왼쪽으로 잠시 내리다 가파른 오르막을 통나무계단을 한동안 올라 삼각점이 있는 일산봉(334m)정상에 올라서니 8시9분이다.

좌표【 N 36" 27" 44.0" E 126" 45" 51.5" 】

 일산봉 정상에는 삼각점이 있고 이정표(학당고개 5.2km 여주재 2.1km)가 있으며 커다란 표지판에 일산봉 해발 334m 금북정맥 10구간 청양군 산림축산과 (041-940-2812) 산림청 산악구조 및 산불신고(1688-3116)이 있다. 정상은 전망이 좋아 청양시내가 내려다보이고 가야할 천마산 오봉산 백월산 성태산이 줄지어 보인다. 잠시 허리쉼을 하고 8시13분 출발해 오른쪽으로 내리막을 내리며 밧줄을 잡아가며 한동안 내려 8시19분 안부에 내려섰다 능선을 가며 2분후 이정표(여주재 1.7km 학동고개 5.6km)를 지나고 다시 3분후 삼거리 이정표(학당고개 5.8km 장승리 1.7km 여주재 1.5km)를 지나고 다시 2분후 학당고개 5.9km 여주재 1.4km 를 지나며 오르막 능선을 오르락내리락 무명봉을 8시41분 넘어 급경사 내리막을 한동안 내려 여주재에 내려서니 8시56분이다.

좌표【 N 36" 26" 53.3" E 126" 45" 13.7" 】

여주고개는 청양읍에서 화성면을 넘는 고개로 화성면쪽에 sk 주유소와 구봉 휴게소가 있는데 앞으로 공사중인 터널이 계통되면 휴게소와 주유소도 폐소될 입장이라고 한다. 마루금은 왼쪽으로 10 여미터 가면 여주재 표지판(여기는 여주재 정상 해발 210m 청양군 청양읍 화성면 국토 교통부 논산 국토관리사무소)을 지나 경주최씨 28世 치안공 가족묘 커다란 표지석에서 사진 한번 찍고 이정표(청양 화성 학당고개 7.3km 천마봉 0.8km)뒤에서 마루금을 따른다. 9시3분 여주재를 출발해 이정표 뒤 돌계단을 한동안 오르고 능선을 넘어 왼쪽아래 임도를 내려다보며 농장건물 뒤로 오르막이 시작되며 가파른 급경사 오르막을 숨을 몰아쉬며 오르며 때로는 통나무 계단도 오르고 천마봉 오르는데 단숨에 오르니 힘이 든다. 가파른 오르막은 계속되며 산불

초소가 있는 천마산 정상에 올라서니 9시 37분이다.

좌표【 N 36" 26" 32.9" E 126" 45" 14.4" 】

천마산 정상에는 산불감시초소가 있고 무인카메라 안테나에 태양광 전기시설이 되어있다. 정상 표지판에는 (천마산 해발 421m 금북정맥 10구간 청양군 산림축산과(041-940-2812) 산림청 산악구조 및 산불신고(1688-3116)이 있다. 삼각점(국방부 지리연구소 대 삼각점)은 철판으로 되어있고 정상 조금 아래에 통신탑이 설치되어있다. 천마산은 전망이 좋아 청양 시가지와 가야할 오봉산 백월산 성태산능선이 줄지어 보인다. 잠시 쉬며 사진도 찍고 9시40분 출발하여 임도를 따르다 통신탑을 지나면서 잘못하여 임도를 따르면 마루금을 벗어나고 벌목지 가파른

능선을 내려와 산판길을 건너 능선을 넘으면 다시 산판길을 건너 벌목지 능선에 잠시올라 9시48분 능선을 넘어 내리막을 내리며 5분후 창원황씨묘(昌原黃公致榮之墓 孺人坡平尹氏之墓)를 지나 절개지에서 왼쪽으로 내려 철망끝에서 포장도로에 내려서니 9시57분이다.

좌표【 N 36" 26" 18.2" E 126" 45" 33.9" 】

구재리고개는 포장도로가 큰골에서 매산리를 넘는 고개로 마루금은 도로를 건너 절개지 철망끝에서 이정표 뒤로 올라간다. 이정표에 왼쪽은 청양읍 오른쪽은 구재리 방향이고 천마산 0.8km 오봉산 2.7km이다. 마루금을 따라 절개지 오르막을 올라 2분후 이정표(여주재 1.8km 공덕재 5.2km)를 지나면서 오르막이 시작되며 인공통나무 계단을 오르며 숲길로 들어서 가파른 오르막을 올라 7분후 이정표(여주재 2.0km 공덕재 5.0km)를 지나며 오른쪽으로 오르막을 오르며 계속해서 인공통나무 계단을 힘들여 올라 무명봉에 올라서니 10시15분이다. 잠시 허리쉼을 하고 능선 오르막을 한동안 올라 6분후 무명봉을 넘어 내려서니 고운식물원 임도에 내려선다. 임도를 따라 내려와 구시치에 내려서니 10시25분이다.

좌표【 N 36" 26" 00.6" E 126" 45" 24.0" 】

마루금은 왼쪽으로 임도를 따라 2분쯤 가다 길가에 소나무 그늘아래 넓은 바위가 있어 (사진참조) 배낭을 내려놓고 이르지만 점심을 먹고 잠시 쉬며 고운식물원 이곳저곳도 살펴보며 사진

도 찍고 전망이 좋아 사방을 둘러보고 11시11분 출발한다. 쉼터바위를 출발해 임도를 따르다 11시15분 임도를 버리고 능선으로 올라 왼쪽에 고원식물원을 내려다보며 능선을 가다 8분후 안부를 지나며 오르막이 시작되어 인공통나무계단을 한동안 올라 422.4봉에 올라서니 11시33분이다. 마루금은 왼쪽은 청양읍을 벗어나 남양면과 화성면을 경계로 잘나있는 편한길 능선길을 오르며 인공 통나무계단을 올라 11시51분 헬기장을 지나 오르막을 올라 오봉산정상(497.8m)에 올라서니 11시53분이다.

좌표【 N 36" 25" 18.4" E 126" 44" 58.1" 】

　오봉산 정상에는 이정표(천마봉 3.5km 공덕재 2.7km)가 있고 커다란 표지판에(오봉산 해발 501.7m 금북정맥 10구간 청양군산림축산과(041-940-2812) 산림청 산악구조 및 산불신고 (1688-3116)이 있고 쉼터도 있으며 자그마한 돌에 매직으로 누군가 오봉산이라 쓴 표지석도 있다. 잠시 허리쉼을 하고 사진도 찍고 11시57분 출발해 오른쪽으로 밧줄 설치한 내리막을 한동안 내려 12시8분 안부에 내려섰다 오르막을 오르며 능선을 올라 455봉에 올라서니 12시10분이다.

좌표【 N 36° 25' 19.6" E 126° 44' 48.5" 】

455봉을 지나 잘나있는 능선을 오르내리며 8분후 벤취가 두개 있고 산불감시초소가 있는 437봉을 지나면서 넘어져 있는 산불감시초소에서 왼쪽으로 내리막을 내려가며 인공통나무 계단을 내리고 잘나있는 능선길을 내리며 6분후 쉼터를 지나고 잘나있는 소나무능선을 오가며 12시33분 안부에 내려섰다 약간에 오르막을 오르며 4분후 쉼터를 지나고 오르막을 올라 335봉에 올라서니 12시42분이다.

좌표【 N 36° 25' 03.8" E 126° 44' 01.3" 】

마루금은 왼쪽으로 내리막을 내리며 급경사 내리막을 한동안 내려 8분후 쉼터를 지나고 공덕재에 내려서니 12시56분이다.

좌표【 N 36° 24' 33.2" E 126° 43' 41.7" 】

공덕재는 청양군 남양면 신왕리에서 화성면 신정리를 넘는 610번 지방도로이며 이정표에 여주재 7.0km 스무재 5.7km 왼쪽은 남양면 오른쪽은 화성면이며 마루금은 화성면쪽으로 50여미터 가면 초입에 백월산 3.0km 이정표쪽으로 잘나있는 등산로로 진입한다. 12시58분 잘나있는 등산로를 따라 능선을 오르며 13시7분 국가지 정번호 다.바 3050-2391가 있고 칸디로 03-

01번을 지나고 암능 282봉을 넘어 묘뒤를 내려서 칸티고개에 내려서니 13시13분이다. 칸티에는 넓은 평상다리에 반바지가 걸어놓은 금북정맥 칸티 235m 표지가 있고 돌무덤이 있으며 국가지점번호 다.바 3044-2372가 있으며 칸티로 3-2번과 이정표 (백월산 2.4km 공덕재 0.6km 왼쪽은 신왕리 오른쪽은 정자리) 가 있으며 마루금은 돌무넘 뒤로 돌계단을 올라간다. 13시14분 돌계단을 올라 가파른 오르막을 올라 7분후 국가지점번호 다. 바 3044-2352와 칸티로 3-3번을 지나 1분후 평상과 쉼터에서 잠시 허리쉼을 하며 갈증을 면하고 가파른 오르막을 오르며 국가지점번호 다.바 3032-2339 와 칸티로 03-04 번을 지나고 잘나 있는 등산 능선길을 올라 쉼터 (넓은평상1개 긴의자2개)가 있고 국가지점번호 다.바 3022-2327번과 칸티로 0305를 13시37 분 지나 잘나있는 능선 오르막을 오르며, 정자리 삼거리에 올라 서니 13시42 분이다. 이정표에 공덕재 1.6km 백월산 1.4km 정 자리 1.0km이며 국가지점번호 다.바 3007-2317번 칸티로 03-06번이 있으며 계속해서 능선 오르막을 올라 6분후 쉼터(벤취3 개)와 이정표 백월산 1.2km 공덕재 1.8km가 있고 백월산 노선 안내도 간판이 있으며 국가지점번호 다-바 3001-2292와 칸티 로 02-07번이 있 는곳을 지나 임도(산판길)에 올라서니 13시51 분이다. 임도 이정표에 신왕리 1.5km 공덕고개 2.0km 백월산 1.0km 이며 비포장 산판길이다. 포장길을 지나 가파른 오르막을 올라 7분후 쉼터를 지나고 5분후 국가지점번호 다.바 2995-2266번과 칸디로 03-08번을 지나 계속해서 가파른 오르막을 오르며 다시 2분후 쉼터를 지나고 돌계단길을 한동안 올라서 헬기장 능선 분기점에 올라서니 14시21분이다. 헬기장은 왼쪽 능선아래에 있고 오른쪽은 백월산으로 이정표에 백월산 0.4km 이며 삼거리에는 재난긴급사고 및 구조요청 안내 백월산 종합안내도가 있으며 국가지점번호 다.바 2994-2241번과 월산로 2-7번이 있다. 마루금은 오른쪽으로 능선을 따라 암능을 오르며 오른쪽 아래 배문 이정표를 14시26분 지나고 2분후 국가지점번호 다.바 2981-2235번과 월산로 2-8번을 지나고 1분후 왼쪽에 줄바위 이정표를 지나 잘나있는 능선길 오르막을 올라 3분후 국가지점번호 다.바 2971-2228번과 월산로 2-9번을 지나 백월산 (554m)정상에 올라서니 14시35분이다.

좌표【 N 36° 23" 31.1" E 126° 43" 02.2" 】

　백월산정상은 자그마한 삼각점이 있으며 검은돌(오색)표지석에 청양군 白月山 570m 표지석이 있고 이정목에 백월산정상 570m 금곡저수지 1.9km 성태산 3.1km이 있고 백월산 성태산 안내도 간판이 있다. 2008년 3월 23일 1차때와 2011년 3월 18일 신산경표 호서정맥때 이곳에서 시작해서 서천군 장항 용당정까지 종주때 이곳에 왔었고 이번이 세번째다. 백월산정상은 11년 전과 그다지 변한 게 없고 정상석도 2008년도 그대로다.

우리나라 9 정맥 중 금남정맥과 금북정맥이 박성태씨가 만들고 조선일보에서 발행한 신산경표에 금북정맥은 호서정맥으로 안성 칠장산에서 백월산을 거쳐 서천 장항에 용당정까지 금강 북쪽을 말하며 백월산을 지나 북쪽으로 안흥만까지를 금북기맥이라하고 금남정맥 진안에 주화산부터 운장산 대둔산 계룡산을 거쳐 부여 부소산 까지를 금남정맥이라 하였는데 신원준의 산경표시대는 금강 하구가 없고 바다물이 강경을 거쳐 부여귀암까지 들락거렸으며 배가 강경항까지 들어와 강경에서 육지로 물류가 거래되어 그시절에는 금남정맥이 부여 부소산이었는데 신산경표에는 진안 금만봉에서 천호산 미륵산을 거쳐 함라산 군산 장계산으로 금강정맥으로 되어있다. 아직까지는 대부분 금북정맥으로 안흥만으로 종주자가 많다.

정상에 올라 점심 먹은 지가 오래되어 나머지 간식을 먹고 이제 내려만 가면 되기에 포근히 쉬고 사진도 찍고 15시25분 출발해 성

태산 방향으로 8분쯤 내려가다 성태산 갈림길에서 남으로 오던 마루금은 북쪽으로 비탈길로 이어진다. 이정표에 성태산 2.6km 백월산 0.4km 스무고개 2.9km 이다. 2008년 1차때 이정표가 없어 선두 따라 성태산까지 알바한 기억이 난다. 지금은 거리마다 이정표가 있어 길 잃을 게 없다. 그리고 등로도 잘되어 있다. 마루금은 오른쪽(북쪽)으로 내리막길을 로프로 설치하였으며 이곳부터는 왼쪽은 청양군 남양면을 벗어나 보령군 청라면과 오른쪽은 청양군 화성면을 경계로 계속해서 비탈길로 한동안 내려 15시48분 쉼터가 있는 안부에 내려섰다 오르막을 올라 8분 후 무명봉을 넘어 능선을 가다 2분후 이정표 백월산 1.3km 스무고개 1.9km 를 지나며 오른쪽으로 급경사 내리막을 한동안 내려 잘자란 소나무 숲길을 내려가며 이정표 백월산 1.5km 스무고 1.7km를 16시4분 지나가며 가파른 내리막 로프설치길을 한동안 내려 왼쪽에 파란물통을 지나 마을 뒤 임도에 내려서니 16시13분이다. 마을도로 장계리갈림길 이정표에 백월산 3.8km 스무고개 1.2km 로 되어있는데 잘못 표기된 것 같다. 마을길을 따라가다 외딴집 뒤에서 산판길을 따라 숲길로 들어서가다 한양조씨묘(漢陽趙公諱晉源 配安平李氏合窆 之墓)를 16시18분 지나 대마무밭 사이를 통과하고 포장도로에 내려서 이정표 스무고개 0.7km 백월산 2.5km를 16시23분 지나 포장길을 따라가다 2분후 이정표 스무고개 0.4km 백월산 2.6km를 지나면서 포장길을 버리고 밭둑길로 들어서 왼쪽과 오른쪽에 전주이씨 가족묘 중간길로 올라서 165.2봉을 넘어 이정표 백월산 3.0km 스무고개 0.2 km를 지나고 절계지 세면 계단을 내려서 스무고개 36번 국도에 내려서니 16시35분이다.

좌표【 N 36" 24" 17.5" E 126" 42" 09.0" 】

스무고개는 청양군 화성면에서 보령군 청라면을 넘는 고개로 왕복 4차선으로 확장하고 중간 분리대 설치를 하였으며 지금도 공사중이라 일부만 되어있고 화성 농공장 입구부터는 공사중이며 길이 어수선하다. 다음산행 초입을 확인하고 종주산행을 마치고 도로를 따라 버스정류장까지 가는데 공사중이라 길이 없이 구도로 갓길을 따라가며 청양 화성농공단지 입구를 지나 공

사중인 화성면 장계리 저부리 마을 표지석을 지나고 구도로 옆에 임시 버스정류장에서 5시5분에 청양가는 시내버스가 20분이 지나서야 버스가 와 시내버스로 청양에 와서 목욕을 하고 버스로 공주를 거쳐 유성에서 지하철로 대전역에서 ktx로 부산에 오니 10시20분이다. 오늘도 집에 오니 식구들 기다리며 수고 했다고 격려해준다. 이로서 금북정맥 7구간도 마무리 한다.

제2차 금북정맥 단독종주 8구간

스무재-윗말고개

이번 8구간은 5월 5일 7구간을 마치고 26일만이다. 계속했으면 5월에 마쳤을 텐데 여러가지 일들이 겹쳐 5월 31일 8차에 들어간다. 이번구간이 교통이 불편하여 31일 일찍 출발한다. 부산역에서 3시40분 KTX로 대전에 도착 지하철로 유성역에서 보령가는 마지막 버스로 보령에 도착하니 저역 9시다. 24시 사우나 찜질방에서 하룻밤을 지내고 아침 일찍 일어나 24시 감자탕 해장국집에서 아침을 먹고 택시로 수무재에 도착하니 5시48분이다. 이번 8구간은 오서산만 넘으면 야산구간이라 힘들지않은 구간이고 2008 년 1차때 지나간 곳이라 약간에 기억은 있지만 많이 변한게 스무고개도 2차선도로가 4차선으로 확장 되어있으며 진입로는 옛날 기억이 난다.

오서산 갈림길에서 원만하면 오서산에 들릴까 했는데 이정표에 1.7km 왕복 3.4km로 빨라야 1시간 반은 예상해야 한다. 이번종주는 내일까지 덕숭산을 넘어 나분들고개까지 가야기에 체력을 조정해야 하기에 기회가 있으면 등산하기로 하고 지나가며 갈림길에서 100m쯤 가니 금자봉 빼지가 들어온다. 1차때는 무박산행이라 잘 보지 못하고 지났는데 다시 기억을 되살리며 생소한곳도 있는가하면 옛 기억이 있는 곳도 있으나 중간에 길이 헷갈려 알바를 한곳이 몇군데 있다. 오늘 종주는 아홉고개까지 예산했으나 시간여유가 있어 약 3 km를 더가 윗말고개에서 마무리 한다.

스무재고개 : 충청남도 청양군 화성군 장계리 스무고개
윗말고개 : 충청남도 홍성군 홍동면 원천리 윗말고개
도상거리 : 스무고개　27.8 km　윗말고개
운동시간 : 스무고개　10시간41분　윗말고개
휴식시간 : 스무고개　1시간 13분　윗말고개

스무재 고개 출발　5시 52분　　　：은 고 개　6시 15분,　0.9 km
287봉　6시 39분, 1.8 km　　　　：물편고개　7시 07분,　2.9 km
화강리고개 7시 21분, 3.6 km　　： 278 봉　7시 45분,　4.5 km
283 봉　7시 53분,　5.0 km　　　：대정산　8시 03분,　5.6 km
보령고개 8시 09분, 5.9 km　　　：우수소개　8시 36분,　6.2 km
임도 산판길 9시 06분, 7.6 km　　：가루고개　9시 23분, 7.9 km
오서산갈림길 9시 49분,　8.5 km　：오서산 갈림길출발 10시 01분,
금자봉(538m)10시 06분, 8.6 km　：공덕고개 10시 35분, 9.5 km
봉수지맥봉 10시 45분, 10.2 km　：광성고개 11시 17분, 11.4 km
신풍고개 11시 50분, 12.6 km　　：3-1운동 묘역 12시 22분, 13.8 km
포장도로 14시 05분, 15.3 km　　：생미고개 14시 25분, 16.4 km
삼일운동기념비14시34분,16.7 km　：교회안식의동산 14시 55분, 17.3 km
건호농장사거리 15시07분,18.4 km　：건호농장 출발 16시 25분,
운용리입구 16시 37분, 19.4 km　：아홉고개　17시 02분, 20.9 km
갈미고개 18시 29분, 23.5 km　　：윗말고개도착 18시 50분, 24.8 km
알바총합계 01시 10분 약 3 km

2019년 6월 1일 맑음

 이번 구간은 5월 5일에 마치고 26일 만이다. 이번구간이 교통편이 제일 불편해 부산에서 오후 3시40분 출발해 대전역에서 전철로 유성 버스터미널에서 보령행 버스로 보령에 도착해 보령시내 대천스파밸리 사우나 찜질방에서 하룻밤 신세를 지고 아침 일찍 일어나 24시 해장국집에서 5,800짜리 우거지 해장국으로 아침식사를 한다. 값이 싸서인지 아침손님이 많다. 아침식사를 하고 택시(15,000)로 스무고개에 도착하니 5시50분이다.

좌표【 N 36" 24" 17.5" E 126: 42" 09.0" 】

스무고개는 보령에서 청양을 넘는 군계로 1차때는 2차선 도로였는데 지금은 도로 확장공사가 완공되어 4차선 도로가 중앙 분리대가 설치되어 있으며 평지같은 고개로 보령쪽에 대천해수욕장을 알리는 간판이 있으며 도로가 철망울타리옆에 깃대봉이 줄지어있으며 초입 스무고개 이정표에 백월산 3.2km 물편고개 3.0km 왼쪽은 보령시 오른쪽은 청양군이다. 산행 초입은 이정표 뒤로 밭둑으로 올라선다. 산행 준비를 하고 5시52분 산행에 들어간다. 밭둑을 지나 숲속으로 들어서 조금가면 3분후 이정표(스무고개 0.1km 물편고개 3.0km)가 나오며 오른쪽으로 능선에 올라서 10분후 묘를 지나 다시 2분후 무명봉에 올라섰다 내리막을 내려와 은고개에 내려서니 6시14분이다.

좌표【 N 36" 24" 34.0" E 126" 41" 26.5" 】

은고개는 보령시 청라면 음현리에서 청양군 화성면 청양화성농공단지를 넘는 고개로 은고개 183m 금북정맥 11구간 입간판이 있으며 이정표(스무재 1.1 km 물편고개 2.0km)가 있으며 이곳부터 등산로가 넓어진다. 잘나있는 능선 오르막을 좌우로 들락거리며 한동안가다 가파른 오르막을 한동안 힘들여 올라 283봉에 올라서니 6시34분이다.

좌표【 N 36" 24" 59.2" E 126" 41" 40.8" 】

283봉은 쉼터(벤취)가 있고 각종 리본이 많이 걸려있다. 잠시 허시쉼을 하고 6시40분 출발해 왼쪽으로 가파른 내리막을 인공

통나무 계단(세면으로 만든 통나무모양)을 밧줄을 잡아가며 내려 5분후 계단을 벗어나 능선을 내리며 묵은 묘 망두석을 지나고 안부에 내려섰다 전망이 좋은 쉼터에 올라서니 6시56분이다. 쉼터에는 벤취가 4개나 있고 동래 뒷산이라 마을 사람들이 자주 오르는 곳인가 싶다. 마을 뒷산 능선을 가며 3분후 철탑을 지나 물편고개에 내려서니 7시2분이다.

좌표【 N 36" 25" 28.6" E 126" 41" 32.0" 】

물편고개는 보령시 청라면 장현리에서 청양군 화성면 화강리를 넘는 610번 지방도로가 넘는 고개로 양쪽모두 논이 있으며 이정표가 보령쪽에 내려오면 있고 청양쪽으로 100여미터 가면 화강농장 입구에 등로 이정표가 있다. 이정표에 스무고개 3.0km 보령고개 2.4km 이며 화성쪽 이정표 뒤로 초입 산판길을 들어서 가며 능선을 넘어 5분후 임도에 내려서 오른쪽으로 30여미터 가면 등로가 있다.

등로옆에 논에서 모내기를 하는 농부가 있어 농부와 사진한판 찍고 농사짓는 이야기를 나누고 다시 능선을 넘으니 이정표가 나오며 여기서 부터는 21세기 생명의땅 청양군입니다. 와 다락골 내포 천주교 순례길 안내 간판이 있으며 이정표에 스무고개 3.4 km 보령고개 2.0km 이다. 보령쪽 바로 아래에 논에 모심는 것을 보며 능선으로 들어서 잘자란 소나무 능선을 오르고 10분후 쉼터를 지나고 2분후 평산신씨 묘를 지나 279봉에 올라서니 7시45분이다.

좌표【 N 36" 25" 59.1" E 126" 41" 10.5" 】

마루금은 잠시 내리막을 내리며 진주강씨 묘를 지나 다시 오르막을 올라 483봉에 올라서니 7시53분이고, 다시 능선을 가며 삼거리에서 오른쪽으로 내리막을 내려 묘를 지나고 안부에 내려섰다 오르막을 한동안 올라 493봉에 올라서니 8시3분이다. 493봉은 전망은 별로이고 가파른 내리막을 내리며 인공 통나무 계단을 한동안 내려 보령고개에 내려서니 8시9분이다.

좌표【 N 36" 26" 48.0" E 126" 41" 14.81" 】

보령고개는 옛길 고개로 반바지가 걸어놓은 금북정맥 보령고개 215m 표찰이 나무에 걸려있다. 보령고개에서 사진한판 찍고

가파른 오르막을 한동안 올라 대정산 정상은 아무 표시도 없고 크랭글 빼지만 받고 왼쪽으로 능선을 오르내리며 오른쪽 벌목지를 지나며 이정표 물편고개 3.0km 우수고개 0.5km를 지나 왼쪽으로 가파른 내리막을 내려 철망 끝에 각종 리본이 많이 걸린 곳을 지나 철망 끝에서 절개지를 내려 우수고개에 내려서니 8시34분이다.

좌표【 N 36° 26" 40.8" E 126° 41" 10.1" 】

 우수고개는 보령시 청라면에서 청양군 화성면 화암리를 넘는 고개로 보령쪽은 2차선 포장도로이나 청양쪽은 차선없는 포장길이며 보령쪽에는 방범용 CCTV가 설치되어있으며 화성면과 청라면 경계판이 있으며 이정표 공덕고개 3.2km 보령고개 1.0km 이다. 마루금은 돌계단을 올라 산판길을 오르며 10분후 쉼터와 철탑을 지나고 8시 55분 이정표(금자봉 1.9km 우수고개 0.8km)를 지나며 오른쪽 능선으로 인공통나무 계단을 한동안 올라 금북정맥 등산로 장기 모니터링구간 오서산 구간 2km 안내판을 지나고 오르막을 올라 임도(산판길)에 올라서니 9시5분이다. 이정표에 우수고개 0.9km 공덕고개 2.3km 이며 왼쪽 오서산 자연휴양림 1.5km 화암저수지 2.46km 이고 국가지점번호다.바 2626-2863 중부지방 산림청이 있으며 비포장 산판길이다. 마루금은 절개지 돌계단을 올라 가파른 오르막을 오르며 묘를 지나고 능선을 오르며 때로는 돌계단도 오르고 402봉을 지나고 가루고개에 도착하니 9시23분이다. 가루고개는 산판 임도로 이정표(우수고개 1.6km 공덕고개 1.6km이며 왼쪽은 오서산 자연휴양림 오른쪽은 화암리 이며 장현리 테마임도 안내판이 있고 국가지점번호(다.바 2599-2917 중부지방 산림청)가 있다. 임도를 지나 오르막을 오르며 10분 후 이정표 우수고개 1.9km 금자봉 0.8km를 지나고 계속해서 인공통나무 계단을 숨을 몰아 쉬고 오르막을 올라 오서산 갈림길에 올라서니 9시 50분이다.

좌표【 N 36" 27" 34.2" E 126" 40" 31.9" 】

오서산 갈림길 이정표에 오서산정상 1.7 광성주차장 4.3km이며 쉼터가 있어 우선 배낭을 내려놓고 갈증도 면하고 오서산정상까지는 1.7km 로 왕복 3.4km 빨리 갔다와도 1시간 30분은 걸리기에 포기하고 10시3분 출발해 2분후에 금자봉 정상에 올라선다.

좌표【 N 36" 27" 45.56" E 126" 40" 26.45" 】

2008년 1차때는 금자봉에 아무표시도 없었는데 정상에 금자봉 해발 538m 금북정맥 11구간 안내 표지판이 있으며 이정표에 우수고개 2.7km 공덕고개 0.9km 이며 마루금은 오른쪽으로 가파른 내리막이 이어진다. 사진 한판 찍고 내리막을 한동안 내리며 광덕주차장 삼거리 이정표(광성주차장 1.3km 오서산정상 2.3km)를 10시18분 지나고 내리막을 한동안 내려 공덕고개에 내려서니 10시24분이다.

좌표【 N 36" 27" 34.2" E 126" 41" 00.0" 】

　공덕재는 이정표에 봉수지맥 0.7km 금자봉 0.9km 수정리 2.0km 이며 사진 한판 찍고 오르막을 숨을 몰아쉬며 가파른 오르막을 한동안 올라 봉수지맥 분기봉에 올라서니 10시44분이다.

좌표【 N 36" 28" 06.4" E 126" 41" 24.2" 】

　정상에는 금북정맥 홍성구간 안내 간판이 있고 안내판에 금북정맥 백월산방향 오서산 방향 안내판이 있으며 봉수지맥 분기점 백두산악회 표찰이 나무에 걸려있다. 사진 한판 찍고 허리쉼을 하고 10시48분 출발해 봉수지맥은 오른쪽 금북정맥은 왼쪽으로 가파른 내리막을 내려간다. 가파른 내리막길은 썩은 통나무 계단을 한동안 내려 10시56분 임도(산판길)를 지나 내리막을 내리며 3 분후 너덜지대를 지나고 잘나있는 길을 내리며 묘를 지나고 넓은 공터를 지나고 무안박씨 가족묘를 지나 2차선 차도에 내려서니 11시17분이다. 이 도로는 1 차때는 임도였었는데 근래에 확장공사를 해 지도에도 나와 있지 않으며 신풍리 하풍마을에서 광성 3리를 넘는고개로 일명 광성고개라 칭한다. 마르금은 신평쪽에서 광성쪽으로 가면 금북정맥 이정판 뒤로 진입로가 있다. 잘나있는 길을 따라 능선을 올라서 좌로 우로 들락거리며 산이라기보다 동래뒷산을 가며 인동장씨 묘(仁同張公德煥之墓 配慶州李氏合窆)를 지나고 시누대밭을 지나고 창원황씨 묘를 지나면서 임도에 내려서니 11시37분이다. 포장임도 오른쪽은 신풍 저수지가 있고 옆으로 2 차선 도로가 있으며 마루금은 왼쪽으로 능선을 올라서 임도(산판길)을 따라가며 묘목 조림지를 지나 대나무 사이길을 통과하여 산판길에 내려서니 2 차선 신풍고개다.

좌표【 N 36" 28" 57.8" E 126" 41" 24.3" 】

신풍고개는 고개라기보다 논이 있어 논위 고개로 되어있으며 마루금은 논위 언덕바지를 올라 숲속길로 들어서 11시55분 대구서씨 묘를 지나고 약간에 오르막을 오르며 다시 대구서씨 묘 뒤로 올라서 능선마루에 올라서니 12시. 약간에 내리막 능선을 내리며 10분후 산판길을 따르다 밭 가장자리를 지나 능선을 내려서 파평윤씨 종산 묘지를 내려서 己未 三─獨立運動 및 抗日鬪爭功勳綜合碑 앞에 내려서니 12시21분이다. 파평윤씨 종중묘 안내판 앞에는 논으로 논에는 벼가 자라고 있으며 포장도로에 내려서니 12시22분이다. 마루금은 도로에서 오른쪽으로 고개 넘어 도로앞 거울 뒤 산판길로 들어서야 하는데 직진으로 산판길을 따라가다 길따라 올라가니 묘가 나오고 더 이상 길이 없어 다시 내려와 오른쪽 콘테이너 박스앞으로 가다보면 밭위에 표지기를 발견하고 밭둑을 올라서 보니 오른쪽에 산판길과 만나고 숲길로 접어들어 마루금을 따라가며 밤나무밭을 지나고 곳곳에 인삼밭을 지나며 고추밭 왼쪽 밭 갓길을 지나고 산판길을 따라가는데 매실밭에서 농부 한분이 풀치기를 하다 나무그늘에서 쉬고 있다. 이분은 아래 마을에서 토박이로 살면서 나이는 들어보이지만 아직도 일을 하고 있으며 시장기가 들어 나무그늘에서 자리를 펴고 점심을 먹으며 이야기끝에 나이를 물어

보니 나하고 동갑(1942년 임오생)이다. 생일이 나는 5월인데 7월이라고 하며(이름은 박준희)자기도 동래에서 나이에 비해 점다고 하는데 나보고 젊다고 부러워한다.

점심을 먹고 14시에 출발해 5분 후 포장임도를 건너 능선을 오르며 2분 후 밀양박씨묘(密陽朴公 諱 成順 配 孺人 金海金氏 之墓)를 지나 능선을 가다 7분후 밭을지나 산판길에 내려서니 14시15분이다. 임도(산판길)를 따라 오른쪽으로 가다 96번 지방도로에 내려서니 14시25분이다.

좌표【 N 36" 30" 11.2" E 126" 41" 26.9" 】

마루금은 세로 포장하는 신동마을 도로를 따라가다 삼일운동기념비에 도착하니 14시34분이다. 삼일운동기념비 아래공터에 아스발트공사를 하고 있다.

3-1운동 기념비

1919년 3월 1일 독립선언문 선포식 시위에 참가했던 윤익중이 독립선언문 100여매를 가슴에 품고 귀향하여 30여명의 동지들과 독립선언문과 태극기를 제작하여 주민들에게 항일운동에 참여할 것을 선도하고 대대적인 항일시위를 전개할 것을 계획하였다. 4월 7일 화계리인근 앞산 매봉재에 인근부락의 주민 150여명이 모여 독립만세를 외치며 면사무소로 시위행진하였다. 하오 8시경에 이르러 면민 5백여명이 면사무소에 집결하여 한상철의 일제만행 규탄 연설과 독립선언문 취지 낭독이 있은 후 강산을 진동하는 독립만세 함성으로 이어졌으며 김동화 등을 주동으로 면사무소를 습격하는 등 국권침탈에 대한 분노와 독립의 염원이 장곡을 기점으로 퍼졌다. 본 기념비는 그날의 독립만세운동에 참여하였던 애국선열들의 나라사랑 정신을 되세기고 후세에 기리고자 1994년 장곡 삼일운동 기념비 추진위원회에서 건립하였다. 옮긴글

3-1운동 창 의 기

 이곳 유서깊은 오서산 산자락에 한 시대를 외롭게 살다 가신 수많은 의사들의 피어린 투쟁의 역사가 있다. 때는 기미년 춘삼월! 만물이 소생하는 활기찬 계절 이었지만 이땅에는 일제의 침략으로 말미암아 뼈에 사무치는 통탄과 분노에 쌓여 있었다. 당시 중앙 보고에 재학중인 이고장 출신 윤익중은 1919년 3월 1일 민족대표 33인이 주도하는 독립선언문 선포식과 시위에 참가 하였다가 독립선언문 100 여매를 가슴에 품고 귀향하여 윤대영 김상호 김동성 최석만 서용갑 한상철 등 30여명의 동지들에게 전국적으로 확산되고 있는 항일운동의 실상을 설명하였다. 동지들은 이렇게 중대한 시기에 한 핏줄을 타고난 조선민족으로서 보고만 있을 수 없다는데 뜻을 같이하고 이땅에서 일제를 몰아내고 자주 독립을 쟁취하는데 신명을 바칠 것을 결의하였다. 10여일간의 은밀한 회합을 거친 끝에 면내 각 동리마다 조직책을 선발하여 인원동원 불사와 자금 조달 등 임무를 분담하여 조직적으로 계획을 추진하는 한편 독립선언문과 태극기를 제작 배부하고 일시에 대대적인

항일 시위를 강행할 것을 획책하였다. 동년 4월1일 밤 면내 전역의 산 봉우리 마다 봉화를 올려 거사 준비가 완료 되었음을 확인하고 4월4일 야음을 틈타 화계. 광성. 신풍리에서 규합된 주민 100여명이 매봉산에 집결하여 오수 남동리의 다종을 신호로 봉화를 올리고 농악을 울리면서 조선독립만세를 목이 터져라 외쳤다. 이 사건이 기국세가 되어 연일 계속되는 격렬한 항일시위는 면내 전역에 가속도로 확산되어 마침내 4월 7일에는 도산리 뒷산에 각 부락 책임자 인솔하에 300여명의 시위대가 집결 하였으며 이 자리에서 한상철의 일제 만행 규탄 연설과 독립선언문 취지 설명이 있은 후 일제히 북을 울리면서 만세를 외쳤다. 노도처럼 흥분된 시위 행진의 기세는 하늘을 찔렀고 자유를 부르짖는 함성은 지축을 흔들었다. 이들은 여세를 타고 면사무소로 몰려가 면 직원들도 항일운동에 동참할 것을 호소하였으나 불응하고 도주함으로 이에 격분한 시위군중은 면사무소에 난입하여 서류와 기물을 부수고 건물은 화염에 휩싸였다. 치안과 행정은 완전히 마비되고 항일운동은 날이 갈수록 결렬해지자 일제는 무장 군경을 장곡면 일대에 집중 배치하고 무차별한 총격과 잔인 무도한 사태 진압이 현안이 되었다. 그러나 시위 행렬은 이에 굴하지 않고 알몸으로 저항 하다가 드디어 많은 사상자를 내고 200여명의 인사들이 일경의 쇠사슬에 묶이어 홍성으로 압송되었으며 그후 뼈가 부서지고 살이 찢어져서 온몸이 피멍으로 얼룩지는 잔혹한 고문을 당한끝에 1년에서 10년이라는 긴 세월동안 옥고를 치루었고 소위 벌금이란 명목으로 많은 재산을 빼앗겼다. 아~아~ 이 어찌 적반하장이 아닐 수 있으랴~ 이 분하고 원통함을 누구에게 호소하며 무엇으로 달래야 한다는 말인가? 오늘날 우리가 국권을 회복하고 민족자존의 광명을 되찾아 자유를 누릴 수 있다는 것은 오로지 임들이 조국에 바친이의 대가요 희생의 결정체임을 잊어서는 안될 것이다. 다행이도 이고장 향토 사학가 김갑현씨와 삼일운동 사 연구위원 김용상씨의 六年 유예에 걸친 집념어린 노력으로 오랫동안 방락의 단중에 무쳐있던 호국 충정의 사적이 발굴 고승되어 마침내 빛을 보게 되었다. 이제 그날의 우국 충정어린 항일 의거를 영구 불멸의 역사로 보존하고 그보다 희생정신을 소중히 간직하고자 여기에 돌을 다듬어 세웠다.

一九九四年 八月 日

기념비는 2008년 1차때 있던 그대로 인데 상일운동 기념비 아래 광장에 아스팔트 포장 공사가 한창이다. 공사장을 들어가 삼일운동 비를 카메라에 담고 나와 삼거리를 지나면서 포장 임도를 따른다. 아스발트 공사는 삼일운동 비까지만 하고 있다. 마루금은 포장 농로를 따라가다 10분후 산판길 비포장 농로를 따라가며 광천 감리교회 안식의 동산 커다란 표지석을 14시55분 지나고 계속해서 산판길 농로를 따라가며 3분후 인삼밭을 지나고 숲길로 들어서 숲속길을 헤쳐 나가 밭 갓길을 지나 84.2봉을 지나 다시 산판길 농로를 따라가다 농장 뒤에서 가축농장을 지나고 다시 인삼밭을 지나며 왼쪽에 벼 심은 논 농로를 따라가 15시7분 사거리 포장길에 도착한다. 사거리에서 건호농장 입간판 쪽으로 포장길을 따라가다 15시12분 삼거리에서 왼쪽으로 소농장 뒤로 가야하는데 아무표지가 보이지않고 무심코 지나가 경주이씨 묘 뒤까지 가다보니 마루금을 벗어난 것을 확인하고 다시 빽 페스 하여 돌아와 마루금을 학인하고 16시23분 마루금을 따른다. 무려 왕복약 3km 1시간 10분 이상 알바한 셈이다. 포장길을 따라 은퇴농장 입간판을 16시32분 지나고 5분후 운용리 입구 표지석 사거리를 지나며 포장길을 따르고 4분후 왼쪽 모심은 논을 지나 판관오리농장을 16시47분 지나며 왼쪽에 소(牛)수백마리 농장을 지나 삼거리에 도착하니 16시53분이다. 삼거리 왼쪽에 아담하게 잘지은 삼층집을 보니 2008년 1

차때 있던 집이 그대로 있다. 1차때도 집이 좋아 정원에서 사진 찍은게 있다. 계속해서 포장도로를 따라가 아홉고개 사거리에 도착하니 17시 2분이다.

좌표【 N 36" 31 59.4" E 126" 41" 09.8" 】

아홉고개는 홍성군 홍동면에서 광천읍을 넘는 2차선도로가 지나가며 버스 정류장 건물이 있으며 정류장앞에 아홉고개 원천리 중원마을 커다란 표지석이 있다. 표지석과 버스정류소는 1차때 있던게 그대로다. 표지석에서 사진 한판 찍고 시간이 있어 출발한다. 1차때는 이곳에서 마무리했는데 내일 거리를 단축하기 위해 시간이 되는대로 가기로 하고 도로를 건너 소축사 옆길로 올라서면 폐가가 있고 폐가를 지나면 포장길이 나온다. 1차

때는 외딴집 대나무밭 사이 길 이었는데 외딴집이 소축사로 변해있다. 마루금은 잘나있는 길을 따라가다 곳곳에 밭둑길을 따라가며 왼쪽에 자그마한 폐 건물을 지나 밭둑을 따라가다 밭끝에서 잘자란 소나무(정자나무)를 지나 열녀 향난의묘(烈女蘭香의墓)앞으로 가야 하는데 묘뒤로 올라가 이리저리 해매도 길이 없어 다시 내려와 향난의 묘 앞으로 내려가 집뒤 텃밭둑을 내려가 갈마고개에 도착하니 18시30분이다.

좌표【 N 36" 32" 27.0" E 126" 39" 42.6" 】

걸마고개는 홍동면 원천리에서 은하면 월림리를 넘는 2 차선 도로가 지나간다. 마루금은 주현농장 간판쪽으로 포장도로를 따르다 18시43분 외딴집을 지나고 숲길로 들어서 청주이씨 묘

를 지나 내려서 포장도로에 내려서니 18시50분이다. 이 도로는 원천리 중리에서 척괴 마을을 넘는 포장도로이다. 오늘은 여기서 마무리 하고 오른쪽으로 내려가 중리 버스정류장에 내려가 버스가 없어 택시를 불러놓고 오랫동안 기다리다 택시가 와 홍성으로 가서 식당에서 저녁 식사를 하고 24시 사우나에 가서 샤워를 하고 오늘도 무사히 도착 했다고 집으로 전화를 하고 잠자리에 들어간다.

제2차 금북정맥 단독종주 9구간

윗말고개 - 광천고개

이번 구간은 어제에 이어 연 2일째 종주라 약간에 무리인줄 알면서도 전례가 있기에 홍성에서 숙소를 나와 택시로 윗말고개에 도착 출발한다. 2008년 4월 27일 1차때 기록을 보면 무박 산행으로 신성역 철로를 건너 역사를 통과했는데 오늘은 초입부터 길이 양호해 161.9봉을 넘어 장항선 철로까지 길이 잘나 있으며 철로 위 와계교를 건너 마을로 들어서는데 마루금 찾기가 수월했으며 꽃조개 고개도 공사중이라 아파트 샛길로 내려 헤맸는데 바로 고가도로 아래로 내려서 고가도로 아랫길 건널목 신호대를 건너 오른쪽 계단을 올라서면 만해 한용운 동상으로 올라선다. 남산은 옛날에 있던 팔각정이 있고 하고개는 1차때 도로 확장을 해 차가 뜸한 사이 중앙 분리대를 넘어 통과했는데 이번에는 도로에 내려서지 않고 생태 통로로 건너가며 백월산은 예날 그대로 표지석이 있으며 일월산역시 길이 잘되어 있어 많은 사람들이 올라와 있다.

홍동산을 넘어 육괴정에 기억이 생생하며 덕숭산 올라가는 길도 옛날 그길을 올라가고 덕숭산 정상에는 새로 세운 표지석이 한개 더 있다. 덕숭산에서 나분들 고개까지 옛날보다 길이 양호하며 1차때는 차가 뜸한 사이 분리대를 넘었는데 왼쪽 지하통로를 통과하면 광천리 버스정류장이다.

윗말고개 : 충청남도 홍성군 홍동면 원천리 윗말고개
광천고개 : 충청남도 예산군 덕산면 광천리 광천고개
도상거리 : 윗말고개 23.5 km 광천고개
운동시간 : 윗말고개 9시간 23분, 광천고개
휴식시간 : 윗말고개 1시간 23분, 광천고개

윗말고개출발 6시 02분,   : 삼각점 6시 26분, 1.0km
장항선와계교 6시 54분, 2.6km   : 꽃조개고개 7시 33분, 4.0km
만해한용운동상 7시 40분, 4.0km   : 남산팔각정 8시 04분, 5.0km
수리고개 8시 23분, 5.9km   : 맞고개 8시 35분, 6.4km
보개산갈림길 8시 47분, 6.7km   : 하고개 9시 12분, 7.8km
136.2 삼각점 9시 25분, 8.2km   : 철탑 9시 37분, 8.8km
살포쟁이고개 10시 14분, 9.4km   : 백월산 394.3m 11시 05분, 10.8km
일월산팔각정 11시 22분, 11.0km   : 까치고개 12시 35분, 12.9km
공장정문점심 12시 38분, 13.1km   : 점심후 출발 12시 52분,
수리고개 13시 34분, 15.2km   : 홍동산 308.9m 14시 18분, 16.4km
용봉산갈림길 14시 39분, 17.9km   : 육모정비빔밥 15시 10분, 19.0km
육모정 출발 15시 33분,   : 덕숭산 496m 16시 50분, 20.9km
덕숭산 출발 16시 55분,   : 광천고개도착 17시 52분, 23.2km

2019년 6월 2일 맑음

 아침 일찍 숙소를 나와 24시 감자탕 해장국집에서 뼈다귀해장국(8,000)으로 아침 식사를 하고 택시(만원)로 어제 마무리한 윗말고개에 도착하니 6시다.(왼쪽 아랫마을이 윗말이라 윗말고

개라 칭한다) 기사에게 부탁해 사진 한판 찍고 6시4분 출발해 밭둑을 지나고 숲길로 들어서 오른쪽으로 오르며 묘를 지나고 오르막을 올라 능선을 넘고 다시 오르막을 올라 6시18분 작은 봉을 넘으며 금북정맥 오서산 백월산 안내판을 지나며 왼쪽으로 내리막을 내리다 오르막을 올라 161.9봉에 올라서니 6시26분이다.

좌표【 N 36" 33" 03.3" E 126" 39" 23.1" 】

161.9봉에는 삼각점이 있고 무슨 의미인지 모르는(홍51) 표찰이 나무에 걸려있고 마루금은 오른쪽으로 내리며 산판길로 들어서 능선을 내려가며 6시35분 철탑을 지나고 잘나있는 산판길을 내리며 4분후 왼쪽으로 계속해서 산판길 내리막을 내리며

줄묘 뒤를 지나고 내리막을 내리며 밭둑길을 지나 파란망 울타리를 지나고 집뒤 자그마한 철계단을 내려 벽돌집 마당을 지나 나오면 마을길에서 왼쪽으로 20 여미터 가다보면 와계교가 나온다.

좌표【 N 36" 33" 48.5" E 126" 39" 41.6" **】**

 와계교는 장항선 철로를 넘는 다리로 2008 년 1차때는 철로를 무단건너 역사를 통과했는데 어느때 만들었는지 육교 다리를 통과해 오른쪽으로 내려가서 마을길 왼쪽으로 올라가 마을 고삿길로 올라 산길로 들어서 묘를 지나고 감자밭 갓길을 가다 파란물통 있는 곳에서 7시8분 산길로 들어서 오르막을 올라 136봉을 7시21분 지나고 5분후 묘뒤로 내리막을 내려 꽃조개 고개 도로에 내려서니 7시33분이다.

좌표【 N 36" 34" 12.2" E 126" 39" 18.7" **】**

 2008년 1차 때는 도로 공사중이라 마온 아파트 B동 개구멍으로 들어가 아파트 정문을 나와 마온모텔 앞을 지나 주유소를 지났는데 이번에는 길이 잘나있어 바로 고가도로 아래로 내려 고가도로 아래에서 건널목을 건너가면 오른쪽 계단을 올라서 민속영성기도원 간판을 지나고 도로를 따라가다 만해 한용운 동상 안내간판에서 계단을 올라가면 만해 한용운선생의 동상이다.

한용운 선생 동상(韓龍雲 先生 銅像)

일제식민 강점기의 동립운동가 이며 불교시인(佛敎詩人)인 한용운(韓龍雲1879-1944)선생의 동상이다. 선생은 1904년에 강원도 인제 내 설악산의 오세암(五歲庵)에서 출가하고 1905년 백담사(百潭寺)에서 득도하였다. 계명(戒名)은 봉완(奉玩)이고 법호(法號)는 만해(萬海). 법명(法名)은 용운(龍雲)이다. 1919년 3-1 독립운동을 이끈 33인의 한사람으로 독립선언서 (獨立宣言書)의 공약3장(公約三章)을 작성하였다. 독립선언서를 낭독한 후 체포되어 3년형을 선고 받았다. 1926년 시집 '나의침묵'을 출간하여 저항문학(抵抗文學)에 앞장서고 민족혼(民族魂)을 깨우려고 노력하였다. 1944년 5월9일 서울 성북동(城北洞)尋牛莊)에서 66세를 일기로 입적하니 유해는 망우리(忘憂里)에 안장되었다. 선생은 세상을 마칠때까지 불교(佛敎)를 통한 애국 천년운동과 일제에 항거하는 독립운동 사상을 북돋어 일으키는데 온힘을 기울였다. 1962년 건국공로훈장(建國 功勞勳章)이 추서되었다.

建立文

　　無等呪의 禪에는 平等의 참 根源이 있었고 有國의 情熱에는 나라위한 큰사랑이 담겼어라, 淸淨한 禪의 光名이 나라위한 큰 사랑으로 만나 民族思想의 偉大한 불꽃으로 타오르니 그 活性은 곧 저 三一 運動의 높은 光茫 이었다.

　　卍海 韓龍雲 先生 ~ 이고장 洪州가 낳았고 歷史를 바르고 또 힘차게 살아주신 우리들의 永遠 한 님이다. 佛住를 그대로 現實속에 꽃피우니 高潔한 禪師요 그 禪을 웅혼한 民族의 氣魂으로 노래하니 克明한 겨레의 丈士여 다시 民族代表 三十三人으로 歷史를 부둥켜안으니 民族의 穀然한 志士요 祖國위한 그 끝없는 사랑을 不屈의 魂으로 渾身一生하니 民族史 위의 스승이라, 님은 가슴마다에 있고 우리들의 가장 큰님은 바로 이 祖國이다. 乙巳이후 최초의 義兵이 터졌던 忠節의 이 洪州城 산 마루턱 바로 님이 出生 하여 結城 고향땅에 가까운곳,

이제 이고장의 卍海님은 온 祖國앞에 우뚝하게 올라서니 굳게 움켜준 獨立宣言書에는 오늘도 沈熱을 깨고 들리는 警世 永遠 의 民族魂이 우렁차기만 하다. 이는 바로 光復四十周年에 솟아오른 이곳 洪州城義兵의 또 다른 民族喊聲이니 곧 배달 겨레가 살아 있다는 生의 한 表像이라, 그래서 여기 받든 님의 精誠 속에 오늘도 우리들의 가장 큰 님인 이 民族史의 命運은 온 겨레 앞에 偉歟靑靑 하기만 하다.

檀紀 四三十八年 光復 四十周年 十二月二日

― 옮겨온글

2008년 일차때는 호국보훈 충령탑이 없었는데 만해 한용운 (萬海韓龍雲)선생 동상 아래 호국보훈 충령탑이 있고 광장이 넓어졌다. 이곳저곳 다니며 충령사 앞에도 사진을 찍고 7시47분 출발해 산림욕장을 지나고 야자매트길 오르막을 오르며 나무계단을 한동안올라 남산 갈림길에 올라서니 8시다. 이정표에 보개산 3.80km 남산은 0.12km 충령사 0.53km 이다. 1차때도 남산정상을 다녀왔는데 거리가 얼마 안돼 남산정자에 올라가니 8시3분이다.

좌표【 N 36" 34" 28.7" E 126" 39" 04.4" 】

남산은 2 층 팔각정이 있으며 전망이 좋아 홍성시내가 한눈에 들어오고 많은 사람들이 오르는 산으로 여러가지 시설이 있다. 잠시 사진 한판 찍고 내리막을 내려 삼거리에 내려오니 8시6분

이다. 삼거리에서 마루금은 왼쪽으로 야자매트 설치길을 내려와 잘나있는 등산로를 따라가다 이정표 수락고개 0.50km 남산정 0.40km를 8시13분 지나면서 오른쪽으로 가파른 내리막을 한동안 내려 수락고개에 내려서니 8시23분이다.

좌표 【 N 36" 34" 31.8" E 126" 38" 30.45" 】

수락고개는 옥암리에서 마온리를 넘는고개로 이정표에 마온리 1.30km 옥암리 1.0km 이며 사각정자가 있고 재넘어사래긴 밭 가는 숲길안내 간판이 있으며 정자나무 아래 수목장(한없이 사랑만 주고가신 그리운 어머님 아버님 항상 죄송하고 그립습니다.)이 있다. 마루금은 직진으로 왼쪽 밭 갓길을 올라 숲길로 들어서 잘나있는 길을 오르며 4분후 국가지점번호 다.바 2301-

4233번을 지나 작은봉을 넘으며 묘 뒤를 지나 내리막을 내려 오른쪽 밭 개간 위를 지나 사각정자가 있는 맞고개에 내려서니 8시35분이다.

좌표 {N 36" 34" 35.4" E 126" 38" 20.8" }

맞고개는 윤요마을에서 옥암리를 넘는 고개로 이정표에 옥암리 0.80km 윤요마을 0.50km 보개산(곰보바위) 2.32km 남산정 1.40km 로 되어있고 내포역사 인물등학길 제 9코스 안내 간판이 있으며 수락고개와 같은 사각정자와 재넘어사래긴밭 가는숲길 안내판이 있으며 소나무에 금북정맥 맞고개 125m 반바지 표찰이 소나무에 걸려있다.

마루금은 사각 나무계단을 한동안 오르고 잘나있는 능선길을 올라 무명봉에 올라서니 8시44분이다. 정상에는 국가지점번호다.바 2267-4257을 지나 잘나있는 능선길을 가며 2분 후 전의 이씨묘(全義李公諱根龍. 配孺人豊壤趙氏之墓)를 지나고 이정표 남산정 1.80km 보개산 곰보바위 1.90km 금북정맥 옥암리 2.00km 를 8시47분 지나고 산판길을 따라가며 고압철탑(154kv 은하-홍성 T/L NO 30)을 9시7분 지나고 내리막을 내려가는데 정맥 종주팀이 올라온다. 이분들과 인사를 나누고 내리막을 한동안 내려 묘뒤를 지나고 하고개 25번 국도 위 생태통로 위에 내려서니 9시12분이다.

좌표【 N 36" 34" 56.4" E 126" 37" 58.7" 】

2008년 1차때는 도로 확장공사가 끝난지 얼마안돼 4차선에 중앙 분리대가 설치되어 있어 차가 뜸한 사이 분리대를 넘어갔었는데 지금은 생태통로를 만들어놓아 도로 위를 무사통과하고 구도로 위도 생태통로를 지나 왼쪽에 별장같은 건물 울타리를 지나 9시16분 능선으로 올라서 6분후 안동장씨 묘를 지나고 오르막을 오르며 목간판(내포문화숲길. 내포역사인물길 32)을 10시24분 지나 가파른 오르막을 올라 삼각점이 있는 136.2봉에 올라서니 9시29분이다.

좌표【 N 36" 35" 05.5" E 126" 38" 01.3" 】

　136.2봉은 삼각점이 있고 마무 표시도 없다. 마루금은 능선을 내리며 목간판(내포문화숲길 내포역사인물길 31)을 9시36분 지나고 통나무계단을 잠시 오르며 고압철탑(154kv 은하-홍성 T/L N0 32 국가지점번호 다.바 2227-4402)을 9시37분 지나 능선에 올라서 3분후 국가지점번호 다.바 2227-4402 홍성 소방서 월산 25번을 지나고 쉼터에 내려서니 9시44분이다. 잠시 배낭을 내려놓고 시장기가 들어 간식을 먹고 10시2분 출발해 2분후 목간판(내포문화숲길 내포역사인물길 30)을 지나고 통나무계단을 한동안 오르며 목간판(내포문화숲길 내포역사인물길 29)이 있는 무명봉을 10시8분 지나고 2분후 목간판(내포문화숲길 내포역사인물길 28)을 지나며 산판길로 들어서 능선길을 가며 목간판(내포문화숲길 내포역사인물길 27)을 지나고 내리막을

내려 삼포쟁이 고개에 내려서니 10시14 분이다.

좌표【 N 36" 35" 39.2" E 126" 37" 51.7" 】

　삼포쟁이 고개는 비포장 임도로 하대마을에서 하모고개골을 넘는고개이며 목간판(내포문화숲길 내포역사인물길 26)이 있으며 마루금은 임도를 건너 오르막을 오르며 묘지 옆을 지나고 목간판(내포문화숲길 후손들이 가슴이 아픕니다. 조용히 지나가세요)을 지나며 가파른 오르막을 한동안 올라 무명봉을 10시 22분 넘어 능선을 가다 암능을 지나고 무명봉에 올라서니 10시 37분이다. 1 분후 국가지점번호 다.바 2175-4520 월산 29를 지나고 암능을 한동안 올라 전망바위에 올라서니 10시43분이다. 잠시 허리쉼을 하며 뒤돌아보니 홍성 시가지가 한눈에 들어온다. 계속해서 오르막을 오르며 3분후 국가지점번호 다.바 2170-4524 홍성월산 30번을 지나 무명봉에 올라서니 10시47분이다. 능선을 넘어 1분후 군항리 갈림길에서부터는 길이양호하다. 삼거리 이정표에 군항면사무소 2.2km 백월산 0.4km이며(내포문화숲길 내포역사인물길 25)는 이정목에 붙어있다. 잘나있는 길을 따라 헬기장에 올라서니 10시50분이다.

좌표【 N 36" 35" 58.4" E 126" 37" 36.1" 】

　헬기장을 지나고 능선 오르막을 오르며 4분후 이정표 군항면사무소 2.3km 백월산 0.3km 목간판(내포문화숲길 내포역사인물길 24)을 지나고 임도 포장길을 10시56분 지나며 도로를 건너 이정표를 따라 직진으로 가파른 오르막을 한동안 오르며 암능길도 오르고 백월산 정상에 올라서니 11시5분이다.

좌표【 N 36" 36" 12.3" E 126" 37" 32.6" 】

백월산 정상에는 2008년 1차때 있던 돌탑위에 무인카메라가 설치되어 있고 표지석도 일차때 있던 그대로다. 표지석(白月山 '日月山' 394.3m, 사단법인 한국산악회 충남지부 홍성산악회 2006년 4월 15일 건립)이 있다. 정상은 전망이 아주 좋아 홍성 시가지와 사방이 확트여 지나온 마루금과 가야할 홍동산 덕숭산 멀리 가야산이 눈에 들어오고 용봉산 삽교읍도 보인다. 정상에서 등산객에 부탁해 사진한판 찍고 나무계단을 내려와 코끼리 바위에서 사진 한판 찍고 도로에 내려 다시 나무계단을 올라간다.

'코끼리 바위 전설'

옛날에 코끼리바위 밑에서 쌀이 나왔다고 한다. 매일 한끼 분량의 쌀이 쏟아졌는데 오랜 세월 바위 주변에 사는 할머니만이 쌀을 받을 수 있었다. 이 소식을 듣고 많은 사람들이 쌀을 받기위해 찾아

왔지만 여전히 할머니만이 쌀을 받을 수 있었다. 사람들은 할머니에게 할머니는 "백월산 산신령님께 선택받은 분이잖아요, 간절하게 원하면 들어주실 것 아니겠어요? 쌀을 한꺼번에 많이 달라고 해보세요." 이구동성으로 한마디씩 건네곤 했다. 한끼의 쌀만으로도 감사하며 만족했던 할머니는 점점 욕심이 생기며 쌀이 부족하다는 생각을 하게 되었다. 쌀을 더 받기위해 할머니는 목욕제배를 하고 바위구멍 밑에 바가지를 대고 산신령에게 정성껏 기도를 했지만 한끼분량의 쌀만 나왔다. 화가 난 할머니는 들고 있던 부지갱이로 쌀이 나오는 구멍을 마구 쑤셨고 구멍은 점점 매워졌다. 완전히 매워진 구멍을 계속 쑤시다가 숨을 거두고 말았다. 이 코끼리바위는 분수에 넘치는 욕심은 파멸을 낳는다는 과유 불급의 교훈을 전해주며 오가는 사람들을 내려다보고 있다고 한다. 마루금은 포장도로를 지나 오르막을 올라 홍주청난 사중수비(洪州淸難 祠重修碑)위 홍가 신사당에 올라서니 11시18 분이다.

 '홍가 신사당 : 조선시대 이몽학의 난을 평정한 홍주목사 홍가신을 비롯한 청난공신 다섯분의 위페를 모신 사당, 공식적인 명칭은 홍후만전묘(洪侯晩全廟)이고 홍주청난사(洪州淸難祠)라고도 한다. 청난공신(淸難功臣) : 1595년 (선조29년)에 일어난 이몽학의 난을 평정한 사람에게 주어진 훈호(勳號)공에 따라 3등급으로 구분하였는데 홍주목사 홍가신은 일등공신 최호 박명현은 2등공신 신행경 임득의는 3 등공신에 책록됨' 사당 내부에는 백월산 신과 다섯분의 위폐가 모셔져 있고 그 옆으로 홍가신의 가족으로 알려진 다섯명의 목각상이 있다. 특히 선반 바로 아래에 있는 '맷돌바위'는 정초에 사람들이 찾아와 소원을 비는 바위로 유명하다. 새해 소원을 말하며 작은돌을 맷돌 돌리듯 돌려 달라붙으면 소원이 성취된다는 신호라고 한다. 신사당 옆쪽 모퉁이를 돌라 삼거리 이정표 (백월산 0.3 km 오른쪽 원산리 방향 왼쪽은 금북정맥)를 지나 白月山 告天祭壇이 있고 바로 위 2층 팔각정이 있다. 팔각정에서 사진 한판 찍고 올라서 코뿔소바위에 올라서니 11시24 분이다.

좌표【 N 36" 36" 22.1"　E 126" 37" 30.3" **】**

11시27분 출발해 가파른 내리막을 내리며 갈림길에서 오른쪽으로 내리막을 한동안 내리고 산판길에 내려서 산판길을 따라가다 옛 교회종대가 있는 곳을 12시28분 지나간다. 이곳 종대는 2008 년도 1차때도 있었는데 교회건물과 파손된 종대도 옛

날 그대로다. 종대 오른쪽 아래에는 건물이 있는 것으로 보아 교회가 아닌가 싶다. 폐건물을 지나 5분후 통나무 계단을 내려 까치고개 지방도 사거리에 내려서니 12시33이다.

좌표【 N 36" 36" 54.8" E 126" 37" 44.3" 】

마루금은 사거리에서 직진으로 생활 폐기물 종합 처리 도로를 따른다. 이곳부터는 왼쪽은 홍성군을 벗어나 예산군 덕산면과 오른쪽 홍성군 홍북면을 경계로 이어지며 도로를 따라가다 생활 폐기물 종합처리장 입구에서 왼쪽 산길로 들어선다. 12시37분 산길로 들어서 나무그늘에서 점심을 먹고 12시53분 출발해 오른쪽 생활 폐기물 종합 처리장 철망 울타리를 따라가며 13시 15분 작은봉을 넘고 능선을 오르락내리락 하며 오른쪽 산불지역 능선을 오르내리며 한동안 가다 왼쪽아래 뒷골 저수지 위 능선에 태양열 전기 시설지를 지나 수리고개에 내려서니 13시34분이다. 수리고개를 지나면서 가파른 오르막이 시작되며 날씨도 가장 더운 시간대에 가파른 오르막을 쉼을 몰아쉬며 능선 삼거리에 올라서니 13시55분이다. 잠시 나무그늘에서 숨을 돌리고 오른쪽 능선을 오르는데 뙤약볕 능선을 햇빛을 받아가며 오르막을 한동안 올라 홍동산 정상에 올라서니 14시18분이다.

좌표【 N 36 38" 27.4" E 126" 37" 31.1" 】

홍동산(308.9m) 정상에는 금북정맥 홍동산 팻말이 있고 전망이 좋아 사방을 관망할 수 있다. 홍동산동쪽에는 용봉산(369m)

이 있고 서쪽에는 삼준산(489.4m) 북쪽에는 수덕사 뒤 덕숭산 (495m) 그뒤로 가야산(677.6m)이 보인다. 마루금은 동북쪽으로 잘나있는 능선(편한길)내리막을 내리며 14시 39분 용봉산 분기점 갈림길을 지나고 계속해서 잘나있는 편한길 내리막을 내리다 때로는 급경사도 내리고 산판길을 따라오다 오른쪽 가파른 능선 내리막을 내려 육괴정에 내려서니 15시10분이다.

좌표【 N 36" 39" 31.2" E 126" 37" 58.8" 】

육괴정은 40번 국도가 지나며 식당이 여러개 있으며 보호수가 있다.

(보호수)

고유번호 8-13-8-274

* 수종 : 느티나무(6본) * 수령 : 292년
* 수고 : 24 m   * 나무둘레 : 3.1 m
* 지정일자 : 1982. 10. 15. * 소재지 : 덕산면 둔리 344
* 관리자 : 한만상

앞으로 덕숭산을 넘어야 하는데 시장기가 들어 식당가 자연식당에서 산체비빔밥을 한그릇 먹고 포근히 쉬며 땀을 식히고 15시41분 출발한다. 마루금은 도로를 건너면 철조망이 있어 식당주인에게 물어보니 왼쪽으로 조금가면 철망을 넘을 수 있다기에 가보니 2008년 1차때 생각이 나 철망을 통과해 오른쪽으로 철조망 안길을 가다 능선으로 들어서 희미한 가파른 오르막을 올라서 넓다란 마당바위에 15시56분 올라선다. 이길은 1차때 가던길 그대로라 쉽게 찾았지만 처음 종주자는 마당바위 까지 길이 희미해 잘 찾아야한다. 마당바위를 지나면 길이 확실해지며 가파른 오르막을 오르며 때로는 암능도 오르고 좌로 우로 들락거리며 16시5분 바위옆길을 올라서 16시15분 묵은묘를 지나고 수덕사 삼거리에 올라서니 16시40분이다. 이정표에 정상 0.24km 수덕사 1.67km이며 국가지점번호 다.바 2186-5283 덕숭산 01-8번을 지나면서 길이 좋아진다. 삼거리를 지나 가파른 오르막을 한동안 올라 덕숭산(495.2m)정상에 올라서니 16시49분이다.

좌표【 N 36" 40" 08.1" E 126" 37" 35.3" 】

덕숭산 정상에는 1차때 있던 오석(검은석)표지석(덕숭산 정상 해발 495.2m)이 바위위에 있고 근래에 세운 커다란 화강석 표지석(덕숭산 495m)이 있으며 덕숭산 안내도 간판이 있고 국가지점번호 (다.바 2175-5300 덕숭산 01-07)가 있다. 덕숭산 정

상은 많은 등산객이 올라 다녀 바위가 반들거리며 길이 양호하다. 잠시 쉬며 갈증도 면하고 사방을 관망하고 앞으로 가야할 가야산 능선을 가름해보고 사진도 찍고 16시58분 출발한다. 북으로 올라오던 마루금은 정상에서 왼쪽(서쪽)으로 내리막을 내리며 6분후 수덕사 갈림길을 지나간다. 이정표에 정상 0.16km 수덕사 1.51km이며 국가지점번호(다.바 2161-5294 덕숭산 01-06)번을 지나면서 수덕사는 왼쪽으로 내려가고 마루금은 직진으로 오른쪽 능선을 올라 가파른 내리막을 미끄러질라 조심조심 내리고 좌로 우로 계속해서 내리막을 내려 전주이씨묘(朝鮮國 太祖高皇帝 第四王子 懷安大君二十代孫 宗勳府主事 全州李公興勞之墓)를 17시31분 지나고 능선을 가다 절계지 철계단을

내려 도로에 내려서니 17시42분이다. 도로를 따라 오른쪽으로 약 200m 쯤 내려가 45번 국도 굴다리를 지나 45번 구 도로를 따라가 산장모텔 입구(일명 광천고개)에 도착하니 17시55분이다.

좌표【 N 36" 40" 06.9" E 126" 36" 39.9" 】

이번구간은 보령에서 자고 어제 청양과 보령 경계인 스무고개를 출발해 홍성군을 거쳐 예산군 덕산면 광천리 광천고개에서 마무리하고 광천리 버스정류장에 가니 여자분 두사람이 있어 물어보니 예산가는 버스가 있다기에 조금 기다리니 버스가 온다. 시내버스라 덕산온천 삽교 곳곳에 들려 예산버스터미널에 와 다행히 터미널 지하에 목욕탕이 있어 샤워를 하고 대전행 버스로 대전에서 KTX로 부산에 오니 10시35분이다. 이로서 이제 다음구간은 종반전으로 들어간다. 오늘도 집에 오니 집사람 고생했다고 격려해준다 앞으로 나머지 정맥 끝이 머지않아 마감될 날이 가까워진다.

제2차 금북정맥 단독종주 10구간

광천고개-무르티고개

 이번 구간은 충청남도 예산군과 서산군으로 이어지는 산으로 덕산도립공원 가야산 가야봉(678m)이 금북정맥 칠장산에서 근흥만까지 이어지는 산맥 중에서 가장 높은 산이다. 가야산(가야봉)에서 남쪽에 덕숭산(496m)동쪽에 원효봉(605m) 북쪽에 석문봉(537m) 일락산(521m) 중앙에 있는 우뚝 솟아있는 가야산으로 충청남도 서북부에서 제일 높고 1973년 3월 덕산도립공원으로 지정되었고 덕숭산 수덕사 덕산온천 남연군묘 등 관광지와 가야봉에서 석문봉까지 주로 암능으로 금북정맥에서 암산으로 많은 등산객이 오르내리며 홍성 예산 서산 태안에서까지 볼 수 있는 산이다. 가야산 가야봉부터 석문봉 일락산까지 능선길이 양호하며 일락산을 지나면서 왼쪽(서산쪽)아래 일대는 수십만평 현대농장이 자리잡고 농장에는 수천마리의 소때를 볼 수 있다. 상왕산을 지나면 급격히 고도가 낮아져 200m 전후로 이어지며 도로를 많이 따른다.

광천고개 : 충청남도 예산군 덕산면 광천리 광천고개
무르티고개 : 충청남도 서산시 운산면 갈산리 무로치고개
도상거리 : 광천고개 22.2km 무로치고개
운동시간 : 광천고개 9시간 42분, 무로치고개
휴식시간 : 광천고개 51분. 무로치고개

광천고개출발 5시 37분.　　　 : 뒷산 (449m) 6시 38분. 1.4km
한치고개　6시 49분, 2.1km　　: 411.2봉 7시 10분, 2.7km
470봉 7시 56분, 4.0km　　　　:643봉　8시 38분, 5.0km
가야산(가야봉) 9시 17분, 5.7km　 가야봉 출발 9시 26분,
삼거리이정표 9시 33분, 6.1km　 :석문봉(653m)10시 17분, 7.2km
석문봉 출발 10시 24분,　　　　:임도쉼터점심 10시 51분, 8.4km
식후 출발 11시 17분,　　　　　:임도(산판길) 11시 20분, 8.5km
일락산(521m) 11시 41분, 9.2km　:용현산(개심사입구) 12시 33분, 11.3km
보원사지삼거리 12시55분, 12.3km :서산농장 358봉 13시 08분, 13.0km
274 봉 13시 27분, 14.1km　　　:상왕산(309m) 13시 45분, 14.7km
고압철탑봉 14시 01분, 15.4km　:206봉 삼거리　14시 16분, 16.3km
농장입구도로 14시 48분, 17.4km :가루고개 14시 56분, 18.3km
모래고개 15시 20분, 19.4km　　:동암산 15시 43분, 20.4km
무로치고개 16시 03분, 21.4km　:갈산리삼거리 16시 17분, 22.2km

2019년 6월 9일 맑음

　6월 8일 저녁(ktx)차로 대전에서 버스로 홍성에 도착해 서울 스포렉스 찜질방에서 자고 아침 일찍 일어나 조마루 감자탕집

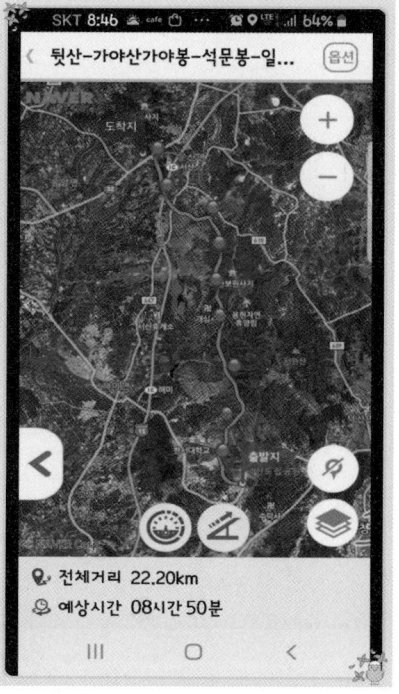

에서 뼈다귀해장국으로 아침을 먹고 택시(15,000)로 광천고개에 도착하니 5시33분이다. 산행준비를 하고 산행에 들어간다. 진입로는 고개에서 올라가야 하는데 길이 없고 산장모텔 입구에서 출발한다. 도로를 따라가다 산장모텔을 지나고 왼쪽으로 비포장 임도를 따라가면 능선이 나오며 길도 없는 능선으로 들어서 밭둑을 이리저리 앞만 보고 올라가 밭 끝에서 산길로 들어서며 묘뒤로 대나무 숲길로 들어서 가다보면 길이 나타난다. 밭갓길을 오면서 밭주인이 길을 막아 똑바른 길이 없고 숲길로 들어서면서 길 윤곽이 나타나며 조금 오르면 길이 확실해진다. 능

선에 들어서 가파른 오르막이 시작되며 6시6분 경주이씨묘(慶州李公諱圭元 配淸州韓氏 之墓)를 지나고 가파른 오르막을 오르며 암능을 오르고 계속해서 가파른 오르막을 숨을 몰아쉬며 올라 삼거리에서 뒷산은 왼쪽으로 조금 올라간다. 마루금을 확인하고 뒷산 정상에 올라서니 6시32분이다.

좌표【 N 36" 40" 27.90" E 126" 35" 53.30" 】

뒷산에는 표찰이 나무에 걸려있고 이곳을 지나면서 마루금은 오른쪽으로 이어지며 왼쪽은 예산군을 벗어나 서산군 경계로 오른쪽은 예산군 덕산면이고 왼쪽은 서산군 해미면을 경계로 이어진다. 뒷산에서 사진 한판 찍고 돌아와 마루금을 따라 가파른 내리막을 내리다 능선을 내려와 한치고개에 내려서니 6시 49분이다.

좌표【 N 36" 49" 39.89" E 126" 36" 01.5" 】

　한치고개는 서산군 해미읍성등 천주교 신자에 대한 박해와 아픔이 서려있는 곳으로 박해받던 형상 조각을 만들어놓았고 둥글게 돌로 만든 우물같은 게 있으며 팔각정도 있고 제 1 예수님께서 사형선고 받으심을 묵상합시다. 란 빗돌이 있으며 서산 아라메길 커다란 종합 안내간판이 있다.

아라메 순례길

　서산 아라메길은 자연스러운 길을 따라 서산의 아름다운 산과 바다를 볼 수 있는 길입니다. 서산 아라메길 2 구간인 아라메 순례길은 한티고개, 해미읍성 등 천주교 신자에 대한 박해와 아픔이 서려있는 보도길 입니다. 그 길을 따라 걷다보면 당시 고통 속에서 끌려가면서도 목숨으로 자신의 신앙을 지키려 했던 옛 순교자들의 천주교 정신을 되새겨 볼 수 있으며, 마음속으로 참회하고 기도하며 걷기에 더없이 좋은 길입니다. (옮긴글)

한티고개는 넓은 공터에 간이 화장실도 있다. 마루금은 화장실 뒤편으로 올라가며 가파른 오르막을 한동안 올라 411.2봉에 올라서니 7시10분이다. 411.2봉은 자그마한 삼각점이 있으며 마루금은 잠시 내리다 다시 오르고 작은봉을 오르락내리락하며 능선길을 가며 가파른 오르막을 한동안 올라 470봉에 올라서니 7시56분이다. 470봉은 전망이 좋아 왼쪽 아래에 한서대학교가 내려다보이며 해미시와 멀리 서산시까지 보이고 서해바다가 멀리 보인다. 잠시 쉬며 허리쉼을 하고 마루금은 오른쪽으로 잠시 내려 다시 오르막을 오르며 더러는 암능도 좌우로 들락거리며 오르막을 숨 가쁘게 올라 643봉에 올라서니 8시38분이다. 이곳이 가야산 정상인가 했는데 가야산 철탑이 건너편에 보이고 지금도 힘들여 올라가야 한다. 잠시 허리쉼을 하고 암능을 이리저리 돌아가며 철탑아래 철조망에 도착하니 8시53분이다. 2008년도 1차때는 철망 문이 열려 있어 들어갔다 나가는 문이 없어 되돌아온 기억이 난다. 마루금은 철망 못가서 왼쪽으로 비탈길로 이어지며 철조망 아랫길을 한동안 오르락내리락 가다 오른쪽으로 올라가니 정상석이 있는 가야산 가야봉정상이다. 정상 올라가는 길에 길이 없고 나무계단 밑으로 올라야 수월한데 철망밑으로 올라오는데 길이 암벽사이로 올라가는데 보통 힘이 든게 아니다. 배낭을 벗어 위로 올려놓고 근근히 올라 정상에 올라서 시간을 보니 9시17분이다. 가야산정상은 군부대가 차지하고 있어 철조망아래 암봉위에 표지석이 있다.

좌표【 N 36" 42" 02.8" E 126" 36" 39.2" 】

가야산 정상은 군부대 철탑아래 암봉에 테크 널판으로 만든 곳으로 암봉위에 가야산 표지석이 있고 커다란 가야봉 화강석 표지석이 있으며 사방이 전망이 좋아 건너편 석문봉이 건너다 보인다. 마침 등산객 한사람이 올라와 이분에게 부탁해 사진한 판 찍고 잠시 허리쉼을 하고 9시26분 출발해 내려가는 길은 가파르며 테크 나무계단을 한동안 내려 잘나있는 길을 내려가며 삼거리에 내려서니 9시33분이다. 이정표에 (주차장 3.06km 가야봉 0.3km 석문봉 1.18km 이며 국가지점번호 다.바 2019-5712 가야산 01-09)이며 마루금은 직진으로 잘나있는 능선길을 가며 테크 나무계단을 오르고 밧줄을 설치한 암능을 올라 가야산 노선안내 간판을 9시46분 지나고 2분 후 거북바위를 지나며 삼거리 이정표를 9시58분 지나간다. 이정표에 주차장 3.00km 가야봉 1.07km 석문봉 0.51km이다. 계속해서 암능 오르

막을 오르며 10분후 가야산 노선 안내도를 지나고 테크 나무계단을 올라 암능을 올라서면 사자바위 간판을 보며 암능에 올라가보니 건너편 바위가 간판에 있는 사자바위와 같은 바위를 건너다보며 사진한판 찍고 다시 내려와 나무계단을 올라 석문봉 정상에 올라서니 10시17분이다.

좌표【 N 36" 42" 53.7" E 126" 36" 15.5" 】

정상에는 커다란 화강석에 가야산 석문봉 해발 653m가 있으며 국기 계양대에 태극기가 휘날리며 조금아래에 오석(검은돌)에 (가야산석문봉 해발 653m 예산 산악회 內浦의 精氣가 이곳

에서 發源하다. 1998년 9월6일) 표지석이 있다. 이 표지석은 옛날에는 지금 화강석 표지석이 있는 정상에 있었는데 지금은 아래에 내려와 있고 정상에는 커다란 표지석이 자리하고 있다. 뒤편 돌탑에는 (백두대간 종주기념 해민 산악회 2001년 9월9일)이 있으며 국가지점번호 다.바 1981-5814 가야산 01번이 있다. 오늘은 날씨가 청명하여 전망이 아주 좋아 서쪽에 해미시가지와 멀리 서산시내 서해바다가 선명하게 보

이며 동쪽으로는 예산군 덕산면 일대와 아래로 남연군묘가 내려다보인다. 마루금은 정상에서 왼쪽으로 이어지며 오른쪽은 옥양봉으로 가는 길인데 언듯 보기에는 오른쪽으로 착각할 수 있다. 이정표에 가야봉 1.48km 주차장 3.20km 옥양봉 1.33km 일락사 2.74km이다. 정상에서 사방을 관망하고 사진도 찍고 10시24분 출발하며 왼쪽 일락사 쪽으로 잘나있는 내리막을 내리며 넓은 평상이 있는 쉼터를 10시37분 지나면서 서쪽으로 내리던 마루금은 오른쪽(북쪽)으로 잘나있는 능선 내리막을 한동안 내려 이정표 일락산 1.0km 석문봉 0.7km을 10시48분 지나고 내리막을 한동안 내려 쉼터가 있고 왼쪽아래 사각정자에서 시간은 이르지만(10시52분) 점심을 먹고 11시18분 출발해 조금 내려가니 임도가 나오며 오늘따라 산악자전거 대원들이 많이 올라와 쉬고 있으며 임도 오른쪽에는 용형계곡이고 왼쪽 임도는 일락사 주차장이며 마루금은 직진이다.

좌표【 N 36"43" 17.3" E 126" 36" 02.6" 】

임도 이정표에 일락산 0.5km 일락사주차장 1.7km 용현계곡 3.0km 석문봉 1.0km 이며 넓은 공터에 시비가 있고 안전기원비도 있다.

山~아라메길이 무침~ 김승재
나 오늘, 바람이 되리, 무거운것 다 떨치고 훌훌 한줄기 바람이 되어 山으로 가리. 나무에게 가면 나무처럼, 솔새에게 가면 솔새처럼, 우쭐대기도 하면서 재잘대기도 하면서, 바위를 만나면 바위 품에서. 꽃밭을 만나면 꽃그늘에서, 나비잠 꽃잠 잠도 자면서, 나 오늘 꿈꾸는 바람이 되어, 훨훨 훨훨 山으로 가리 ! 재경 서산 산악회 2010년7월10일)

안전기원비
이곳을 지나는 모든이들의 안전을 기원 합니다
2008.3.1. 서산 MTB클럽

임도 용현계곡쪽에는 차단기가 설치되어있고 산림유전자 보호림 안내간판이 있으며 마루금은 직진으로 잘나있는 능선으로 오르며 쉼터가 있고 국가지점번호 다.바 1939-5917 가야산 1-1 을 11시29분 지나고 3분후 이정표 석문봉 1.3km 일락산 0.4km 를 지나 오르막을 올라 4분후 전망바위를 지나면서 왼쪽아래에 일락사를 내려다보며 사진 한판 찍고 오르막을 오르며 때로는 암능도 오르고 3분후 국가지점번호 다.바 1925-5952 1-0 을 지나 일락산(521m)정상에 올라서니 11시41분이다.

좌표【 N 36" 43" 40.6" E 126" 35" 50.6" 】

일락산 정상에는 사각정자가 있고 돌탑이 있으며 정상석은 없고 사각정자 기둥에 판자로 일락산 521m 가 있으며 쉼터가 있다. 일락사는 일락산 왼쪽 아래에 있는 대한불교 조계종 제

7 교구 본사인 덕숭산 수덕사의 말사로 663년(문무왕 3년)에 의현(義賢)이 창건하였고 조선 초기까지는 일악사(日岳寺)라 불렸다고 한다. 그후로 폐기 되었다. 조선초기에 다시 중창한 것으로 추정된다. 이 절은 1479년(성종10)과 1540년(중종35) 1574년(인조4). 1649년의 다섯 차례의 증추를 거처 오늘에 이르고 있다. 현존하는 당우로는 대적광전을 비롯하여 명부전 요사체 등이 있다. 전에는 충청남도 문화재 자료 제 193호로 지정된 대웅전이 있었으나 1993년 해체 이건되어 현재는 명부전으로 사용하고 있고 옛 자리에 지금의 대적광전이 들어섰다. 옛 대웅전 안에는 충청남도 문화재자료 208호로 지정된 철불(鐵佛)과 1759년(영조35) 5월에 조성하여 충청남도 문화재자료 제209호로 지정된 범종이 있었는데 지금은 수덕사 성보 박물관으로 옮겨졌다. 이밖에 신라시대의 것으로 추정되는

일락사 大寂光殿

불좌대(佛座臺)와 석조등이 발견되었고 고려시대의 유물인 대웅전앞 삼층석탑이 충청남도 문화재자료 200호로 지정되어 있는데 옥개석(屋蓋石)이 없다. {한국민족문화 대 백과사전. 한국중앙 연구원 본} 옮긴글

일락산에서 사진 한판 찍고 11시43분 출발해 능선을 오르내리며 10분후 국가지점번호 다.바 1922-5971 가야산 17번을 지나고 잘나있는 능선을 가며 고압철탑을 12시3분을 지나고 3분후 국가지점번호 다.바. 1941-6058 가야산 21번을 지나 오르막을 올라 무명봉을 넘어 오른쪽으로 내려서 잘나있는 임도길을 따라가며 전망대 삼거리에 도착하니 12시16분이다. 전망대는

오른쪽으로 올라갔다 다시 내려온다. 전망대에 올라 잠시쉬며 갈증도 면하고 다시 내려와 임도길을 따라가며 국가지점번호 다.바 1942-6129 가야산 24번을 12시29분 지나고 용현산에 올라서니 12시34분이다.

좌표【 N 36" 44" 21.7" E 126" 35" 54.4" 】

용현산은 소나무 숲으로 쉼터가 여러개 있고 트랭글 빼지가 들어와 알 수 있지 표지석이나 삼각점이 없으며 사각정자가 숲 속에 있으며 서산 아라메길 종합안내간판이 있고 산신각 표시판만 있다. 용현산에서 왼쪽아래 개심사가 있으며 개심사는 대한불교 조계종 제 7교구 덕숭산 수덕사의 말사이다.

사적기(事蹟記)에 의하면 654년(무열완 1년) 해감국사가 창건하였으며 당시에는 개원사라 하였는데 1350년(충정왕 2) 처능대사가 중건하면서 개심사라 했다고 한다. 1484년(성종15)에 대웅전을 중창했으며 1740년 중수하고 1955년 전면 보수하여 현재에 이르고 있다. 전체적으로 구릉형을 따르면서도 산지형으로 변천한 일탑형 가람배치를 보인다. 평탄한 지역에서 북으로 자연계단을 오르면 3 단가량으로 조성된 평탄한 사지가 보인다. 2 단에 안양루가 남면하여 서있고 중정으로의 입구는 안양루와 무량수전 사이의 협소한 가설문으로 되어있다. 대웅전을 중심으로 좌우에 심검당과 무량수전이 있고 전면에 안양루가 있는 표준형이다. 이 밖에도 명부전과 팔상전 등의 당우가

개심사 大雄寶殿

남아 있다.

개심사 대웅전: 보물 제143호

1941년 대웅전 수리때 발견된 묵서명에 의해 1484년(성종 15)에 세워져 1644년 (인조22)과 1710년(숙종36)에 중수되었음을 알 수 있다. 평면은 앞면 3간 옆면 3간으로 지대석과 판석을 놓고 다시 장대석의 갑석으로 마무리한 기단위에 약간에 흐름이 있는 기둥과 민흘림 기둥을 세웠다. 내부는 고주가 없이 통간으로 되어있고 종도리를 받고 있는 대공은 화려하게 초각된 파련대공을 사용했다. 종도리와 중도리 사이에는 솟을합장재를 두었다. 연등천장으로 상부에 가구가 노출되어 있다. 공포는 내삼출목.외 이출목으로 초재공과 이재공의 외부

살미 형태가 강직하게 내려뻗은 초기 형태인 수서(垂舌)의 모습을 하고 있다. 지붕은 맞배지붕으로서 다포개 형식의 건물에서는 흔치않은 것으로 주심 포형식에서 다포개형식으로 옮겨가는 절충적인 양식을 보여주는 건물이다. {한국민족문화 대 백과사전. 한국중앙 연구원 본} 옮긴글

용현산을 지나 마루금은 직진으로 가다 임도로 내려서 잘나 있는 임도를 따라가다 쉼터 삼거리에 도착하니 12시55분이다.

좌표【 N 36" 45" 20.34" E 126" 35" 39.95" 】

삼거리 이정표에 개심사입구 0.7km 전망대 1.0km 보원사지 1.0km 아매여래 삼존상 2.5km 이며 쉼터(벤취)가 여러개 있고 마루금은 왼쪽으로 내려간다. 보원사지에는 사적 316호로 {석조보물102호, 당간지주보물 103호, 오층석탑보물 104호 법인국사보승탑 105호 법인국사보승탑비 106호}가 있다.

서산군 운산면에 있는 서산 아매여래 삼존불상은 국보 제84호로 높이가2.8m 로 서산시 운산면은 중국의 불교 문화가 태안반도를 거쳐 부여로 가던 행로상에 있다. 즉 태안반도에서 서산 마애불이 있는 가야산 계곡을 따라 계속 전진하면 부여로 가는 지름길이 이어지는데, 이 길은 예로부터 중국과 교통하던 길이었다. 이 옛길의 어귀가 되는 지점에 용현리 마애여래삼존상이 있는데, 이곳은 산세가 유수하고 천하의 경승지여서 600년 당시 중국 불교 문화의 자극을 받아 찬란한 불교 문

화를 꽃피웠던 것이다. 묵중하고 중후한 체구의 입상인 본존(本尊)은 머리에는 보주형(寶珠形) 두광(頭光)이 있으며, 소발(素髮)의 머리에 육계(肉髻)는 작다. 살이 많이 오른 얼굴에는 미소가 있고 눈은 행인형(杏仁形)으로 뜨고 있다. 목에는 삼도(三道)가 없고 법의(法衣)는 두꺼워서 거의 몸이 나타나있지 않다. 옷주름은 앞에서 U자형이 되고 옷자락에는 Ω형의 주름이 나있다. 수인(手印)은 시무외(施無畏)·여원인(與願印)으로 왼손의 끝 두 손가락을 꼬부리고 있다. 발밑에는 큼직한 복련연화좌(覆蓮蓮華座)가 있고, 광배 중심에는 연꽃이, 둘레에는 화염문이 양각되었다. 이에 대하여 우협시보살(右脇侍菩薩)은 머리에 높은 관을 쓰고 상호(相好)는 본존과 같이 살이 올라있으며, 눈과 입을 통하여 만면에 미소를 풍기고 있다. 목에는 짧은 목걸이가 있고 두손은 가슴앞에서 보주(寶珠)를 잡고 있다. 천의는 두 팔을 거쳐 앞에서 U자형으로 늘어졌으나 교

차지지는 않았다. 상체는 나형(裸形)이고 하체의 법의는 발등까지 내려와 있다. 발밑에는 복련연화좌가 있다. 머리 뒤에는 보주형 광배가 있는데, 중심에 연꽃이 있을뿐 화염문은 없다. 좌협시보살은 통식(通式)에서 벗어나 반가사유상(半跏思惟像)을 배치하였다. 이 보살상은 두 팔에 크게 손상을 입었으나 전체의 형태는 충분히 볼 수 있다. 머리에는 관을 썼고 상호는 다른상들과 같이 원만형(圓滿形)으로 만면에 미소를 띠고 있다. 상체는 나형이고 목에는 짧은 목걸이를 걸쳤다. 허리밑으로 내려온 옷자락에는 고식의 옷주름이 나있다. 발밑에는 큰 꽃잎으로 나타낸 복련대좌(覆蓮臺座)가 있다. 머리 뒤에는 큰 보주형 광배가 있는데, 그 형식은 우협시보살의 광배 형식과 같다. {한국민족문화대백과사전, 한국학중앙연구원본}

잠시 허리쉼을 하고 왼쪽에 리본을 따라 내려가다 철망 울타리 안으로 들어가 농장 갓길로 내려서 농장 임도(산판길)를 따라가다 7분후 임도는 왼쪽으로 가고 직진으로 오르막 능선을 올라서 368 봉에서 13시11분 오른쪽으로 내려서 능선을 한동안 가다 13시17분 철조망 울타리를 나와 오른쪽으로 숲길로 들어서 좌로 우로 오르락내리락 하며가다 10분후 안부에 내려섰다 다시 오르막을 올라 274봉을 13시35분 지나며 건너편에 상왕산을 건너다보며 오르락내리락 숲길을 한동안 올라가 상왕산 정상에 올라서니 13시45분이다.

좌표【 N 36" 46" 20.5" E 126" 35" 45.4" 】

상왕산 정상에는 삼각점이 있고 별다른게 없으며 마루금은 오른쪽 1시 방향으로 가파른 내리막을 내려 5분후 왼쪽 11시 방향으로 능선을 가며 불난 능선을 한동안 가며 고압 철탑(국가지점번호 다.바 1921-6499)을 14시1분 지나고 능선을 내리며 206봉에 올라서니 14시10분이다.

좌표【 N 36° 47" 00.8" E 126° 35" 33.5" 】

북으로 오던 마루금은 왼쪽(서쪽)으로 가파른 내리막을 한동안 내려 리본이 수십게 걸려있는 철조망에 내려서니 14시16분이다. 나도 리본 한 개 걸어놓고 철조망 안쪽 임도를 따라 내려오며 왼쪽에 현대삼화농장에 수백마리 소들이 풀을 뜯어먹는 광경을 카메라에 담아가며 농장갓길 임도를 따라 한동안 내려와 삼화농장입구 포장도로 산수동길에 내려서니 14시38분이다. 마루금은 포장길 오른쪽에 오물이 쌓여있는 곳에서 숲길로 들어서 희미한 길을 찾아 올라가 철탑을 14시42분 지나 3분후

왼쪽으로 내려서 농장 임도를 따른다.

　삼화농장 입구에서 철문을 닫아놓아 소로를 올라와보니 1차 때는 철문이 열려 있어 외딴집 앞을 지나왔는데 험한 길을 7분쯤 지나와 농장 임도를 따라 한동안 내려와 임도는 왼쪽으로 내려가고 오른쪽으로 전봇대 있는 쪽으로 들어서 폐가 한 체를 지나 내려서 647번 지방도로 가루고개에 내려서니 14시57분이다.

좌표【 N 36" 47" 25.16" E 126" 34" 20.23" 】

　647번 지방도로에 내려서 오른쪽으로 50 여m가면 삼거리 소중일리 버스 정류장에서 14시56분 왼쪽으로 소반농원 간판을 따라 포장길을 가다 5분후 호반농원 300m 지점 삼거리애서 오른쪽으로 소 포장길을 따라 올라가다 3분후 포장길은 왼쪽으로 가고 직진(북쪽) 산판길을 따라 능선에 올라 서영유씨 묘(瑞寧柳公平魯 配 江陵金氏墓)뒤 능선을 넘어 2분후(瑞寧柳公 諱基晩 配孺人平壤趙氏 之墓)를 지나 능선을 내려가며 산판길을 내려가 고압 철탑을 15시11분 지나고 4분후 벽진이씨(碧珍李氏) 종종묘지를 지나고 산판길을 따라 고속도로 아래 지방도로에 내려서니 15시20분이다.

좌표【 N 36" 47" 48.19' E 126" 34" 02.9" 】

　마루금은 고속도로 굴다리를 통과해 가좌 1리 입구에서 왼쪽 기와집 앞에서 오른쪽으로 올라가 15시22분 왼쪽으로 통나무 계단 오르막을 오르고 능선 오르막을 올라 173봉에 올라서니

15시31분이다. 마루금은 잘나있는 능선길을 좌우로 들락거리며 한동안가다 동암산(176m)을 15시45분 지나간다.

좌표【 N 36" 48" 04.7" E 126" 34" 05.9" 】

　동암산정상은 동래뒷산으로 체육시설이 있고 평지 비슷한 곳으로 쉼터만 있고 숲속이라 별다른게 없으며 왼쪽으로 능선길을 내리며 곡산연씨묘를 16시1분 지나고 무로티고개에 내려서니 16시4분이다.

좌표【 N 36" 48" 26.8 E 126" 33" 48.5 】

　무로티고개에는 서정주유소와 주 충남고속 1급 정비공장이 있으며 버스가 몇 대 있으며 주유소는 운영을 안하고 있다. 2008년도 1차때 기록을 보면 현대 오일탱크 주유소 뒤편에 서해 컨벤션 웨딩홀과 뷔페가 있으며 정원과 인공 분수대와 폭포가 있다고 기록되어 있는데 지금은 서산 당진간 4 차선 도로가 확장되어 구(舊)도로는 차량이 많이 다니지 않아 휴게소와 서해 컨벤션 웨딩홀 뷔페가 전부 운영을 않고 있다. 그러나 노선버스는 다니는지 가좌리 버스정류장은 있으며 마루금은 새 도로는 건널 수가 없고 오른쪽 운산 서정아파트앞 고속도로진입로 왼쪽 굴다리를 통과해 왼쪽으로 50여미터 앞에 가좌삼거리 간판 아래 삼거리에서 오른쪽으로 20여미터 가다 왼쪽 대나무 숲길 진입로를 확인하고 오늘 10 구간을 16시 25분 마무리 한다.

　굴다리를 지나오면서 서산 택시를 불러놓고 마무리하고 한참

을 기다리니 택시가 와 택시로 서산시내 목욕탕에서 목욕을 하고 서산 종합 터미널에서 대전행 버스로 대전에서 KTX로 부산에 도착하니 10시30분이다. 1차때는 교통이 불편해 마지막 몇 구간은 부산 구정맥 산악회에 무박산행을 했는데 요즘은 교통이 편리해 하루 단일산행을 마치고 집에 와도 된다. 집사람 빨리하고 왔다며 잠도 안자고 기다린다.

제2차 금북정맥 단독종주 11구간

무르티고개-수랑재

 이번구간은 당진시와 서산시를 경계로 가다 간대산을 지나면서 당진시를 벗어나 서산시 북부를 통과하며 고도 300m 전후로 이어지며 주로 야산으로 도로를 많이 따르며 산행하기 편한 지역이다. 초입은 운산면 갈산리 입구 삼거리에서 시작해 구 은봉

무르티고개 : 충청남도 서산시 은산면 갈산리 무로치고개
수랑재 : 충청남도 서산시 인지면 차리 수랑재.
도상거리 : 무로치고개 27.3 km 수랑재
운동시간 : 무로치고개 11시간 58분 수랑재
휴식시간 : 무로치고개 1시간 20분, 수랑재

무르티고개 도착 5시 32분,	: 무르티고개 출발 5시 38분,
안 산 5시 48분, 0.5km	: 매봉재 5시 52분 0.8km
구 은봉산 6시 17분 1.9km	: 은봉산갈림길 6시 26분, 2.2km
나분들고개 6시 56분 4.0km	: 양벌산(175.5m) 7시 06분, 4.4km
간대산 정상 7시 32분, 5.1km	: 70번 국도육교 7시 48분 5.8km
포장도로 7시 52분, 6.1km	: 서안산업2차선도로 7시 58분, 6.3km
율곡버스정류장 8시 03분 6.7km	: 모과울 고개 8시 43분, 8.7km
113.5 봉 8시 49분, 9.4km	: 성연고개 9시 25분 10.5km
180 봉 9시 44분, 11.4km	: 성왕산 정상 10시 29분, 12.8km
성황당 고개 10시 43분, 13.4km	: 내동고개 11시 04분, 14.4km
상여봉(186m)11시 20분 14.9km	: 식사후 출발 12시 02분,
알바(186m) 12시 58분 17.6km	: 77번국도서산골프 13시 39분, 19.4km
서산 궁도장 13시 48분, 19.8km	: 168봉 14시 29분, 20.4km
183 봉 14시 45분, 22.6km	: 간식후 출발 15시 03분,
솔치재 15시 20분, 23.0km	: 비룡산정상 15시 36분, 23.9km
마전고개 15시 51분, 24.3km	: 금강산정상 16시 32분, 25.3km
장군산 정상 17시 04분, 26.6km	: 예비군부대도로 17시 26분, 27.4km
군부대입구 17시 27분, 27.5km	: 굴다리 입구 17시 44분, 27.8km

산(269m)를 지나면서 당진시와 경계를 가다 나분들고개를 지나고 간대산(188m)을 지나면서 서산시를 남북으로 가로지르며 142봉. 모과울고개. 상연고개. 180봉. 성왕산(252.3m). 성왕당

고개. 165봉. 내동고개. 186봉. 198.5봉. 29번국도. 169.9봉. 183봉. 솔개재. 비룡산(292m). 금강산 (316.1m). 장군산(206.1m). 수랑재. 서산 태안간 77번국도에서 마무리 한다.

2019년 6월 16일 일요일 맑음

6월15일 저녁에 서산에 도착해 종합 버스터미널 뒤 시장골목 제일 24시 찜질방 신세를 지고 아침 일찍 일어나 24시 김밥집에서 육계장으로 아침을 먹고 김밥으로 중식을 준비하고 택시

(15,000)로 어제 마무리한 갈산리 삼거리입구에 도착하니 5시32분이다. 택시기사에게 부탁해 사진 한판 찍고 산행준비를 하고 5시35분 출발한다. 초입은 갈산리쪽 대나무 숲길로 들어서 올라가며 확실한 등로를 따라 올라가 7분후 오른쪽으로 능선을 따른다. 1차때는 서정 주유소에서 도로를 건너 바로 능선으로 올라섰는데 도로 확장공사로 건너지 못하고 절개지가 생겨 굴다리로 돌아서 올라와 능선길로 들어서 오른쪽으로 오르막을 올라

안산에 올라서니 5시48분이다. 안산에는 아무 표시도 못보고 능선을 넘어 내리막을 내려 오른쪽 묘목밭을 지나고 매봉재를 5시52분 지나 오르막을 한동안 올라 6시3분 철탑을 지나면서 잡풀에 칡넝굴이 엉클어져 길이 보이지 않는 곳을 잡풀을 해치고 엉클어진 칡넝굴을 해치며 한동안 가다 능선 오르막을 한동안 올라 구 은봉산정상에 올라서니 6시17분이다.

좌표【 N 36" 49" 09.9" E 126" 33" 36.4" 】

구 은봉산 정상에는 넓은공터에 이정표(원당지1.4 km 은봉산 1.3km)가 있으며 오른쪽은 원당리 방면이고 마루금은 왼쪽으로 이어지며 오른쪽은 서산시를 벗어나 당진시 장미면을 경계로 이어진다. 북으로 오던 마루금은 왼쪽(서쪽)으로 잘나있는 돌계단을 잠시 내려 능선을 가며 은봉산 갈림길을 6시26분 지나며 마루금은 왼쪽으로 가파른 내리막을 한동안 내려 안부에 내려 오른쪽 임도를 내려다보며 오른쪽에 은봉산 왼쪽은 서산시 음암면을 내려다보며 오르막을 한동안 올라 251봉을 지나고 능선을 오르내리며 201봉을 넘어 나분들고개에 내려서니 6시 56분이다. 나분들 고개는 서산시 음암면 도당리에서 당진시 정미면 덕산리를 넘는고개로 포장길이다. 마루금은 간대산 이정목 뒤로 나무계단을 올라 잘나있는 길을 오르고 가파른 계단길을 한동안 올라 양벌산 정상에 올라서니 7시6분이다.

좌표【 N 36" 49" 25.2" E 126" 32" 06.4" 】

옛날 지도에는 간대산으로 되어 있는데 간대산 정상은 다음 봉으로 되어있다. 정자가 있는 봉은 양벌산으로 되어있고 삼각점이 있으며 마루금은 능선을 내려가 안부를 지나고 가파른 오르막을 올라 삼거리에 올라서니 7시29분이다. 간대산은 직진이고 마루금은 왼쪽으로 내려간다. 삼거리를 지나 암능전망대를 올라 간대산 정상에 올라가니 7시32분이다. 정상에는 자그마한 표지석에 {간대산 해발 198.2m 서산시}가 있으며 전망이 좋아 서산 시가지가 한눈에 들어온다. 사진 한판 찍고 사방을 관망하고 다시 돌아와 삼거리에서 마루금은 왼쪽으로 이어지며 이곳부터는 오른쪽도 당진시를 벗어나 서산시 음암면을 가르며 지나가며 가파른 내리막을 내려와 사각정자를 7시39분 지나 체육시설을 지나면서 가파른 나무계단을 내리고 6분후 고압 철탑을 지나 70번국도(백제사신로) 육교 위에 도착하니 7시48분이다. 이 도로는 근래에 새로 확장한 도로이며 육교를 건너 임도를 따라 내려서면 왼쪽에 음암 간대산 공중화장실이 있고 신발털이 시설이 있다. 사각 정자를 지나 오른쪽에 아담한 주택앞 간대산길 포장도로에 도착하니 7시52분이다.

이정목에 간대산 등산로 입구. 간대산정상 1.1km 이며 마루금은 오른쪽으로 포장도로를 따라 간다. 포장도로를 따라가다 간대산 이정목이 있고 2차선 지방도로를 7시58분 들어서 직진으로 2차선 지방도로를 따라가다 삼거리 율곡리 버스정류장에서 8시3분 오른쪽 음암면 문양 2리 행복무늬마을 표지석을 따라 포장길로 들어서간다. 마루금은 오른쪽 부흥정미소 방향으로 테미산성길 포장도로를 따라가다 4분후 왼쪽에 부흥정미소를 지나고 콘테이너 박스를 지나면서 오른쪽 논에 모가자라는 논 갓길을 지나고 계속해서 포장도로를 따라가다 오른쪽에 아담한 농가앞을 8시10분 지나면서 왼쪽으로 포장길을 따라가다 8시13분 포장길은 오른쪽으로 내려가고 산길로 들어선다. 산길로 들어서 가며 5분후 청주한씨 묘를 지나고 김해김씨 줄묘를 지나 왼쪽에 장뇌삼 제배지 철조망을 따라가 능선 오르막을 오르며 풍천임씨묘 뒤로 올라서 8시27분 142봉을 넘어 내리막을 내려가며 4분후 고압철탑을 지나 내리막을 내리며 다시 철탑을 지나면서 논둑에 내려서 모과울고개 2차선 도로에 내려서니 8시40분이다.

좌표【 N 36" 49" 12.7" E 126" 29" 52.7" 】

이구간은 왼쪽과 오른쪽 물을 가르는 논둑을 여러곳 지나가며 산맥이라기보다 들을 지나는 기분이 든다. 모과울고개는 2차선 지방도로가 지나며 왼쪽 아래 마을에 수령 700년 되는 느티나무 보호수가 있다.

본. 성황제 유래비 : 백제시대의 전적지로 토성의 흔적이 남아있는 퇴미산 기슭에 위치한 수령 700여년 된 본 느티나무는

매우 신성하여 성황제의 장소가 되었다. 마을에서는 외부에서 들어오는 액과 질병은 물론 온갖 재해를 막아주는 신령스러운 나무로 여기고 느티나무 밑에 돌이나 오색천등 무엇이든 놓고 치성을 드리고 함부로 대하지 않는 금기의 장소로 여겨왔다. 혹여 성황나무에 소홀히 하거나 무래하게 하면 마을에 큰 화가 미친다는 속설을 굳게 믿기 때문이다. 예부터 경인천을 내왕하는 많은 사람에게 안녕을 기원하는 신령스러운 장소로 인식되어 이곳을 지날때 느티나무 밑 돌무덤에 절을 하고 자신들의 행운을 빌고 어떤이는 실이나 천을 매달고 종이나 끈을 걸어서 마치 머리를 여러번 땋는 듯이 하기도 했다. 오랜 세월이 흐르면서 1년 365일 전체 마을을 품에 안고 지그시 내려다 보며 마을의 안녕과 평화를 지켜주는 이곳 느티나무에 1960년경 마을주민은 정성을 다해 제를 올리기 시작했다. 주변의 가시덤불을 걷어내고 돌무더기를 깨끗이 정리하여 당산수 다운 면모를 갖춘 후 매년 2월 초하룻날 성황제를 올려 마을의 화합과 풍년의 기원은 물론 가정의 안녕을 기원하고 있다. 이는 숙명적이라 아니할 수 없다. 이 느티나무는 서산시 보호수 1호로서 민속 문화제로 지정 되었다. 옮긴글

　마루금 도로를 건너 포장길을 따라가며 4분후 오른쪽 숲길로 들어서 잡풀숲을 해치며 오르막을 오르는데 염소를 방목하는지 흑염소 한마리가 풀을 뜯어먹고 있다. 잡풀을 해치며 오르막을 올라 113.5m 매봉산에 올라서니 8시 54분이다. 마루금은 왼쪽으로 내려가며 오른쪽 아래 청주한씨 묘가 잘돼있어 사진에 담고 내리막을 내려 왼쪽에 밭 가장자리를 지나 능선으로 올라서 홍성 교도소 서산지소 철조망 울타리를 따라가다 능선으로 올라서 능선을 넘어 경주정씨 묘를 지나 성현고개에 내려서니 9시43분이다. 성현고개 오른쪽 아래에 홍성교도소 서산지소 정문이 있으며 마루금은 갈현농장쪽으로 짚불 장어집 표지판을 보며 갈현농장 입구를 지나고 계속해서 포장길을 따라가다 9시 28분 왼쪽으로 등산로를 따라 올라가 능선 오르막을 올라 180봉에 올라서니 9시44분이다. 마루금은 왼쪽으로 내리막을 내려 9시54분 임도(산판길)에 내려섰다 다시 오르막을 올라 오른쪽에서 올라오는 등산로와 합해 오르며 팔각정에 올라서니 10시7

분이다. 팔각정에 올라 잠시 휴식을 취하고 10분후 출발해 오르막을 올라 상왕산(252.3m)정상에 올라서니 10시23분이다.

좌표【 N 36" 48" 31.4" E 126" 28" 23.2" 】

상왕산 정상에는 쉼터가 있고 자그마한 삼각점이 있으며 표지석도 간대산 정상석과 같은 자그마한 표지석(성왕산 해발 252.3m 서산시)이 있다. 마침 젊은이 한사람이 올라와 이분에게 부탁해 사진한판 찍고 출발해 무인카메라 철탑을 지나 내려서면 헬기장이 나오며 헬기장을 지나 2분후 서산 테크노벨리 갈림길에서 왼쪽으로 가파른 내리막을 내려가는데 정상에서 사진 찍어 준 젊은이가 개 복숭아를 나무에서 따고 있다. 가파른 내리막을 내리며 8 분후 사각정자와 체육시설을 지나고 성황당 고개에 내려서니 10시43분이다. 성황당 고개는 비포장도로이며 이정표에 성왕산 정상 0.7km 전망대 2.8km 고 마루금은 잘 나있는 등로를 따라 오르막을 오르며 10시50분 체육시설을 지나고 부영산(165m)정상에 올라서니 10시54분이다. 부영산에는 아무표시도 없고 내리막을 내리며 3분후 체육시설을 지나며 32번 국도 터널 위를 지나 내리막을 내리며 묘를 지나고 11시3분 고압철탑을 지나고 내동고개에 내려서니 11시4분이다.

좌표【 N 36" 48" 6.56" E 126" 27" 39.40} 】

내동고개는 포장도로가 지나는 고개로 소형차만 다닐 수 있으며 이정표에 성왕산 1.8 km 전망대 1.7.km이며 사륜오토바이

통행금지 안내 간판이 있다. 마루금은 내동고개를 지나면서 가파른 오르막을 오르다 7분후 왼쪽에서 올라오는 양호한 길을 만나며 잘나있는 등로를 따라 오르막을 오르며 상여봉(186m) 정상에 올라서니 11시20분이다.

좌표【 N 36" 47" 47.3" E 126" 27" 35.0" 】

상여봉 정상에는 쉼터가 있고 다른 것은 없다. 잠시쉬면서 이르기는 하지만 점심을 먹고 있는데 서산사는 등산객 한분이 올라와 점심을 같이 먹으며 막걸리 한잔을 얻어먹고 이야기를 나누고 그분은 상왕산 방면으로 내려가고 나는 무심코 잘나있는 등로를 따라 12시2분 출발해 내리막을 내려가 지장고개 임도에 내려서 살펴보니 잘못 내려온 것을 확인하고 다시 돌아 오르막을 올라 상여봉 정상에서 오른쪽으로 내려가야 하는데 지도를 확인하지 않고 무심코 내려간게 화근이 되어 왕복 38분(2.1km)을 허비하고 마루금을 따라 북쪽으로 희미한 마루금을 따라 내려가 7분후 안부에 내려섰다 오르막을 오르며 오른쪽에 김해김씨 안경공파 납골묘를 지나 오르막을 올라 198.5봉에 올라서니 12시57분이다. 마루금은 왼쪽 서남쪽으로 내리막을 내려가며 잡풀과 칡넝굴이 엉켜 길이 잘 안보이는 길을 찾아 잡풀을 헤치며 내려가는데 장난이 아니다. 잡풀길을 통과해 1시12분 철탑을 지나며 산판길을 따르다 2번째 철탑못가서 왼쪽 숲길로 들어서 희미한 길을 따라가며 1차때 이길을 지나간 기억이 있는데 11년 만인데도 변한 것은 하나도 없고 희미한 길을 찾아 곳곳에 골프공을 보며 골프장 뒷길 능선을 통과해 77번 국도에 내려서니 1시38분이다.

좌표【 N 36" 47" 57.4" E 126" 26" 31.7" 】

77번국도 오른쪽에는 서산 VIP 골프클럽이 있고 마루금은 건널목을 건너 서산시 종합사격장 입구에서 도로를 따라가다 서산시 종합사격장을 지나 서산 궁도장에 도착하니 1시46분이다.

잠시 궁도장에 들어가 시원한물을 두컵이나 얻어먹고 나니 갈증이 면한다. 마루금은 양궁장 건물 끝에서 묘 뒤로 산길로 들어서 능선을 넘어 임도에 내려서니 1시55분이다. 남서쪽으로 오던 마루금은 서북쪽으로 잘나있는 길을 오르며 7분후 쉼터를 지나고 오른쪽에 검정 비닐 울타리를 따르다 가파른 오르막을 오르고 쉼터를 2시17분 지나며 왼쪽에 벌목지 능선을 올라 쉼터가 있는 169.9봉에 올라서니 2시29분이다.

좌표【 N 36" 48" 15.1" E 126" 25" 49.7" 】

169.9봉을 넘어 가파른 나무계단을 한동안 내려 2시37분 안

부에 내려섰다. 오른쪽에 금산골재 석공장을 건너다보며 가파른 오르막을 오르는데 석공장에서 기계 돌아가는 소리가 요란하다. 가파른 오르막을 한동안 올라 183봉에 올라서니 2시55분이다. 183봉에서 잠시 쉬며 간식을 먹고 3시13분 출발해 왼쪽으로 가파른 내리막을 한동안 내려 솔개재에 내려서니 3시20분이다. 솔개재는 갈산리에서 고남리를 넘는고개로 포장길이며 이정표에 서산 종합경기장 3.0km이고 금강산 2.3 km이다. 솔개재를 지나 산판길을 가다 가파른 오르막을 한동안 올라 분기봉을 지나면서 성연면을 벗어나 팔봉면을 경계로 이어지며 왼쪽으로 오르막을 올라 비룡산(굴재망봉) 정상에 올라서니 3시36분이다.

좌표【 N 36° 47" 43.1" E 126° 24" 29.2" 】

비룡산(굴재말봉)정상은 삼각점은 보이지 않고 정상 빼지만 들어오고 아무 표시가 없으며 전망이 좋아 서산시가지가 내려다보이고 지나온 마루금을 가름해본다. 비룡산을 지나면서 오른쪽은 팔봉면 왼쪽은 인지면을 경계로 오른쪽으로 내리막 방화선을 햇빛을 받아가며 내리막을 내려 일명 마전고개 포장도로에 내려서니 3시50분이다.

좌표【 N 36° 47" 44'92" E 126° 24" 14.52" 】

일명 마전고개는 팔봉면 금학리 마전에서 인지면 성리 용암마을을 넘는고개로 2008년 1차때는 포장 임도였었는데 근래에 새로 포장해 중형 차량도 다일 수 있는 도로이며 이정표에 서산 종합사격장 4.3km 금강산 1.0km 이며 마루금은 도로를 건너 오른쪽으로 오르면 커다란 느티나무가 있으며 나무 아래 쉬어갈 수 있는 바위가 있다. 2008년 1차때 이곳에서 쉬어간 기억을 되돌아보며 잠시 쉬며 몸을 풀고 3시58분 출발해 잘나있는 능선을 오르며 10분후 마루금은 오른쪽으로 오르막을 올라 5형제 바위가 있는 295봉을 지나 약간에 내리막을 내리다 가파른 오르막을 올라 금강산정상에 올라서니 4시29분이다.

좌표【 N 36" 47" 34.0" E 126" 23" 48.6" 】

금강산정상에는 삼각점(서산 27. 1885재설)이 있고 금북정맥 금강산 316.4m 자그마한 정상석으로 서산에 들어서면서 간대

산 정상석, 상왕산 정상석과 같은 정상석이 있으며 정상석을 배경으로 인물사진을 찍었는데 없어져 아쉽다. 금강산은 이름은 화려하나 이름값을 못하고 볼게 없어 모든 사람들을 실망케 한다. 마루금은 서쪽으로 내리막 능선을 내리며 4분후 팔봉산 갈림길 이정표에서 팔봉산은 직진으로 내려가고 마루금은 왼쪽 장군산 쪽으로 내려간다. 이정표에 금강산 0.2km 팔봉산 2.5km 장군산 1.5km 이다. 마루금은 왼쪽(서남쪽)으로 급경사 내리막을 한동안 내리고 능선길을 가다 암능을 올라서 장군산 정상에 올라서니 5시10분이다.

좌표【 N 36" 47" 23.62" E 126" 23" 7.95" 】

장군산 정상은 큰 바위가 몇개 있고 아무런 표시도 없으며 트렝글 빼지가 들어와 장군산을 확인한다. 마루금은 장군산을 지나면서 왼쪽으로 가파른 내리막 마사길 위험한 내리막을 조심조심 내리며 조금만 방심하면 미끄러질 수 있는 위험한 내리막을 한동안 내려 숲길 능선을 내려 군부대 도로에 내려서 도로를 따라 100여미터 가면 삼거리에 제1789부

대 서산시 예비역 훈련장 입구 간판에서 왼쪽으로 홍성 중기정비공장을 지나 삼거리에서 마무리 한다.

  다음 초입은 이곳에서 30여미터 가면 굴다리를 통과해 건너편 진입로만 확인하고 서산택시에 전화를 걸어놓고 조금 있으니 택시가 와 택시(9,000)로 서산에 와서 어제 밤 자고 간 제일사우나에서 사워를 하고 종합터미널에서 6시 30분 버스로 대전에서 8시 58분 KTX로 부산에 도착하니 10시반이다. 세상은 좋은 세상이다. 2008년도 1차때는 교통이 불편해 엄두도 못내고 구정맥 산악회와 같이 종주했는데 오늘 서산수랑재에서 마무리하고 서산에서 목욕하고 부산에 와도 시간이 충분하다. 집사람 밥도 안먹고 기다리며 수고했다는 격려가 참으로 흐뭇하고 고마운 마음이다.

제2차 금북정맥 단독종주 12구간

수랑재-밤고개

　제2차 금북정맥도 이제 막바지에 접어들어 내일까지 마무리할 예정으로 산행에 들어간다. 서산시 32번국도 수랑재에서 출발해 물래산을 지나고 다시 32번 국도 굴다리를 통과해 팔봉중학교를 지나면서 서산군을 벗어나 태안땅에 들어선다. 금북정맥은 경기도 안성시 칠장산을 출발해 천안시, 연기군, 아산시, 공주시, 청양군, 보령시, 홍성군, 예산군, 서산시를 거쳐 마지막 태안군에서 마무리한다. 태안군에 들어서 굴포 운하지 장수마을 오석산을 지나고 홍주산 홍주사 태안에 명산 백화산을 지나간다. 백화산성(白華山城)은 충청남도 태안군 태안읍 동문리에 있는 해발 284m의 백화산(白華山)에 있는 조선시대의 산성이다. 1984년 5월 17일 충청남도의 문화재자료 제212호로 지정되었다. 산기슭에는 태을암이라는 사찰이 있는데, 삼존불상이 큰 바위에 새겨져있다. 중앙의 보살입상은 높이 223cm이며, 좌우의 여래입상은 각각 306cm와 296cm이다. 태을암을 내려와 태안여고를 지나며 도로를 많이 따르고 증산(큰산)을 지나고 다시

 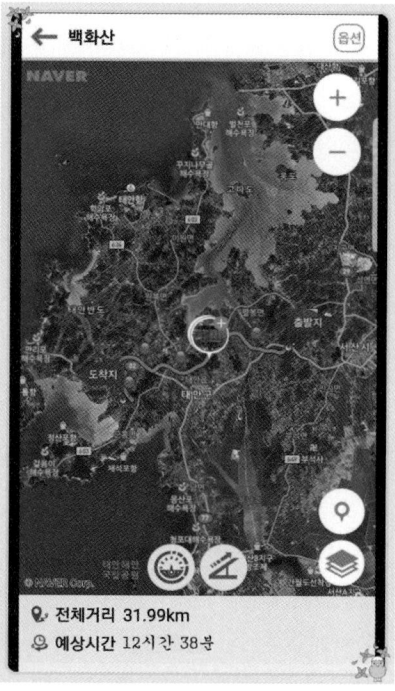

32번 국도를 건너 구수산을 지나고 다시 32번 국도를 지나 계속해서 도로를 따르고 잠시 야산에 오르다 다시 도로를 따르며 다시 32번 국도 쉬고개에서 마무리하려고 했는데 시간여유가 있어 내일 일을 생각해서 장재마을 마금리 매봉산을 지나 밤고개에서 마무리 한다.

수랑재 : 충청남도 서산시 인지면 차리 수랑재
밤고개 : 충청남도 태안군 근흥면 안기라 밤고개
도상거리 : 수랑재 31.4 km, 밤고개
운동시간 : 수랑재 12시간 38분, 밤고개
휴식시간 : 수랑재 1시간 34분, 밤고개

수랑재 도착 5시 27분,	: 수랑재 출발 5시 33분,
물래산 149m 5시 53분, 1.0km	: 물래산 출발 6시 03분
32번 국도 6시 39분 3.1km	: 팔봉 중학교 6시 47분, 3.4km
굴포운하지 7시 34분, 5.6km	: 장수마을경로당 7시 40분, 5.8km
도루재.5거리 7시 45분, 6.1km	: 계수농원 7시 56분, 7.1km
북창버스정류장 8시 08분, 7.8km	: 오석산 (169m) 8시 43분, 9.1km
강실고개 9시 13분, 10.3km	: 홍주사갈림길 10시 18분, 12.6km
백화산(284m) 10시 56분, 13.7km	: 백화산 출발 11시 03분,
모래기재 12시 11분, 16.2km	: 삭선 1교차로 13시 00분, 18.3km
예비군훈련장 13시 04분, 18.5km	: 증산 :큰산 14시 20분, 19.4km
개봉산 14시 46분, 20.0km	: 차도고개 15시 01분, 21.3km
S오일주유소 15시 59분, 22.1km	: 시목교차로 16시 02분, 22.2km
시목경로당 16시 10분, 22.9km	: 장대1리 정류장 16시 20분, 23.7km
도루고개 16시 30분, 24.1kkm	: 등산로 입구 16시 39분, 24.3km
포장도로 17시 16분, 25.6km	: 쉰고개 17시 23분, 26.7km
영전교차로 17시 26분, 26.9km	: 등산로입구 17시 28분, 27.0km
장 재 17시 55분, 27.8km	: 마금1리마을회관 18시 31분, 29.4km
다운목장 18시 42분, 30.5km	: 매봉산101.6m 19시 21분, 31.3km
밤 고 개 19시 37분, 31.9km	:

2019년 6월 23일 맑음

　이번 종주산행은 막바지에 접어들어 2일간 종주하고 내일 마무리하려고 6월 22일 저녁차로 대전을 거처 서산에서 자고 아침 일찍 일어나 24시 김밥집에서 아침식사를 하고 중식 간식을 챙기고 택시(9,000)로 수랑재 등산로입구에 도착하니 5시27분이다. 택시기사한태 부탁해 사진 한판 찍고 산행준비를 하고 5시33분 출발한다.

　초입은 태안쪽에서 공장입구 도로를 따라가다 3분후 공장건물 왼쪽 뒤로 올라가 능선에 들어서 작은 능선을 넘으면 도로가 나오고 한국수자원공사 서산권 지사 차리배수지 물탱크를 5시43분지나 산길로 들어서 오르막을 한동안 올라 물래산(149m) 정상에 올라서니 5시53분이다.

좌표【 N 36" 46" 31.6" E 126" 23" 06.7" 】

　정상에는 준희가 걸어놓은 금북정맥 물래산 149m가 있고 왼쪽으로 천금산(203m)이 건너다보이고 뒤로는 지나온 금강산 장군산 팔공산이 건너다보인다. 남쪽으로 오던 마루금은 오른쪽(서쪽)으로 이어지며 내리막을 한동안 내려 안부에 내려섰다 오르막을 올라 암봉에 올라 6시23분 오른쪽으로 내리막을 한동안 내려 잘나있는 능선길을 가다 10분후 임도에 내려서 산판길을 따라가다 농장 건물을 지나 포장길을 따라가며 32번 국도 지하통로를 6시 39분 통과한다.

좌표【 N 36° 46' 44.1" E 126° 21' 53.4" 】

마루금은 지하통로를 나와 오른쪽으로 도로를 따라 마을길을 가다 팔봉중학교 정문앞에 도착하니 6시43분이다. 정문앞에 진장 1리 버스정류장이 있으며 마루금은 팔봉중학교 정문안으로 들어서 팔봉중학교 운동장을 지나 후문으로 나와 지도에는 오른쪽 능선으로 가야 하는데 농장으로 길이 없고 도로를 따른다. 팔봉중학교 후문을 6시50분 나와 오른쪽 농장에 길이 막혀 농로를 따라가다 6시56분 송신철탑을 지나고 2분후 삼거리에서 오른쪽길로 들어서며 서산시 팔봉면을 벗어나 태안군 태안읍에 들어서며 왼쪽에 인삼밭을 지나고 외딴집을 지나며 도로를 따르다 그물망 울타리를 넘어 과수원 밭 가장자리를 통과해 숲길로 들어서 능선을 넘어가니 굴포 운하지라 길이 없어 왼쪽으로 폐가 앞을 지나 내려서 농가창고를 지나는데 창고에서 일하는 농부에게 물어 과수원을 나와 포장길을 따라 논길을 건너 삼거리에서 오른쪽으로 도로를 따라가 굴포운하 입간판을 7시34분 지나간다.

굴포(掘浦)의 유래(由來)

굴포(掘浦)란 판개를 말하는 것으로 운하(運河)란 뜻이다. 그러나 굴포란 판개라거나 운하란 뜻보다는 지명(地名)이 되었으므로 굴포운하(掘浦運河)라 한다. 이 굴포운하(掘浦運河)의 개착의 필요성은 고려(高麗)재정의 기본이 되는 전체 세곡미(稅穀米) 40만석 중 개경(開京)으로 보내져야 하는 약30만석이 충청 절라 경상도등 삼남에서 올라오는 안흥량 관장목(關丈項항)의 암초(800m)로 번번히 조운선이 난파되는 절체절명의 어려움이 있었으므로 고려(高麗) 제17대 인종12년 (1134) 내시(內侍) 정습명(鄭襲明)을 보내어 군정(軍丁) 수천명을 동원 약17리(7km)정도의 인공 수로를 만들어 조운(漕運)에 안전을 기하려 운하(運河)의 개착공사가 시작되었던 것이다. 그러나 4km 정도는 수로를 만들었다가 3km는 암반에 부딪쳐 실패했다. 그후 오랫동안 공사가 중단 되었다가 공양왕 3년 (1391)에 당시 실권자 였던 이성계는 조운의 중요성을 인식 종실(宗室) 왕강(王康)으로 당시 개착공사를 시작하였으나 다시 실패하였다. 고려조(高麗朝) 고려말의 충종완(忠宗王)으로부터 공양왕(恭讓王)까지의 40년간은 이 조운로(漕運

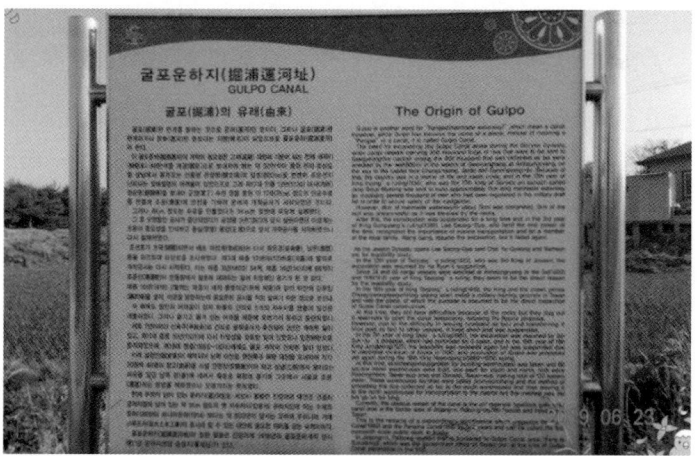

路)개축의 실패와 함께 왜구(倭寇)의 약조선(掠漕船)으로 인한 세곡미 운송 부진으로 조정의 관리들에게 낙봉은 고사하고 왕(王)이 하루에 한끼로 때우는 결과가 되어 사회질서가 문란해지고 나라가 쇠망했던 것이다. 조선조가 개국(開國)되면서 태조 이성계(李成桂)는 다시 최유경(崔有慶) 남은(南誾)등을 파견 타당성을 조사하였다. 제3대 태종12년(1412) 하륜(河崙)의 발의로 개착 공사는 다시 시작된다. 이는 태종3년(1403) 34척 태종14년(1414)에 66척의 조운선(漕運船)이 안흥량에서 암초에 대파되는 일이 있었으므로 직접적인 동기가 된것 같다. 태종16년(1416) 2월에는 태종이 세자 충령대군(뒤에세종)과 같이 태안에 강무장(講武場)을 설치 이곳을 방문하는데 굴포운하 공사를 직접 살피기 위한 것으로 보인다. 이때에도 암반에 어려움이 있자 하륜의 건으로 5개의 저수지를 만들어 일단은 개통시켰다. 그러나 옮기고 옮겨 싣는 어려움 때문에 오래가지 못하고 중단되었다. 세조7년(1461) 신숙주(申叔舟)의 건의로 굴착공사가 추진되어 3년간 계속된 일이 있고 제11대 중종16년(1521)에 다시 타당성을 검토한 일이 있었으나 임진왜란으로 중지되었고 제18대 현종(1660-1674)때에도 굴포개착이 건의된 일이 있었다. 이때 설창안(設倉案)이 채택되어 남쪽 태안읍 경천쪽과 북편 태안읍 도내리에 각각 20평씩 40평의 창고(倉庫)를 시설 안면창(安眠倉)이라 하고 삼남(三南)에서 올라오는 세곡을 일단 남쪽 창(倉)에 내려서 육로 로 북 창(倉)에 옮기여 그곳에서 서울로 조운(漕運)하는 방법을 택하였으나 오래가지는 못하였다. 현제 뚜렷이 남아있는 운하지

(運河址)는 서산시 팔봉면 진장리와 태안군 인평리 경계 지점에 남아있는 약 1km 옛 저수지식(갑문식)운하지 인데 이는 수에즈 운하(1669)와 파나마운하(1914)보다는 약 500년이 앞서는 것이며 우리나라 거대 토목공사(巨大土木工事)의 효시라 할수있는 대단히 중요한 의미를 갖는 유적지이다. 굴포 운하지(掘浦運河址)와 접한 팔봉면 장자리에 1416년때 굴포운하 개착당시 태안군 관아지였던 순성지(舜城址)가 있다. 「굴포장수마을」 옮긴글

굴포운하를 지나 도로를 따라가며 구세군 진장교회를 지나고 인평리 다목적회관(인평경로당) 앞을 7시39분 지나간다. 입간판에 굴포운하 농촌건강 장수마을이 있다.

굴포장수마을은 2007년부터 2009년까지 태안 장수마을로 선

정되어 주민들의 건강증진에 많은 관심을 쓰고 있으며 노인 일자리찾기, 생활환경정비 건강증진 프로그램을 운영하고 굴포운하 역사탐방등 도농 교류에도 힘쓰고 있다. 특히 마을입구에는 삼남지방의 세곡을 서울로 운송하기 위하여 530년에 걸쳐 공사를 벌린 굴포운하가 부분적으로 남아있어 전국 각지에서 연중 체험으로 찾고 있다. 이 마을은 장수하는 노인이 많다고 한다. 총 인구 114명이 살고 있으며 남자 57명 여자 57명이며 30대가 25명, 40대가 11명, 50대가 25명, 60대 이상이 53명이 살고 있다고 한다. 마루금은 도로를 따라 능선길을 넘어 도내 1리 버스 정류장 도루재 오거리에서 7시45분 은행나무에 리본을 확인하고 11시 방향으로 도로를 따르다 2분후 젖소농장앞에서 오른쪽 농장앞을 지나 농로를 따라가면 5분후 임도는 오른쪽으로 내려가고 계수농원 뒷길을 가다 밭 갓길을 따라가며 외딴집 뒤로 가다 8시3분 삼거리에 내려서 왼쪽으로 도로를 따르며 오른쪽 능선 오르는 길이 없어 북창버스 정류장 사거리에서 8시8분 오른쪽으로 도로를 따라가며 5분후 벤엘농장을 지나고 오른쪽 도일목장 입구를 지나 8시16분 백화산 산수길 진입로에 들어선다. 이곳 백화산 산수길은 길이 양호하여 오름길이 잘되어 있으며 8시31분 쉼터를 지나고 가파른 오르막을 올라 사각 쉼터에 올라서니 8시36분이다. 작은봉을 넘어 내리막을 내려 수원백씨묘를 지나 안부에 내려서니 8시40분이다. 이정표에 금북정맥 입구

0.9km 홍주사 4.0km 어은리 0.8km이며 다시 오르막을 올라 삼각점이 있는 오석산 정상에 올라서니 8시44분이다. 오석산 정상에는 산불초소가 있고 사각쉼터도 있으며 (오석산 169m 충남 태안 그린아래)표찰이 나무에 걸려 있다.

좌표【 N 36" 47" 18.1" E 126" 19" 32.4" 】

　오석산에서 인증샷을 하고 왼쪽으로 내리막을 내려 안부에 내려서니 8시56분이며 이정표에 홍주사 3.7km 금북정맥 입구 1.6km 어은리 0.4km 이고 약간에 오르막을 올라 능선길을 오르락내리락 하며 능선길을 한동안 가며 왼쪽에 상옥리 마을을 내려다보며 능선을 내려 강실고개 임도 농로에 내려서니 9시 13분이다.

좌표【 N 36" 46" 18.1" E 126" 19" 03.6" 】

　강실고개는 태안읍 상옥리에서 산후리를 넘는 포장농로로 되어있으며 반바지가 걸어놓은 (금북정맥 강실고개 65m)표찰이 있으며 마루금은 백화산방향 표시판을 따라 오르막을 오르내리며 9시33분 쉼터를 지나고 계속해서 가파른 오르막을 올라 사각 정자를 10시3분 지나고 가파른 오르막을 한동안 올라 홍주사 갈림길에 올라서니 10시18분이다. 이정표에 홍주사 0.6km 백화산정상 1.0km 금북정맥 입구 4.2km이며 금북정맥 입구는 오석산진입로 백화산 산수길 초입을 말하며 왼쪽 홍주사쪽으로 100m 쯤에 241.7m에 삼각점이 있고 전망대가 있으며 건너편에 백화산이 올려다 보이고 태안 시가지가 내려다보인다.

좌표【 N 36° 48' 05.8" E 126° 18' 40.8" 】

홍주사는 부처가 머무르기 좋은곳이라고 산신령이 가리킨 곳을 표시하기 위하여 스님이 꽂아둔 지팡이가 자라났다는 전설을 간직한 절이다. 홍주사 은행나무는 예로부터 아이를 낳지 못하는 아낙내들이 자주 찾는 사찰(절)이다. 사찰 입구에 큰 은행나무에 기도를 올리면 아이를 낳을 수 있다는 이야기가 전해오는 까닭은 홍주사에서 이 은행나무를 이같은 전설과 함께 절(사찰)이 창건되었다는 설화가 있다. 900여년전 고려때의 이야기다. 부처님의 뜻을 이 땅에 널리 전할 절집을 지으려 온산하를 두로 돌아다니던 노승이 이곳 태화산 기슭을 지나다 스님이 풀밭에 누어있다 잠이 들었는데 어디선가 산신령이 나타나 지금 네가 누어있는 그곳이 부처님이 머무르기 좋은 곳이니 표시해 놓아라 하여 스님은 깜짝 놀라 깨어보니 산신령은 온데간데없고 주변은 성스러운 기운이 들어 짚고 다니던 지팡이를 그자리에 꽂아놓고 기도를 올리다 얼마 후 스님이 꽂아둔 지팡이에서 은행잎이 나기 시작하였다고 한다. 얼마 후 다시 산신령이 나타나 자식이 없는 아낙네가 이 나무에 기도를 올리면 자식을 낳을 수 있을 것이며 그 자손이 부귀영화를 얻게 되어 자손들이 부처님을 모실 수 있는 절을 지을 것이다. 하고 사라졌다. 스님은 그곳에 산막을 짓고 산아래 마을로 내려가 자손이 없는 집안을 찾아다니며 산신령의 뜻을 알렸고 마을 아낙네들이 하나둘 이 은행나무에 와서 기도를 올리고 가면 자식을 얻었고 신령의 말대로 자손들이 부귀영화를 얻어 은행나무 앞에 절을 짓기 위하여 재산을 내 놓았다. 그렇게 홍주사는 은행나무의 공력으로 절을 지었다고 한다. 현재 은행나무는 키 20여m 둘레 8.5m라고 한다. 서해안이 인접한 태안 홍주사에서는 다시마를 이용해 고추장을 만든다고 한다. 고추장은 다양한 음식의 기본양념이고 다시마는 해독작용과 피를 맑게 하는 효능이 뛰어난 식재료이다. 이를 활용한 다시마 고추장은 음식의 미각을 살려주는 역할을 한다. 홍주사에는 다시마 고추장이 유명하다. 마루금은 삼거리에서 내리막을 내리며 안부에 내려서니 10시30분이다. 이정표에 백화산정상 0.8km 홍주사 1.0km 이고 백화산을 오르면서 곳곳에 이정표와 갈림길이 있으며 계속해서 오르막을 오르며 사각정자를 10시39분 지나고 7 분후 철계단을 올라 능선 분기점에서 오른쪽 정상은 군부대이고 왼쪽으로 오르막을 올라 백화산(284m)정상에 올라서니 10시 56분이다.

좌표【 N 36" 45" 51.1" E 126" 18" 14.4" 】

　백화산 정상에는 오늘따라 많은 등산객이 올라와 있으며 곳곳에서 점심 먹는 등산객이 무리를 지어 먹고 있고 전망이 좋아 조망하는 사람들이 많다. 등산객 에게 부탁해 사진한판 찍고 이리저리 조망하고 봉화대에도 올라가보고 태안 시가지를 카메라

에 담아둔다. 백화산성(白華山城)은 충청남도 태안군 태안읍 동문리에 있는 해발 284m의 백화산(白華山)에 있는 조선시대의 산성이다. 1984년 5월 17일 충청남도의 문화재 자료 제212호로 지정되었다. 충남 태안군 태안읍 동문리에 있는 이 산성은 고려 충렬왕 13년(1286)에 백화산 정상에 돌로 쌓은 성으로, 둘레 619m, 높이 3.3m이다. 4면이 절벽으로 되어있는 험준한 곳에 성을 쌓아, 외적의 침입이 어려운 요새지로써 태안읍성으로 사용되기도 하였으며, 태안군내 성곽 중 제일 먼저 쌓은 성이기도 하다. 성벽은 거의 무너진 상태이며, 성안에는 우물터 2곳과 서산의 북주산과 부석면의 도비산에 연락을 취하였던 봉수대가 설치되어 있다. 『세종실록』지리지(地理志)와 『신증동국여지승람』외에는 축성이나 활용 시기에 대한 기록이 남아 있지 않다. 곧 『신증동국여지승람』에는 "주위가 2,042척에 높이는 10척이다"고 하였지만, 이미 폐성(廢城)되었다고 기록하였다. 다만 『신증동국여지승람』은 물론 『증보문헌비고』, 『여지도서』에서 보듯이, 봉수만은 유지되었던 것으로 추정된다. 이 산성은 정밀지표조사 결과, 입지와 성벽의 축성 방법, 규모, 수습 유물을 통해서 통일신라시대 이전에 축조된 것으로 추정된다.

참고자료[편집]

봉수대는 횃불(봉)과 연기(수)라는 의미로 급한 소식을 전하던 조선시대의 군사 통신시설이다. 평화시에는 1개 적이 나타나면 2개 적선이 해안에 접근하면 3개 적선이 해안 경계를 침범하면 4개 적군이 육지에 상륙하면 5개의 불을 올리도록 하였다. 만약 안개. 구름. 비. 바람 등으로 봉수의 전달이 불가능할때에는 포성이나 뿔 나팔 징 등으로 알리고 여의치 않을 경우 봉수군이 다음 봉수대까지 달려가 알리기도 하였다. [옮긴글]

정상에서 사방을 관망하고 내리막을 내려 태을암에 잠간 들여 이리저리 살펴보며 경내에 들어가 참배한다. 충남 태안에는 태안 8경이 있고 그중 하나인 백화산 중턱에 태을암이라는 암자가 자리하고 있다. 이곳은 대웅전을 중심으로 한 작은 암자이며 태을암은 대웅전 보다는 그 옆에 있는 태안 마애삼존불로 유명한 사찰이다. 고려시대 자료를 보면 이 땅에서도 태일신에게 제사를 올린 것이 확인된다.『고려사』의 28곳에서 태일의 용례를 찾아볼 수 있는데, 그중 태일초례를 거행한 기록만도 20회에 이르는 것을 보면 태일신 신앙이 국가적 의례로 전승되어 왔던 것이다. 조선 시대에는 궁궐의 소격전과 지방의 태일전(太一殿)에서 태일신을 모셨다. 고려때는 궁궐안에 태일전이 따로 있었으나, 조선 태조때에 이르러 태일전을 파하여 소격전에 합하였다. 지방에서는 태일성(太一星)이 움직이는 방위에 따라 통주(현 강원도 통천), 경북 의성 등에 태일전을 지었으며 1434년부터 매년 상원(上元, 정월 15일)에 왕이 하사한 향으로 초제(醮祭)를 지냈다. 이 태일전이 태안에 지어지게 된 경위는 조선왕조실록 성종 8년 1477년의 기록을 보면 나온다. 의성에 있던 태일전을 신하들의 의견에 따라 충청도 태안으로 옮겨 세우게 했다는 기록이 그것이다.

「예조(禮曹)에서 아뢰기를, "이제 전(前) 관상감정(觀象監

正) 이종민(李宗敏)의 계본(啓本)에 의거하건대, 태일전(太一殿)을 옮겨 세우는 데에 마땅한 곤방(坤方)은, 충청도 태안(泰安)의 백화산(白華山) 서남쪽 고성사(高城寺) 북쪽의 높고 평평한 곳에 있으며, 경성(京城)과의 거리가 3백 30리(里)라 하니, 청컨대 공조(工曹)로 하여금 영건(營建)하게 하소서."하니, 그대로 따랐다」(조선왕조실록 성종실록)

현재 백화산에는 조선왕조실록에 기록된 고성사(高城寺)라는 절은 없으며 중종 13년(1518년) 태일전이 폐지되면서 태일전의 잔해가 옛 고성사 자리에 증축되면서 태을(太乙)이라는 이름이 붙어서 태을암이 된 것이라고 추정된다.

태안마애삼존불(泰安磨崖三尊佛) 국보 제307호인 마애삼존불(磨崖三尊佛)은 백화산 중턱에 있는 높이 394cm, 폭 545

cm의 감실(龕室)모양의 암벽에 새겨진 백제시대 마애삼존불(磨崖三尊佛)이다. 중앙에 본존불을 배치하고 좌우에 협시보살(脇侍菩薩)을 배치하는 일반적인 삼존불과는 달리 중앙에는 보살 좌에는 석가여래 우에는 약사여래불을 배치한 독특한 형식을 취하였다. 또한 좌우의 여래상은 큰 반면에 중앙의 관세음보살(관음보살)은 작아 1보살(一菩薩), 2여래(二如來)라고 하는 파격적인 배치와 함께 특이한 구도를 보여주고 있다. 통견의 불의(佛衣)가 두껍고 힘차게 처리되었으며, 앞자락이나 두 팔에 걸쳐 내린 옷자락도 묵직하게 표현되는 등 부처의 위엄을 돋보이게 하고 있다. 양식상으로는 중국 북제(北齊) 불상 양식의 계통을 따르고 있어 제작연대는 6 세기로 추정된다. 지리적으로 당시 삼국시대 중국과의 교역에서 다리역할을 하였던 태안반도에 위치 한다는 점에서 중국의 새로운 석굴사원 양식을 수용한 것으로 볼 수 있다.『국보지정일 : 2004년 8월 31일 국보 제 307호 태안군 태안읍 동문리 산 5, 재료 화강암』

태을암에는 삼존 마애불상이 있으며 불상 앞 암벽에 작은 글씨로 맨위에 駕洛紀元 一千八百八十三年 甲子 라고 쓰여 있으며 아래 오른쪽에 癸亥 孟秋 海超 金圭恒題 왼쪽에 큰글씨로 太乙洞天 이라고 쓰여 있다. 태을암을 잠간 들려 참배하고 나와 도로를 조금 내려가면 오른쪽에 큰 바위가 있는데 바위 이름이 백조 암 이라고 쓰인 표지석이 바위아래에 있다. 백조암을 지나 6분쯤 내려와 낙조대 바위를 지나고 건너편에 동경대(同庚臺)

바위에 檀君紀元 四千二百二十四年 辛卯生 李興雨. 崔丁台. 李完雨. 柳應祚. 李文雨, 李暘雨. 李喆雨. 金相信. 姜鐘憲. 李公佰. 李澤雨. 李周玉이라고 쓰여 있는 것으로 보아 辛卯生 同甲人 인 모양이다. 마루금은 오른쪽(남쪽)으로 내려와 284봉을 11시45분 지나 가파른 내리막을 한동안 내려 밭둑을 지나 도로에 내려서니 12시2분이다. 도로에서 오른쪽으로 20여m 내려가 집앞을 지나 왼쪽으로 원이로 지방도로를 따라 조금 올라가 태안여고 앞에 도착하니 12시10분이다.

좌표【 N 36" 45" 32.4" E 126" 17" 32.8" 】

마루금은 모래기재 태안여고를 지나 포장도로를 떠라가다 6분후 왼쪽 능선으로 올라서 삼각점이 있는 작은봉을 12시25분 넘어 오른쪽으로 내려서면 다시 포장도로에 내려선다. 이곳부터는 이 도로를 따라가며 안말, 우평마을을 지나고 석산 버스정류장을 지나 603번 도로 석산 사거리 1 교차로에 12시58분 도착 건널목을 건너간다. 이도로는 2008 년도 1차때는 없던 도로이다. 교차로 건널목을 건너 5분후 태안 예비군훈련장 정문앞을 지나 오른쪽 임도를 따르다 삼거리에서 오른쪽 숲길로 들어서 오르다 시원한 곳에서 점심을 먹고 13시 58분 출발해 능선을 올라「주의! 이곳은 공용화기 사격장으로 출입을 금한다.」라는 표지판이 있으나 일요일이라 훈련을 하지 않아 철조망을 지나 예비군 훈련장 능선을 올라 돌탑(돌무덤) 능선을 오르며 가파른 오르막을 한동안 올라 159.7봉에 올라서니 14시20분이다.

좌표【 N 36° 45' 56.2" E 126° 15' 59.0" 】

정상에는 반바지가 걸어놓은 표찰에는 금북정맥 종산 160m 로 되어있고 다른 표찰에는 금북정맥 159.7m도 있고 표지석에는 [卍 里程標 퇴비산(漢衣山城) 해발 약 170m, 城築 200 間 泰安半島 관망대 옛 봉화대 추정 靑山月明 山山水水라. 2009.10.9. 海東大明藥師庵 法師 李春熙 SK 工學博士 道河 李基爀 漢平居士 趙漢杓 건립합장]이라 되어있다. 또 지역도에는 큰산이라고도 한다. 삼각점(76.10 건설부 401 복구)이 있고 금북정맥 지도에는 퇴비산은 정맥에서 벗어나있다. 아무튼 160봉에서 인증샷을 하고 잠시 숨을 돌리고 14시31분 출발해 가파른 내리막을 내리며 7분후 안부에 내려섰다 다시 오르막을 올라 14시46분 일명 개봉산을 넘어 2분후 퇴비산 갈림길에서 오른쪽으로 (표지기가 많이 달려있음) 내리막을 내려 왼쪽에 西海産業 래미콘 공장을 내려다보며 길가 전선줄을 따라 내려와 레미콘 공장 정문앞에 내려서 도로를 따라 내려가 소원면 표지석이 있는 32번 국도 차도고개에 도착하니 15시 1분이다.

　　　　　　좌표【 N 36" 45" 46.62"　E 126" 15" 23.59" 】

　마루금은 32번 도로를 건너 포장임도를 약 100m 쯤 따르다 오른쪽 능선으로 올라 가파른 오르막을 한동안 올라 봉오리 하나를 넘어 능선을 가다 골말에서 올라오는 등산로와 합세하여 능선 오르막을 한동안 올라 구수산정상에 올라서니 15시34분이다.

[구수산성(拘睡山城)] 구수산성(拘睡山城)은 구수산(拘睡山) 145m에 백제시대(충남문화제 총람)때 축성된 퇴뫼식 산성이며 둘레 600m 정도이다. 퇴뫼식 산성은 백제의 대표적 산성축조(山城築造)방식으로 산의 정상부를 중심으로 띠를 두르듯 축성되었다 하여 붙여졌다. 금북정맥(錦北正脈)의 마루금(稜線)이 지나며 태안반도는 수지형(樹枝型 나무잎 모양)의 지형으로 구수산성은 군사적 요충지다. 백제시대 이래 제천의식이 거행된 제의시설(祭儀施設) 기능과 외적 방어를 위한 방위시설(防衛施設) 기능을 하였다고 생각되며 고려시대 부터는 삼남지역의 세곡미(稅穀米)를 운반하는 세곡선의 조운로(漕運路)를 보호하고 해상 조건에 따른 조운선 진퇴 여부를 판단하는 관방시설(關防施設)기능을 수행했을 것으로 추측된다. 특히 조선시대에는 관방시설로서 백화산성과 연계체계상 북방산성(北方山城 태안읍지)으로 불려지기도 했다. 난행량(難行梁)으로 알려진 안흥량 해상조건, 왜구침입의 탐지, 굴포(堀浦. 加積運河)의 활용 여부를 판단하여 조운선의 진퇴여부, 통과방법, 시기를 판단할때 이 북방 산성은 방어기능, 탐지기능, 연계(수신호 봉화)기능을 수용한 주요 요충지로 판단된다. 구수산정상에는 나무아래 자그마한 돌무덤위에 구수산성이라 쓰여 있고 각종 리본이 걸려 있으며 잘나있는 등산로는 왼쪽(남쪽)으로 내려가고 정맥마루금은 오른쪽(북쪽)으로 내려가며 가파른 내리막을 한동안 내려 잘

자란 소나무 능선길을 따라 관광버스 주차장을 지나 23번 국도에 내려서 왼쪽으로 SOIL 시목 정성주유소 앞을 지나다 주유소에 들어가 시원한 물을 얻어먹고 나니 갈증이 확 풀린다. 주유소 주인 왈 산군들이 여럿이 이곳을 지나는 것은 많이 보았는데 혼자 다닌다고 염려해준다. 주유소를 나와 도로를 따르다 사거리에서 건널목 유득재 도로건널목을 16시1분 건너간다.

좌표【 N 36" 45" 45.1"   E 126" 15" 06.4" 】

슈퍼앞 철망울타리에 리본이 많이 걸려 나도 한개 걸어놓고 태창 농기계 앞을 지나 도로를 따른다. 이곳부터는 계속해서 도로를 따르며 시목 1리 자율방범대를 지나 시목초등학교 갈림길 삼거리를 16시9분 지나고 1분후 시목 1리 다목적 복지회관(시목경로당)앞을 지나고 삼은교회 표지석을 지나 계속해서 포장도로를 따르며 시목정미소 앞 시목버스 정류장을 14시14분 지나고 태양공업사 고개를 넘고 장대 1리 버스 정류장을 16시20분 지나고 계속해서 도로를 따르며 장대 1리(삼곳말) 버스정류장 삼거리 장대 1리 커다란 표지석을 16시30분 지나 도로를 따르다 16시37분 도로를 버리고 오른쪽으로 임도를 20여미터 가다 밭 가운데 나무 한그루 있는 곳을 지나 밭 가운데를 통과해 밭 가장자리를 따라가다 밭 끝에서 능선으로 올라서 등로를 따라 왼쪽으로 능선을 넘으면 안부를 지나면서 왼쪽에 파란 철망울타리를 따라 올라 자그마한 D급 삼각점을 16시53분 지나고 잘나있는 능선길을 한동안 내려 포장도로에 내려서니 17시16분이다. 이 곳은 장대리를 지나던 도로이다. 여기서부터 도로를 따라 한동안가며 32번국도 쉰고개에 도착하니 17시23 분이다. 32번 국도는 오늘 수랑재 32번 국도를 출발해 4번째로 도로를 건너간다.

좌표【 N 36" 45" 33.2" E 126" 13" 00.5" 】

32번국도 건널목을 건너면 전봇대에 반바지가 걸어놓은 금북정맥 쉰고개 43m 표찰이 걸려있고 도로갓길로 가다 3분후 마금리 1구 커다란 표지석을 지나고 3분후 32번 국도에서 왼쪽으로 밭둑길 임도를 따른다. 오늘 계획은 여기서 마무리하려고 했으나 해가 많이 남아있어 어차피 내일갈 곳이기에 해질때까지 가기로 마음먹고 17시28분 비포장 농로를 따라가다 8분후 삼거리에서 왼쪽길로 들어서 능선으로 표지기를 따라 가다보니 길이

없고 새로 지은 주택이 길을 막아 왼쪽 주택마당을 나와 동래길을 따라 가다보니 삼거리에서 주택앞길 마을길로 오면 될 것을 길이 없어 해매다 마을길로 내려서 따라오다 오른쪽 고갯길을 넘으니 곳곳에 전원주택을 새로 지어 길이 없어 마을길을 따라 올라가다 전원주택 마지막 집뒤로 올라서니 마루금이 나타난다. 능선 숲길을 넘어 평양조씨묘(學生平壤趙公載能 配孺人全州李氏 之墓)를 지나고 임도(산판길)를 따라가다 18시6분 외딴집을 지나고 1분후 포장 임도를 건너 오르막을 오르며 62봉을 18시25분 넘어 내리막을 내려 외딴집을 지나고 고추밭길을 지나 2차선 지방도로에 내려서 농기구 임대사업 중부사업소 앞을 18시29분 지나며 도로를 따르다 마금1리 다목적 복지회관 (마금1리 경로당)을 18시31분 지나간다. 2008년도 1차때 이곳을 지난 기억이 나며 경로당 앞 보호수가 있던게 기억난다. 이 나무는 {지정번호 2001-98. 수종-해송. 수령 100년. 수고 12m. 지정일자 2001년 10월 31일 나무둘레 2.2m. 소재지 근흥면 마금리 327-1 태안군} 보호수로 지정되었으며 지금 수령은 119년된 셈이다. 복지회관을 지나고 마금1리 버스정류장을 지나 도로를 따르며 라윤목장앞을 지나 목장 뒤에서 밭 가운데를 통과해 임도를 19시4분 건너 가파른 오르막을 숨을 몰아쉬며 한동안 올라 매봉산 정상에 올라서니 19시 21분이다.

좌표【 N 36" 44" 23.7"   E 126" 14" 01.3" 】

매봉산 정상에는 삼각점이 있고 금북정맥 매봉산 101.6m 준희 표찰이 나무에 걸려있다. 정상에서 사진 한판 찍고 내리막을 내려 줄묘 뒤편으로 내려 산판길을 따라 내려와 밭뚝길을 따라 밤고개 포장도로에 내려서니 19시36분 이다. 외딴집 주인에게 택시를 부르려고 물어보니 왼쪽으로 10분 정도만 내려가면 태안가는 버스가 있다기에 밤고개에서 마무리하고 도로를 따라 내려와 청솔가든 앞 안기 1리 버스정류장에 와 8시10분 버스로 태안에 와서 숙소를 정하고 식당에서 저녁밥을 먹고 오늘도 장거리로 무사히 도착했다고 집으로 전화를 하고 내일 일을 생각해서 일찍 잠자리에 들어간다.

제2차 금북정맥 단독종주 13구간

밤고개-안흥진

이번 금북정맥 마지막 구간은 어제 수랑재를 출발해 밤재에서 마무리 하고 연이어 오늘 2일째 이어가는 구간으로 밤재를 출발해 서낭당고개 부흥산 남산 후동고개 103봉 안흥 면소재지를 지나고 115봉 여우고개 86.5봉 60번지방도로 지령산 군부대

 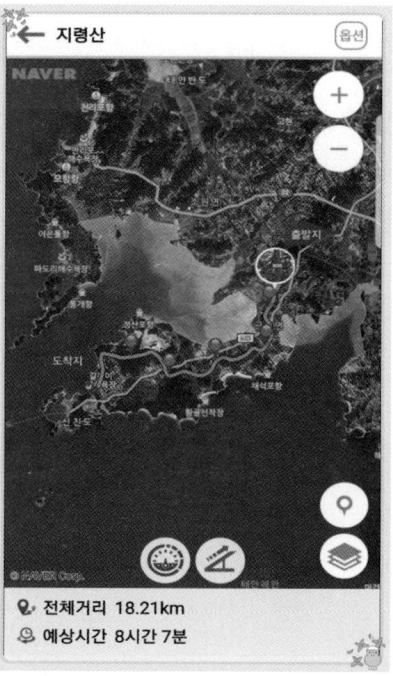

갈음이고개 139.6봉 갈음이 해변 127.8봉 안흥진에서 마무리 한다. 3월 16일 안성 칠장산을 출발해 천안시 아산시 공주시 청양군 보령시 홍성군 예산군 서산시 태안군 근흥면 안흥진에서 마무리 한다.

밤고개 : 충청남도 태안군 근흥면 안기리 밤고개
안흥진 : 충청남도 태안군 근흥면 정죽리 지령산 안흥만
도상거리 : 밤고개 17.6 km 지령산 안흥만
운동시간 : 밤고개 7시간 20분, 지령산 안흥만
휴식시간 : 밤고개 48분, 지령산 안흥만

밤 고 개 도착 6시 08분,   : 밤 고 개 출발 6시 11분,
서낭당고개 6시 19분, 0.4km   : 마을길 임도 6시 22분, 1.0km
부흥산 6시 47분, 1.4km   : 남산 (89m) 6시 56분, 2.0km
후동고개 7시 05분, 2.5km   : 103m 돌탑봉 7시 16분, 2.9km
73.7봉삼각점 7시 24분, 3.6km   : 근흥우체국 7시 36분 3.9km
근흥 소방대 7시 47분, 4.4km   : 용신2리버스정류장 7시 59분, 5.3km
115봉 8시 21분 6.0km   : 천하대장군 도로 9시 16분 8.1km
삼성농장 입구 9시 29분, 8.9km   : 여우고개 9시 46분, 9.7km
86.5봉 10시 17분, 11.0km   : 큰재 603번지방도로 10시30분, 11.5km
점심식사후 출발 10시 56분   : 군부대앞 갈림길 11시 45분, 13.5km
부대끝초소 12시 15분 14.4km   : 갈음리고개 12시 23분 15.0km
갈음리고개 출발 12시 45분,   : 139.6봉 13시 11분, 15.5km
갈음리숲길 13시 27분, 16.5km   : 갈음리 숲길 출발 13시 37분,
127.8봉 13시 58분, 17.1km   : 안흥진 팔각정 14시 25분 17.6km

2019년 6월 24일 맑음

어제에 이어 2일째 종주로 아침에 일어나 산행 준비를 하고 숙소를 나와 24시 김밥세상에서 설렁탕으로 아침식사를 하고 중식을 준비하고 나와 택시로 어제 마무리한 밤제에 도착하니 6시7분이다. 택시기사에게 부탁해 사진 한판 찍고 산행을 준비하고 6시11분 출발한다. 마루금은 밭둑으로 올라서 묘를 지나 숲길로 들어서 능선을 넘어 임도를 따라 서낭당고개 임도사거리를 6시19분 지나고 산판길로 들어서 경주최씨 종중 묘역을 지나면서 능선을 넘어 다시 밭둑으로 들어서 파란물통을 6시31분 지나 외딴집을 지나며 용안길 마을길을 지나고 밭둑길로 들어서 밭끝에서 능선으로 올라서며 예안이씨 묘 뒤로 올라 잠시 후 여산송씨 묘를 지나고 오르막을 한동안 올라 작은봉을 넘고 잠시 내려섰다 다시 오르막을 올라 부흥산 정상에 올라서니 6시40분이다. 부흥산은 아무표시도 없어 잠시 허리쉼을 하고 내리막을 내리다 능선길을 한동안 오르내리며 남산정상에 올라서니 6시55분이다.

좌표【 N 36" 43" 16.6" E 126" 14" 00.01" 】

남산정상에는 금북정맥 남산 89.2m 준희표찰이 나무에 걸려 있고 산이라기보다 동래뒷산정도로 고도가 100m도 안된다. 오늘 초입부터 주로 밭둑 또는 얕은 야산길이라 어려움없이 순조롭게 산행을 이어가며 남산정상에서 인증샷을 하고 잘나있는 능선 내리막을 한동안 내려 후동고개 포장차로에 내려서니 7시 5분이다.

좌표【 N 36" 43" 16.8" E 126" 16" 02.8" 】

후동고개는 포장차로 로 이정표에 등산로 입구방향 표지판위에 금북정맥 후동고개 40m 반바지 표찰이 있고 마루금은 탐방로 방향으로 나무계단을 오르고 가파른 오르막을 한동안 올라 돌탑과 쉼터가 있는 103봉에 올라서니 7시16분이다. 돌탑봉을 지나 3분후 쉼터를 지나고 잠시 묘 뒤로 내렸다. 오르막을 올라 삼각점이 있는 73.7봉에 올라서니 7시24 분이다.

좌표【 N 36" 42" 51.9" E 126" 13" 45.7" 】

　정상에는 준희가 걸어놓은 금북정맥 73.7m 표찰이 나무에 걸려있고 삼각점(근흥 409 1999. 복구)이 있다. 정상에서 인증샷을 하고 내리막을 내리며 3 분후 운동시설물을 지나 능선을 내리다 왼쪽으로 내리막을 내려 팔각정을 지나며 세면 포장길에 내려 동래 고삿길을 지나 근흥초등학교를 7시34분 지나고 2분 후 근흥우체국앞으로 나와 603번 지방도로를 따른다. 도로를 따라가다 삼거리에서 왼쪽도로를 따라가며 근흥면 복지회관앞을 지나 용산 2리 다목적 회관앞에서 오른쪽으로 도로를 따르다 근흥의용소방대 앞을 7시47분 지나간다. 계속해서 도로를 따라가다 체석포, 연포삼거리 못가서 용산 2리 버스 정류장 앞에 도착하니 8시5분이다. 용산 2리 버스정류장 표지판에서 오른쪽 마을길로 들어서 체석포 교회옆에서 왼쪽으로 들어서 가다 외딴집을 지나며 능선으로 들어서 금영김씨 묘를 지나고 오르막을 오르며 마사길 가파른 오르막을 한동안 올라 115봉에 올라서니 8시21분이다.

좌표【 N 36" 42" 06.4" E 126" 12" 24.3" 】

115봉은 삼각점이 있으며 마루금은 왼쪽으로 내려 4분후 안부를 지나며 계속해서 능선 오르막을 오르고 내리고 몇번을 번복하고 내리막을 내려서 밭 갓길 농로를 따라 내려와 외딴집을 지나고 2차선 지방도로 옥녀봉 안내간판에 내려서니 9시12분이다. 마루금은 왼쪽으로 20여미터 가면 (天下大將軍 地下女將軍) 앞을 지나 밭둑으로 올라서 숲길로 들어서 잡풀숲을 해치며 한동안 능선길을 가다 임도(농로)에 내려서 삼거리 삼성물산 농장 입구에 도착하니 9시29분이다. 마루금은 농장길을 따라 올라가다 농장 끝에서 대나무 밭 사이를 지나 임도를 따르다 가파른 오르막을 올라 8부 능선에서 오른쪽으로 내리막을 내리는데 월요일이라 어디선가 훈련을 받는지 총소리가 들린다. 가파른 내리막을 내려 임도를 따르다 여우고개 포장길에 내려서니 9시47분 이다. 마루금은 임도를 건너 숲길로 들어서 능선을 올라 좌로우로 들락거리며 능선을 오르내리다 86.5봉에 올라서니 10시18분이다. 정상에는 준희가 걸어놓은 금북정맥 86.5m 표찰이 나무에 걸려있고 마루금은 오른쪽으로 내려간다. 1차때는 내려가는데 길이 잘 보이지 않아 무작정 내려갔었는데 길이 잘나 있어 능선 내리막을 한동안 내려 콘테이너 박스 뒤로 내려 폐쇄된 SOL 주유소를 지나 603번 지방도로 죽림고개 정죽1리 (지령산 입구) 버스정류장에 도착하니 10시30분이다.

좌표【 N 36" 11" 36.2" E 126" 10" 69.1" 】

마루금은 603번 지방도로를 따라 70여미터 왼쪽으로 가다 도로를 건너 지령산 군부대 도로를 따른다. 지령산 군부대 도로를 따라가다 차단기를 지나 나무그늘에서 이르지만 남은거리가 얼마 남지않아 점심을 먹고 10시56분 출발한다. 마루금은 도로를 따라 한동안 가다 삼거리를 지나고 4분후 도로를 버리고 왼쪽 능선으로 올라 가파른 오르막을 한동안 올라 지적삼각 보조점이 있는 무명봉을 넘어 내려서 다시 군부대 도로를 따라가다 군부대 정문앞에 도착하니 11시19분이다.

좌표【 N36" 41" 52.8" E 126" 10" 13.5" 】

지령산 정상은 군부대 안에 있으나 트렝글 뺴지는 받는다. 마루금은 군부대 정문앞 50여m 전방에서 왼쪽으로 자세히 보면 표지기가 걸려있다. 표지기를 따라 군부대 철조망 갓 비탈길로 험한 길을 오르내리며 옛길 임도에서 왼쪽으로 30여미터 내려가면 오른쪽으로 표지기가 걸려있다. 이곳에서 오른쪽으로 내려가면 군부대 철조망이 가로막는다. 이곳에서 오른쪽으로 철조망 갓길을 따라간다. 언듯 보기에 사람 다닌 흔적이 없으나 철조망 갓길을 따라가면 철조망 오른쪽 갓길은 잡목과 가시넝쿨이 엉켜 길이 안보이나 무조건 철망갓을 헤치며 내려가 능선 분기점에 올라서면 오른쪽으로 표지기가 나타난다. 철조망 안에는 군부대 초소가 보인다. 오른쪽으로 등산로가 나타나며 길을 따라 가면 군부대 경고 현수막이 있다.

경고 : 이 지역은 군부대 소총 사격장이 위치하여 사격시간에는 피탄 위험이 있는 곳입니다. 경고 방송에 따라 안전지역으로 이동해 주시기 바랍니다. [2580 부대장]

오늘은 일요일이라 무사히 통과하며 현수막을 지나고 숲길을 한동안 내려 갈음고개 임도에 내려서니 12시19분이다. 군부대 철조망 갓길을 내려오며 잡풀을 해치고 가시넝쿨을 뚫고 내려와서 너무 피로해 잠시 나무그늘에서 배낭을 내려놓고 누어있다 잠깐 잠이 들었는데 지나가는 차량이 있어 깨어보니 12시46분이다. 정신을 차리고 마루금을 따라 능선으로 들어서 묘뒤로 오르막을 오르며 가파른 오르막을 한동안 올라 143봉에 올라서니 오후 1시2분이다.

좌표 【 N 36" 41" 59.2" E 126" 09" 19.8" 】

정상(143m)에는 파란 물통이 있으며 군부대 빈 탄피박스가 여기저기 널여 있고 잘나있는 능선길을 가며 나무에 전기박스를 지나며 전선줄을 따라가면 소나무에(금북정맥 139.6m 준희) 표찰이 걸려있다. 마루금은 왼쪽으로 내리막을 한동안 내려 갈음리 해변 모래 언덕에 내려서니 1시26분이다. 모래언덕에는 잘 자란 소나무 숲으로 되어있으며 오른쪽으로 해수욕장이며 소나무 숲에 평상이 있어 잠시 배낭을 내려놓고 허리쉼을 하고 갈증을 면하며 이제 마지막 127봉만 넘으면 금북정맥도 마무리한다. 느긋이 쉬고 1시43분 출발한다. 마루금은 모래언덕 끝에 리본이 주렁주렁 많이 걸려 있다. 등산로를 따라 능선을 오르는데 왼쪽 골짜기에서 멧돼지 소리가 들린다. 아마도 이곳에 멧돼지가 사는 모양이다. 칠부 능선까지 멧돼지 소리가 들린다. 가

파른 오르막을 올라 127.8봉에 올라서니 1시58분이다. 정상에는(금북정맥 127.8m 준희) 표찰이 걸려있고 금북정맥 리본이 많이 걸려있다.

좌표【 N 36" 41" 20.2" E 126" 09" 13.5" 】

금북정맥 마지막봉(127m)에서 인증샷을 하고 한숨 돌리고 마지막 종착지인 안흥진 나루를 향해 내려간다. 이제는 금북정맥도 지난 3월16일 안성 칠장산을 출발해 13구간으로 나누어 안흥진을 향해 내려가 금북정맥 마지막 종착지 안흥진 팔각정에 내려서니 오후 2시25분이다.

좌표【 N 36" 41" 07.6" E 126" 09" 13.7" 】

팔각정에 올라 배낭을 내려놓고 금북정맥을 완주할때까지 아무 사고없이 무사히 마치게 해주신 신령께 감사드린다. 이제 금북정맥을 마무리하고 나머지 한북정맥만 마치면 구정맥(九正脈)을 모두 마무리한다. 팔각정에 안자 쉬며 생각해본다. 2008년도 3월 2일 출발해 이곳 안흥진에 6월 22일 마무리한 그때를 회생하며 꼭 11년만에 이곳에 와보니 10년이면 강산도 변한다고 했는데 이곳만은 변한게 없고 그대로이며 단지 변했다면 종주자가 이곳을 많이 지나갔을 것으로 생각될 뿐이다.

안 흥 진

금북정맥 마지막 종착지 안흥진 팔각정
십일년만에 다시 왔건만 변한게 없고
묵묵히 서있는 바닷가 암봉에 소나무들
멀리 지나온 능선이 줄지어 보이고,
신진도 섬 위에 묵묵히 서있는 통신탑
오늘따라 옛 기억을 되돌라 보게 하네

2019.6.24. 부산 山 사람 진상귀

2008년 1차때는 67새로 이번 2차때에는 78세로 11년만인데도 주위는 변한게 없는데 변했다면 나이가 67세에서 78세로 변한 것뿐이다. 2008년도 1차때는 1구간 부터 6구간까지는 단독 종주이고 나머지 7구간은 구정맥산악회에서 마무리했는데 2차는 단독으로 마무리하며 단독종주 2차로 백두대간 8개 정맥을 완주하고 나머지 한북정맥은 금년안에 마무리할 계획이다.

  정자에서 내려 해변가에 내려오니 1차때는 골프장 방파제를 지나갔는데 수문 위 통로를 철조망으로 가로막아 들어갈 수가 없어 골프장입구 도로를 따라 2km를 나와 603번 지방도로 죽림버스정류장앞 슈퍼에서 시원한 음료수로 갈증을 면하고 태안행 버스로 태안에 와서 샤워를 하고 버스로 대전에서 ktx로 부산에 오니 8시가 조금 넘었다. 금북정맥 종주를 완주때까지 후원해주고 돌봐준 집사람에게 감사를 드리고 주위에서 지켜보며 후원해준 모아산악회 회장님을 비롯해 회원님들 그리고 주위에 계신 모든 분들께 감사를 드리며 금북정맥을 마무리 합니다.

02 제2차 금북정맥